経営史学の方法

ポスト・チャンドラー・モデルを求めて

安部悦生著

ミネルヴァ書房

「すべての時代は神に直結する」

（レオポルト・フォン・ランケ）

「すべての歴史は現代史である」

（ベネデット・クローチェ）

「事実は神聖であり、意見は勝手である」

（自由主義的ジャーナリスト、チャールズ・P・スコット）

まえがき

もっともらしく言われることだが、「過去を変えることはできないが、未来を変えることはできる。だから未来志向で生きなければならない」と。

だが、この理解には大きな誤りがあると思う。たしかに、「過去を変えることはできないが、過去の解釈を変えることはできる。それゆえ新しい解釈に基づいて、未来へも新しいスタンスで臨むことができる」というのが、あるべき姿ではなかろうか。

マルク・ブロックも次のように述べている。「過去とはその定義からして、もはや何によっても変えられないような所与である。しかし過去の知識は進歩するものであり、絶えず変化し改良される」(『歴史のための弁明』四〇頁)。過去をノスタルジックに回想するのではなく、過去を分析することによって、未来への確かな手がかりを得ることができる。そのように考えるべきであると思う。それが、過去の分析と結びついた、真の未来志向と呼べるのではなかろうか。

また有名なE・H・カーによる「歴史とは、現在と過去との間の対話である」との至言も、さらに未来との対話について、「歴史とは過去の諸事件と次第に現れて来る未来の諸目的との間の対話と呼ぶべき」ともされている(1)。

ところで、歴史は英語で history だが、元々はギリシア語の「ヒストリエー」、ラテン語の「ヒストリア」に由来している。だが、「ヒストリー」には別の意味もあり、中世英語の history には story (=物語) の意味もあった。ヒストリーという言葉が、歴史と物語の二つの意味を兼ねていたのである。フランス語では今でも、histoire という言葉が歴史と物語の両方を意味している。ちなみにドイツ語では、Geshichte と Historie の二つの単語が歴史を意味しているが、Geschichte は物語の意味も持っている。

このように、史実としての歴史と、創作としての物語は、語源的にも単純に切り離せないところがある。だが、近代では、史実に基づいた物語＝歴史（ノンフィクション）と、史実に基づかない物語（フィクション）とは、はっきりと切り離されるようになった。そうでなければ、主観的真実（ポスト・トゥルース）などという虚言が蔓延るようになってしまう。あるいは fake 対 fact、fake news 対 true news のようなシンプルな対比は、依然として重要であろう。この点は、後に詳述する。

さらに歴史の効用として、しばしば引用されるが、「愚か者は経験に学び、賢者は歴史に学ぶ」という諺がある。ビスマルクが言ったとされるが、自己の経験や体験などの狭い範囲の知識・情報では、判断を誤る場合があるとの意味である。歴史を広く学ぶことによって、視野狭窄を避け、体験の垢を落とし、状況判断に的確性・妥当性をもたらすことが重要であろう。

ウィンストン・チャーチルが言うように、歴史を学ぶことによって、歴史感覚を身に付ければ、そしてそれができるだけ遠くまで過去を分析するならば、それだけ遠くの未来を見通す力も増大する可能性が出てくる。

もっとも、過去を分析したからといって、それですぐさま新しい方針が出てくるというものではない。この点も、政策論的研究と解釈論的研究の相違として、後に触れる。ただ、過去を十分に分析するならば、初歩的な過ちを避けうるということが重要なのである。おそらく、それが歴史を学ぶ効用なのであろう。

ちなみに、マルク・ブロックの『歴史のための弁明』の冒頭からよく引用される「パパ、だから歴史が何の役に立つのか説明してよ」との鋭い問いかけがある。ブロックの答えは「以下に読まれる本書に関して、私はこれが私の答えであると言えたらよいと思う」とあるが、同書は難しすぎて、私はその答えを見つけることはできなかった。むしろH・P・R・フィンバーグの「なぜ歴史を研究するのか」という問に対し、「人間の真の研究対象は……人間であり、社会的存在とみなされる人間である」との答えの方が得心がゆく（『歴史へのアプローチ』四頁）。

経営史学の方法——ポスト・チャンドラー・モデルを求めて

目次

まえがき

序章　経営史とは何か

1　経営史とは、企業進化学である

先年、『経営史』という小著を刊行した時、ネットにその本の評が出た。曰く、拙著を読むと、経営史とはダーウィン進化論の企業版であり、変化する環境の下で、遺伝的要素とも考えられる〈受け継いできた経営資源〉を使って、企業が生き残っていく過程であるというのである。なるほど「経営史」とは企業進化論、企業進化学であるのかと、逆に教えられた気がした。

ところで、本書は、経営史そのものというよりも、経営史を考え、研究していく上で、どのような問題があり、どのような点に注意して歴史を分析していけばよいのかを、概略的に考察しようとした本であり、その意味で「経営史学の方法」と名づけた所以である。

しかし、西洋史家、川北稔が書いているように（『私と西洋史研究』一〇頁）、方法論と銘打った本は概して抽象的で面白くなく、内容と切り離して方法を論ずるなどということはそもそもできないと言ってよい。

そこで本書では、内容として、①「戦略と組織」論的アプローチ（チャンドラー・テーゼ）、②国際化（静態比較と動態比較）の検討、③文化論的考察（地域別、国別の文化的相違や組織能力）、④進化学的アプローチ（ダーウィンの進化論的発想に基づく企業発展のパターン）の四分野の検討を通して、経営史とそれをめぐる方法論的考察を試みることにしたい。この四分野は、最近の経営史学の動向とも共鳴している。

第一の「戦略と組織」論的アプローチは、いわゆるチャンドラー・モデルとして、第二次大戦後の経営史学界において、洋の東西を問わず、中心的位置を占めてきた考えである。これについては、第1章、第2章で主に分析している。もとより、戦略と組織の関係、戦略・組織アプローチの持つ限界に関して、多くの賛否両論（pros and cons）があること、とりわけ企業を取り巻く環境、経済環境・政治環境が大きく変化した一九九〇年代以降、チャンドラー・テーゼ（チャンドラー・モデルの軸）に対する批判が沸騰していることはよく知られている。

第二の国際化に関しても、チャンドラーはある程度の分析を加え、またチャンドラーの盟友、ミーラ・ウィルキンズが浩瀚《こうかん》な本を多国籍企業の歴史について著わした(1)。現在では、グローバル化、国際化が流行語となっている感もある。しかし、企業経営を国際化の位相において捉えていく場合、国ごとの経営の特徴を単に比較していくのか（静態比較論）、あるいは、ある国の企業が多国籍化し、ある国と他の国の経営手法が直接接触するのを分析するのか（動態比較論＝国際関係経営史）、さらには全地球的な規模での統一的な戦略や組織の検討が行われる必要があるのか（国際経営論）、という分析視角の違いがある。

チャンドラーは、動態比較よりは静態比較に主たる関心があったようである。これは、経済史の分野で大塚史学が「比較経済史学」と呼ばれ、主に静態比較を本領としたことと一脈通じる。ただし、動態化する方が上級（advanced）であるということは必ずしも言えない。

かつて、理論経済学の分野で、静態比較から動態比較へ、言い換えれば、比較静学（均衡の比較）から動学化（均衡から均衡へのプロセスの追求）、さらには不均衡動学（不均衡から不均衡への動学プロセスの分析）が強調されたが、課題の困難性から、現在では不均衡動学はさしたる進展を見せていないように思う。もっとも歴史学では、それ自体の価値を持つ静態比較、動態比較の両方の方法を試みることが、国際化の実相を明らかにする上で、企業という行動主体を持つ経営史では、とりわけ有効であろう。

第三の文化論的考察は、一九九〇年代以降、戦略と組織に特徴づけられるチャンドラー・モデル（前期チャンドラー・モデル）が現実にフィットしなくなり、組織能力を強調するスタンス、すなわち人的資本を重視し、企業文化やそれに基づく組織能力を重視する分析（後期チャンドラー・モデル＝ニュー・チャンドラー・モデル）が顕著となった。この文化面（人的資本）からのアプローチをさらに深めていくことが経営史にとってきわめて重要であろう（実際の各国比較は、安部『文化と営利――比較経営文化論』参照）。

第四の進化学的アプローチは、あまり知られていないが、チャンドラーは新古典派（ネオクラシカル）的なアプローチや、エージェンシー理論（プリンシパル・エージェント的なアプローチ）には否定的で、ウィリアムソン流の取引コストや、とりわけネルソン&ウィンター流の進化論（evolution）的なアプローチを信頼していた（本書、第3章参照）。しかし、チャンドラーはこの第四のアプローチを実際には十分展開しなかった。

戦略・組織論アプローチにとどまらず、以上の四つの方向性をそれぞれ探求することによって、ポスト・チャンドラー・モデルを構築する基礎を作り出したいというのが本書の狙いである。

なお、N・S・B・グラース（個別企業管理史）、ヨセフ・シュンペーター（イノベーション論）、A・H・コール（企業家論）、トマス・コクラン（社会環境）、アルフレッド・チャンドラー（総合経営史）にいたる経営史学の成り立ち、さらにはアメリカ経営史学会（Business History Conference）、イギリス経営史学会（Association of Business Historians）、ヨーロッパ経営史学会（European Business History Association）などについては、米川伸一（一九七三）、デヴィッド・ジェレミー（二〇〇〇）、Naomi Lamoreaux ほか（二〇〇八）、Matthias Kipping ほか（二〇一七）が解説しており、後段で本書も少し触れるが、詳しくは、それらを参照されたい。

次節では、中世の学問体系から、経営史がどのように分岐してきたかを素描する。

2　学問体系における経営史

古代、あるいは中世以来の学問の歴史を紐解くということはそれだけで数冊の著述を必要とすることであり、ここでは、村上陽一郎などの著作をもとに、ごく簡単に経営史の学問世界における位置づけを与えることにしたい。

中世において、コンスタンティノープルやサレルノ、ボローニャなどにおいて「大学」が設立され、リベラル・アーツ（自由学芸）七科が教えられるようになった。文法学、修辞学、論理学、算術、幾何、天文学、音楽の七科目である。これらは後の「科学」として発展した。医学、数学、天文学など自然科学が誕生し、さらにモラル・サイエンスが並行して登場した。モラル・サイエンスは単に道徳を扱うだけではなく、非自然科学全般を扱う「科学」として成立したのであり、「道徳科学」や「人間科学」ではなく、やや古風な言い方だが、「文化科学」（ウェーバー『社会科学方法論』五九頁）という訳語を当てておきたい（リッカートの『文化科学と自然科学』の対比も想起！）(2)。

ところで、中世においては、自然科学と文化科学をつなぐものが、錬金術であった。よく言われていることだが、中世においては、錬金術が両者をつなぐ知識の源泉として独特の位置を与えられていたのである。この自然科学および文化科学と同時に、創作文学（物語）としての神話・民間伝承、英雄伝などが並立していた。まさにhistoryが歴史でもあり、物語でもあった時代である（図序-1参照）。

以上の学問体系とは別個に、中世においては神学が重要であった。だが、これに関しては、合理主義（知性主義）と神学との関係が問題になり、それ自体がきわめて多様な論点を含んでいるので、図序-2に示したように、アウトラインだけを示しておく。宗教改革により、古プロテスタンティズム（反知性主義）が成立し、さらに一八世紀には啓蒙主義（合理主義、知性主義）の影響を受けて、新プロテスタンティズム（近代神学）が成立し、二〇世紀に至り、カール・バルトによって現代神学が成立した。以上の変化は、知性主義との相克によって引き起こされたものであり、

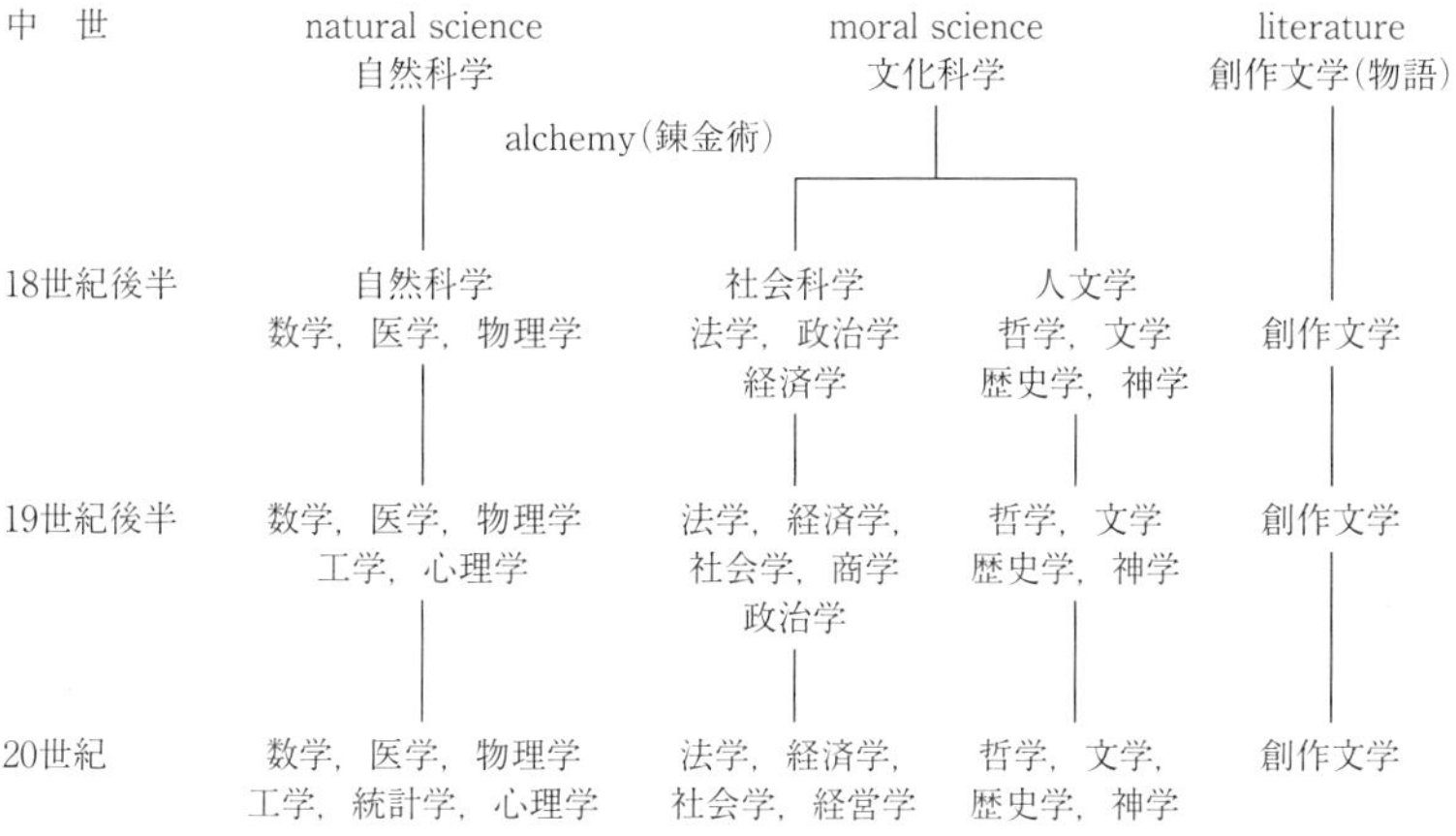

図序－1　学問体系

注：人文学（humanities），社会科学（social science）。中世英語の history は，history と story の両方の意味を含む。フランス語の histoire は，history と story 両方の意味を持つ。ドイツ語の Geschichte と Historie は，前者が歴史と物語の両方の意味を持ち，後者は chronology の意味合いを持つ。

出所：筆者作成。

現在の神学的・知性主義的思想状況は、プリモダンとモダンとポストモダンが鼎立《ていりつ》している状況である（主に佐藤優の理解による）。

さて、学問体系に戻れば、ルネッサンス、宗教改革、三十年戦争の混乱を経て、ライシテ（政教分離）の原則が承認され、一八世紀後半には啓蒙主義の全盛となった。自然科学は中世の伝統を超えて、近代的な物理学（ニュートン）が発達し、文化科学も経済学などの社会科学（social science）と人文学（humanities）に分岐した。human science ではなく、humanities（人文学）となったことは示唆的である。人文学に含まれる哲学、文学、歴史学、神学は「科学」と言えるのか？に関して、根底的な疑問が当時から存在したのであろう。

ただし、歴史学は創作文学としての「物語」と分離して、史実に基づいた科学としての歩みを始めたと言える。やや軽い言葉を使えば、フィクションとノンフィクションの相違であろうか。他方で、社会科学の方は、法学、政治学、経済学として、何かしらの科学性を有していると認められた。

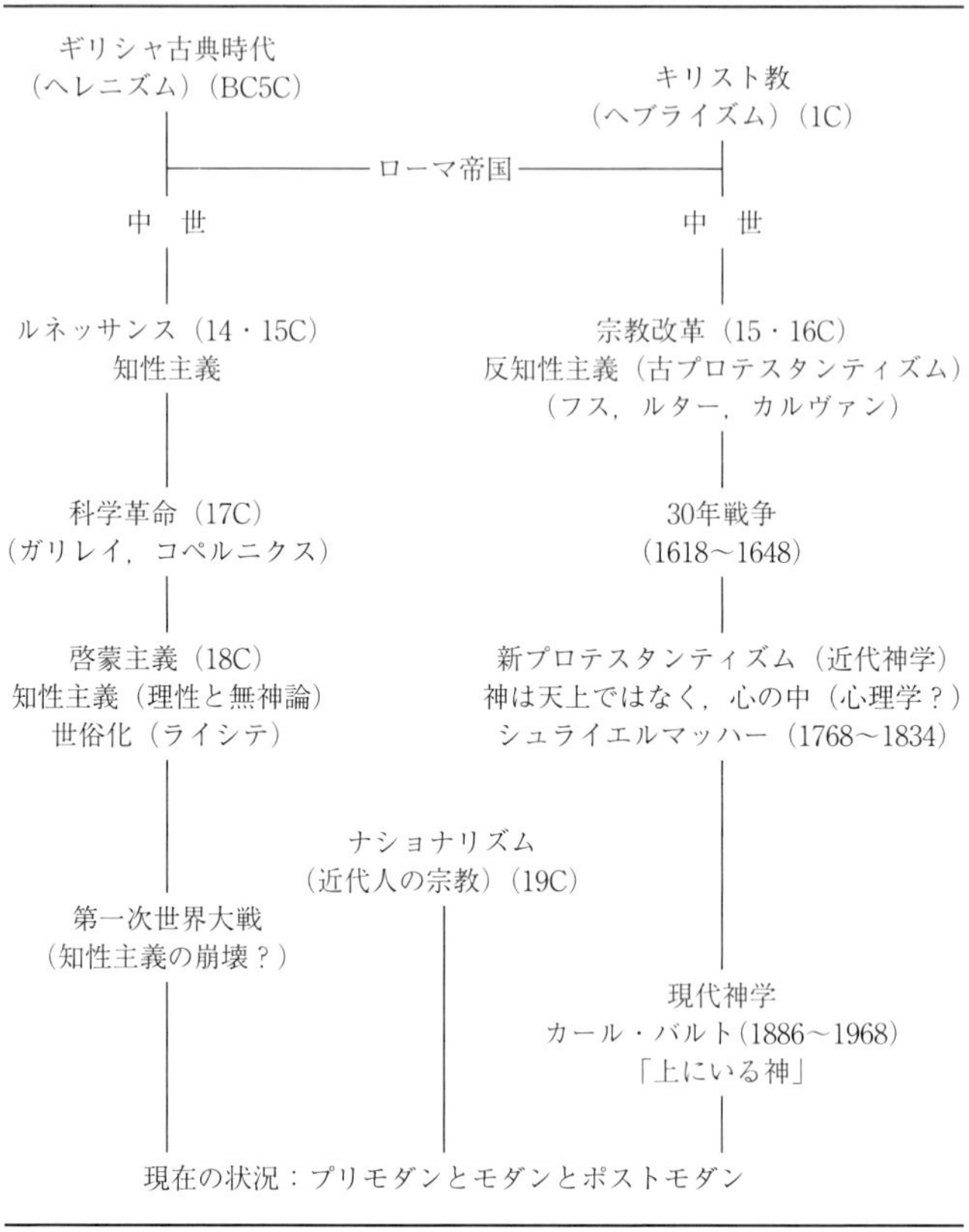

図序－2　合理主義と神学の系譜

出所：主に，佐藤優の種々の文献をもとにして，筆者作成。

一九世紀後半になると、近代科学が花開き、工学、心理学などが自然科学の分野で、文化科学では社会学、商学、会計学などが近代社会の要請を受ける形で登場した。社会学（ウェーバー、デュルケーム）は近代社会の問題点を解明・克服すべく、他方で、商学や会計学は実学として現実の経済効率を上げるための学問として登場した

二〇世紀に入れば、学問はさらに分岐し、近代統計学（一九三〇年代）、進化学（同上）、経営学（一九〇八年のハーヴァード・ビジネス・スクールが本格的始まり）が誕生した。

以上のような「科学」の確

表序－1　経済史・経営史の発展

1881	ペンシルヴァニア大学ウォートン校が最初のビジネススクールとして設立される。
1892	ウィリアム・アシュリー，ハーヴァード大学で経済史教授（初）となる。
1901	アシュリー，バーミンガム大学で，商業史教授（初）となる。
1908	ハーヴァード大学で，ビジネススクール開設。初代院長は，E.ゲイ（経済史家）。
1910	ジョージ・アンウィン，マンチェスター大学で経済史教授（初）となる。
1926	イギリス経済史学会（Economic History Society）設立。アシュリー，初代会長となる。翌年，*Economic History Review* 創刊。
1926	*Business History Review* 創刊。
1927	N.S.B. グラースがハーヴァードで経営史開講（初代教授）。
1939	『ビジネスと資本主義』（グラース）刊行。同年，グラースとラーソン共著で『ケースブック』刊行。
1940	Economic History Association 設立。翌年，*Journal of Economic History* 創刊。
1948	ハーヴァード大学に企業者史研究センター開設（シュンペーター，ロソフスキー）。*Explorations of Entrepreneurial History* 創刊。
1954	Business History Conference 設立。
1958	*Business History* 創刊。
1959	グラスゴー大学に経営史ポスト新設（ピーター・ペイン）。
1962	チャンドラー『戦略と組織』刊行。
1978	レズリー・ハナ，LSE 付属の Business History Unit の初代所長となる。
1979	アントニー・スレイヴン，グラスゴー大学で経営史初代教授となる（イギリス初）。
1982	ハナ，LSE（London School of Economics）の経営史教授となる。
1990	Association of Business Historians 設立。
1994	European Business History Association 設立。

出所：各機関のウェブサイトなどから，筆者作成。

立と並行して、学としての文学研究とは区別された創作文学は、史劇などの形で歴史叙述や歴史物語（歴史学とやはり区別して）と密接な関係を保っている。歴史（学）と物語の関係はなお一筋縄ではいかないのである[3]。

歴史学の一分野で、経営史と密接な関係がある経済史にも触れれば、イギリス人のウィリアム・アシュリーがハーヴァード大学でアメリカ最初の経済史教授となり（一八九二年）、イギリスでは一九一〇年に、ジョージ・アンウィンがマンチェスター大学でイギリス最初の経済史教授となった。一九二七年、ハーヴァード・ビジネス・スクールに経営史の講座が設けられ、経済史と異なる経営史が独立の科目として教えられるようになった。経済史は、これより早く一九世紀末には英米の大学で講座が開設され、教授されるようになっていた。

一九二六年には、イギリスで経済史学会（Economic History Society）が設立され、翌年、学会誌 *Economic History Review* が創刊された。アメリ

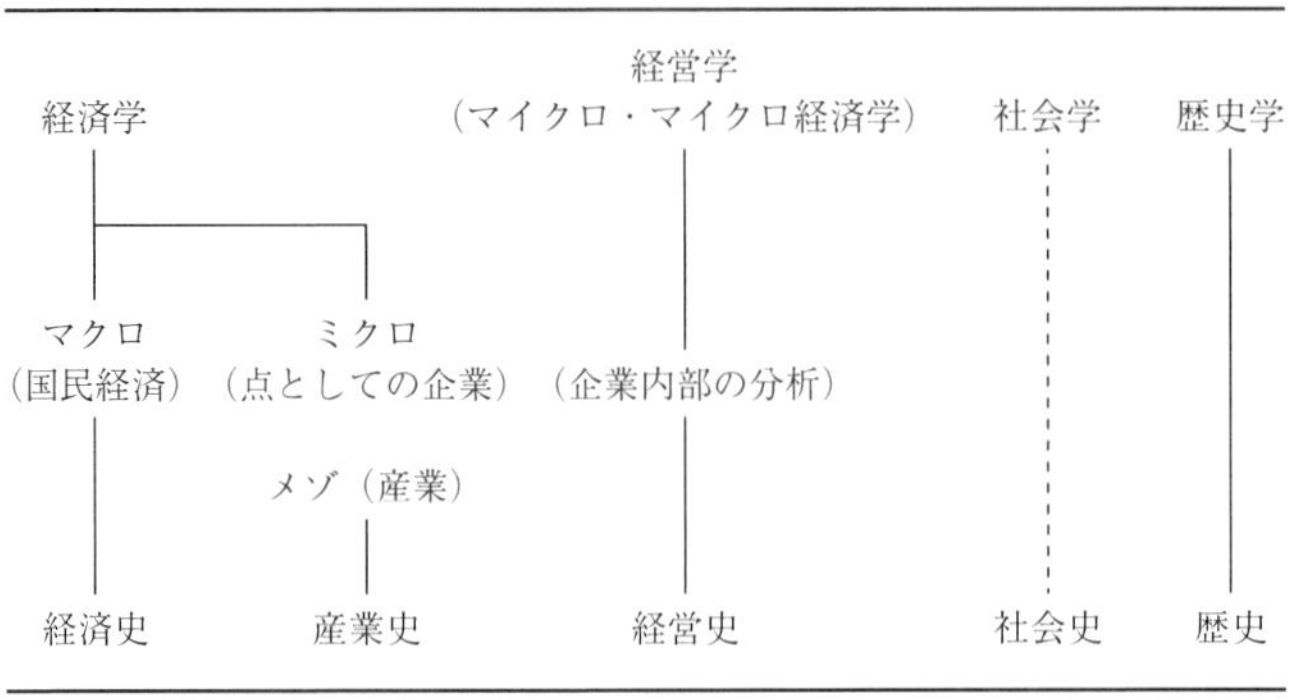

図序－3　学問体系と経営史

注：ほかに政治史，文化史，科学技術史など。社会史には，民衆史，生活史なども入る。
出所：筆者作成。

カではやや遅れて、一九四〇年に経済史学会（Economic History Association）が設立され、翌年、学会誌 *Journal of Economic History* が創刊された。これに対して、経営史ではアメリカがイギリスに先行し、一九二六年に *Business History Review* が創刊されたが、イギリスでは一九五八年に至って、ようやく *Business History* が創刊された。アメリカでは、Business History Conference が一九五四年に設立されたが、イギリスの経営史学会の設立はかなり遅く、一九九〇年になって Association of Business Historians が設立された。ちなみに、日本の経営史学会は一九六四年の設立である（社会経済史学会は、一九三〇年の設立とかなり早い）。

以上の設立、創刊の年次はともかく、その内容に入ろう。図序－3は、経済学、経営学、社会学、歴史学と、それぞれの歴史科目の関係を図示している。

単純な理解としては、経済学はマクロ経済学とミクロ経済学に分かれる。マクロ経済学は経済全体を取り扱い、ミクロ経済学は、点としての企業、言い換えれば市場（競争）の中での企業を取り扱う（ミクロ経済学には、これ以外に家計という重要な対象もある）。経営学は、「点」ではなくピラミッドとしての、言い換えれば「組織としての企業」を対象とする。

また、マクロ（経済全体）とミクロ（企業）との中間には、メゾとしての産業が存在する。これを取り上げるのが、産業史になる。産業論、産業組織論、産業構造論という言葉は、経済学の一分野として存在するが、経済学、経営学に匹敵するような産業学は存在しない。しかし、経済史、経営史の中間領域としての産業史は活発である。

数十年前に「内部組織の経済学」という分野が開発され、それまでは経営学の専売特許であった〈組織としての企業〉分野に進出し、経済学と経営学の境界がはっきりしなくなった。どちらも同じように、組織そのものを取り上げ、その中の人間を問題にし、リーダーシップやモチベーション、インセンティブ、イノベーション（具体的には本書第4章参照）について論じている。小田中直樹によれば、経営学と経済学の関係は、前者が戦略論と組織論であったが、後者が越境し、組織論の世界では、エージェンシー理論（プリンシパル・エージェント論）、取引コストの経済学など、経済学者の活躍が目立っているとされる。ただし、戦略論は、経営学の主要な領域として残っている(4)。

確かに、内部組織の経済学や取引コストの経済学という言葉が示すように、「組織」やそれと裏腹の関係にある「取引」の分野では、経済学者の活躍は目覚ましい（ライベンシュタインやオリヴァー・ウィリアムソン）。だが、同じ組織と言っても、アプローチの手法が異なるように見える。経営学は、より社会学的アプローチに接近している。

社会学は、ある意味で「社会に関係すれば何でもあり」の印象を与える学問である。社会学というより、「社会科学」に近い内容の広がりを持っている。しかし、社会学を狭く取れば、企業をヒトと社会に関係する角度から問題にしているという点で、社会学と経営学は親近性を持つ。先に挙げたリーダーシップ、モチベーション、インセンティブなどの人間特質の面から、組織にアプローチするという面で、両者は近い。その点で、経済学の組織に対するアプローチとは異なると言えよう。ただし、社会学理論は逆にその扱う範囲が広すぎて、これを全体的に活用することは事実上困難である(5)。

社会学は、以上のように主に個人の動機から組織にアプローチするが、社会史は、社会学のこうした手法を部分的には使っていると言えようが、基本的には社会学の理論と社会史はあまり関係がない。社会史は、経済史が計量経済史化し、その統計的・計量経済的手法についていけなくなった研究者の避難所として機能した面もある。したがって、社会史にはおよそまとまった方法的な思考性が感じられない。悪く言えば、好事家的な仕事を感じることが多い。

増田四郎も述べるように、「問題関心が、かなり恣意的に、収斂するところなく個別的な諸現象に拡散してしまい、その結果、かえって『社会史』的な考察のフォーカスが、ぼやけてしまう危険がある」（『社会史への道』二三八頁）。

もちろん、好事家的な仕事には、知的興味溢れる著作も多いのだが、体系だったトレンドが感じられることはない。ただし、これは第二次大戦後の一部の社会史の状況であって、フランスのアナール学派からの社会史の伝統を振り返れば、本来の社会史（政治的事件を取り上げる「事件史」への批判として、下からの歴史、すなわち民衆史・構造史として意義づける歴史）の存在意義は大きい。

他方で、歴史学は、経済学や経営学、あるいは社会学が持っているような理論的性格はなく、経済史、経営史、社会史、政治史を包括するような性格を持っている。しかし、日本の大学（文学部）における歴史学の主流は、政治史や社会史、文化史ということになるのだろうか。

3　隣接科学との対話（歴史学、経済史と経営史、社会史、あるいは経済学と経営学、社会学、人類学）

経営史と他の歴史学との位置関係

はじめに全体を見通すために、遅塚忠躬《ちづかただみ》が作成した図を、経営史（経営学）、人類学（歴史人類学）を加えて作成したものが、図序－4である。

図序－4に、遅塚が経営学、経営史を入れなかったのは、文学部の史学科では、経済史でさえも専攻する者が少なく肩身が狭い状況なので(6)、ましてや経営学や経営史に遅塚の関心が向かわなかったのは理解できる。そこで、筆者が経営学、経営史を他の分野と同じように表記し、さらに重要と思われる人類学を加えて作成した。この他に、重要と

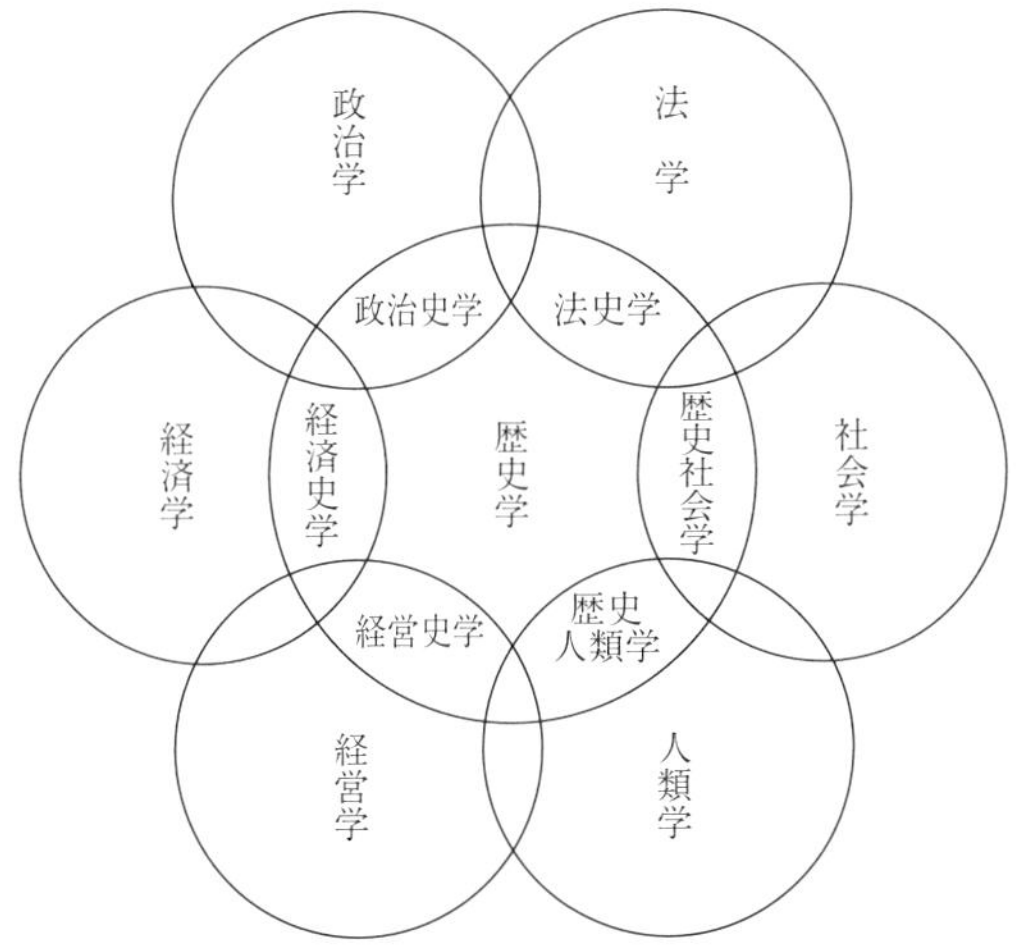

図序－4　歴史学と隣接諸科学との重なり合い

注：もう1つの円として，地理学・歴史地理学を加えるべきであろう。
出所：遅塚『史学概論』272頁を基に加筆作成。

思われるのは地理学や軍事史であろう。(7)

ところで、日本の経済学には、マルクス（主義）経済学と、いわゆる近代経済学がある。どちらも日本では経済学として認知されているものの、経済史を専攻するほとんどの研究者にとって、経済学とはマルクス経済学を指していることが多い。

私の大学院生時代に、ソ連から帰ってきた知人に、ソ連では経済学はどのように教えられているか、やはりマルクス経済学が優勢なのかと聞いたところ、ソ連の大学の経済学部ではマルクス経済学は教えられていない、近代経済学だけである、マルクス経済学は哲学研究所とか、社会学部で教えられていると聞いて驚いたことがある。大学院生時代に教えを受けた高須賀義博氏は、「マルクス経済学は、近代経済学にノックアウトされた」と言っていた。したがって、図序－4の経済学の円は、近代経済学と理解されるべきで、マルクス経済学はむしろ社会学の中に入れた方がよいのではないか。遅塚氏も経済学の円の中身は、主としてマルクス経済学を考えていたと思う。たしかに近代経済学的発想による経済史の本は非常に少なく、ロストウ、

個性重視的歴史学	事　件	事件史	政治史	
中間領域		文化史	文化史	社会史
静態重視的歴史学	人間集団	構造史	経営史	社会史
動態重視的歴史学	経済等の環境	構造史	経済史	社会史

図序－5　事件史・文化史・構造史の関係

注：経営史，経済史は，筆者の判断。
出所：遅塚『史学概論』133～134頁を基に，筆者作成。

クズネッツなどの経済発展論を除けば、日本人研究者では、岡崎哲二の『コア・テキスト　経済史』くらいしかないのではないか(8)。

ところで遅塚によると、社会学と社会史の関係は、経営学と経営史、経済学と経済史の関係とは異なり、事件史（政治史）と「構造史」を区別すると、構造史を問題にするのが社会史となり、社会学との直接的関係は消え去る。さらに、事件史と構造史の中間領域として「文化史」を想定すると、社会史は文化史をも含む領域として設定され、個性を重視する事件史との差異化が図られる。

また、狭義の社会史として定義される「歴史社会学」が社会学との直接的関係を持つ分野として設定される。人類学、地理学も同様に考えることができる。

以上の関係は、図序－5に示されている（経済史、経営史に関しては、筆者の考えによる）。

経営史、政治史、経済史、社会史、文化史の盛衰

一九三〇年代から一九四〇年代にかけて、フランスで社会史の源流となるアナール学派が誕生し、政治的事件史に対する民衆史が盛んになった。フランスは、マルク・ブロック、フェーブルなどのアナール第一世代に引き続いて、ブローデルなどの第二世代が登場し、研究の世界で大きな潮流を作り上げた。イギリスでは、エドワード・トムスンなどが、モラル・エコノミーを強調し、社会史の存在意義を高めた。一九七〇年代くらいまでが伝統的な社会史の最盛期と言われている。その後、言語論的転回が登場するに及び、従来の社会史は大きな変容を受けた(9)。

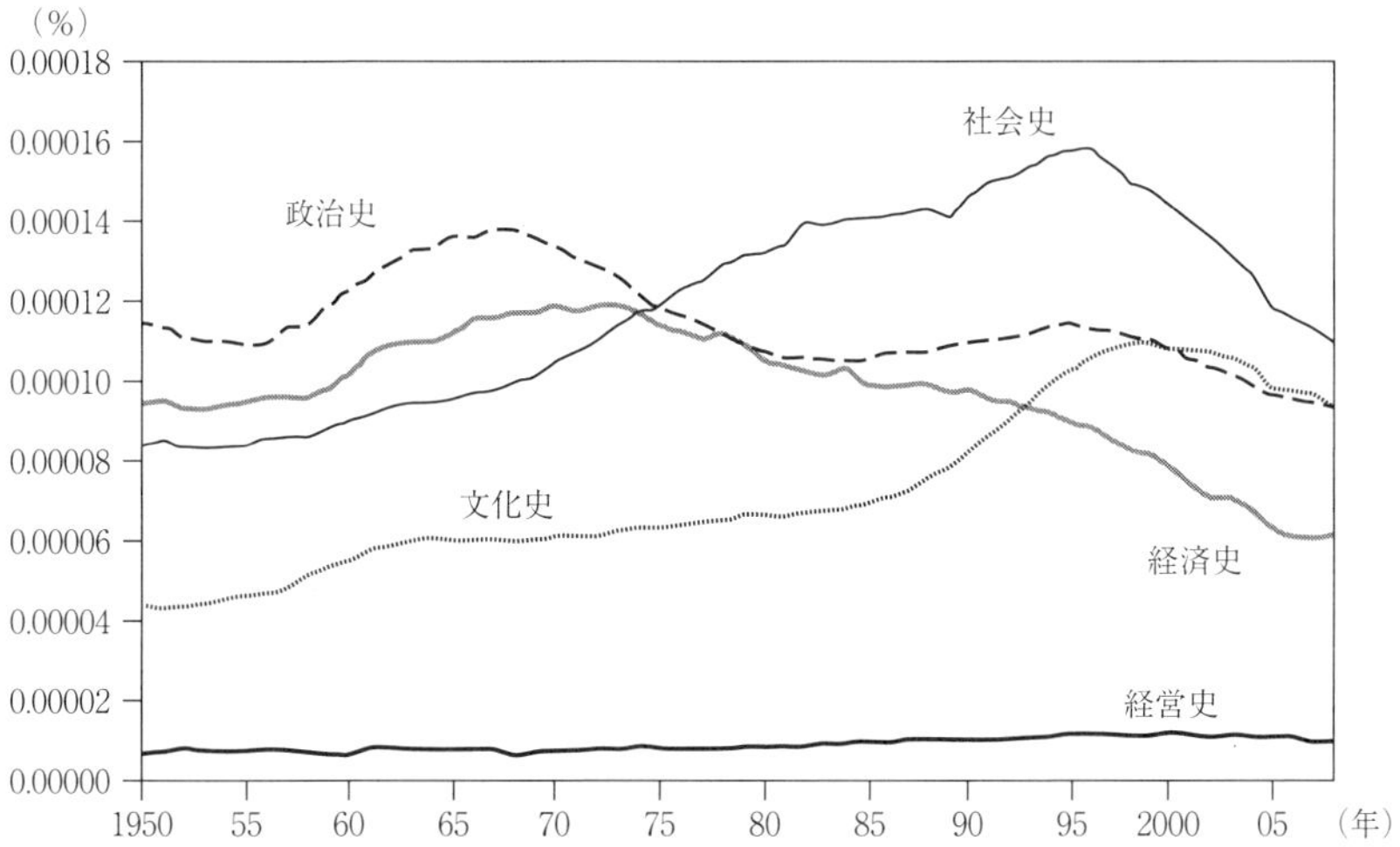

図序－6　用語の使用頻度（1950～2008年）

出所：Google Books, Ngram Viewer。

図序－6は、グーグルのデータに基づき、一九五〇年から二〇〇八年までの各用語の著作に出てくる使用頻度を比較したものである。この図によれば、一九七〇年頃まで、政治史、経済史、社会史ともに増加している。しかし、一九七〇年代以降、政治史は減少に転じ、経済史も同様の軌跡をたどっている。政治史が減少に転じたのは、事件史が飽きられたのか、理由はいま一つ明確でない。

しかし、経済史が政治史以上に減少したのは、第二次大戦後の「奇跡の復興」（ドイツ、イタリア、日本）による「資本主義の黄金時代」をへて、旧ソ連圏の崩壊、東南アジア、中国などの台頭により、世界が相対的に豊かになったことがあるだろう。もちろん、経済は不均等に発展するので、発展に取り残された経済の研究、特に「低開発経済論」は盛んである。だが、他の理由とも合わせて、世界が「豊か」になり、経済への関心がうすれて、歴史としての経済史は研究世界における地位を低下させていった。

これに対して、社会史は一九七〇年代まで順調に増加し、さらに政治史、経済史が減少していく中でもさらに増加し続け、一九九〇年代まで減ることはなかった。しかし、その社会史も一九九〇年代末から減少に転じ、なおトップの使用頻度を保っているが、減少ぶりは顕著である。これに対して、文化史は、一九五〇年代から徐々に増加し続け、社会史が顕著に減少に転じた一九九〇年代後半にも増加を続け、二〇〇〇年代でも微減にとどまっている。以上の変化は、政治史、経済史、社会史の減少にもかかわらず、文化史がその重要性を減じていないということを意味する。また一九九〇年代末以降、全体的に、「歴史学離れ」が起きているとも言えよう。(10)

これに対して、経営史は、よく言えば一九五〇年から二一世紀に至るまで、あまり変化を起こさず微増であるが、他の四領域の歴史と比べて低位にとどまっている。歴史学における経営史の位置を物語っていると言えよう。ただし、経営史は、経営理論と関わりが密接であり、歴史学としての認識じたいが低いとも言える。

以下では、歴史学を考える上での方法論的諸問題を取り上げる。

歴史学との対話（歴史に法則はあるか）

カール・ポパーの著作に、『歴史主義の貧困』という本がある。その要旨は、「歴史法則」などというものはない、あるのは、「歴史的傾向」だけだという主張である。自然科学と同じ意味で、すなわち何千回、何万回と繰り返され、どこでも普遍的に妥当するものが「法則」と呼ばれるべきであり、歴史にはそうした意味で法則はないと主張する。時代の傾向とか、ある特徴が多く見られるといった意味での「歴史的傾向」が存在するにすぎないというのである。これは、マルクス主義歴史学が標榜していた歴史法則へのアンチテーゼである。マルクス主義歴史学では、古代奴隷制、封建制、資本主義、社会主義への移行が必然とされ、歴史法則とされてきた。この考えでは、資本主義から社会主義への移行は必然的であり、それに逆らうものは「反動分子」呼ばわりされてきた。

しかし、ベルリンの壁の崩壊以後、資本主義から社会主義への移行を信じる者はほとんどいない。「科学的」社会主義と称していた主張も跡形もない。科学的、かつ時代や地域を超えて必然的であるとされてきた「法則」は、それが法則ではなかったことが明らかになった。ポパーの主張が肯定され、歴史法則などというものは存在しないことが証明されたのである。その意味で、もはや「歴史法則」は死語となった。

だが、歴史法則の対極に、「歴史とはエピソードの積み重ねだ」との主張もある。これは、歴史法則が拠りどころとしていた経済史の分野ではなく、ある政治史の泰斗が言ったと伝えられている(11)。たしかに、政治史の分野では、「法則」とかは問題にならず、個々の政治家の行動、事件の連続、そうしたことが関心の的なのかもしれない。政治史とは、「事件史」である。一例を挙げれば、フランス革命期のロベスピエールの混乱を逃げ切り、ナポレオンの時代も上手く立ち回り、王政が復活するとそこで重要なポジションを得るといった離れ業を見せたジョゼフ・フーシェの生涯は、まさにエピソードの積み重ねとして記憶されるであろう(12)。経済史や経営史、社会史における因果関係の追究、機能の相互関係、構造・機能関係（タルコット・パーソンズ）の分析といった手法に対し、エピソードの積み重ねという、いわば開き直りに近い姿勢にもある種の爽快感がある。

そうすると、歴史には、歴史法則、歴史的傾向、エピソードの積み重ねという三極があることになる。しかし、エピソードを積み重ねていけば「傾向」となるのであり、結局、歴史学はある時代、機能、制度、組織などの傾向を発見するということになるのであろう。

経営史の対象は何か

経営史が経済史から分離してきたのは、アメリカ、イギリス、日本でも同様である。そこで、どうしても経営史の側から、自らのレゾンデートルを求めて、経済史との違いを強調する傾向がある。その一つに、経営史と経済史の相違は、通常思われているようなマクロ（経済全体）が経済史、ミクロ（企業）が経営史という対象の違いに基づいた考え方を否定し、両者の違いは方法論にあるとする見解がある。

経営史家の森川英正は、次のように書いている。「経済史と経営史を区別するものは、対象ではなく、方法です。どちらも個別企業の歴史を取り上げることができますが、それにアプローチする方法を大きく異にするのです。経済史が個別企業の歴史を対象とする時、主として企業行動の結果を問題にし、それとその時代の経済環境とのかかわりを論じたり、企業行動の結果の中にその時代にふさわしい『資本の運動法則』を見出したりします。……これに対し、経営史は、企業行動の結果ではなく、その過程に視点を合わせます。企業が、経済その他の諸環境の変動に直面しながら、その中に企業者機会を見出し、それに対応する経営戦略を決定し、経営諸資源を動員し、投入して、戦略を実行するという一連のプロセス、また、それらのプロセスを支える経営システムとその変化、これらが経営史にとって主たる関心事となります[13]」。

また橘川武郎も、「経済学は共通性と客観性に力点を置くのに対して、経営学は個性と主体性を重視するということができる。この両者間の相違は、経済史学と経営史学の立場の違いにも反映される。経済史学は、歴史的事象をどちらかと言うと結果から評価し、その客観的意味を確定することに力を注ぐ。これに対して、経営史学の基本的なスタンスは、プロセスを重視し、特定の出来事について、事後的（ex post）ではなく、事前的（ex ante）な視点から分析することにある[14]」（傍点、引用者）。

両者とも、経済史は結果、経営史は過程、という主張である。しかし、これはおかしいのではないだろうか。例えば、経済史が対象とする政府の経済政策一つ取り上げても、主体性、プロセス重視をしなければ、全く分析できないのではなかろうか。政府の政策立案当局はまさに、事前、事中、事後の過程を経験するのである。それを分析するのが経済史ではなかろうか。また個別企業の行動、それの集約としての業界団体の動向、さらには企業行動から成り立つ経済全体の動向なども、過程、主体性の分析なくして行うことはできない。実際、経済史家と経営史家の個別企業分析を截然と分けられるものだろうか。経済史を過程の分析ではなく、結果の分析などと言ったら、経済史家は立腹するのではないか。したがって通常の考え通り、経営史はパーツとして個別企業を分析し、マクロ経済全体の分析につなげていくというので充分であろう。宮本又郎はそのような考えを披露している[15]。

だが、それと同時に、人と同じように、企業自体を個性的な存在として探求するという考えから、パーツではなく、それ自体を認識し、解釈することが重要となるであろう。人〔企業〕と社会を並べて、社会の影響を受けながらも、人〔企業〕そのものを探求するディシプリン〔学問分野〕が経営史なのである。

このように考えていくと、あえて経営史と経済史の相違が、対象ではなく、方法にあると主張するのは説得力がないように思う。

応用経営史の問題点

応用経営史の重要性が先の橘川武郎から提起されている。「応用経営史とは、経営史研究を通じて産業発展や企業発展のダイナミズムを析出し、それをふまえて、当該産業や当該企業が直面する今日的問題の解決策を展望する方法である(16)」。

現実の問題にアプローチし、それへの解決策を提示せよ、というわけである。しかし、分析と政策提言との間には、ある飛躍がなければできないというのが筆者の考えである。分析は、ある程度「客観的に」可能である〔鍵括弧を付けた理由は、遅塚による。それについては後述〕。しかし政策の主張は、価値判断〔政治的判断〕抜きにはあり得ないというのが通常の考えであろう。

マックス・ウェーバーが「価値自由」〔Wertfreiheit〕について述べたように、分析と、価値判断を含まざるを得ない政策提言とは、決定的に異なる。もちろん、分析においても価値自由とは、価値判断を中立にせよというのではなく、自らの価値偏向を認識しなさいという意味なのだが(17)、政策提言においては、自分の立場〔価値判断〕抜きには政策提言はありえない。例えば、個人所得税の高低、法人所得税の高低、消費税の高低、これらを各人・各企業の立場〔所得の多寡〕を抜きに、「中立的な」政策提言など行えるものだろうか。個人的に、高所得者は低い所得税率を望むだろうし、低所得者は高所得者の高率所得税率を当然と思うであろう(18)。

応用経済学という科目群〔専攻〕が、ある大学院にあった〔今もあるであろう〕。遅塚によれば、応用経済学の場合は、現状分析の学であるから、当然政策提言を目指すべきであるということになる。経済学者にとって、「もしも政策に関連がないならば、経済学には何の興味もありえない」とするジョーン・ロビンソンを引用しつつ、だが歴史学は過去を対象としているので、政策提言は不可能とする。とすると、経営史や経済史は、政策提言のできない歴史学か、提言ができる経営学・経済学のどちらに属しているのだろうか。また先の「経営史は事前」であり、「経済史は事後」だとすると、経営史は政策提言が可能であるが、経済史にはできないのだろうか。

さらに、遅塚は「宇野経済学」の考え方を否定する。経済学と名乗っているくせに、また現状分析を行っているにもかかわらず、宇野弘蔵や大内力は「現状分析から政策提言に進むことについて全く否定的である」。「経済学が『科学としてみずからを確立する』ためには、『政策的主張』を『意識的に除去する』ことが必要」であると、間違った主張をしていると批判する[19]。歴史学と異なり、現状分析を行っている経済学や他の社会科学は政策提言をすべきだというのである。

しかし、私は方法論的に、過去の事実分析と現状分析との間に基本的相違はなく、むしろ政策提言と分析の間には、価値判断、立場や利害の違いというものがあり、政策提言は分析から「科学的」には出てこないと思う。シュンペーターも同様の考えである（根井『シュンペーター』一四六頁）。

それでは、歴史学や他の社会科学はまったくの分析・意味解釈に終始するべきかといえば、そうでもない。選択のオプション（選択肢の提供）、選択の範囲を示すことはできる。分析によって示された範囲で、自分の価値判断において政策、方針を決めるというのが妥当ではなかろうか。ちょうど、過去を分析しても、それがすぐさま方針に結び付くわけではなく、将来起こりうる誤りを事前に知る可能性があるというのに過ぎないことと同様である。過去を分析して、そのまま将来の方向性が分かるというほど、この世の中や世界は単純ではないのである。

経済原則と経済法則

マルクス経済学者の宇野弘蔵によると、経済原則と経済法則は異なる。経済原則（経済生活の一般的規定）は、超歴史的に、いつの時代にも当てはまるものでなければならない。「欲望とその充足」こそ経済生活の基礎であり、その仕組みを規制するのが経済原則なのである。ロビンソン・クルーソーも、この原則を維持しなければならない（ただし、クルーソーの場合には商品交換はないので、経済法則〔交換〕価値法則）とは無関係）。現代では、産業連関分析がこの経済原則に最も近いと言えよう。また近代経済学が探究してきたことも、この経済原則に他ならない(20)。

これに対し、経済法則は商品経済に見られる現象であって、古代から経済法則は部分的に商品経済として存在し、共同体規制＝経済外的規制のうちに誕生・発展してきた（この経済形態に現代で最も近いのは、北朝鮮の公的な計画経済と闇市場の関係であろう）。そして、商品経済が社会の支配的形態となった体制を資本主義と言うのである。それが、一七世紀のイギリスに登場した資本主義であり、さらには一九世紀の自由主義段階の資本主義（純粋資本主義に最も近いとされる）であった。こうした資本主義は純化傾向を持ち、純粋資本主義に近づいていく。こうした経済法則（〔交換〕価値法則）は、純粋資本主義において、商品経済が体制全体に貫徹することにより、純粋な形で見ることができる（例えば、一九世紀初頭から始まった周期的な恐慌の発生と循環）。言い換えれば、労働過程の一般的規定（欲望の充足）＝経済原則が、商品経済の形態（経済法則＝〔交換〕価値法則）をとおして実現されたものが資本主義に他ならない。このように資本主義の歴史性を明らかにした解釈が、宇野理論と呼ばれる理論であった。

しかしながら、資本主義が純化傾向を喪失し、あるいは反転し、経済外的な規制、政策が強まった現代においては、経済法則は純粋な形では消失し、宇野の言う経済原則、すなわち経済生活を超歴史的に規制する経済原則が生き残り、強化されるということになる。言い換えれば、近代経済学が重要な経済学となる。歴史性を持つものは、歴史的に消え去らざるを得ない。そしてマルクス経済学は資本主義自体が純粋資本主義から離れていくことによってその重要性を減じるのである。ただし、歴史学は、過去の歴史性を研究するのであるから、マルクス主義的歴史学それ自体はなくならない。歴史的対象を失った宇野経済学（マルクス経済学）が消え去るのである。

事例研究か、理論的研究か

アメリカのハーヴァード・ビジネス・スクールでは事例研究（ケースメソッド）方式が中心で、一年生で四〇〇以上（！）のケースを学ぶ。かなりの量のケースを勉強することになる（二年生でどのくらい学ぶかは不明）[21]。経営史においても、ハーヴァードで使われていた教科書、チャンドラー&テドローによる *The Coming of Managerial Capitalism* も、もちろん事例方式であった。これに対し、同じボストンのマサチューセッツ工科大学（ＭＩＴ）のスローンスクールでは、事例方式はほとんど採りいれられておらず、数学・統計学を重視したカリキュラムである[22]。事例研究か、一般的アプローチのどちらが良いのか、数十年前から議論されているが、決着はついていない。だが、かなり多くのビジネススクールでは、ハーヴァード流のケースメソッドを採りいれている。

ところで、経営学者の沼上幹は、事例研究の重要性を強調している。彼の議論はやや難解で、十分理解できない部分もあるが、要約すれば次のようになるのではなかろうか。

「社会研究が目指すべきところは、そのような一般に利用可能な『便利な』パターンの発見ではなく、その背後に存在する行為システムの了解である」[23]（傍点、引用者）と目的を設定する沼上は、対象への接近方法を「法則定立的アプローチ」と「解釈学的アプローチ」（行為システム記述）に区分する。さらに法則定立的アプローチを、「カヴァー法則（covering law）モデル」（変数システム記述）と「メカニズム解明モデル」に分ける。カヴァー法則モデルとは、「変数システムの間の安定的な関係を多数の標本を用いて確認していく作業が法則定立には適している」と想定している研究である[24]。換言すれば、自然科学的な変数を利用した研究と言えよう。

一九五〇年代、一九六〇年代には、解釈学的アプローチ（行為システム記述）が優勢であったが、一九七〇年代以降は「カヴァー法則モデル」（変数システム記述）が優勢となった（「メカニズム解明モデルは『カヴァー法則モデル』に押されて衰退した」）。これは自然科学的手法の優位が原因である。だが、「支配均衡の存在するゲームの構造」の下であれば、カヴァー法則モデルが有効であるが、そうした条件下にないならば、変数システム記述は有効ではなくなる。沼上によれば、社会研究のためには、変数システム記述は有効でなく、行為システム記述、すなわち行為の経営学が有効であるとする。沼上の場合、事例とは、必ずしも企業という意味ではなく、「技術・産業領域を分析単位」と考え、例えば、液晶ディスプレイ産業を取り上げている。[25]

以上からすると、方法論的に事例研究の持つ意味は経営史では大きく、一社に限らず、数社、あるいは一つの産業、ひいては一国を取り上げることも事例研究に属すると考えれば、その有効性は大きい。筆者も、主に事例研究を中心に研究してきた。

こうした事例研究の有効性を、沼上は別の角度からも指摘している。自然科学的な研究方法では、①内的妥当性、②構成概念妥当性（概念とデータが一致しているか）、③信頼性・追試の可能性、④外的妥当性（他の標本でも同じ知見を観察できるか）という四つの基準を提示し、社会科学では③と④を満たすことは本来的に不可能であり、①と②の条件を満たすためには、行為システムの記述が最も適当であると結論する。[26]

比較制度論について——岡崎哲二の『コア・テキスト　経済史』を読む

比較制度論については、すでに多くの議論があり、社会学的比較制度論と経済学的比較制度論との異同もある。ここでは、岡崎哲二の明快な説明に基づいて整理しておこう。取引コスト理論などについては、第1章と第6章で論じているので、ここでは主に、ダグラス・ノース、アブナー・グライフについて解説する。

制度が重要であるとの認識は、新古典派に対するアンチとして、青木昌彦などによって始まったが、経済史の分野では、ノースやグライフがこの道を切り開いた。経済が発展するためには、「国家による所有権の確保」[27]が重要であり、それなくしては危険コストなどの取引コストがきわめて高くつくことになる。イギリスをはじめとして、一六世紀から一八世紀にかけて西ヨーロッパで取引コストが低下した原因は、法制度の整備による安定的な取引の保証が実現したことによる。

それでは、それ以前に西ヨーロッパで「統一的な国家権力が存在しなかった一一世紀の地中海世界でなぜ市場経済が復活」し、「商業の復活」が起きたのか。グライフはその答えとして、「商人集団（結託）の多角的懲罰戦略」が契約・約束の執行を支えていたと主張した。自発的団体である商人集団が自主的に仲間組織の規定を作り、それを守らないものは懲罰の対象とすることによって、取引の安定を図ることができたというのである[28]。これは、フランシス・フクヤマが言う中間組織の重要性と同一であり、今日の温州商人の仕組みに近い（安部『文化と営利』参照）。チャンドラーも、取引コストの重要性を認め、市場の取引コストと組織化のコストを比較し、企業が取引を内部化し、大規模化・垂直統合を行ない、さらには多角化する歴史的傾向を指摘した。

しかし、岡崎が最近の垂直分解などの状況をもとに、「チャンドラーが普遍的で不可逆的な歴史的傾向と考えた企業組織への取引の内部化は、特定の条件の下で生じる可逆的な現象である」[29]（傍点、引用者）と理解しているのは、やや行き過ぎではなかろうか。チャンドラーは確かに内部化が歴史の大きなトレンドであると考えていたが、「不可逆的」という言葉は使っていないのではなかろうか（筆者は見落としかも知れないが、見たことがない）。

似た事例として、エンドポイント（最終到達点）という言葉をめぐって、ラモロー、ラフ、ティミン（LRT）とチャンドラーが激しく議論したことがある（本書、第9章参照）。チャンドラーがどのように考えていたかは今では知る由もないが、取引コストの高低で組織形態が決まってくるのは当然である。ただし、現在は脱統合の勢いが強いが、現代でも銀行などの金融機関はさらなる巨大化を続け（いわゆるブティック・バンキングは大きな重要性を占めていない）、ハイテクでもソフトウェア企業がハードウェアにも乗り出す傾向（マイクロソフト）、さらには日本の総合電機メーカーは解体を余儀なくされつつあるが、巨大化し、総合化しているサムスンをどのように考えるかという問題もある。揺り戻しはいつでも起きうるし、長期的な傾向が重要であろう。ただし、現代が全体の趨勢として脱統合に向かっていることは確かである。

大塚久雄は「単線発展段階論」か

一国資本主義論、あるいは西洋中心史観として、この数十年、大塚史学の評価の低下は著しい。そして、フランス史家であり、歴史方法論者である遅塚忠躬も、大塚久雄の論を「単線発展段階論」としている。遅塚の理解によると、単線発展段階論を、低開発諸国は先進国の経験に学ぶべきであり、それは役立つとする論とし、ロストウ、ポスタン、大塚久雄を「単線発展段階論」として同種の考えとする。(30) さらに、「大塚＝ポスタンふうの単線的発展段階論に対する批判」として、ガーシェンクロンの後発国発展説、グンダー・フランクの従属理論、ウォーラーステインの近代世界システム論（川北稔も同様）に繋がっていくとする。(31)

しかし、遅塚が論拠としている大塚の「予見のための世界史」（一九六四）でも、「横倒しにされた世界史」という言葉が使われているし、必ずしも大塚は「単線的発展段階論」者ではないのではないか。遅塚が触れていない大塚のもう一つの文献、「産業革命の諸類型」（一九六七）では、「世界資本主義」というモデルを持ちだし（当時、学界では、鈴木鴻一郎、岩田宏などの世界資本主義論、角山栄などの世界資本主義論が人口に膾炙していたので、大塚は世界資本主義論という用語を使うのが嫌だったようだが、あえて世界資本主義を使っている）、産業革命が世界的に同時に存在し、時空を超えて、いわば横倒しに存在したことを主張している。同時に存在するということは、それらが互いに影響しあわないわけはない（本書、第12章も参照）。

したがって、ロストウ、ポスタンと同列に、大塚を「単線的発展段階論」者とすることは妥当ではない。ただし、大塚は上記二つの論文で展開した以外に、ほとんど世界資本主義について述べていないので、十分な展開を行なわなかったことは事実である。

また、増田四郎も「樹木の年輪」あるいは「バウムクーヘン」的な同時並存する経済事象について、次のように説明している。「例えば家族経済・村落経済・都市経済・領邦経済・国民経済・世界経済といった諸事象は、原則的には……その幅の広さというか、輪の濃度の強弱に、さまざまな相違をしめしながら、いわば同時的なものとして並存する性格のもの」である（『社会史への道』二六頁）。

数量経済史について

一九六〇年代、「新しい経済史」とか、数量経済史、計量経済史とかいう名称で、歴史に対して数量的アプローチが脚光を浴びたことがあった。その後も、数量的な手法はロバート・フォーゲルやダグラス・ノースがノーベル経済学賞を取ったことからも分かるように、研究の面では、経済学では当然だが、アメリカ経済史の主流でもあり続けている。だが、多くの大学の経済史の授業では、伝統的な経済史が教えられているように思う（アメリカでも、ヨーロッパでも、日本でも）。というのも、数量的アプローチは統計学、計量経済学のマスターが必須であり、それに適した能力を持っている学部学生は少ないからである。理解できないものには関心を示さないというのが人間の通例であるので、経済史の授業が数量的要素を採りいれるにしたがって人気が下がり、先に見たグーグルのデータでも、「豊かさ」の問題もあるが、経済史の使用頻度は下がっている。

また研究者レベルでも、「数量化に接近した結果、経済史を新たに研究する者が偏るようになってしまった。もはや経済史にそれほど多くの歴史家を魅きつけることはなく、経済学者のあまりに多くが歴史研究をやめてしまった」[32]。これに対して、社会史などの定性的な歴史研究が活発になった。

ユルゲン・コッカも次のように述べている。一九八〇年代から一九九〇年代にかけて、「統計や社会科学は後方に退いた。歴史を立論するうえでの分析的な形態についても同様であった。他方で、叙述の復権（物語〔ストーリー〕ではなく、言語論的転回の影響を受けた物語り〔ナラティヴ〕＝物語構造分析）が起こり、カルチュラル・スタディーズ（たんなる文化研究ではなく、言語論的転回に基づく文化研究）に近づく歴史家もいた。経済史は一九六〇年代および一九七〇年代には隆盛していたものの、今では負け組になってしまった」[33]。その背景にはポストモダンの影響があった。

このように、経済史は、数量化とポストモダンの両方の要因によって、研究者と履修学生と読者を失っていったのである。これに代わって台頭したのが、社会史であり、労働史であり、経営史であった。

ここでは、筆者の数量経済史の経験談を取り上げたい。筆者は、かつて（一九七〇年代から一九九〇年代）に、イギリス鉄鋼業を研究していた。一九世紀末に、イギリス鉄鋼業がアメリカ、ドイツに凌駕されたのはなぜか、という長年論じられてきた興味深いトピックである。このテーマには、多くの研究者が著作をものした。伝統的なダンカン・バーンの大著、LRTの一員でもあるピーター・ティミン、『経済学はレトリックである』を著わしたD・マクロスキー、『世界史の中の産業革命』で有名になったロバート・アレン、制度制約論者であるバーナード・エルバウム（ウィリアム・ラゾニックと同じ学派）などであった。

バーンの伝統的な手法に対して、まずティミンが数量的な手法を用いて、新たな風を吹き込んだ。かれは、投資のヴィンティッジ・モデル（ワインのヴィンティッジと同様に、機械設備はそれが作製された年齢を持つ）を利用して、低い国内市場成長、輸出の困難性によって需要の成長率が低くなり、したがって投資率が低くなり、機械設備の年齢が高くなり、イギリス鉄鋼業の生産性が低くなったのは当然の帰結であると結論した。これに対して、マクロスキーは、全要素生産性、別種の生産性をダイレクトに計算し、イギリス鉄鋼業の生産性は決して低くないと結論した。ティミンは、ヴィンティッジ・モデルを利用したが、マクロスキーは投資は年次的に行われるので、平均の資本年齢はすぐに上がるのではなく、このモデルをそのまま応用することには問題があると主張した。

後年、筆者はMITにティミンを訪問し、マクロスキーはこれこれの理由であなたを批判しているが、どう思うかと聞いたところ、ティミンはあっさり「前提が変われば、結論は変わってくる」と語った。それはそうであろう。前提が変われば、結論は変わってくる。ヴィンティッジ・モデルを認めないのであれば、結論は変わってくるのである。だが、結論にあまりにもこだわらない姿勢に違和感を覚えたのも確かである。意味のある結論を見出すために、前提や手法に大いなる注意を払うというのが、研究者の採るべき道ではないか。計量経済史家の、結論にあまりにもこだわらない姿勢に疑問を感じたのが一つ。

他方、マクロスキーの手法には、一九五〇年代にロバート・ソロウが開発した全要素生産性の手法など（大学院生当時、私はこれを知らなかったので、このために勉強した）教えられることも多かった。だが、彼は銑鉄部門の生産性は全要素生産性で算出したが、鋼部門の生産性は、鋼価格と銑鉄価格の割り算で算出していることに疑問を覚えた。手法は割り算という単純な手法で、ただ意味づけをいろいろ行って計算しているのである。意味づけに納得できなければ、その結果も信頼できない。結局、イギリス鉄鋼業の生産性がアメリカ、ドイツより高いか低いかについて確信を持つことはできなかった。むしろ、バーンの行なった状況記述的な手法（高炉の規模など）での結論（イギリスの生産性は低い）の方が信憑性が高い。そのようなわけで、経済理論を活用する計量経済史には、それが一つの重要な分野であることは当然だが、今一つ信頼がおけないのである。[34]

4　言語論的転回・文化論的転回――遅塚忠躬の所説をベースに

言語論的転回・文化論的転回の背景

前節で述べたように、経済史は、計量化に偏ることによって衰退の一因を作ったが、もう一つの要因は、ポストモダンの影響を受けたことだった。言語論的転回（linguistic turn）、文化論的転回（cultural or culturalist turn）が[35]、一九八〇年代に台頭し、歴史の分野に大きな影響を与えた。経営史は比較的この影響を免れていたが、二〇〇〇年代には、一部の経営史家はこの変化を重視し、著作を執筆するようになった。

言語論的転回とは、「言語は人間の意識や意味の社会的生産を構築するアクターであり、わたしたちは、言語のあらかじめコード化された知覚というレンズを通してのみ、過去および現在における世界を理解できるという、観念」とされる。[36]平易に言えば、わたしたちの思考は、言語を通して為されるので、歴史研究を行なう上で言葉、言説が非常に重要であり、私たちの認識のレンズは人によって異なり、また歪んでいるということである。文化論的転回とは、デリダやフーコーによって主張されたポストモダンの影響を受けて、それまでの歴史記述、研究手法を、言説を中心に変えなければならないという主張であり（ポスト構造主義）[37]、さらにギアーツなどの文化人類学の影響も受けている。しかし、言語の重要性を強調している点で、文化論的転回は言語論的転回と同様なので、同じものと考えて行論を進める。リン・ハントによると、ヨーロッパでは言語論的転回と言ったのに対し、アメリカでは文化論的転回という用語を使用したと指摘している（ハント『グローバル時代』二〇頁）。

このほか、一九八〇年代には、「転回」という言葉が流行っていて、様々な「転回」が論じられた[38]。先の二つに加えて、人類学的転回、空間論的転回、歴史論的転回、制度論的転回、文学論的転回（ニュー・ヒストリシズム）などの言葉もあるが、いずれも言語を中心に据えている点、また主観主義的という点では共通である。ただし、空間論的転回は、地理的な拡大、グローバリゼーションをベースとする世界システム論につながっていくが、言語論的転回の要素は少ないように思われる[39]。

言語論的転回を論ずる前に、すでに述べたことと若干重複するが、ユルゲン・コッカにしたがって、その背景を述べておこう。

一九五〇年代から一九七〇年代には、アナール学派の伝統もあり、社会史が興隆し、「構造や過程に対する関心が増大した。『社会史』という概念は、伝統的な政治史偏重に異議を申し立てようとする修正主義的な企図に基づき、歴史研究を長きにわたって支配してきた解釈学的方法および描写的叙述形態を拡充（変革？）しようとするものだった。伝統的な歴史叙述の中心は、事件や人物、思想の歴史によって占められてきたが、社会史はその超克を目指したのである」。「一九八〇年代および一九九〇年代に再び、優劣の逆転が起こった。かつての挑戦者が今度は挑戦される側になったのである。日常史と文化史が前面に躍り出て、社会史のパラダイムに挑戦した。新たに強調されるのは、いまや構造や過程を通りこして、認識や活動の歴史、言い換えれば歴史の主観的な側面となった。……歴史研究の主題かつ媒体として、再び言語に焦点が当てられた。……そもそも歴史学はテクストを超えて、非意味論的な現実に到達することが可能なのかという問いも提起された」[40]（傍点、引用者）。

遅塚忠躬の「柔らかな実在」と「柔らかな客観性」

以上、「言語論的転回」誕生の背景を説明したが、歴史学の方法あるいは歴史哲学について、画期的な著書『史学概論』を著わしたのが、遅塚忠躬であった。ここでは彼の論に基づきながら、事実（facts）、真実（truth）、現実（actuality）、実在（reality）、真理（truth or verity）、理論（theory）のそれぞれの意味、関係、さらには事実認識と歴史認識について論じたい（特に最初の四つ）。

まず筆者の考えでは、素朴な考えとして、事実をいろいろ突き合わせていく中で、真実（真相）を突き止めていくことがある。ある事件があり様々な主張があるが、それらを勘案する中で、本当の事実＝真実を探求することは可能であると考え、ある事件の真犯人を探し出すといった作業である。

ただし、歴史的真実となると話は複雑になる。例えば一八〇六年にイエナの戦いがあったが、これはナポレオンとプロイセン王との戦いであり、ナポレオンが勝利したことは確かである。その戦った時期、戦った人物は事実として明らかにされる。しかしながら、その歴史的意味を問うとすれば、フランシス・フクヤマの言うように、単なる一つの戦いではなく、民主主義の封建制に対する最終的勝利、その意味での「歴史の終わり」と考えれば、これは意味論的解釈につながる。いずれにせよ、無数の表層的な事実の深部に存在する真実の探求ということはありうるだろう。事実は具体的で、真実は抽象的であるとは言えるが、どちらも単に主観的なものであるとすることはできないと考える[41]。

遅塚によれば、世の中には無数の事実がある。歴史的に残された史料は、それを記録した者がなんらかの意図で主観的に取捨選択し、記述した。その中で、自然に失われたものもあるだろう。さらに、歴史家が残された史料を手に入れることができ、さらに主観的選択を加え、著作の形で記録したものが歴史叙述である。

素朴実在論（素朴実証主義）は、事実は客観的に存在し、認識（主観）によっては揺るがないと考え、知見を積み重ねれば、客観的事実を得ることができるとする。反実在論者（言語論的対応派）はそれは幻想であるとし、客観的事実を得ることはできないとする。事実の認識は、言語を使った主観的なものだからである。

だが筆者は、次のように考える。事実の認識は、言語を使って表現される。しかし、それゆえに一〇〇％主観的ということにはならない。言語には共通認識部分があり、かつそれが大部分を占めており、同じ言葉が人によって異なった捉え方、意味の把握がされることももちろんあるが、それらの比重は部分的・小部分であろう。言語が基本的に通じないならば、言語としての機能が果たせないからである。レンズは歪んでいる（異なっている）かもしれないが（したがって主観的になる）、対象がまったく捉えられないということはなく、他者との間で細部は異なっているにせよ、基本的像は捉えられる。言語論的転回の、レンズの歪みが極度に大きく、程度の問題を無視し、共通の像は得られないとする主張は、極端すぎる。ここまで来ると、白馬は馬にあらずという、詭弁学派に近くなる（泥棒にも三分の道理）。

ところで、遅塚は、事実認識と歴史認識を区別する。事実は事実として認識できるとは限らないが、他者との議論を通じて、「柔らかな実在」を獲得できるとする。完全な実在ではないが、部分的に実在を獲得できると考える。「柔らかな」は遅塚のキーワードである。「柔らかな実在」は、事実は解釈に先行するという前提からきている。事実認識にも主観は入る（事実認識が揺らぐ）が、相互検証により、ある程度の客観性、すなわち「柔らかな実在」は確保できるとする。

歴史認識（時代像の構築など）は本来的に主観的なので、客観的な歴史認識はできない。だがここでも、他者との相互批判を通じて、ある程度の歴史認識の「客観性」を獲得できる。遅塚にあっては、客観性とは、暫定的で相対的な客観性を保証されているだけのことであり、筆者の言葉を使えば、説得力を持っていること、いわば一〇〇人中九〇人が同意していることにすぎない。したがって将来には、今は「客観的」と思われていたことが「単なる主観的なもの」に変わるかもしれない。客観的真理は、絶対的真理ではなく、相対的真理にすぎないのである。

このように、客観的ということを柔軟に解釈すれば、遅塚の「柔らかな実在」「柔らかな客観性」という概念が出てくるのである。別言すれば、「事実認識の実在論」と「歴史認識の反実在論」をいかに調和させるかが遅塚にとって問題であった。先述のように、事実は解釈に先行するが、解釈の介入によって揺らぐこともある。だが、歴史家や人々の互いの検討により、ある程度の客観性＝「柔らかな実在」が得られる。同様のことが、歴史認識にも妥当し、「柔らかな客観性」は、主観的に想定した歴史命題が非実在でありながら、相互検討を通じて、ある限度内で客観性を与えられるのである。

結局、「客観的な」事実認識と「主観的な」歴史認識ではあるが、「柔らか」概念を導入することによって、「それでも歴史認識は客観的でありうる」と、遅塚は結論することができた[42]。

表序－2　言語論的転回と他の諸領域

	個　人	集　団
客観的認識	政治史 （経営史）	社会史 （経済史）
主観的認識	言語論的転回派	言語論的転回派

出所：小田中「『言語論的転回』以後の歴史学」125～126頁。（　）は，筆者による追加。

表序－2は、小田中の議論を基とした歴史学の分類であり、「主観的」と「客観的」による分類である。ただし、経営史と経済史の挿入は、筆者の考えである。言語論的転回の波を受けて、対極にある政治史（事件史・個性史）と、社会史（構造史・民衆史）の相違は、表序－2のように表現される。経済史は集団史に近く、経営史は個人史（個性史）に近い（本章注(12)のウィリアム・リーダーの引用参照）。主観的認識を特徴とする言語論的転回は、個人、集団の両方に現れる。またアメリカ合衆国の社会史は、自然科学のアプローチを基礎とする集団的行為の分析（チャールズ・ティリーが代表的）に対し、イギリスでは、文化マルクス主義派（エドワード・トムスンが代表的）が社会史を担った。

ところで、遅塚の理解に関して、筆者が納得できないのは、遅塚が、事実と真実に関して、歴史的事実はあるが、歴史的真実はないとしている点である。事実は科学が対象にできるが、真実は芸術が対象とするというのである。これはあまりに飛躍した見解のように思われる。

転回論の批判において、遅塚は次のように述べている。「テクスト（史料のこと）の外部をリアリティという曖昧な概念でしかとらえておらず、事実と真実ないし実態との区別をわきまえていないことである。(この欠点は、「転回」論者に責任があるのではなく、事実と真実の区別をなおざりにしてきた従来の歴史家にも責任がある)」[43]。しかし、遅塚の言うような、事実(fact)、真実(truth)、リアリティ(実在・実態・ありのまま)という三者を明瞭に理解するのはかなり困難である。

「歴史学においては、『事実』と『真実』との区別もまたたいへん曖昧である。歴史上の『事実』をできるだけ積み重ねて、それらに合理的な解釈を施せば、われわれは、歴史のありのままの『真実』(つまり事件の『真相』だの社会の『実態』だの人物の『実像』だの)に次第に接近することができるのであろうか」という問いを、遅塚は突き付ける。「一瞬のひらめきから歴史の真実を感じ取るのは、歴史家の仕事ではなくて、芸術家の直感であろう」とまで述べる[44]。

また reality についても、G・スピーゲルの言葉を引用しながら、「現実」という訳語があてられているが、実際は「『真実』に類似した曖昧な概念」と述べている[45]。遅塚の整理によると、事実と真実の中間に reality (実態、実在、ありのまま)が入り、actualities (現実＝現在の状態)が reality と対応しているようである。したがって、遅塚の主張を理解するためには、真実という用語にどのような意味を持たせるかということに帰着するのではないか。「次第に接近することができるのであろうか」という先の問いに答えれば、真実・真相に接近できると、筆者は考える。むしろ、拙著『文化と営利』で強調したような、「真実の全体」(the whole truth)をいかに捉えるかの方が重要な問題と思う。

ここで、議論をさらに拡大すると、reality と actuality の相違について、岸本美緒も論じているが、筆者の理解能力の問題もあろうが、よくは分からない。「言語論的転回論や歴史の物語(り)論の立場から繰り広げられてきた方法論的論議は、現在ではやや沈静化し、現場の歴史研究者にとっても受け入れやすい論調へと変化しているように見える〔遅塚のお蔭か！〕。……もう一つのアクチュアリティ問題〔は〕……新しい認識論的立場からの批判というよりは、むしろ、かつて日本の歴史学界に存在した現代的な関心が今日では希薄になってしまっているのではないか、という方向の批判的問題提起であろう」ということなら理解可能であるが、reality と actuality を認識論的(epistemological）に見た場合に、どうなるかということが不明である[46]。

ここで、遅塚の結論に話を戻すと、彼は『史学概論』のむすびで、実在論と反実在論の折衷、カントとポパーの接ぎ木、趨勢と偶然の結合に見られるように、彼の論は「折衷論の繰り返しで組み立てられている」と自身が述べている。さらに自著について「素朴実在論（素朴実証主義）を否定しながらも事実の存在を主張し、事実の究明と歴史像の主体的構築とを説いた戦後歴史学を継承しつつも、そこに、アナール派の社会史の観点や言語論的転回の成果やカオス理論やらという新しい動向をも盛り込もうとした構築物である」とも述べている[47]。

いずれにせよ、遅塚は言語論的転回を理解はしても、同意はせず、だが歴史的事実と歴史的認識についての思考を深めた点で、またそれを促進した点で、遅塚の『史学概論』には大きなメリットがあったと思う。小田中は、「日本におけるもっとももしんらつな言語論的転回批判者[48]」として遅塚を評しているが、むしろ遅塚は実際には最も良き理解者であった。

以上の言語論的転回、文化論的転回が経営史に与えた影響は、限定的であった。それに関しては、Rowlinson & Hassard や Toms & Wilson が詳しく解説している[49]。

最後に、経営史への影響も含めて、言語論的な展開が歴史学に与えた影響について、ややシニカルに論評しているデヴィッド・キャナダインを引用して、序章のむすびとしておこう。

「今から二〇年後には、研究者たちはまったく異なる何かに関心をもっているだろうし、私たち世代（言語論的転回派世代）が、過去の『意味』を解き明かすことが歴史家の決定的で本質的な仕事であると、かくも自信満々に信じられたことを、唖然として振り返るだろう[50]」。

第1章　チャンドラー・モデルの理論的背景と概要

1　市場と組織の分析枠組み——取引コストの経済学

現在、企業の理論では、市場（マーケット・メカニズム）と組織（＝企業、より厳密に言えば、階層組織を有する大企業）を対比的に見る二分法が主流である。J・R・コモンズやR・H・コース以来の制度派経済学は、新古典派を次のように批判している。新古典派は、価格をシグナルとし、資源の配分を市場の見えざる手に委ねておけば、経済システムはオーガナイゼーションではなく、言わばオーガニズム（有機体）として自律的に機能していく、すなわち市場メカニズムを至上のものとしている。こうした新古典派的な考え方を批判し、制度学派は、市場のメカニズムだけでは決して資源の最適配分は実現され得ないことを指摘してきた。従来、企業を単なる「点」としてその内部構造に目を向けないできた新古典派的見解は、取引コスト概念の導入により、制度学派的研究者から鋭く批判されるようになった。

その批判の要旨は、市場取引には必ず取引コストが掛かるが、新古典派のパラダイムではこの種の取引コストはゼロであることが暗々裡に前提されている（コース）[1]。換言すれば、これは「摩擦のない世界という虚構」（ウィリアムソン Oliver Williamson）[2]を前提としていることになる。しかし現実の市場取引では、必ず取引コストを負担せざるを得ない。この取引コストの節約こそ、市場から（内部）組織への移行をもたらした中心要因であるとされる。

このような取引コストの中身、あるいはそれを生じさせる根拠は論者によって区々である。例えば先述のウィリアムソンやノース（Douglass North）の間で議論が交されている。(3) ここで筆者なりに取引コスト概念を整理してみると、現実の取引において購入者の側から見ると、取引を行う誘因は価格だけではなく、購入商品の品質、デザインなどはもちろん、購入後の故障に対するアフターサービスなどの要素も重要である。さらに商品が欠陥品であった場合などに売り手が信頼に値するか否かも考慮の対象となる。そうした事がらは、なかなか容易にはわからない。それを知るためには情報が必要であるが、こうした情報を得るためにはコストがかかる（情報コストの存在）。

これは商品を売る側からも同じことが言える。買い手が支払いなどの面で信頼に値するか否かをよく見極めるためにはやはり情報コストがかかる。この情報という要素こそ取引コストの中心コンセプトと言ってよい（ノース）。(4) 言い換えれば情報コストとは、契約を結ぶコスト（「契約コスト」cost of contracting）を情報の視点から見た場合のコストである。

しかし、取引コストの要素は情報にとどまるものではない。ある契約を結んだ時、相手が不履行に及んだ場合、事後的にそれをどうやって実行させるか、あるいは補償させるかという強制執行コスト（costs of enforcements）の問題がある。これは、例えば国家が不履行者にどのような制裁を科すかという問題ともかかわって、従来、経済運営の立場からはネガティヴな存在とみなされてきた国家が、実は取引コストの観点からは、取引コストの節約を促進する存在として、ポジティヴな位置を与えられるという評価の転換を含んでいる。(5) このようなコストは、取引の安全を事後的に確保する上での危険コストと呼ぶことができよう。以上をまとめると、取引コストは、情報コストと危険コストの二つの要素から成り立っていると言える。こうした取引コストは、企業と最終消費者との消費財の取引においてもむろん存在するが、中間生産財の取引、すなわち企業と企業との取引において一層重要である。

取引コストの定義は、先に述べたように論者によって一様ではない。ノースは、取引コストの構成要素において強制執行コストの重要性を強調するが、同時に取引コストを測定コスト（costs of measuring）――情報コストに近い――と強制執行コストに分ける。[6] ウィリアムソンは強制執行コストに関しては触れず、ノースを「取引コストを『財やサービスの分離可能の程度の測定』によって狭く定義している」と批判している。[7] ウィリアムソンは、測定コストは取引コストの一側面に過ぎず、近代企業を理解する上で最も重要な側面であるとは思わないとも述べている。むしろ企業を統轄していくための統轄（governance）コストの方が測定コストよりも重要であるとする。

このように取引コストの中身については論者により相違があるが、より重要な点はこうした取引コストが市場取引に必ずつきまとうという事実であり、それを削減するための方法が組織の形成であるということである。コースの言葉を借りれば、取引コストとは「企業の形成によって避けられうるコスト」である。[8] またウィリアムソンによれば、市場取引は頻度（frequency）＝反復的な契約、不確実性（uncertainty）、資産特有性（asset specificity）という三つの属性を持っているが、こうした属性から生ずる取引コストを削減していく一つの方法が組織の形成なのである。[9]

ここでいわゆる「市場の失敗」について述べると、市場の失敗には二種類ある。一つはいわゆる外部不経済による市場の失敗である。市場取引では処理しきれない公共財ないしは公害のような外部不経済は、一種の市場の失敗である。だが通常、企業の理論で言われる「市場の失敗」は市場メカニズムの下での取引コストが、取引を企業内に内部化した場合のコストと比較して高いということを意味している。

なぜ市場が失敗するかについて、ウィリアムソンに拠りながら少し詳細に見ておこう。ウィリアムソンにおける中心概念は次の四つである。人間の属性要因としての「限界づけられた合理性」（bounded rationality）、機会主義（opportunism）、環境要因としての「不確実性・複雑性」および「少数性」である。限界づけられた合理性とは、「合理的であろうと意図されてはいるが、限られた程度でしか合理的ではありえない」という人間の性質である。[10] 換言すれば、事前に長期の契約で将来のありうべきすべての状態を想定して、その一つ一つについて取られる資産の使用方法を、事前に指定することは不可能ということである（青木昌彦）。[11] 機会主義とは、「欺瞞的な言動をもって私利を追求すること」、言い換えれば、欺瞞・策略による駆け引き的な行動である。不確実性・複雑性は字義のとおりであるが、少数性の条件（a small numbers condition）は交渉当事者が多数ではなく少数である場合、ゲームの理論に見られるように、少数者の間で取引上のジレンマが発生する状態である。特に機会主義と結びつく時に、取引をめぐる状況は非常に複雑化し、取引コストは高くなる。

以上の四要因の中心には「情報の偏在」（information impactedness）がある。これらの要因により市場メカニズムにおける取引コストは高くなり、市場よりも組織の方が有利になる。市場に対する内部組織の優位性は、限界づけられた合理性の改善、機会主義の弱化、不確実性の減少、情報偏在条件の克服などであり、以上の要因により歴史的にも市場から組織（大企業）への移行が促される。

このように、取引コストの高低によって市場が選択されたり、あるいは組織が選択されることになるが、歴史的には組織の持つ優位が市場取引にかかわるコストを凌駕し、組織の形成、すなわち大企業の成立が促されてきた。しかしもちろん、「市場の失敗」だけではなく、「組織の失敗」について語ることもできる。取引の内部化、つまり組織の形成は「コスト（節減）のための万能薬と誤解されるべきではなく」（ウィリアムソン）[12]、あくまでも「市場取引を実行するコスト」と「こうした取引を組織するコスト」（コース）[13]――これを筆者は「組織化コスト」（costs of organising）と名づける――との比較によって市場と組織の選択は決定されるのである。

こうした内部化＝大企業の出現がどのような力によってなされたかに関しては、ウィリアムソンと彼を批判したウィリアム・ラゾニックとの間で対立があるが、ここでは主にチャンドラーに従って説明しておこう。チャンドラーは「規模の経済」（economy of scale）と「範囲の経済」（economy of scope）により大企業が出現したと考える。[14]規模の経済は、スケール・メリットの追求により、単位当たりコストを節約し、生産性の増大と高収益性を企業にもたらす。この要因が企業をして拡大・成長を追求させる第一の誘因となるのである。

しかし、この規模の経済は、プラント・レベルにおける規模の経済と、企業レベルにおける規模の経済に分けて考える必要がある。通常、スケール・メリットが強く作用するのはプラント・レベルにおいてであり、それは物的生産性を高めるとされる。革新（innovation）という場合、技術革新を指すことが多い。しかし、企業レベルの規模の経済も重要であり、これまで比較的無視されてきた組織革新（organizational innovation）を考える場合には、企業レベルの規模の経済も劣らず重要である。

生産規模に関してチャンドラーは次のような指摘をしている。生産規模がその水準に達しないならば、技術的効率性から見て著しく不利な状況におかれる水準のことを、彼は「最小効率規模」（minimum efficient scale）と呼んでいる。例えば、自動車工場の最小規模は現在では年産二〇万台、製鉄所の最小規模は年産一〇〇〇万トンと言われている。これを下回るならば、その工場は極めて低い生産性を甘受しなければならない。さらにチャンドラーはこうした技術的特性に加えて、企業がその生産量を市場の動向に適切に合わせた量を「最適規模」（optimal scale）と呼んでいる[15]。すなわち最小効率規模を最低ラインとし、需要に合わせて最適の量が決定されるべきだということになる。

この規模の経済についてさらに重要な点は、規模の経済は無限に機能するわけではなく、いわば「規模の不経済」（diseconomy of scale）がある時点から作用することである。したがって、技術的に見ても、また組織の上から見ても、最適規模が存在するはずである。規模の経済が無制限に作用するならば「なぜ各産業には独占が存在しないのか」というわゆる「マーシャルのジレンマ」、あるいは「なぜすべての生産は一つの大企業によって行われないのか」というコースの問題提起が生ずる[16]。

明らかに、規模の不経済が働いて技術的・管理的なロス（control loss）が発生する場合がある。それゆえ、一つの産業が、あるいは一国民経済がただ一つの企業によってコントロールされるという事態は一般的には出現しないのである。ちなみに、規模の経済はプラントを拡張することによっても達成されるが、新たなプラントを追加することによっても実現される。後者の場合には組織形態として、旧来の「単一事業単位企業」（single unit firm）から「複数事業単位企業」（multi-unit firm）に変化し、企業レベルにおける規模の拡大＝組織革新を通じて、取引コストの削減が可能となる。
チャンドラーが、著書のタイトルを『スケール・アンド・スコープ』としたことからもわかるように、規模と範囲を問題とし、垂直統合という用語は明示的には使わなかった。しかし産業組織論や企業の経済学では、垂直統合は重要なテーマである。なぜ企業は垂直統合を行うのか、それによって企業を拡大するのか、このことが大きなテーマであった。チャンドラーも実質的には垂直統合を問題にしているが、筆者は、企業成長の主たるトゥールとして、「規模の経済」「統合の経済」「範囲の経済」という三概念を並列すべきであると考える。チャンドラーも引用しているイギリスの経済学者スコット・モスは、統合の経済を詳論している。[17]
統合もまた規模と同様に、主に技術的要請を基礎としたプラント・レベルにおける「工程統合」と、製造から販売、あるいは購買、研究・開発などへの職能部門を越えた「職能統合」とが区別される。従来は、銑鉄と製鋼部門あるいは圧延といったプラント・レベルの工程統合によるコストの低減が強調されていた。だがチャンドラーにおいては、製造から販売、購買、研究・開発といった他職能部門への垂直統合が重視される。それに伴って、集権的職能別組織（unitary form ＝Uフォーム）の登場、すなわち組織革新が不可避となり、新しい組織形態による取引コストの削減が強調される。それまで企業間取引（interfirm transaction）として市場メカニズムを利用していた関係が、主に製造企業が販売部門に乗り出すことにより、企業内取引として販売職能を内部化し、情報コスト・危険コストあるいは統轄コストなどの取引コストを削減することが可能になる。
しかし、ここでもまた統合の経済は無制限に機能するわけではなく、「統合の不経済」（diseconomy of integration）によって妨げられる。組織の肥大化によってコントロール・ロスが増大し、取引コストよりも組織するコストが相対的に大きくなり、成長はストップする。範囲の経済は多角化によって多種の商品を生産・販売することにより、一種のシナジー効果によって取引コストを削減しようとするものである。特定製品の市場成長が限界に達するか、あるいは成長があまり見込めない状況に遭遇すると、企業は他の製品分野に進出せざるを得ない。この意味で企業の成長は、ペンローズが言うように、特定製品分野の成長、換言すればある産業の成長可能性に限界づけられることはない[18]。しかし範囲の経済もまた無制限に伸張することはできない。「範囲の不経済」(diseconomy of scope)が作用し、コントロール・ロスが発生する。別言すれば、多角化によって従来のUフォームによる効率的な統轄は困難となり、企業の「組織化コスト」は増大する。そこで組織化コストの削減のために案出されたのが事業部制(multi-divisional structure＝Mフォーム)である。事業部制は各事業部に自治権を与え、プロフィット・センターにする一方(市場メカニズムの一定程度の復活)、長期計画などの戦略的統制、資金配分などへの統制により本社機能を強化し、全体として多角化に適合的な組織となる。事業部間での取引に見られるように、組織内部での市場取引の復活は、疑似企業間取引コストが組織化コストよりも小であることを意味している。

2　生産コストと取引コストの関係

これまで取引コストを、情報コストおよび危険コスト、ないしは統轄コストとして説明してきたが、価格の構成要素は、言うまでもなくそうした取引コストだけではなく、生産に直接かかわるコストがある。普通はむしろその生産コストが商品の価格を決定する基本要素と考えられている。例えば、ダグラス・ノースは生産コストと取引コストを並列しているし、同著者の別の論文では、物的な属性を変化させる(transforming)費用を「転換コスト」(transformation cost)と呼び、物的な属性を変化させずに「財の所有権を定義、保護、強制執行する取引」に投じられる費用を「取引コスト」と呼んでいる。そして両者の合計が「総生産コスト」(total costs of production)とされている。ノースにおいては物的属性を変化させない流通コストは取引コストに含まれており、実際、「銀行、保険、金融、卸売業、小売業」に関連する取引コストの計測において、一九八〇年代のアメリカではそれが国民所得の四五％に達したが、一〇〇年前には二五％に過ぎず、取引コストが歴史的に増大していることを指摘している[19]。

しかし、筆者は直接に物的属性を変化させない流通コストも、そのコストが限界づけられた合理性や不確実性、少数性、機会主義などとは直接関係せず、言わば技術的に決定されるという意味から、取引に直接かかわる取引コストから除くべきであると考える。そうすると、財の実質的な価格――情報のような潜在的なコストも含んで――は、生産コスト、流通コスト、取引コストによって構成されることになる（あるいは流通コストも生産コストの中に含むこともできる）。実際の買い手にとって重要なのは、この三者のコストであり、買い手に、ある財の購入、すなわち取引を決断させるという意味において、三者の合計を「総取引コスト」と呼ぶことができよう。消費者にとっても、また売り手および買い手としての企業にとっても、この「総取引コスト」こそ最も重要ではなかろうか（ちなみに、法律の世界では、「買手危険負担責任原則」があり、取引における危険負担は買手に帰せられている）。

この点はひとまず置くとしても、生産コストと取引コストの関係をどのように考えるかは重要な意味を持っている。というのも先に述べた垂直統合を取り上げても、通常は物的・技術的な面での「統合の経済」を強調するのが普通であるが、ウィリアムソンは別の考え方を提起しているからである。

ウィリアムソンは、次のように述べている。「私は、（産業組織論のジョー・）ベインが言及したような種類の『物的ないし技術的局面』を伴わない取引であっても、統合によって取引関連的な節約が可能になる場合があることを主張したい。他の面では分離可能な工程の間の連続処理による節約は、じつは、少数主体供給という条件が特に明瞭であるようなスペシャル・ケースである。しかし、熱経済や、これに対応する何らかの物的条件がなくても、不確実性の条件と少数主体供給という条件の下で行われる交換について、垂直的統合に頼ることによって取引費用を節約しうる機会はやはり起こるのであって、ただおそらく、その程度がそれほど著しくないだけのことである。言い換えると、ベインが述べているような物的な種類の統合は……契約上の不完全性のスペシャル・ケースであるにすぎない[20]」。

またウィリアムソンは、「コストの節約は、統合が『物的または技術的側面』を持っているところで実現されうると広く信じられている。しかし（統合のメリットが不可欠とされる代表的な）高炉から圧延までの段階でも、複雑な条件付請求権契約を作成し、実行することが可能であれば、これらの活動の統合は不必要であろう」とさえ言及している[21]。言い換えれば、垂直統合を推進する決定は、技術的な必要性よりも取引コストの節約を反映していることになる。すなわち、技術革新と組織革新の相対的重要性を問うているのである。ウィリアムソンの結論は、組織革新の方が技術革新よりもはるかに重要であったということである。言い換えれば、「『スケール』および『スコープ』の経済は、経済学者が典型的に考えているような不可分の技術の結果としてではなく、費用のかかる統轄組織への投資を節約した結果として登場するのである[22]」。この考えは、T・C・コクランの、技術や資本よりも経営組織こそ経済成長を実現する上で主導的であったとの言及と合致している。チャンドラーは組織革新の重要性を指摘・強調したが、なお技術革新と組織革新のウェイトや関連を問うところまでは行っていない。

ウィリアムソンは取引コストの節約という観点から、二つの工程が統合される場合にも技術的要請よりも、むしろ両者の関係を市場取引に委ねておくならば、極めて複雑な契約関係を結ばねばならず、それは取引コストを著しく上昇させ、それゆえ、そのような高い取引コストを避けるために統合が推進されるというのである。したがって、先の生産コストと取引コストを並列的に考える見方はまったく意味をなさなくなる。

こうしたウィリアムソンの見解に対しては、ラゾニックから強い異論が提起されている。ラゾニックはウィリアムソンがチャンドラーを評価しているにもかかわらず、そのエッセンスを理解していないと批判している。曰く、「ウィリアムソンは、〔チャンドラー・シェーマにとって重要である〕戦略―組織アプローチに枢要な組織と技術のダイナミックな相互関係の性質を理解しえなかった[23]」。技術革新を軽視することにより、事実上、技術変化、生産性の増大、経済発展を生み出す企業の役割についての理論を、ウィリアムソンの取引コストの理論は含んでいない、と断定する。ラゾニックにとっては、技術革新を生み出す組織こそが問題なのである。

筆者は、ウィリアムソンの考えは一つの視点からの解釈としては極めて魅力的であると考える。たしかに複雑な契約を結ぶことは、限界づけられた合理性からも、また莫大な情報コストを必要とすることからも不可能であり、二つ

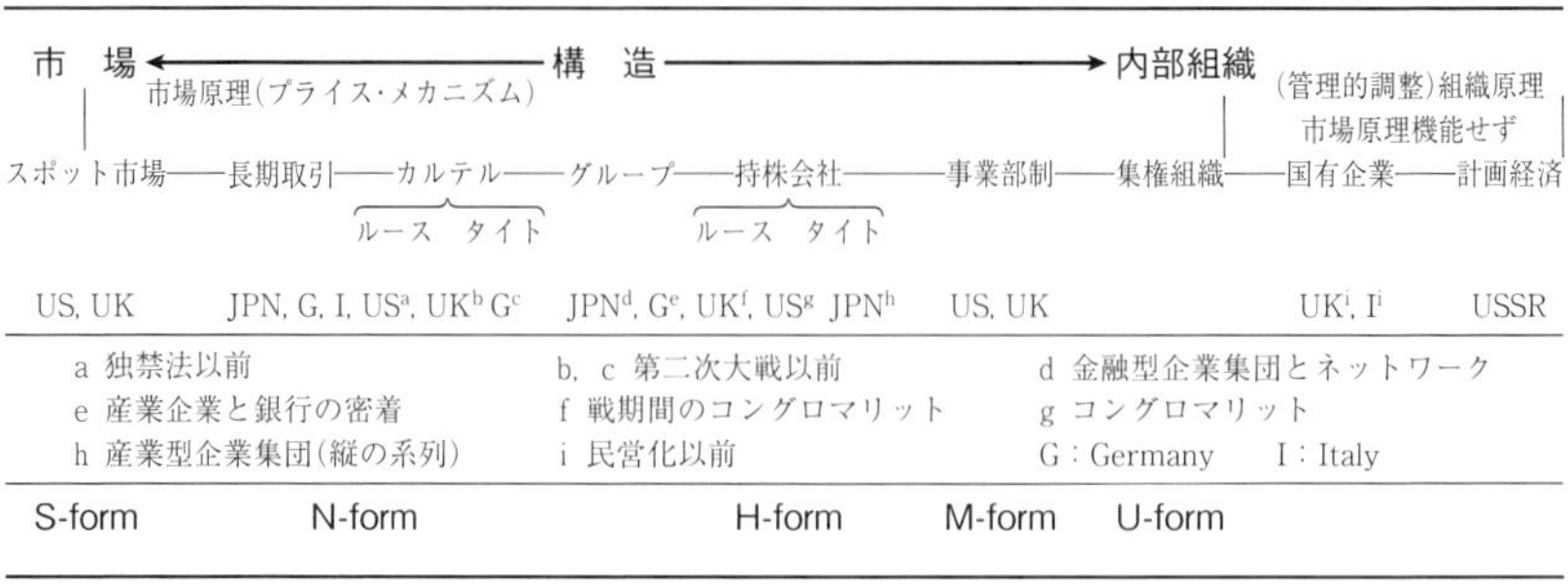

図1-1　市場と組織の諸形態

出所：筆者作成。

の工程の関係を契約の観点から見直し、取引コストが極めて高いことから統合への誘因を説くことは興味深い。しかしウィリアムソンも述べているように、「技術が真実決定的であるという考えに抗することは困難[24]」なように思える。やはり統合の経済は、技術革新と組織革新の両方によって促進されたと考える方が自然なのではないか。両者のウェイトを問うことは今のところ不可能のように思える。結局、取引コストと他のコストとの関係を先のように理解し、生産コスト、流通コスト、取引コストの合計を総取引コストとして把握する方が説得力があるように思える。繰り返しになるが、実際の取引においては、これら三者を勘案して取引に踏み切るか否かを各取引当事者は決定しているのである。

さて、市場と組織の問題を考察する際に、今一つの重要な論点は、原理と構造——(今井賢一・伊丹敬之の言葉を使えば、「原理と場」)である[25]。構造としての市場と原理としての市場は区別されなければならない。組織も同様である。原理としての市場とはプライス・メカニズムを指し、構造としての市場は小企業が多数存在しているような完全競争型産業構造を意味する。逆に、原理としての組織は管理的調整の機能を指し、構造としての組織は独占ないしは寡占的産業構造を指す。図1-1を参照すると、市場から組織(種々の中間組織があるので厳密には内部組織)まで、各種の構造がある。このあいだを市場原理と組織原理がそれぞれ機能している。市場原理はスポット市場で最も強く、右に行くほど弱まり、内部組織で最も弱く、国有企業および計画経済の下ではまったく機能していない。組織原理は計画経済で最も強く、左に行くほど弱くなり、スポット市場で最も弱い。計画経済とは、国有企業が経済の全面を覆ったものとして、競争関係がない経済と定義される。国有企業は、産業独占体の場合が多いので、それ自体としては市場原理は機能していないが、国有鉄道に対する民間のトラック、バスのように、私的企業と競合する場合には間接的に市場原理が機能していると言えよう。

ところで、この数直線を作った理由は、チャンドラーの「見えざる手」から「見える手」へという有名な命題をどのように考えるか、という問から出発した。チャンドラーの言うように、経済が発展するとともにその優位性により市場メカニズムから管理的な調整に移行して行くとするならば、世界は社会主義に移行して行くはずである。その意味で「社会主義にも明日がある」はずであった。しかし時代は社会主義の崩壊と民営化である。すなわち市場原理の強固な復活である。チャンドラー流の考えは誤解に過ぎなかったのだろうか。たしかにチャンドラーの述べているところを見ると、「社会主義にも明日はある」式の誤解が生ずる余地がある。この点をウィリアムソンは次のように鋭く指摘している。「意図はどうあれ、チャンドラーの見える手という命題は、最終製品市場を除くと、時としてあたかも市場メカニズムが内部組織によってほぼ完全に取って代わられるというように読める」。しかし「内部組織と市場組織は互いに積極的に並置され、共存しているのである[26]」。おそらくチャンドラーが「見えざる手」から「見える手」へという命題を作り上げたのはおそらくレトリックであって、真実は市場原理と組織原理の最適ミックスが必要なのであろう。すなわち市場原理は、歴史的には組織原理により、取引コストの比較を通じて代替されて行くが、組織化・取引の内部化にも（diseconomy）が働くのであって、言わば「内部化の不経済」（diseconomy of internalization）が作用すると考えるべきである。そのように考えるならば、市場原理が機能しない「社会主義にも明日がある」との先の考えは否定されることになろう[27]。

どこにその最適点があるかは、おそらく産業の特性、ウィリアムソン流の用語を使えば、「資産特有性」によって決まってくると思われる。内部組織（集権的職能別組織）が最適な「資産特有性」を備えた産業もあれば、中間組織としての持株会社やグループが最適な場合もあろう。あるいはなおスポット市場が有効な産業もあるであろう（原油、金市場など）。そしてキー産業（戦略商品）がどのような構造を必要としているかが経済全体にとって、また経済学的分析にとって重要である。そこで種々の構造がどのような特質を持っているのかを中間組織を軸にして探ってみよう。

3 中間組織の経済学

中間組織とは、構造としての市場および内部組織の中間に位置する形態を指す。図1‐1における長期取引から事業部制までの様々な形態を市場原理・組織原理の浸透度の違いはあれ、中間組織と呼ぶことができる。この中間組織によって特徴づけられる産業構造の違いが各国の制度上の相違を浮き彫りにする。

図1‐1の国ごとの特徴づけは試論にすぎないが、それでもなお日本、イギリス、アメリカ、ドイツ、旧ソ連の特徴の違いを大枠において明らかにしている。特徴を際立たせるためにやや極論して言えば、取引関係が短期かつ一回限りの場合が多く、また取引所を経ることの多いスポット的取引を特徴とするアメリカ・イギリスに対して、日本やドイツでは長期取引に依存することが多く、あるいは信用状況などの相手の特徴を直接よく認識しているという意味において「相対《あいたい》取引」が多いと考えられる。(28)

こうした取引関係の特徴から進んで、同業種間の生産・販売・価格などに関するカルテル協定は、それが単なる取引関係よりも固定的であるという意味で、また管理的調整の対象という意味で、組織原理がより浸透した形態と言える。ただし歴史的に見るならば、カルテルはイギリス、アメリカにおいては、それが紳士協定に留まらざるを得なかったために決して恒常的性質を持つことができず、またアメリカにおいては、シャーマン法、クレイトン法などの独禁法によって禁止されて以後は、カルテルを結ぶこと自体が違法となった。しかしドイツでは、カルテル法廷に見られるように、カルテルは法的強制力を持ち、協定違反者に対して法的制裁を加えることができたために、実質的な意味を持ちえた。チャンドラーはこのようなドイツのカルテルを「タイトなカルテル」と呼び、持続性を持ちえなかった英米のカルテルを「ルースなカルテル」と呼んで両者を区別している[29]。

これに対して日本の場合には、カルテルは戦前には法的規制がなかったことからも特に強力であり、また原則的にカルテル禁止の戦後にも、産業政策の絡みもあってカルテルは不況カルテルなどとして独自の力を発揮してきた。さらに資本関係を伴わない企業間関係（狭義のネットワーク）においても、また株式の相互持合を特徴とする水平的な、したがって相対的に対等な企業間関係において見られるように、日本では概して、企業間の結びつきが強い。このような水平的な企業グループの意義については評価の分かれるところだが[30]、いずれにせよ旧財閥系を中心とする企業集団の存在は日本における企業間関係をユニークなものにしていたと言えよう。ただし、現代ではその力は大幅に弱まりつつある。

ドイツについては十分な研究がないが、やはり日本と同じく相互持合、あるいは資本関係を含む銀行と産業企業との緊密な結びつき、すなわちグループ化が進展しているとの議論もある。また日本と同じく、外部からの合併・買収に対して抵抗が強いと言われている[31]。

さらに資本による結合は、親会社が子会社を持ち、さらに孫会社などの垂直的な系列を形成するに至ると、親会社からの縦のコントロール、すなわち「見える手」による管理的調整が行われる。このような垂直的な系列は、統合の経済を利用する事実上の垂直統合として機能している。以上の長期取引から持株会社までの中間組織はネットワークと総称することができる。今井賢一によれば、ネットワークと中間組織は同義語であり、ネットワークの方が中間といった過渡的な関係ではなく、独自性を強調しうる点でより相応しい用語である。そして市場と組織という二分法ではなく、ネットワークを独自の存在とする三分法を提唱している[32]。しかしながら、市場原理と組織原理の相互浸透という観点から考えると、以上の形態はまさに中間形態であり、二分法の方が相応しいように思える。

このような垂直的系列は水平的系列を含め、世界的に「keiretsu」として有名になったことからもわかるように、日本で特に用いられている形態である。しかしカルテルと同様に、持株会社を通じた子会社のコントロールにも二つの形態が区別されるべきである。戦間期のイギリスでよく見られた「ルースな持株会社」[33]と日本に典型的な「タイトな持株会社」である。日本の場合は親会社が資本関係はもとより技術・生産・納品などの広範囲にわたって「指導」を行い、子会社との関係はきわめて緊密である。これに対して「ルースな持株会社」では、個々の子会社はそれぞれ独立した存在として運営され、親会社は単なる調整機関となっている。

こうした「ルースな持株会社」形態の得失は業種・製品によって様々だが、チャンドラーによれば、経営階層組織の未成熟を象徴するイギリス資本主義の一つの特質として否定的な評価が下されている[34]。他方で、日本の垂直的系列は水平的系列とも合わせ、「グループ資本主義」と呼びうるであろう。またアメリカでは独禁法の関係もあり、水平的および垂直的系列とも形成するのが困難であった。

一方、本社の強いコントロールを特徴とする近代的な意味における事業部制は、組織原理のいっそう浸透した形態である集権的職能別組織の難点を克服する過程で登場した。事業部間の調整と全社的な資金的資源の配分、また人的資源の配分をその機能とする本社は、比較的大規模な組織を持ち、各事業部を強くコントロールすることができる（先の「ルースな持株会社」が小規模の本社機構を特徴とし、各子会社を効果的にコントロールできないことと対照的である）。しかし各事業部はプロフィット・センターとして独立採算を原則とし、かなりのオートノミーを持っている。それは集権的組織が抱える「規模の不経済」「統合の不経済」を克服するために市場原理を再導入したことを意味する。

企業の大規模化が顕著な進展を見せたアメリカにおいて、この事業部制が大幅に取り入れられたことは偶然ではない。大企業一〇〇社の八~九割が一九七〇年代のアメリカにおいて事業部制を採用していた。またイギリスにおいても、同時期に七~八割の大企業がこの形態を採用していた。これに対し日本では、事業部制は大企業一〇〇社の五割程度が採用するにとどまり、なお集権的職能別組織も根強く残っている[35]。

しかし、この集権的組織と並んで、日本では分権化=市場原理の利用は事業部制だけではなく、先述の垂直的系列を通じても行われており、アメリカ、イギリスが事業部制による分権化を追求したのに対し、日本は子会社形態による、より分権化した形態を利用したことが大きな差異であろう。

また一九七〇年代以降、アメリカにおいて、また程度はそれほどではないがイギリスにおいて、顕著な増大を示したコングロマリットも「ルースな持株会社」形態と言える。というのも、通常、コングロマリットは小規模の本社機構を持ち、各子会社はかなり自立的に運営され、本社は主に財務面についてコントロールするにすぎない。種々の産業に利害関係を持つことにより「範囲の経済」ではなく「範囲の不経済」が大幅に作用すること、単一の本社によってはこのような活動を管理することが困難であるために、コングロマリット形態に対してはチャンドラーをはじめ、否定的な見解も多い[36]。しかし物的資源や人的資源の面ではないが、資金的資源の配分に関して、コングロマリットがある種の合理性を持っていることも事実である。またマネジメント・ノウハウの移転に関してもコングロマリットは評価できる側面を持っている[37]。コングロマリット形態に関して、残念ながら、ドイツの状況については十分な情報・知識がない。

最も組織原理が浸透した形態である集権組織＝内部組織では、取引がすべて内部化され、直接的なコントロールにより管理的調整が実現される。その意味で、まさに「見える手」によって管理が行われることになる。しかし組織の大規模化にともない、また多角化を通じた製品系列の豊富化により、「規模の不経済」「統合の不経済」が進行し、早晩この形態は市場原理の再導入を特徴とする分権化にある程度道を譲らねばならなくなる。しかし取引の内部化により、生産コスト、流通コスト、取引コストを節減しようとする誘因は決して消え去るものではなく、資産特有性に合致した組織構造が選択されるであろう。

ところで、二〇世紀末における最大の政治的・経済的事件であったソ連邦の崩壊および「民営化」(privatization)という事態を、この市場・組織という二分法の視角から、どのように考察することができるだろうか[38]。民営化以前のイギリスでは、数多くの基幹部門で企業が国有化され、その比率はＧＤＰの約一割を占めていた。ところで企業が国有化され、社会的・政治的観点から運営されるということは、ある意味で市場原理の組織原理による代替である。もちろん、所有は公的だが、運営は私的＝市場原理によるということも可能である。しかしいずれにせよ、企業内部では管理的調整が行われ、また他企業・他産業との関係も市場原理によるというよりも、組織原理による調整が主流になると言ってよい。計画経済では、こうした国有企業が経済の中枢を占め、企業内部および企業間の関係が組織原理によって行われる状態と定義することができる。

こうした経済全体に及ぶ組織原理による運営は、「規模の不経済」「統合の不経済」あるいは「範囲（多角化）の不経済」によって、きわめて非効率になることがありうる。資本主義国における民営化や、計画経済の崩壊＝市場原理の導入という事態は、このような種々の不経済の結果惹き起こされたと考えることができ、ちょうど内部組織が市場原理の再導入により「構造としての市場」に接近したのと同様に、市場原理を導入するための（図1－1における）左方向への移動と捉えることができる。

4　ライベンシュタインとハーシュマン

ここで、市場と組織を考える上で興味深い視点を提起しているライベンシュタインとハーシュマンの説を検討しておこう。ライベンシュタインはいくつかの論文の中で、有名になった概念「X効率」（x-efficiency）の概念（あるいはX非効率）を、新古典派の「配分効率」（allocative efficiency）と対比して説明している。彼は、自らの議論をマイクロ・マイクロ・アナリシスと名づけたが、従来のミクロ分析は企業を点と見なし、決定的に重要な企業の内部を考察していないと批判する。それゆえ、企業の内部を考察するマイクロ・マイクロ・アナリシスが現実の企業活動の理解にとってより重要であると主張している。彼によれば、新古典派的「配分効率」は現実には一％にも満たないほど些細なものであり、従来のミクロ理論は他の効率を無視して、さほど重要ではない「配分効率」のみを問題にしてきたと批判する。新古典派の「基本的前提は、どの企業もすべての投入財を『効率的に』購入し、利用する」というものだが、こうした前提は、「経営者の配分」(allocation of managers) ということ一つを取り上げても難点がある。

彼は印象深い一つの事例を示すが、それは後に「ホーンダル効果」と呼ばれることになった。スウェーデンのHorndal にある製鉄所では、新規の資本支出も、したがって技術の向上もなかったが、組織の再編などにより生産性が増大した。このことから彼は、企業は新古典派の考えるような最適曲線の上で操業しているのではなく、通常、既存の資本財や技術の最適曲線以下の領域で操業しているにすぎず、何らかの方法により最適曲線に接近することができるならば、新規の資本投下を伴わずとも、生産性の上昇が達成されると主張する。[39] 彼の考えは、明らかに内部組織の経済学の考えであり、内部化によって取引コストを削減し、企業の効率を増大しうるという考えと共通するものがある（本書第4章「革新の概念と経営史」参照）。

また、ハーシュマンはその著書『組織社会の論理構造』において、「発言」(voice) と「退出」(exit) という概念を提示したが、彼によれば、個人ないし企業は取引関係を停止したり（取引関係からの「退出」）、あるいは改善を主張する（「発言」）ことができる。スポット的市場は「退出」であり、内部組織は「発言」に対応する。取引先に不満がある場合、取引を継続せず打ち切ることは、できるだけ安いところから購入し、できるだけ高いところに販売するという短期的取引関係に相当する（最近は、「世界最適調達」という言葉もある）。

一方、「ロイヤルティが発言を活性化する」[40] ような取引関係にあるところでは、取引に不満がある場合も、ただちに取引先を変えるということにはならず、「発言」を通じて関係を改善していくことになる。中間組織で見られるように、例えば、自動車産業における典型的な日本の垂直的系列では、親会社と子会社ないしは関連会社との長期的取引関係では「指導」などを通じて長期的な関係が維持される。[41] だが、アメリカやイギリスの自動車会社と部品メーカーの関係は価格をシグナルにきわめて「入退出」の多い関係と言われている。ハーシュマンは歴史的に「退出」から「発言」へ変わっていくということは指摘していないが、「退出」と「発言」の関係も市場と組織のコンテクストに則して読み替えることができる。

5　内部化理論

今一つの理論的背景としては、内部化理論が挙げられる。

最近数十年、経営学や経営史の分野では、内部化理論（internalization theory）と呼ばれる考え方が有力であった。経営資源には、三要素として、ヒト、モノ、カネがあると言われている。（これに情報を加えて、四要素とする場合もある）。内部化理論では、これらの三要素が時代と共に、企業の内部に組み込まれるというのである。簡単に言えば、小企業から大企業へ、市場から組織へ、点から島へ、「見えざる手」から「見える手」へ、ジョブホップから長期雇用へ、外部資本市場から内部資本市場へ、という変化である。

一八世紀に、木綿工業や製鉄業を中心に第一次産業革命が起き、資本主義がそれまでの商業だけではなく、製造業にも入り込んできたころ、誕生した資本主義企業の規模は小さく、それはいわば「点」であった。企業の内部には「組織」と呼べるほどの階層はほとんど存在せず、そうした企業がたくさん集まり、市場を形成していた。アダム・スミスが「見えざる手」と呼んだ時代である。

しかし、このような状況は一九世紀後半になり、第二次産業革命が進展すると、大きく変化することになった。規模の大きいほうが効率的となり、コストダウンができる。したがって競争力も強くなる。一万個作るより一〇〇万個作る方が単位当たりのコストを下げることができ、コスト上の競争優位を得られるのである。このような「規模の経済」は、第二次産業革命の技術、例えば、電機や化学、自動車、鋼などにおいて顕著であった。こうした産業では、規模の経済を利用して、企業は大規模化し、巨大企業が誕生した。もちろん、産業によっては規模の経済の恩恵が小さく、依然として小企業が残存したことは当然である。

しかし、こうした規模の経済は生産だけではなく、販売や、購買などの機能も統合し、集権的職能別組織が登場し（統合の経済）、モノの内部化が進行した。こうしたモノの内部化が一番進行した国がアメリカであった。

だが一九二〇年代になると、産業発展の限界に突き当たった産業では、一種類の製品ではなく、複数種類の製品を、同一の企業が生産するようになった。こうした多角化戦略（範囲の経済）は、集権組織に代わる新たな分権組織の登場を促し、事業部制（multidivisional structure）が誕生した。これは、ある意味で内部化に逆行した動きとも言える。しかし、事業部制も同じ企業に属すことから、大局的に見れば、モノにおける内部化が進展したと言ってよい。

他方、ヒトの内部化では、ドーリンジャー&ピオーリが、次のように主張した。[42] 企業が一九世紀後半から巨大化してくると、そこに勤める人々も、それまでの転職を常態とする傾向（活発なジョブホップ）とは異なり、一つの企業に長く勤続するようになると言うのである。これは、転職が普通のことであると錯覚しがちなアメリカ企業の解釈に大きな転換をもたらすものであった。人が同じ企業により長く勤める傾向、すなわち人の内部化がアメリカでも進行していたのである。もちろん、終身雇用とか、長期安定雇用とか呼ばれる日本のシステムとは程度がかなり異なっていると思われるが、アメリカでもヒトの内部化傾向が確認されるのであり、しかもアメリカだけではなく世界的に同じ内部化傾向が窺えるのである。[43]

その基本的な理由は、技能が産業や職業に固有（job-specific）のものから変化し、企業に特有（company-specific）な性質を帯びた技能や技術が重要になったからである。企業に特有な技術が重要となると、ヒトも同じ会社に勤めていた方が技能を開発・発展させることができ、同時にそうした技能は他社に移るとあまり役立たず、企業間のヒトの移動を抑制する方向に働いた。

また、カネ＝資金に関しても、ある程度内部化が進んだ。もともと企業成長の資金は内部留保（利益の再投資）が一八世紀から基本であり、その意味では最初から資金は内部化されていた。だが、一九世紀末に企業合併運動が起き、「規模の経済」や「統合の経済」が投資銀行や合併プロモーターによって促進されると、そうした金融勢力がビッグビジネスの支配権を握ることになった（J・P・モルガンなどのウォールストリート勢力や、ドイツ銀行のようなドイツ金融資本）。その点で資金に関しては、内部資金から外部資金（銀行資金）へと、逆方向に変わったように見える。

しかし、ビッグビジネス体制がしっかり確立されると、金融資本の影響から相対的に独立した専門経営者が大企業の経営権を握ることになった。そうしたビッグビジネスでは豊富な内部資金で成長資金を満たすことができ、もはや銀行の力をそれほど必要としなくなった。この意味で、カネの面でも、内部化はジグザグしたコースをたどったが、基本的に内部化の方向に向かったのである。できあがった資金調達の構造は、内部資本市場と呼ばれる。以上のように、内部化理論は、企業の発展を理解するうえで最も有力な考え方であった。内部化という観点からみると、アメリカがモノの内部化で最も先行した。例えば一九八〇年代、GMの部品内部製造比率は七〇％以上と言われていたのに対し、ケイレツからの購入を視野の外に置けば、日本企業は三〇％程度と言われていた。逆に、ヒトの内部化では、日本は「終身雇用」に象徴されるように、最も発達した段階に到達していた。

しかしながら、こうしたヒト、モノ、カネの三要素における内部化傾向は一九七〇年代以降、反転するが、それについては後述する。

さて次節では、チャンドラーに拠りながら、組織の発達モデルを考察することにしたい。

6　チャンドラー・モデルの概要

〈戦略と組織〉という分析の枠組を駆使して大企業（big business）ないし近代企業（modern firm）の歴史的発展過程を分析したチャンドラーによれば、近代的大企業は次のように定義される。まずはじめに規模の大きさ――彼は二万人から四万人を越えるような従業員を擁する企業を大企業と考えている――を前提として、近代企業であるためにはそれだけではなく、第一に「複数単位企業」（multi-unit firm）であることが必要であり、加えて第二に「経営の階層組織」（managerial hierarchy）を持っていなければならないとする。[44] 彼の言う「単位」とは、工場、販売営業所、研究所、あるいは海運会社の航路さえも含む幅広い概念であるが、要するに事業所（establishment）をさらに広くした概念と考えてよい（「事業単位」ビジネス・ユニット）とも言われる[45]。

近代企業が大企業として登場してきた時、生産から販売、購買、進んでは研究開発、財務、あるいは独立の人事部のような組織をも抱え込むに至り、企業は多職能（multi-function）化していった。複数単位組織は字義どおりには必ずしも多職能組織である必要はないが、チャンドラーは生産から販売、研究開発への新たな職能領域への展開に伴った単位の複数化を特に重視している。

二番目の「経営の階層組織」とは、複数単位組織を運営していく必要上、それらを管理する集権的組織（centralized organization）が生み出されるが、その集権的組織を動かすマネジャーたちの階層組織を意味する。彼はとりわけミドル・マネジメント組織の発生に着眼し、単にマネジャーが労働者を監督するだけではなく、マネジャーがマネジャーを監督する、すなわちミドル・マネジメントが形成されることが重層的マネジェリアル・ハイアラーキーの成立に必須であると考える。この経営階層組織の発展は先の複数職能組織の形成と即応して進行する場合（アメリカのケース）もあるが、そうでない場合（イギリスのケース）もあるので、必ずしも同義ではない。

この他に企業の永続性という観点から、近代企業の特徴としてそれがパートナーシップではなく、株式会社（corporation）であることもチャンドラーは指摘している[46]。だが近代企業の指標として、上述の二点が彼の議論の中軸を成していると言ってよい。

さて、チャンドラーの有名な命題に〈組織は戦略に従う〉という命題があるが、これは換言すれば、ある企業によって選び取られた経営戦略がその企業の経営組織の在り方を究極的に規定していくという趣旨である[47]。例えばチャンドラーに従えば、アメリカにおける一九世紀後半の垂直統合戦略（vertical integration strategy）は集権的職能別組織（centralized functional organization＝Uフォーム）を生み出し、また一九二〇年代の多角化戦略（diversification strategy）

表1-1　管理組織の発展系列

	S-form	複数事業単位組織		
		マルチユニット	集権的職能別組織(U-form)	事業部制(M-form)
事業単位(business unit)	1	複　数	複　数	複　数
職能(function)	1	1	複　数	複　数
製品(product)	1	1	1	複　数

出所：筆者作成。

は事業部制（multidivisional structure＝Mフォーム）を創り出した。Uフォームとは換言すれば単一製品・複数職能単位組織に他ならない。一方、Mフォームとは複数の製品をそれぞれUフォームを持つ幾つかの事業部が本社からかなりの程度独立性を保持しながら――例えばプロフィット・センターとして――生産・販売・研究開発していく組織を指す。このようなUフォーム、Mフォームは共に近代企業の範疇に入るが、それ以前の伝統的形態としては、単一製品・単一職能組織のSフォーム（simple）がある。Sフォームは一種類の製品を独自の販売ネットワークや購買組織を持たずに、一つの工場で生産する小規模な企業である。これ以外にもSフォームからUフォーム、Mフォームへの過渡的な形態として持株会社（holding company）＝Hフォームやカルテル（cartel）があるが、これらについては後に触れる（以上、表1-1参照）。(48)

ところで、上述の管理に注目した企業類型と並んで、チャンドラーには今一つの企業類型の発展系列がある。それは企業の管理組織ではなく、経営と所有の視点からする分析の枠組である。先のSフォームからMフォームへの系列を管理組織の発展類型と呼ぶならば、これは企業組織（ガヴァナンス組織）の発展類型とも言いうる枠組である。

企業は、所有と経営（の意思決定）の関係に応じて、個人企業（personal firm）、企業者企業（entrepreneurial firm）、経営者企業（managerial firm）の三タイプに分けられる。(49)個人企業にあっては、少数の所有者が企業を所有し、実際の経営における巨細の意思決定も所有者がこれを行う。ところが企業が成長し、大規模化してくると、従業員の数が増し、所有経営者がすべての業務を監督することは不可能になる。そこで、所有経営者（owner-manager）は長期的性格を持つ戦略的意思決定だけに携わり、トップマネジメントのみを遂行するようになる。短期的性格の管理的意思決定、業務的意思決定はこれを「雇われ経営者」（salaried manager）、「専門経営者」（professional manager）に委任する。これが企業者企業である。この場合、企業の所有権――したがって支配権もまた――上記の少数者に帰属している。

一方、企業がさらに成長し、当然株式会社形態が採用され、幾千幾万というきわめて多数の株主によって株式が所有され、その結果として所有の分散が現出すると、少数の所有者といったものはもはや存在せず、したがって企業の最高意思決定である戦略的意思決定は雇われ経営者により担われることになる（「経営者革命」Managerial Revolution の成立）。この段階に至った企業が経営者企業と呼ばれる（表1－2参照）。ただし、アメリカでは、経営者企業の成立とMフォームの出現は同時に行われたのではなく、両者の間には二〇年程度のタイムラグが存在したことに注意する必要がある（一九〇〇年代初頭と一九二〇年代）（図1－2参照）。

チャンドラーはこのように管理組織と企業組織の二系列の発展モデルを実質的に考えているが、上記の〈組織は戦略に従う〉という命題は、正確には〈管理組織は戦略に従う〉ということであり、企業組織はむしろ逆に戦略を規定する場合もあると思われる。この点に関しては後述するが、企業組織と管理組織の区別は従来あまり明確になっていないと思うので、ここで特に言及しておく。

それは一先ずさておき、Uフォームにせよ、Mフォームにせよ、あるいは企業者企業にせよ、経営者企業にせよ、これらはいずれも近代企業（modern firm）であり、いわゆる「管理的調整」（administrative coordination）を通じて、程度の差はあれ、それまでは市場メカニズムが行なっていた機能を代替している。すなわち「見えざる手」（invisible hand）から「見える手」（visible hand）への移行である。チャンドラーは、この「見えざる手」から「見える手」への移行を歴史的に分析したわけだが、つまり「経営者革命」の歴史的発展過程の分析であるが、このような経営者企業が支配的段階に到達した「経営者資本主義」（managerial capitalism）は、アメリカで最も典型的に開花した。(50)

表1－2　企業組織の発展系列

企業組織の類型	個人企業（personal firm）	企業者企業（entrepreneurial firm）	経営者企業（managerial firm）
所　有	所有者	所有者	分　散
長期的・戦略的意思決定	所有者	所有者	専門経営者
短期的・管理的意思決定	所有者	専門経営者	専門経営者

出所：筆者作成。

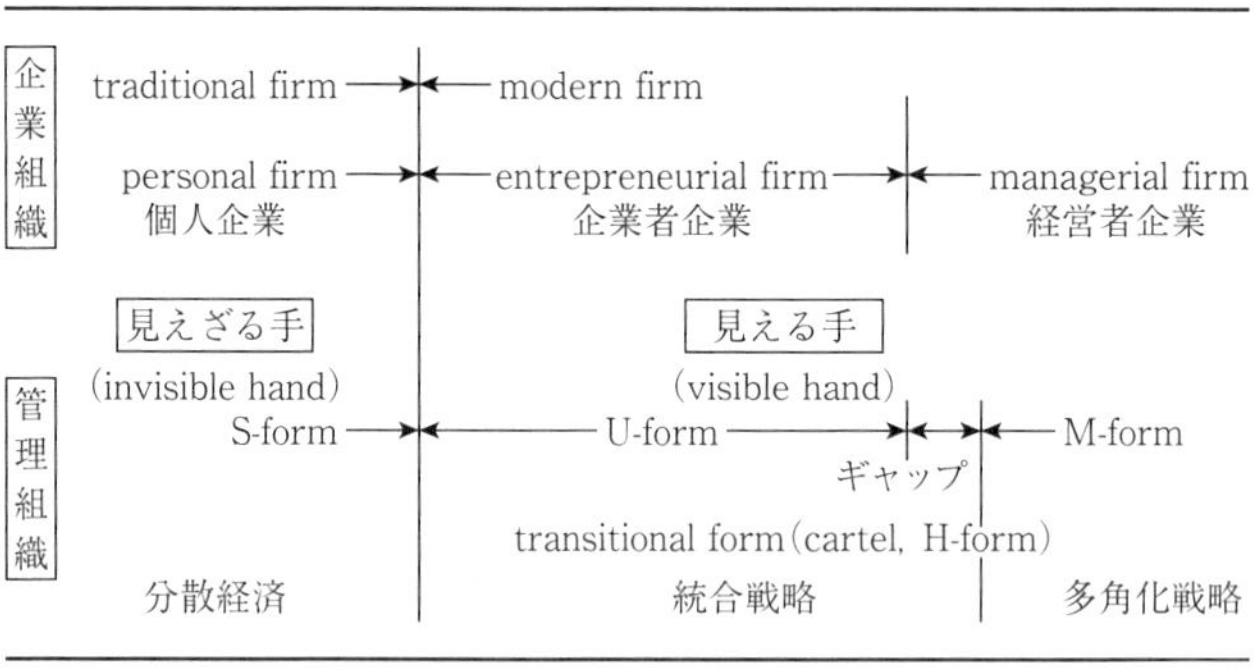

図1－2　チャンドラーのシェーマ

出所：筆者作成。

だがこれに対し、イギリス、ドイツ、フランス、日本では、大局的にはチャンドラー・シェーマに沿って発展していっているものの、各国のそれぞれの特殊事情、歴史的経験に規定されて、独自の特徴、異なった発展経路が看取される。若干の例を挙げれば、イギリスでは家族資本主義（family capitalism）が長期にわたって持続し、第二次大戦後になって、ようやくその影響はきわめて弱くなった。またイギリスでは、アメリカ型のUフォーム→Mフォームではなく、Hフォーム（持株会社）→Mフォームという発展経路を取った。

ドイツでは、いわゆる金融資本主義（financial capitalism）が大きな力を持った時期があったり、また家族資本主義は現在でも強力である。したがって、チャンドラーのように、ドイツ資本主義を「協調的経営者資本主義」と名づけることは行き過ぎで、せいぜい「協調的（経営者）資本主義」と呼ぶべきであろう。「協調的」というのは、カルテルの強靭さに由来する。

また、ドイツの経営家族主義は、第一次大戦前でも、両大戦間期でも、イギリスの個人的資本主義と同レベルの強さであったとする説が有力で、第二次大戦後、イギリスの経営家族主義はアメリカ並みに弱まったが、ドイツはいまなお強固な経営家族主義を維持していることが検討すべき重要な課題として残されている。(51)

第2章　組織は戦略に従わないのか――チャンドラーの真意を探求する

経営史では、アルフレッド・デュポン・チャンドラー・ジュニアの影響がきわめて強い時代があった。いまでもその影響は様々な研究者に何がしかの影響を与えている。彼の理論が、チャンドラー・モデルとして人口に広く膾炙したことは周知のことだが、その内容にはいくつかの命題がある。

一番有名なものは、「組織は戦略に従う」という命題で、経営史のみならず、経営学や実務の世界にも大きな影響を与えた。この場合の組織（structure）とは、集権的職能別組織（Uフォーム）や事業部制（Mフォーム）を指す。このほかにも、管理組織としては、持株会社組織（Hフォーム）、マトリックス組織、マルチドメスティック組織、フラット組織などがある。Hフォームには、タイトとルースがあり、本部の指揮命令権限の強弱によって分けられる。戦前日本の財閥はタイトなHフォームであり、イギリスの持株会社や初期のGM持株会社は、ルースなHフォームである。ルースなHフォームは、連邦組織とも呼ばれる。

他方、戦略は、製品戦略（多角化戦略、焦点化戦略、ローエンド・ハイエンド戦略、ハイテク・ローテク戦略）、統合戦略、脱統合戦略、海外戦略、合併戦略、内部成長戦略などが考えられる。

さらに、チャンドラー・モデルの中には、大企業組織登場の歴史的意味や重要性に着眼した「見えざる手（市場）」から「見える手（組織）」への変化、企業者企業（entrepreneurial firm）から経営者企業（managerial firm）への組織形態の進展などがある。企業者企業や経営者企業は、先の組織を管理組織（management structure）とするならば、企業組織（corporate structure）、すなわちガヴァナンス組織（governance structure）と考えることができる。[1]

本章では、最初に挙げた「組織は戦略に従う」という命題について掘り下げて考える。

1 チャンドラー・テーゼ

チャンドラーが一九六二年に"Strategy and Structure: Chapters in the History of the Industrial Enterprise"を発表して以来、この本はロングセラーとなり、学界だけではなく実務家（practitioner）にも大きな影響を及ぼした。同書の中心命題として、「組織は戦略に従う」というフレーズが、経営史においても、経営学においても広く受け入れられた。反論は種々あったが、この定式は経営学・経営史において不抜の命題とされていたのである。

ピューリッツァー賞を取り、名声を博したチャンドラーが二〇〇七年に亡くなった時、追悼の記念特集がイギリスの*Business History*やアメリカの*Business History Review*など様々な学術雑誌で組まれた。筆者も日本の『経営史学』に執筆したが、同じ号に特集の一論文として、曳野孝氏が「経営者企業、企業内能力、戦略と組織、そして経済成果」と題する論文を書いた。それによると、「チャンドラーの一義的な関心が、『戦略』ではなく、むしろ『組織構造』の側」にあり、元々の書名であった"Structure and Strategy"を、MIT出版局の意向で"Strategy and Structure"に変更したというのである。[2] こうした経緯は、実は一九九〇年に出版されたペーパーバック版のチャンドラー自身の序文において明らかにされていた。[3] 筆者は、チャンドラーが本当は、戦略よりは組織に関心があったことを知って驚いたが、チャンドラーの主たる関心が一九世紀末の巨大企業の登場にあったことを思い起こせば、ある意味当然とも言えよう。

同序文でチャンドラーは、「出版された書物は、組織構造が戦略に影響を与えるという側面よりは、どのように戦略が組織構造を規定するかに焦点を当てているとも見えてしまう。〔だが〕この書物の叙述の当初から、あくまでもその目標は、常に変化する外的環境のなかで、近代産業企業の内部において、組織構造と戦略が織り成す複雑な相互作用を考察することであった」[4]（傍点、引用者）。

つまり、「戦略が組織を規定する」という一方向的な命題は否定されているのである。もっともこの命題は正確に言えば、「戦略が生き残る組織・成功する組織を規定する」ということであり、多角化戦略を取っても、事業部制ではなく集権的職能別組織を採用することは可能だが、長期的には破綻をきたすというように解釈される。

しかし、チャンドラーの意図が最初から相互作用に力点が置かれ、むしろ組織の複雑さに主たる関心があったとするならば、これまで経営学や経営史で「組織は戦略に従う」としてきたことは、チャンドラーの本意でもなく、また学界や実務家が同書の主張を誤解・誤読してきたということになるのだろうか。

この序文は、最初から一九九〇年のペーパーバック版にアクセスした人は別だが、ペーパーバック版の序文であり、ハードカヴァー版を読んでいる大部分の読者は、私を含めて、もう一度ペーパーバック版を読もうとはしないであろう。そこで私も、この序文の重要な事実には長らく気がつかなかった。

市場（技術を含む）が戦略を規定し、戦略が組織を規定すると、授業で私もさんざん講義してきた。したがって、曳野氏によるこの指摘はショックであった。チャンドラーの本には、二種の翻訳がある。一九六七年のタイトルは『経営戦略と組織』と素直に訳したが、二〇〇四年の翻訳はペーパーバック版の序文も収めているのに、タイトルは『組織は戦略に従う』であり、収載している序文を翻訳者が真に理解すれば、こうしたタイトルにはならなかったはずである。[5]

チャンドラーの本意が相互作用であったということは、これまであまり議論されてこなかったと思う。だが、最近では、三谷宏治氏による『経営戦略全史』（二〇一三年）でも取り上げられ、同氏も相互作用を肯定する。「チャンドラーが四社のケーススタディで見出したのは、『経営者にとって事業戦略（や事業ポートフォリオ戦略）は変えやすく、組織戦略は変えにくい（実行が難しいので）から、事業戦略に沿って、組織戦略を立案・実行していくのが無難』ということであった」[6]（傍点、引用者）。ここでは、組織戦略という言葉が使われているが、組織戦略という言葉が成り立つか否かはしばらく置き、「事業戦略と組織戦略は深く関わり『事業→組織』も『組織→事業』もある。組織は変えにくいので事業戦略が先導しがち」と述べているので、結局、戦略と組織の相互作用ということになるであろう[7]。

チャンドラーも、「戦略の変化は、組織構造の変化に時間的にも先行する」としているので、傾向的に、戦略が組織に先行し、先導するということになる。しかし、チャンドラーの真意は、「組織は戦略に従う」という命題よりも、「より包括的であり、ダイナミックな関係が念頭に置かれていた」とされる[8]。

2　オールフォードの批判

しかし、チャンドラーが当初から「組織が戦略に従う」という命題が一面的であると思っていたならば、一九九〇年の序文までなぜ黙っていたのだろうか。それまでも、組織が戦略を規定することもあるのではないかという指摘もしばしば見られたからである。

例えば、一九七六年にまさにチャンドラー・モデルをめぐってイギリスで開かれたシンポジウムで、バーナード・オールフォードなどから、ピーター・マサイアスや、バリー・サプルなどを引き合いに出しつつ、戦略と組織の関係は、因果的（causal）ではなく、共生的（symbiotic）ではないかとの疑問が出されていたからである[9]。チャンドラーも出席していたと思われるので、戦略と組織の関係は、一方向ではなく相互的であると言えば、誤解も起きなかったのではないだろうか。

従来から筆者は、戦略が成功する組織を決めるというのは、戦略が管理組織を決定する意味であり、オールフォードやマサイアスの意見は、管理組織と企業組織（ガヴァナンス組織）を混同した見解と思っていた。企業組織は、戦略に影響することは当然である。企業者企業、言い換えれば、家族企業はその戦略の採用に関して、自己の財産の保全を最優先に考え、長期的に有望ではあるが、リスクのある戦略を採らないこともありうるからである（チャンドラーが『スケール・アンド・スコープ』において個人資本主義〔personal capitalism〕と命名した、かつてのイギリス家族企業が典型）。逆に、自己の資産であるから、大胆な戦略を採ることもありうる（たとえば近時のサムスン）。経営者企業も同様で、地位アップのために大胆な戦略を取るトップ経営者もいれば、逆に短期的利益を求めて（それがもたらすストックオプションを期待して）、長期的には利益をもたらす大胆な戦略を採用しない経営者もいる。したがって、企業組織と戦略には一義的な因果関係はないのである。しかし、戦略が企業組織ではなく、管理組織を規定するというように考えれば、チャンドラーの命題は、正しいということになる。

3　改めて戦略と組織を考える

曳野論文が出た後、改めて、一九六二年の『経営戦略と組織』を読み返した。日本語版(9)の序文はあるが、同書には序文はなく、「序章——戦略と組織」が序文的な性格を持っている。その中には、興味深い表現もある。例えば、「制度（institution）としての企業」とか、「日常業務（day-to-day operation）」に対する「長期的な企業体質（long-term health）」、「戦略的意思決定」（strategic decision）に対する「戦術的意思決定」（tactical decision）などである(10)。

そして、「これらのいくつかの命題から引き出される結論は、組織は戦略によってつくられるということ」である(11)。チャンドラーが一九六二年当時、どのように考えていたかは定かではないが、少なくとも文字面からは、相互的であるとの読み込みはできないように思う。

なお、曳野氏は、一九七七年の“The Visible Hand”、一九九〇年の“Scale and Scope”、二〇〇一年の“Inventing the Electronic Century”、二〇〇五年の“Shaping the Industrial Century”と執筆していく過程で、チャンドラーが

「組織構造に関する関心を少なくとも表面的には低下させたように見える」と指摘する。また世界的に見ても、戦略への関心が組織に対する関心を上回り、「行動論が構造論を凌駕してきた」とする。「晩年のチャンドラーの叙述で焦点が当てられているのは、まず製品戦略であり、ついで多国籍化戦略である」[12]。たしかに、ここ数十年の戦略論の隆盛は否定しがたい。"Strategist"（戦略研究者）という言葉が登場したくらいである。だが、チャンドラーが戦略に一方的に傾斜したというのはどうだろうか。M&A&Dの盛行を見た一九七〇年代、八〇年代を回顧しつつ、チャンドラーは「リストラクチャリングを経た各社は、様々な組織上の工夫を取り入れている。だが、組織の大枠は以前と変わっていない。……先進技術や多大な資本投下を特徴とする業界の企業が今日（一九八九年）採用する組織形態は、本書が由来を紹介した組織形態と数多くの共通点を持っている」と述べる[13]。つまり、彼にとって、組織構造は大きな変化を見せていないのである。それゆえ、組織に関する記述も相対的に少なくなっていったのではなかろうか[14]。

むしろチャンドラー・モデルでは、組織に関して、初期の経営階層組織というハードな組織から、組織能力というソフトの面に関心が移ったのではなかろうか。『スケール・アンド・スコープ』において、組織能力が強調された所以である。筆者は、経営階層組織（managerial hierarchy）を強調するモデルを初期チャンドラー・モデル、組織能力（organizational capability）を強調するモデルを後期チャンドラー・モデルと呼んでいる。両者の境目は、一九九〇年頃であろう。

4　進化論とチャンドラー・モデルの整合性

筆者は、戦略と組織の因果関係に加えて、市場が戦略を決定し、戦略が管理組織を決定するというように考えている。こうした思考回路は、環境が種を自然淘汰するというダーウィンの進化論と親和性を持つ。市場に適合的な戦略を選択した企業が、またその戦略に適合的な組織を選択した企業が生き残るという考えである。チャンドラーの命題は、このようなダーウィン的な思考と平仄《ひょうそく》が合い、筆者にとってきわめて説得力が高いものであった。もっとも、木村資生《もとお》らの中立説が示すように、市場に完全に適合的な企業だけが生き残るのではなく、少なくとも不適合でなく市場環境に中立的であれば生き残るという中立説や、「やや不適合」でも生き残るという説が、生物界だけでなく企業世界でも通用すると考えられる。(15)

したがって、チャンドラーがどのように考えていたかに関係なく、「組織は戦略に従う」という命題は成立しうると思う。講義を従来のように続けている理由である。(16)

5　チャンドラーの四ケースをどのように考えるか

三谷氏は、組織が戦略を決める事例をいくつか提示している。第一の事例は、まさにチャンドラーが最も明快に説いた、一九一〇年代末から一九二〇年代のデュポンである。三谷氏は、一九二〇年代の「多角化は、余剰人員の活用のためでした。第一次世界大戦中、各国の要請で設備や人員を増やしていたので、戦後その有効活用に迫られての本格的多角化でした」(17)。余剰人員（組織）が多角化戦略をもたらしたというのである。しかし、この解釈は奇妙である。余剰人員を活用するか、人員をレイオフするかは、デュポンのトップが決めることで、それが原因で事業部制を形成することには直ちには成らない。デュポンは、余剰人員と余剰設備を活用するためにまず製品多角化を決定・実行し、しかし赤字経営に陥ったために組織改革を行ない、事業部制を採用したのであり、多角化戦略⇒組織改革というチャンドラーの解釈は正しく、戦略⇒組織の典型的な事例である。

第二の事例は、デュポンの一九三〇年代の話で、本業のレーヨンの開発生産能力を活かして、ナイロン、ポリエステルなどに製品ラインを拡大していったケースである。だが、三谷氏は以下のように要約する。「事業部制のお蔭で多角化展開が楽になり、第二次大戦以降、大企業はこぞって地理的・製品的な拡大を推し進めました。これもチャンドラーによれば、『組織↓戦略』の例です」[18]。たしかに、戦略⇩組織という革新が実行されれば、それを学習した企業は、組織の面では新たに事業部を付け加えればよいのであるから、心理的に容易に多角化をさらに推し進めることができる。しかしこの場合でも、ナイロンなどの製品に多角化したのちに（あるいは同時に）、事業部制を設置するのであって、やはり戦略⇩組織の順であろう。

第三の事例は、一九七〇年代のリストラ戦略の時代で、一九六九年当時、GEは四六もの事業部制を持っており、それをスリムにするための「組織的要請から戦略が変わ」ると述べる[19]。しかしこれも奇妙な話で、GEの事業展開が行き詰まっていて、そのために事業を整理する必要があり、それに伴って事業部も整理統合されたというのが真実に近い。もっとも、四六もの事業部を管理するプレッシャーも、事業部改革の一因となったのは確かだが、それより根本的には事業戦略の行きづまりが決定的であった。以上のように、三谷氏が解説した「組織↓戦略」の事例はどれも説得力がない。

チャンドラーは、『経営戦略と組織』で、デュポン、シアーズ、スタンダード・オイル（ニュージャージー）、GMの四つの事例を取り上げている。デュポンに関しては説明したように、製品多角化↓製品別事業部制という典型例で説明を要しない。シアーズの事例は、製品多角化ではないが、地理的拡大による地域別事業部制であり、これも明快である。スタンダード・オイルの例は、職能別事業部制を採ったり、集権制を採ったり、ジグザグコースをたどるが、最終的には海外事業部制に落ち着いたと思われる。

GMの事例では、一九〇八年にキャデラック、ビュイック、オールズモービルなど様々な会社がデュラントの主導によって合併したので、最初から多様な車種が存在するという状況があった。それらは、親会社・子会社という持株会社関係にあり、連邦組織（ルースな持株会社＝Hフォーム）と呼べるような組織で、各子会社の自治権が強く、組織的統一性は弱かった。その結果、収益性の面でも問題が生じていた。

この状況は、関連会社社長であったアルフレッド・スローンがGM本社に異動後、デュポンに倣いつつ組織改革を行ない、本社機能を強化し、持株会社から事業部制へと組織が変わっていく。[20] この場合、戦略が不在だったために、戦略から組織ができたというよりは、GMが多車種を保有している現状に直面し、組織改革が実行されたように解釈されることが多い（戦略不在→組織改革）。しかし、そもそも多車種、多子会社という状況は、デュラントの一九〇八年の多数企業合併によって生じた状況であった。多数会社の合併を合併戦略と考え、合併戦略がまずあり、それが上手く行かない状況から、持株会社を解消し事業部制が築かれたというように考えれば、これも戦略⇓組織の事例と考えることができる。換言すれば、デュポンの多角化戦略（集権的組織）⇓事業部制ではなく、合併戦略（持株会社）⇓事業部制の事例である。このように、組織は戦略に従うという命題は、検討したどの事例においても、説得力を持っているように思われる。[21]

ちなみに、GMのライバルであるフォードは、単一車種に拘泥し、当然、集権的職能別組織を維持した。GMに倣って事業部制を取り入れたのは、ミニ多角化（製品ラインの多様化）を行なった第二次大戦後のことである。

他方で、興味深いのは、世界最大級の自動車会社になったトヨタは、二〇一六年にいたって、「製品企画」「車両系生産技術・製造」などの職能別本部を解消し、カンパニー制（≒事業部制）を採用した。[22]「強固な機能別組織は当社の強みであったが最近は調整に時間がかかる」とし、「各カンパニーのトップが製品企画から生産まで責任を負う」カンパニー制を取り入れるというのである。[23] トヨタは何百という製品ラインナップを持っているが、事業部制を取り入れていなかったのである。これは、ミニ多角化のレベル（産業分類の下位）ならば、事業部制ではなくとも職能別組織で十分対応できるということなのであろうか。

6　経営史と進化学

以上、戦略と組織の関係について、チャンドラーの解釈を中心に論じてきた。繰り返せば、進化論的発想からは、

「組織は戦略に従う」「戦略は市場に従う」という命題は、全く正しいのではなかろうか。

チャールズ・ダーウィンの進化論は、自然科学に大きな影響を与えたが、企業論・経営史に対しても、それは基本的な傾向を特徴づけている。ただし、ダーウィンの進化論を人間社会に応用したとされるハーバート・スペンサー流の単純な優勝劣敗の論ではなく――これは間違いでスペンサーの著書（『社会静学』一八五一年）の刊行の方がダーウィンの『種の起源』（一八五九年）より早い――「中立説」や「やや不適合説」を含む、幅広い存続の余地を残す議論が有力である。したがって、企業を単純に「勝ち組」「負け組」と分類することは誤りである。

市場に適合しない戦略を立案し、実行する企業は、長期的には淘汰されていかざるを得ないが、それとても存続にはかなりの幅が残されているのである。同様のことは、戦略に適合的でない組織を選択した企業も、長期的には淘汰されていく傾向を持つが、それにも幅広い存続の余地がある。単純に最適者生存というわけではないのである。

例えば、合併や、あるいは内部成長すらも望まず、市場のニッチを確保して、長期的に存続するいわゆる「老舗企業」も、自身の経営理念、経営目標を持っている。こうした老舗企業も、規模拡大、高収益企業を目指す近代的企業と一線を画した存在として存続できるし、多くのＳＭＥ（アクティブな中小企業）が過度な成長を望まず、市場のニッチを獲得し存続していることに、企業の多様性を見ることができる（日本では、一〇〇年以上続く企業は三万社以上ある）。ただし、傾向的に、大勢的に、長期的に、戦略は市場に、組織は戦略に適合的であることが求められており、そうした蓋然性が強いのである。(24)

第3章　グローバリゼーションとチャンドラー・モデル

「〔一九六〇年代から一九七〇年代にかけて〕グローバル市場が、アメリカにとってきわめて重要になったと同様に、外国企業にとってもアメリカ市場の重要性は増大した。アメリカ企業が技術の点でも、また経営能力の点でも、もはや優位をもてなくなった状況において、グローバル競争はますます職能や戦略の効率性を基礎とするようになった。それゆえ、この事態は、アメリカ企業が一世紀前に大企業制度の第一歩を記して以来の、アメリカ産業企業に対する最大の挑戦なのである」（アルフレッド・チャンドラー「グローバル競争はどう進展したか」M・ポーター編『グローバル企業の競争戦略』一九八九年、傍点引用者）。

本章では、チャンドラーが国際競争についてどのように考えていたか、またその解釈は妥当か否かを検討する。またポスト・チャンドラー・モデル、あるいは「アフター・チャンドラー」が近年よく議論されているが、チャンドラー・モデルがどのような点で有効であり、あるいは有効性が減じつつあるのかを論じることにしたい。

以下では、二一世紀に入ってからチャンドラーが執筆した二冊の研究書（特に二〇〇五年の化学・製薬に関する著作）で、彼がどのような理論的枠組みを示しているかの検討から入りたい[1]。

1　チャンドラー・モデルと近年の理論フレームワークにおける変化

チャンドラーは、最後のまとまった著書となった二〇〇五年の化学・製薬産業の分析において、冒頭で組織能力についての解釈を示している。この叙述はエレクトロニクス産業を扱った二〇〇一年の著書とほとんど同一である。そこで二〇〇五年の著書は、近年のチャンドラーがどのような理論フレームワークを構想していたかを知る好適な文章と言える。

同書でチャンドラーは、エレクトロニクス産業と化学・製薬産業が基本的には同一の発展パターンを辿ったとする。ただし日本は、産業バリアがあまり存在しなかったエレクトロニクスでは競争優位を築けたが、海外企業が長い伝統を有していた化学・製薬ではバリアが強固であったために、この分野では日本企業は競争優位を築けなかったとする。

そして競争優位を築き上げる最も大きな要因は、「学習に基づく組織能力」(learned organizational capabilities) であった。この概念は、ネルソン&ウィンターの「進化理論」(evolutionary theory) から導入されたものであり、「個人は出たり入ったりするが、組織は残る」との考えに基づく。(2) 企業は取引を行う主体であるが、製品に体化された組織的知識を持つ存在でもある。このように知識に基礎を置く組織能力は、次の三つのタイプの知識を含んでいる。

第一に、技術的 (technical) 知識であり、いわば研究・開発における研究である。(R&Dの中のR)。

第二に、職能的 (functional) 知識であり、それは、開発 (R&Dの中のD)、生産、およびマーケティングと流通 (distribution) である。したがって職能的知識を広く捉えていることが分かる。

第三に、経営的 (managerial) 知識であり、経営上の知識や経験に基づく。これは、「トップマネジメントの学習に基づく能力」(learned capability of top management) である。トップマネジメントのマネジャーは、業務単位の活動をモニターし、人的・財務的資源の配分における重要な決定を行う。しかし、本書では、この経営能力には焦点は当てないとする。その理由は、経営能力（managerial capabilities）については一般化することが困難であり、国ごと、産業ごとの違いも大きく、業務組織、国の教育制度、より広くは文化の類型によって影響されるからである。

そうした組織能力を構築したファースト・ムーヴァー（「一番手企業」）や敏速なフォロワー（quick follower）が、中核企業（core companies）となるのである。(3)

チャンドラーが依拠したネルソン&ウィンターも、組織能力（彼らの言葉では組織ルーティーン）を、「物を生産するための明確に定義された技術的ルーティーンから、雇用や解雇、発注、需要の旺盛な製品の生産増強、さらには、投資、研究開発（R&D）、広告に関する政策、製品多角化や海外投資に関する企業戦略を含んだもの」（傍点、引用者）と、きわめて幅広く組織能力を定義している。(4)

筆者は、経営能力は戦略に関する能力、組織能力は組織に関する能力と単純に考えていたが、チャンドラーにおいても、またネルソン&ウィンターにおいても、組織能力の概念はきわめて広く、戦略をも含んだものになっている。チャンドラーにおいては、そうした幅広い捉え方をされた組織能力が、企業や国の産業の浮沈に決定的な影響を与えるとする。

しかしながら、組織能力は必ずしも戦略の妥当性を保証しないし、戦略的能力と、オペレーショナルな能力は分けて考えるべきではなかろうか。チャンドラー、ネルソン&ウィンターのように、組織能力の一部に経営能力を含むというのは、戦略と、組織能力――オペレーショナルな活動の基盤と筆者は考えている――との関係を曖昧にするものではなかろうか。むしろ筆者は、経営能力の一部に、組織能力が含まれると従来考えていた。チャンドラーは、『スケール・アンド・スコープ』の中でも、経営能力という言葉を使っていたが、同書においてはたしかに組織能力の方が重視されていた。

しかし、マイケル・ポーター&竹内の批判、すなわち日本企業にはオペレーション効率はあるが、戦略がないという批判に、一抹の妥当性があるとするならば、[5]戦略的能力すなわち経営能力と、組織能力は分けて考えた方が良いのではなかろうか。さらには、経営能力の一部に組織能力があり、戦略的能力と並置されるとする方がより現実に即しているのではなかろうか。すなわち、経営能力（①戦略立案能力）、②組織能力（研究、開発・職能能力、生産、販売・流通、財務など）のような捉え方である。組織ルーティーン、組織能力、組織風土がほぼイコールで結ばれると考える場合、それと対置した経営能力の有効性が重要であり、チャンドラーのようにそれを回避するのではなく、それ自体が問題とされるべきであろう。

2　国際競争と国際競争力の分析視角

国際競争力とは何か、という問いにはいくつかの解答があるだろう。その中身には以下で触れるが、企業はそうした国際競争力を引っさげて、国際競争を戦い抜くというのが、グローバル競争の現実である。そこでまず国際競争とは何か、から始めよう。

国際競争

企業がその活動を国内に限定していても、海外企業が当該国内で競争を挑んでいる場合には、それは国際競争である。かつての輸入防遏・輸入代替を目指した企業行動も、歴とした国際競争であった。もちろん、海外に輸出し始めれば、それは海外における国際競争となる。標準的多国籍企業論の教えるところによれば、まず輸出から始まり、情報収集・業務の便宜のため現地国にリエゾン・オフィスを置き、さらには営業所などの販売拠点を設け、次第に広域の販売網を確立する。次いで、現地にノックダウン工場（ＣＫＤ＝完全ノックダウン）を作り、ＳＫＤ（準ノックダウン）へと発展させ、さらには重要部品も現地生産する一貫工場を建設する。同時に、サプライヤーの現地化を行ったり、

R&D機能を持つ研究所を建設する。研究所もデザインなどの実用化研究・応用研究から、基礎研究にまで拡張される。こうした本格的海外進出を行うと、その国ではメイジャーなプレイヤーとして、現地企業や他の海外企業との厳しい競争が展開される。(6) このような進出国が数カ国に及ぶと、文字どおり**多国籍企業**となる。さらに、こうした活動がアジア、アメリカ、ヨーロッパ、アフリカなど地球の主だった地域に及べば、真の意味でのグローバル競争となり、**グローバル企業**となる。しかし、このような意味でのグローバル企業は意外に少なく、また産業もエレクトロニクス、化学・製薬、石油などそれほど多くはないという見解もある。(7)

チャンドラーの関心は、個々の企業の浮沈はもとよりだが、それ以上に国の特定産業の盛衰が、分析への大きな関心となっている。「国の産業」(national industries) の相対的な成功と失敗こそ、彼の主要関心事である。RCAやGEなどの企業が全盛を誇ったアメリカの家電産業はなぜ崩壊したのか。GMやフォード、クライスラーなどのアメリカ自動車産業はなぜ日本やドイツ企業に押されているのか。こうした動向がチャンドラーの関心の焦点であった。(8) その反面、アメリカの情報系企業、マイクロソフト、インテル、グーグル、デルなどの企業がなぜ国際競争で強固であるのかに対する関心は、チャンドラーの場合、弱いように見える。(9)

国際競争力の諸要素

チャンドラーにとっての関心は、国の特定産業の浮沈であるが、国際競争は直接には企業同士の競争であり、産業対産業、国対国の競争ではない。いくつかの企業(圧倒的な場合には一社でも可能である)が、ある国の産業レベルでまとまって強固である場合、その国の産業競争力が強いと言える。そうした産業がいくつかあれば国の競争優位が存在すると言えるであろう。ただし、産業レベル、国レベルでの強弱は、ポール・クルーグマンの批判を待つまでもなく、結果的に企業の競争優位が存在するということに過ぎないのであり、競争力の源泉はあくまでも企業レベルにある。その意味で分析の出発点は、企業であろう。

ここで、企業を出発点とすることに関して理論的側面に触れるならば、チャンドラーは企業の分析枠組みとして次の四つの理論を取り上げている。第一に新古典派（neoclassical）、第二にエージェンシー理論（依頼主・代理人理論）（principal-agent）、第三に取引コスト理論（transaction cost）、第四に進化理論（evolutionary）である。第一、第二の理論は、どちらも物的設備や人的スキルを考察しないので、企業の理解にとってあまり有用ではない。ただし、オリヴァー・ハート（Hart）などの第二の理論は、**契約（の束）**をとおして、経営階層組織を考察するので、ある程度有用である。第三のウィリアムソンなどが提起した取引コスト理論は、歴史研究にとって有益である。彼によると、すべての必要な**情報**を得ることは不可能なので、限界づけられた合理性（bounded rationality）により、**長期の完備契約**は不可能である。彼にあっては、限界づけられた合理性と機会主義（opportunism）が重視される。

チャンドラーとウィリアムソンの違いは、取引を分析の出発点とするか、企業および物的・人的資産を出発点とするかの相違である。すなわちチャンドラーにあっては、**資産特有性**（asset specificity）が強調される。ウィリアムソンももちろん資産特有性に言及しているが、資産特有性こそ、当該企業に関連した新製品分野、新海外市場への持続的企業成長を説明する際に、有効であるとチャンドラーは主張する。さらに、第四の進化論的解釈すなわちネルソン＆ウィンターが強調する組織ルーティーン理論は、取引よりも生産を強調し、戦略、組織、および中核能力（core capability）が企業にとって重要であるとする。戦略と組織が中核能力を構築するのである。チャンドラーは、こうしたネルソン＆ウィンターの進化理論的企業論に共感している（sympathetic）[10]。

さて、国際競争力の内実に戻れば、チャンドラーはすでに見たようにＲとＤを分離している。だが、Ｒ＆Ｄを一体と見れば、Ｒ＆Ｄに基づく、

① 「技術力」（製品の研究・開発〔Ｒ＆Ｄ〕、生産エンジニアリング――製造工程の改善）
② 「組織能力」、すなわちマーケティングや組織の全般的優秀さ、経営管理技術、職能部門の能力
③ 「経営力」（戦略の優秀さ・効率）

が、国際競争力の主要な要素となるであろう（先に見たように経営力を、戦略、組織、技術を統合する力と定義することも可能である）。

以上の国際競争力の要素は企業ベースで存在しうるが、結果として（事後的に）産業や国のレベルでも、産業の競争力や国の競争力は確認できる。その意味で、ポール・クルーグマンによる批判（国にとっての競争力などというものはない）という批判は的外れと言ってよい[11]。結果的には存在しうるからである。しかし、「日本株式会社論」如きもの、あるいは特別に強力な業界団体を想定すれば別であるが、基本的にはプレイヤー（事前に活動を企図し、実行する存在）としては、企業のみが競争力の担い手となる。もちろん、産業は、同業団体による品質標準化などの活動を通じて、また国は、インフラ整備やハイテク振興などの産業政策や通商政策によって、サポーターとして補完的に、企業の競争力の基盤を強化できる。以上が、国際競争力の源泉である。

3　国際競争の進展に関するチャンドラーの理解

チャンドラーが国際競争をどのように見ていたかを知るには、"The Evolution of Modern Global Competition" と "Organizational Capabilities and the Economic History of the Industrial Enterprise" の二論文が特に有益である[12]。以下、上記の二論文に基づきつつ、筆者の理解も付加しながら、国際競争についてのチャンドラー理解を説明する。

チャンドラーによれば、一九世紀末の多国籍企業の登場は主としてアメリカ企業、部分的にはドイツ企業によって実現された。この時期、アメリカでは経営階層組織を持つ専門経営者企業が陸続と登場したが、そうした企業は、GE、ウェスティングハウス、フォード、シンガーなどのように、早くからヨーロッパ市場に進出した。その結果、国際競争におけるアメリカ企業の優位が確立した。

チャンドラーにとって、近代的多国籍企業がなぜその時期に、特定の業界に、特有の経過を辿って出現したのかが分析の対象となる。大統合企業（専門経営者企業）がすべて多国籍企業となったのではないが、多国籍企業はほとんどすべて経営階層組織を有する経営者企業であった。すなわち、一九世紀末の近代統合企業の登場が、近代的多国籍企業の登場をもたらしたとされる。もちろん、何十という国にまたがり、海外活動に従事していた企業はそれ以前からも存在していたが、現代の多国籍企業は、近代的大統合企業というイメージを与えるので、チャンドラーや後述のマイケル・ポーターなどにとって、一九世紀末以前には、多国籍企業は存在していなかったのである[13]。

ただし、ジェフリー・ジョーンズのように、大統合経営者企業でなくとも、古い時代から海外貿易活動に多角的に従事していた企業は存在していたのであり、また現代でもそうした企業の重要性は無視できない規模のものであるとして、チャンドラーなどの多国籍企業の取り扱いを狭すぎるものとして、否定的に見る見方も存在する[14]。

第一次大戦前

この第一の時期（一九世紀末から第一次大戦まで）のインフラとしては、第一次輸送通信革命によって、蒸気船、電信の利用により、遠隔の地を結びつけることが可能になり、多国籍企業が存在しうる基盤が築かれた。

イギリス企業は、帝国や大陸ヨーロッパにかけて広範囲な海外活動を行っていた。その典型的な形態は、フリースタンディング・カンパニーであろう。だが、チャンドラー的な意味での近代的多国籍企業は、リーバ・ブラザーズなどの一部の例外はあるが、ほとんど登場していなかった。ドイツ企業は、ジーメンス、AEGなどの電気会社、あるいはバイエル、ヘキスト、BASF、AGFA、Degussaなどの化学会社のように、イギリス企業よりもR&Dに基づく、またかなり大規模な経営階層組織を持つ近代企業の創出に成功していた。こうした企業は、ドイツ独特のカルテル裁判所などによる企業間協定の保護を受けていたし、持株会社に近い「利益共同体」（I.G.）、（たとえばメタル・ゲゼルシャフト）は、イギリスのような小同族会社の連合体ではなく、大きな組織を持つ大企業の連合体であった。しかしながら、そうした企業はアメリカ企業の本格的ライバルになる以前に、第一次大戦によって弱体化していた。し

たがって、この第一の時期にはまだ本格的なアメリカ多国籍企業との国際競争は生じていなかったのである。(15)

戦間期

第二の時期である戦間期には多国籍企業の役割はますます大きくなった。イギリス、ドイツでもその役割は大きくなったが、一九二九年以降の世界恐慌、それ以前の大陸での経済恐慌により、アメリカ、ヨーロッパでの多国籍企業の活動はマイナスの影響を受けた。この結果、ヨーロッパでは反トラスト法は未整備であったので、国内カルテルや国際カルテルが活発化した。アメリカ型の寡占競争スタイルというよりむしろカルテルに依存する傾向が顕著であった。国際カルテルも結ばれたが、(一九二八年のジャージー・スタンダード、シェル、アングロ・イラニアンの三社によって結ばれたアクナキャリー協定が典型)、ドイツ国内における法律によるカルテル保護とはことなり、国際間でのカルテル協定を遵守させる法律はなかったので、協定は長続きしなかった。

アメリカ企業の潜在的ライバルたるドイツ企業は、一九二〇年代の金融的混乱、一九三〇年代の恐慌によって、さらには第二次大戦のドイツ敗北によってまたもや競争力を阻害されることになった。戦間期には、イギリスでもコートールズなどの近代統合企業が数多く登場してきたが、企業所有者が経営者の決定に容喙することが多く、アメリカ企業への強力なライバルとはなりえなかった。(16)

第二次大戦後

しかし、第二次大戦後になると様相は一変する。国際競争におけるプレイヤーの増加が招来され、植民地の独立などによる「国の増加」によって、また新たに日本などの後発国の参入によって、国際競争は以前とは比べ物にならないほど激化した。ヨーロッパ諸国も戦災から立ち直り、ドイツ、フランス、イギリス、イタリアなどの諸国が国際競争においてアメリカ企業のライバルとなった。フォルクスワーゲン、フィアットなどの自動車メーカー、ICI、ユニリーバ、ロレアルなどの英仏の化学・製薬・化粧品メーカー、サンドやロシュなどのスイスの化学・製薬メーカー、もとよりバイエル、ヘキスト、ＢＡＳＦなどのドイツ化学メーカーもアメリカ企業の強力なライバルとして復活した。

一九五〇年代から一九六〇年代はパックス・アメリカーナと呼ばれる時代でもあり、またアメリカの多国籍企業がヨーロッパを席巻するという趣旨のアメリカン・インヴェージョン（アメリカのヨーロッパ侵略）といった言葉が人口に膾炙した時代でもあった。しかし、こうした解釈は幻想であり、ヨーロッパ諸国が立ち直り、日本が国際競争に本格的に参入した一九六〇年代以降、歴史上初めて国際競争が熾烈に展開されることとなった[17]。第二次大戦後には大きな戦乱や恐慌がなく、アメリカ企業のライバルが経済的・非経済的な理由によって弱体化することはなかった。その結果、そうした国の企業もアメリカ企業の手強いライバルとなったのである。

この時期の国際競争を激化させた重要な要因は、もう一つある。すでに一九二〇年代からデュポンなどにおいて組織的なＲ＆Ｄに基づく多角化が開始されていたが、この「産業間の競争」（inter-industry competition）が第二次大戦後きわめて激しくなったことによる[18]。エレクトロニクス、製薬などのハイテク産業においては、新発明、その実用化、その後の三又投資（three-pronged investment）が必須となった。そうした分野では、産業（産業分類の三桁、四桁レベル、あるいはさらに細かな「産業」）において、他の分野に進出する、あるいは新しい分野を創出することが重要になった。例えば、各種半導体、メインフレーム、ミニコン、パソコンなどのコンピュータ、医薬の各種部門である。企業は多角化を通して、成長を続けようとしたのである[19]。

言い換えれば、外国企業との国際競争に加えて、国内企業同士の間での産業間競争が激化した。もとより、外国企業との競争が産業間競争の形態をとって現れることもあるので、競争は二重の形態で行われることになった。外国企業が自国で創出した新分野を、アメリカにも持ち込んでくるからである。

このように第二次大戦後になって初めて、アメリカ、ヨーロッパ、日本といった国々の企業間で、国際競争がきわめて熾烈な様相を持って戦われることとなった。チャンドラーの表現を借りれば、「一世紀前に始まった国際競争の完全な影響は、世界的事変によって阻害された。二つの世界大戦とその間の大恐慌は、アメリカ企業の最強のライバル、特にドイツ企業の競争力を弱化させた。一九一四年以前に発展しつつあった国際競争は一九六〇年代までは、本格化しなかった」のである。[20]

このように、外国企業との競争および産業間競争との二重の要因によって加速された国際競争に対して、アメリカ企業は投資活動を行うことによって、自らの「中核能力」(core competence)を強化する方向ではなく、自らの組織能力があまり存在しない分野に、M&Aを通じて進出する方向をとった。[21]アメリカ企業は国内外の企業の買収を通じて多角化を図ったが、自身の組織能力が古い設備(巨額の投資固定化がもたらしたサンク・キャピタル「埋没資本」)や、組織の硬直化(組織能力の劣化)によって弱化しており、また自らの技術優位や経営能力の優位がない分野では、当然のことながら期待した成果は収められなかった。アメリカ企業は苦戦し、一九八〇年代には関連性の少ない分野を切り離す事業分割(divestiture)をしばしば行うようになった。また、一九七〇年代には、アメリカ国内での成長率のスローダウンを回避すべく、海外投資を活発化させた。しかし、こうした活動もアメリカ企業の根本的な競争力を再生させることはできなかった。[22]

また国際競争を激化させた他の要因は、インフラ面での大変化である。第二次輸送通信革命によって、世界の空間は大幅に収縮した。ジェット機の登場、電信プリンターの開発、大西洋電話ケーブルの開通による電話でのコミュニケーション(一九五六年)、商業通信衛星の実用化(一九六五年)、一九七〇年代にはコンピュータ通信の広範な利用(先駆的には一九六三年、ハネウェルがイギリス工場とアメリカのマサチューセッツ工場間の調整をコンピュータ通信によって実現)。一九七〇年代、企業を取り巻くグローバル環境は急速に変わり始めたのである。[23]

さらには、ドイツ、イギリスでも独占禁止法が整備され、ヨーロッパ諸国はアメリカ型の競争に転換し、またアメリカでは合併規制のセラー・キーフォーヴァー法(一九五〇年)の施行によって、独占禁止法はさらに強化され、自由競争が国際競争のベースとなった。これも国際競争を激化させた一要因である。

しかし、チャンドラーはこうした変化にもかかわらず、二〇世紀初頭の多国籍企業は一九八〇年代でも依然としてリーダー企業であると述べる[24]。

新しい企業が新しい産業分野を開拓し、大きな成功を収めることも見られたが、そうした「企業家型新興企業」(entrepreneurial start-ups) は最初のうちは新分野で地位を築くが、速やかに既存大企業 (well-established firms) が反撃し、新分野の最大手ないし有力企業となる。また新たな分野に進出するのも、小企業というよりむしろ既存大企業の場合が多く、さらには外国の既存大企業がアメリカ国内の新分野に進出することも多いと主張する[25]。化学・製薬分野でも、エレクトロニクス分野でもそうした傾向が強い。

こうした解釈、とりわけ企業家型新興企業の役割を消極的に捉える解釈が妥当性を持っているか否かは、一九九〇年代、二〇〇〇年代の動向を考えると疑問なしとしない[26]。

それはともかく、一九九〇年代以降を分析する前に、いくつかの有益な示唆があるので、マイケル・ポーターの国際競争の理解について触れておこう。

ポーターもチャンドラーと同様に、一八八〇年以前には多国籍企業はほとんど存在しなかったとする。一九世紀末から、企業は地域企業 (local firm) から全国企業 (national firm) へ、さらにグローバル企業 (global firm) へと発展してきた。そのためのインフラとして、鉄道、蒸気船、トラック、電信、電話、効率的郵便をあげる。

戦間期には多国籍企業はさらに発展するが、ナショナリズム、関税障壁などによって、多国籍企業はマルチドメスティック戦略 (複数国に対して、国ごとの分権的管理体制をとる戦略) を主に採用していた。しかし、第二次大戦後になると、グローバル戦略 (本国の本社からの集権的管理) への移行という逆の現象が生じた。集権的管理から生ずる競争優位が増大し、コストは下がり、その結果、マルチドメスティック戦略よりむしろグローバル戦略が有利となった。技術変化のペースが速くなり、企業は世界中で販売することが有利になったためである。

また世界では、所得の平準化が生じ、情報通信が容易となり、海外旅行が一般化したために、諸国間の市場では製品へのニーズが**同質化**した。チェーンストアやスーパーマーケットはどこでも普及し、そこで売られるものも同質的になった。これは、第二次大戦後の特徴である市場細分化と矛盾しているようであるが、そうではない。**市場細分化**は、人口統計的違い、業種の違い、所得層の違いによって決まるのであり、多国籍企業にはグローバルな細分化戦略が必要とされている。

第二次大戦後はまた、大量輸送車、コンテナ船、大型航空機などによって大幅な輸送コストの低下が実現され、関税障壁の低下、国際カルテルの非合法化などによって自由競争（貿易と投資）が要請されている[27]。

さらに企業の内部でも、電話やデータ通信の利用、ビジネス旅行時間の大幅短縮によって、コミュニケーション・コストが低下し、企業内部での調整能力が増大した。ちなみに、一九世紀末には、アメリカの東海岸から西海岸までは鉄道で四日間、ロンドンからニューヨークへは船で一週間弱、ロンドンから南アフリカまでは船で三週間、ロンドンからオーストラリアまでは船で六週間であった[28]。また、二〇世紀初頭の多国籍企業であったイギリスのヴィッカーズやアームストロングは、日本の子会社を監督するために人を派遣する場合、往復数カ月を要した。このように、本国からの現地企業の監督にはかなりの困難を伴ったのである[29]。

第二次大戦後、マーケティング・システム、ビジネス慣行、経営方法は、世界各国で類似してきた。また変動相場制の実施以降、為替相場の変動幅が大きくなり、為替リスクを減らすために世界中で工場を持つことが有利になった。こうした国際競争の中で、自動車、電気分野において日本は勝者となった。これは小型化志向、省エネルギー、高品質へのこだわりなどによってもたらされたものである。概して言えば、アメリカ、ヨーロッパの多国籍企業は第二次大戦以前に国際戦略を完成させていたので、マルチドメスティック戦略をとっていたが、これに対して、日本企業は集権的戦略（グローバル戦略）が有効性を持ち始める一九六〇年代に国際戦略を開始した。それゆえ、日本企業は世界中に強い調整を実施し、その結果、有利な地歩を築いた[30]（この論文は、一九八六年刊行である点に注意）。

以上のポーターの論文からは、国際戦略の重要性が理解できる。

4　一九八〇年代および一九九〇年代における「転換」の歴史的意義と国際競争

一九七〇年代から一九八〇年代にかけて、アメリカ企業は、国内外の市場で大きな危機に直面した。国際競争における競争優位を維持できず、それどころかアメリカ市場においても外国企業の活躍が目立つようになった。しかし、一九八〇年代末から一九九〇年代にかけて、アメリカ企業は戦略と組織を転換することによって、すなわち従来の「多角化・分権組織（Mフォーム）」というパラダイムを転換し、新しい戦略と組織形態、「選択と集中・ネットワーク（Nフォーム）」に移行することにより、競争力を回復したように見える。これは、インターネット、デジタル革命の進展といった技術革新がもたらした大規模な経営環境の転換に適合した巧みなパラダイム転換であったと言ってよい。

これに反して、日本企業は様々な分野で競争優位を喪失した。それは、半導体、家電、コンピュータなどのエレクトロニクス産業で著しい。自動車産業でも一時はかなり凋落していた（一九九〇年代における日産、ホンダの苦戦）。そこで、アメリカ企業の復活、日本、ドイツ企業の没落といった現象を多国籍企業の面から捉えるとどのように分析できるのであろうか。アメリカ企業は、一九八〇年代まで喪失しつつあった組織能力を取り戻すことができたのであろうか。たしかに、チャンドラーも、アメリカ企業の戦略が非関連型多角化から本業中心型多角化に変化したことを指摘している[31]。そうした変化がアメリカ企業の復活をもたらしたのであろうか。

チャンドラーの二〇〇一年のエレクトロニクス産業の分析を読むと、日本企業に対する高い評価が印象的である。また、組織能力を有すると思われる日米の大企業が依然として、ランキングの上位に位置し、規模の経済、範囲の経済、組織能力を活用する企業が上位にいるように見える[32]。

しかし、IBMがかつて倒産寸前の危機を迎えたように、日本企業は依然として苦戦しており、従前の組織能力に安閑としてはいられない状況である。これは組織能力の故というよりも、GE、IBMの例を見るならば、有効な戦略を打ち出す能力が最重要ということではなかろうか。

冒頭で触れた組織能力を広く解釈する立場からは、戦略立案やその効率性も組織能力の一翼を担う。しかし、組織能力を文字どおりのルーティーン、言い換えればオペレーショナルな能力に限定すれば、戦略の重要性は明らかであろう。持続的な企業の繁栄を維持するためには、組織能力とともに、戦略の重要性、どういった製品分野に進出するか、またグローバル戦略を採るか、マルチドメスティック戦略を採るか、そうした判断が重要である。もちろん、それを実現する組織能力なしには、単なる戦略は絵に書いた餅にすぎないであろう（戦略の形成と戦略の実行の問題）。

一九六〇年代が一つのターニングポイントであったとするならば、ベルリンの壁崩壊以降の一九九〇年代も、国際競争にとってまた一つの転換点であった。一九九〇年代には、旧共産圏諸国の自由経済体制圏への包含によって、ヨーロッパにおいても、また世界経済においても未曾有の国際競争が惹起された。さらには、日本に続くＮＩＥｓ、ＡＳＥＡＮ諸国はベルリンの壁崩壊以前から国際競争に登場していたが、さらに中国、インドをはじめとするＢＲＩＣｓの台頭により、メガコンペティションと呼ばれる厳しい競争状況が出現した。デジタル化の進展がもたらすファブレス・ファウンドリ方式、モジュラー生産の隆盛は、こうしたメガコンペティション状況を強めている。

しかしながら、こうした文字どおりグローバル化した国際競争においても、戦略能力や組織能力の卓越が、長期的な企業の勝者を、また国の産業の浮沈を制することは間違いなかろう。

5　一九九〇年代以降のアメリカ企業復活の歴史的意味

チャンドラーにあっては、一九世紀末から二〇世紀初頭に出現した大統合経営者企業が、多国籍展開の中心を担い、その後の発展においても枢要な地位を占めた。戦争、恐慌などの外的影響もあり、アメリカ多国籍企業が一九世紀末から国際競争の主役であり続けた。しかし、一九六〇年代にいたり、ドイツ、イギリス、フランスなどのヨーロッパ諸国、またアジアからは日本、続いてＮＩＥｓなどが続々と国際競争に参入し、アメリカ企業の競争優位は揺らいだ。同時に、アメリカ企業の戦略的誤り（競争優位を持たない分野へのＭ＆Ａを通じた進出）や組織能力の劣化により、アメリカ企業は苦戦し、かつての超優良企業でさえも、ＲＣＡのように倒産したり、その一歩手前まで追い込まれる企業も続出した。しかし、ＧＥ、ＩＢＭの復活に見られるように、またマイクロソフト、グーグルなどの企業家型新興企業の台頭により、アメリカ多国籍企業は目覚ましい復活を遂げた。この事態をチャンドラーは、重要なプレイヤーは一九八〇年代にいたっても、持続的な組織能力のゆえに、二〇世紀の初めとほとんど変化がないと主張している。だが、その内実は様変わりしていると見るべきである。コンピュータ製造からソリューションビジネスに転換したＩＢＭのように、たまたま新しい戦略が成功を収めたために、現在もなおメイジャー・プレイヤーとして生き残っていると見るべきであろう。

さらに、橋本輝彦のデータによると、二一世紀にはいってから、アメリカの企業ランキングは大幅に変わっている。つまり大企業の不沈戦艦的現象は大幅に減じているのである[33]。こうした事態はすでに一九七〇年代から一九八〇年代にも、『生き残る会社、消える会社』などの著作を見ると、アメリカの企業ランキングはかなりの変動を経験していると読むこともできる[34]。

いずれにせよ、一九九〇年代はメガコンペティッションが始まったとともに、デジタル革命を代表とする技術的経営環境の変化が、従来の組織能力ではなく、新たな組織能力の必要性を要請し、それに成功した企業が国際競争においても、持続企業となる時代なのである。

第4章　革新の概念と経営史

「革新」と言えばシュンペーターを連想するほど、革新とシュンペーターの名前は切っても切り離せないほど密接である。しかしシュンペーターの革新概念はドラスティックな変革を想起させ、戦後日本の特徴と言われる地道な「漸進的革新」(incremental innovation) とはやや異質な感じを与えるのも事実である。両者をどのように整合的に理解するかが問われるであろう。そこで本章では、シュンペーターの革新概念を検討しながら、戦後日本の「漸進的革新」の意義を彼の革新概念と関係づけることにより、その位置づけを明らかにし、また革新を誘発し、成功させるメカニズムとは何かを考察することにしたい。

1　シュンペーターの革新概念とその限界

シュンペーターは、その代表的著作『経済発展の理論』の中で、新結合について①新製品の開発(製品革新)、②新製法(新流通方法も含む)、③新市場の開拓、④新原料市場の開拓、⑤組織革新、の五つを列挙している。この時点では、彼はまだ革新という言葉を使っていないが、新結合と革新の意味内容は同一であると思われる。この新結合において重要な点は、企業者によって「慣行軌道の変更」が行われることであり(第一種の非連続性)、さらにこうした変更は発展担当者（リーダー）の変更を伴う点である（第二種の非連続性）。また企業者は、発明家や技術者とは異なる存在とされる。つまるところ、彼の議論のエッセンスは、定常的状態（stationary state）を想定する静態理論ではなく、「創造的破壊」（creative destruction）という言葉が示すように、均衡の破壊、すなわち動態論であると言ってよい。

次いでシュンペーターは『景気循環論』（一九三九）で革新という言葉を使用し、「関数の形が変化するなら、革新がある」「革新をひとつの新生産関数と定義する」「革新は新結合を遂行すること」と述べている。同書の中では、経済学的に革新の定義を緻密化しようとし、「革新があるたびごとに、元の総費用曲線、または限界費用曲線が破棄せられ、新しい曲線がそれに変わる」と説明している。それに関連して、ワルラスやマーシャルなどの伝統的理論（静態理論）は、「革新への反応」を問題にしているに過ぎないとも批判している。また前著と同じように、革新は発明とは異なり、発明が商業化されたものであると、その違いを強調している。

一九四二年には、『資本主義・社会主義・民主主義』の中で、「革新の制度化」（bureaucratization）を論じ、革新の制度化を通じて、資本主義が企業者的活力を失い、社会主義に道を譲ると予言している（現実はそうならなかった！）。さらに一九四七年の著名な論文の中では、伝統的理論は「適応的反応」（adaptive response）を問題にしているに過ぎないが、自分の動態理論は「創造的反応」（creative response）を取り上げており、これらの「創造的反応」は「事前には」理解し得ないものであり、また「長期的な結果」であり、その頻度、強さ、成功あるいは失敗は「人の質」（quality of personnel）に依存していると論じている。[1] 以上のシュンペーターの論旨は概ね納得できるものであるが、しかし今日の状況から見ると、種々の限界を抱えていることも事実であり、次節以降ではそれらを問題にしていく。

2　発明・革新・投資——シュンペーターvs.チャンドラー

シュンペーターは革新の担い手として企業者を挙げるが、それ以外にも発明者や模倣者がいる。発明家が発明し、革新者がその発明を企業化し、模倣者がそれを模倣するのである。すなわち、inventor—innovator（entrepreneur）—imitatorという連関が想定されている。そして経済的に最も重要なのは言うまでもなく革新者であり、模倣者は適応的反応を行うにすぎず、経済発展の大きな原動力にはなりえないとする。

しかし、『スケール・アンド・スコープ』という大著を上梓し、アメリカ・イギリス・ドイツのおよそ一〇〇年間の経営発展を比較史的に論及したチャンドラーによれば、「費用を低減させ生産性を高めたのは、新しい改良された製法であり、革新自体ではなかった」。「産業の構造を変え、国民経済の成果に影響を与えたのは投資であり、革新ではなかった」。したがって、革新自体よりむしろ投資の方が重要であることになる。

チャンドラーはこの点をさらに次のように説明する。「企業家の行動で重要なものは、新規の、あるいは著しく改善された製品や製法の発明ではないし、ましてやそれらを最初に商業化することでもない。それよりも規模の経済あるいは範囲の経済、もしくはその両者を全面的に利用するために必要な最適規模のプラントを建設することであった」。これをさらにパラフレイズすれば、最初に発明家が現れ、次に一般の使用に供するために必要な設備への投資を行うパイオニア（革新者）が登場する。しかし経済的に重要な存在は、競争上の優位を達成するために必要な生産・流通・マネジメントへの三つの相互に関連した投資（three-pronged investment）を行った「一番手企業」（first mover）であった。したがって、チャンドラーにとって経済発展に最も有意義であったのは、発明家や革新者ではなく、生産・流通・マネジメントに大規模な投資を敢行した企業（家）であった。すなわち彼の概念的連関は、「挑戦者（企業）」（challenger）も含めれば、inventor—pioneer—first mover—challengerという構成となる。(2)

チャンドラーもシュンペーターと同様に、発明家よりもパイオニアが重要であることは認める。発明の企業化（commercialization）が発明それ自体より経済的に見て重要であることは明らかである。パイオニアはしばしば発明家ではなく、「パテントを買った人」であることもまれではない（MS－DOSを買ったマイクロソフトがそうである）。だが生産・流通・マネジメントへの三つ又投資を実行しなかったパイオニア企業はしばしば一番手企業になれなかっただけではなく、そのような投資を行った企業の軍門に下らざるを得なかった。規模・範囲の経済を利用し、販売・購買への大規模な投資や垂直統合を推進し、それらの複雑な活動を管理し、かつ経営資源配分のための経営者の採用・訓練への投資、すなわちマネジメントへの投資を行い、「組織能力」(organizational capabilities)を構築できた企業だけが「競争優位」competitive advantageを獲得し、維持できたのである。

歴史上にその事例を求めれば、一八七〇年代、初めて長距離パイプラインを建設し、パイオニアとなったタイドウォーター・オイル社は十分な三つ又投資を実行しなかったために、膨大な投資を遂行したスタンダード・オイル社に支配されるようになった。スタンダード・オイル社はタイドウォーターへの対抗上、パイプラインに巨額の投資を行い、さらに前方統合を推し進め有利な立場に立った。またこの頃、ヨーロッパでスタンダードと同じように隆盛を誇った石油企業家、ノーベルやロッチールド(フランス)は、前方・後方あるいはマネジメントへの投資を行わず、組織能力を構築できなかったために、結局は石油産業から撤退せざるを得なかった。鉄鋼業では、アンドルー・カーネギーはベッセマー法のパイオニアではなかったが、一八七〇年代、エドガー・トムスン製鉄所をベッセマー転炉を有する巨大統合製鉄所に変貌させた。その結果、圧倒的な競争優位を獲得できたのである。

また第二次大戦後でも、IBMはコンピュータ(メインフレーム)のパイオニア企業ではなかったが、「設備に巨額の投資を行い、規模の経済をフルに活かすことによって、また優れたマーケティング網を拡大し、新たな経営者を大量に採用することによって、この産業における一番手企業となった」。またパソコン分野でも、初期のパイオニア企業(MITS、IMSAI、プロセッサー・テクノロジー)は必要な投資を怠ったために、主役の座から転落することになった。他方で、投資を持続したアップルや、あるいはすでに巨大企業であったIBMなどがパソコン市場において一番手企業となったのである。[3] 以上のように、パイオニア企業といえども、必須の三つ又投資を欠くならば没落せざるを得ないのである。もちろん、パイオニア企業が必要な投資を実行するならば、他の企業に対して有利な地歩を得ることは明らかであろう。

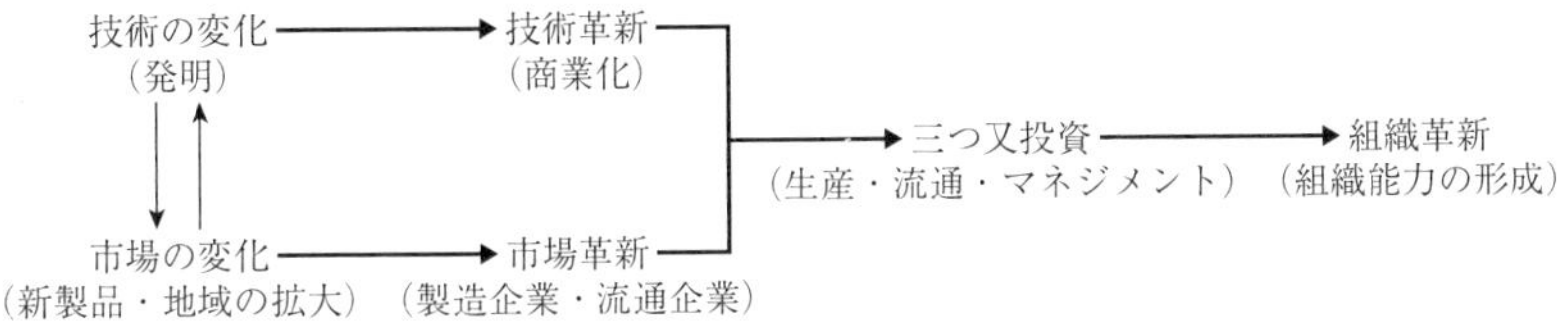

図4－1　技術・市場の変化と革新

出所：筆者作成。

以上の関係は図4－1に示されている。図4－1について多少とも説明しておくと、革新は技術と市場の変化に対する主体的対応によって生じる。技術を企業化することが技術革新であるが、新たに出現した市場チャンスを利用していくことが市場革新（＝流通革新）である。従来から、技術革新は技術主導（technology-push）によって主に惹き起こされるのか、あるいは需要牽引（demand-pull）の方が有力なのかに関して議論があるが、実際には双方向の影響によって惹起されているように見える。技術進歩が新しい需要を生み出し、新市場を開拓することもあろうし、逆に市場が新しい技術開発へのインセンティヴをもたらすこともあろう（「必要は発明の母」）。だが必要が存在すれば、求められる技術が一〇〇％開発されるものでもない。解決しがたい技術上のボトルネックが多かれ少なかれ存在しているからである。

一方、市場革新は新たな市場への適応、製造企業による前方統合・後方統合や、純粋流通企業による狭い意味での流通革新も含んでいる（例えば通信販売から出発したシアーズ・ローバック社）。あるいはニッチ戦略による新市場の開拓もあろう。また地理的に見た市場の拡大に対応して、地域市場から全国市場、さらには海外進出といった外延的拡大も考えられる。だが、最大の市場の変化は、技術革新によって生じた新製品市場である。いずれにせよ、この段階はパイオニア企業の段階である。

次いで技術革新（生産）や市場革新（流通）への大規模な投資により、企業は一番手企業となり、確固とした競争優位を手に入れることができる。さらにマネジメントへの投資により、経営階層組織を構築し、組織能力を獲得することにより、容易には挑戦者企業を寄せつけない一番手企業が完成する。チャンドラーが重視する組織能力とは、「企業内部で組織化された物的設備と人的スキルの集合」であり、言い換えれば、規模の経済・範囲の経済を十全に活用しうる能力＝「組織化された人的能力」(organized human capabilities) である。(4) そして、このような組織能力や、トップ・マネジメントからミドル・マネジメント、ロワー・マネジメントにいたる経営階層組織の確立によって「組織革新」(organizational innovation) が完成する。

ちなみにチャンドラーは前著『経営者の時代』では組織革新という用語をしばしば使っていたが、『スケール・アンド・スコープ』では使用頻度が極端に少なくなり、代って組織能力が使われている。組織革新には、三つ又投資を経て一番手企業としての組織能力を会得した場合と、単なる組織の変更といった意味（シュンペーターの新結合の五番目）の二つがあり、図4-1の組織革新は両方とも含み得るが、前者の大規模な投資による組織の構築、組織能力の獲得がより重要である。

3　均衡の破壊か、均衡の創造か

シュンペーターの革新の定義はすでに見たように、かなり幅広いものであり、何でも入りうると言ってよい。それにもかかわらず、シュンペーターの革新概念は均衡を破壊し、「慣行の軌道から脱皮していく大胆な企業家活動 (entrepreneurship)」を中心に据えている。すでに指摘したように、これは漸進的革新を軽く見ることにつながっている。しかし最近の研究動向では、むしろこうした漸進的革新を重視する見解が有力である（アバナシー、チャンドラー、フリーマン、ポーター）。

また戦後日本の革新について、「日本のイノベーションは典型的にインクリメンタル・イノベーションと呼ばれるものである」とし、このようなジャパニーズ・パラダイムは、非連続的なブレイクスルーを生み出す個人についてのシュンペーター・モデルとは対応しないとする指摘もある（今井賢一）。(5) たしかにシュンペーターも丹念に読んでみれば、「誘発的革新」という言葉によって「最初の革新者を模倣したり、既存企業が革新者のやることに適応したりする過程に現れてくるような追加的な改良」に言及している箇所もある(6)。

しかしながら、シュンペーターの基本コンセプトは創造的破壊による均衡から不均衡への移行にある。言い換えれば、新しい生産曲線（フロンティア）への移行である。そして新たな生産曲線への非革新者の移動は模倣の過程として重要なものとは位置付けられないのである。

しかし、こうした均衡から不均衡への移行を重視するシュンペーター的革新概念に対し、オーストリア学派のI・M・カーズナー（Kirzner）は次のような考えを対置している。資本主義の動態的発展は不均衡を作り出すことだけではなく、不均衡から均衡へ向かう「競争プロセス」によっても担われる。「利用されていない機会を見いだす能力」が重要であり、「企業家は、均衡を作り出す勢力」である(7)。

言い換えれば、シュンペーターもカーズナーも「不均衡においてこそ利潤が発生すると見る点では同じであるが、カーズナーの企業者は、不均衡を前提として、あるいは不均衡が潜在する中で行動する」「不均衡とは、市場に登場する売手と買手との間の不整合、あるいは未だ認知されずにいる利潤機会の存在を意味している。そして企業者とは、この種の不整合や未利用の利潤機会をいち早く発見し、素早く行動に移す者(8)」である。「企業者活動は、市場参加者が現在行われている事柄とほんのわずかでも違うことをするということが、利用できる現実の機会をよりよく利用することであると認識する時に、実行されるもので(9)」あり、換言すれば「市場均衡に向かう不断の動き」の中に企業者活動のエッセンスを見いだしているのである。

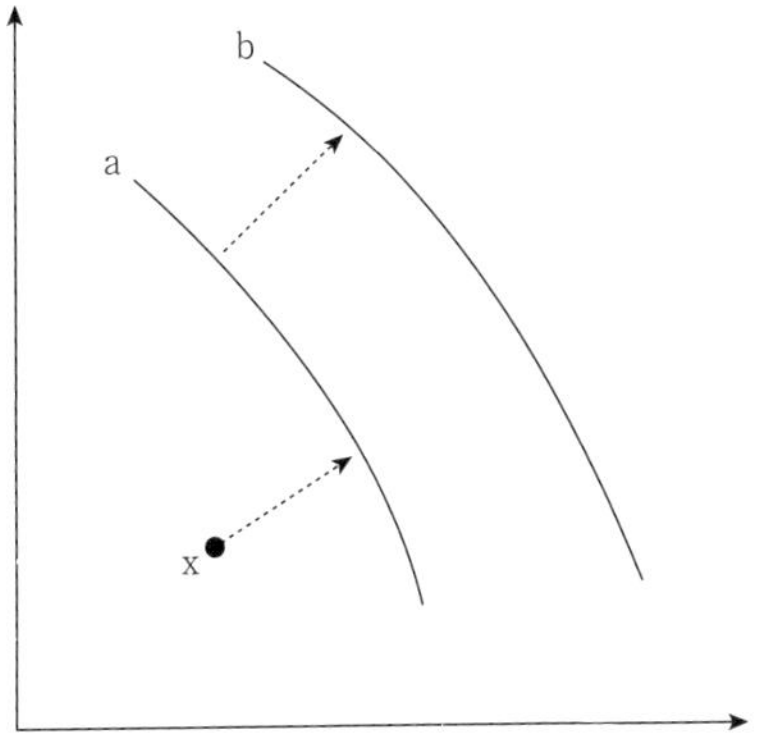

図4－2　シュンペーターとカーズナーの革新概念図

出所：筆者作成。

シュンペーターとカーズナーを対比的に図示すれば、図４－２のようになろう。シュンペーターにとって革新とは、生産曲線ａから生産曲線ｂへの移動であるが、カーズナーの場合の革新（企業者活動）は生産フロンティア内部の点Ｘから生産曲線（最適生産フロンティア）ａへの移行にほかならない。何らかの事情で企業家は最適フロンティア上で生産を行うことができず、フロンティア内部の点で生産を行っているが、企業家の利潤機会を見いだす「機敏さ」（alertness）によって最適フロンティアへの移動が可能になるのである。

このような考えは、ライベンシュタインの「Ｘ非効率」（X-inefficiency）の考えと相通ずるところがある。ライベンシュタインによれば、企業は新古典派の考えるような最適曲線の上で操業しているのではなく、通常、既存の資本財や技術の最適曲線以下の領域（図の点Ｘ）で操業しているに過ぎず、何らかの方法により最適曲線に接近することができるならば、生産性の上昇が達成されると主張する。(10)

カーズナーはこうした移動を資本主義本来の競争プロセスと考えているのであり、新古典派の基本的欠陥は「均衡条件を達成するプロセス（点Ｘから曲線ａへの移動）を考えることを排除しているからである」とする。以上のように論理をたどってくると、漸進的革新とは、生産曲線の移行ほど大胆な変化ではないにせよ、経済発展にとって極めて重要であり、カーズナー的競争プロセス（革新）の解釈は漸進的革新の理論的根拠を与えてくれるのである。日本の革新はシュンペーター・タイプの革新ではなく、むしろ「企業家が市場の機会に鋭敏に反応するカーズナー・タイプのモデル」(11)であるとの指摘は説得力に富む。

しかし現実には、シュンペーター・タイプの革新とカーズナー・タイプの市場プロセスが同時に起こりうるのであり、均衡から不均衡への動きと、不均衡から均衡への過程が同時存在し、資本主義的市場競争のメカニズムが展開すると考えられる。

4　根本的革新と漸進的革新、または製品革新と製法革新

前節で漸進的革新の理論的根拠を考察したが、このような漸進的革新に対しては、シュンペーター流の「根本的革新」（radical innovation）が対応する。一方、製品革新（product innovation）／製法革新（process innovation）の分類も存在する。製品革新は新製品の開発であり、付随的に製法革新を伴うこともある。これに対し製法革新は、製品は従来の製品だが、その製造方法の革新であり、製品革新に対して漸進的であるとの印象がある。したがって、製品革新＝根本的革新、製法革新＝漸進的革新のような分類が一般的である。

しかし、私事ながらチャンドラーの『スケール・アンド・スコープ』を翻訳していた時に、process innovation を工程革新と訳すか、製法革新と訳すか、迷ってしまった。工程革新と訳すと、工場内部の微細な、まさに日本的カイゼン（continuous improvement と訳されることが多い）を連想させるが、プロセス・イノベーションには鉄鋼業におけるベッセマー法や化学産業におけるソルヴェイ法、ハーバー・ボッシュ法などの革命的製法革新も存在する。これらの製法革新は漸進的と呼べるものではなく、まさにシュンペーターが言うところの生産関数のシフトに相当する。そこでこうしたプロセス・イノベーションは製法革新と訳し、漸進的革新は工程革新と訳すことにした経緯があった。他方で、製品革新にも研究に基づく新製品の開発だけではなく、製品の部分的改良も存在するので、漸進的製品革新も存在する。それゆえ、製品革新／製法革新、根本的革新／漸進的革新という区分けから、表4－1のようなマトリクスができ上がる。

上記のような分類は、産業特性（industry-specificity）に密接に関係していると思われる。化学や鉄鋼のような装置産業では、製法の革新はダイナミックであり、表4－1の右上の象限に入る。ただし、鉄鋼では製品革新は相対的に活発ではなく、これに対し同じ装置産業でも化学では活発であり、化学産業は左上の象限、製品／根本的革新のとこ

表4－1　技術革新の類型

	製品（product）	製法（process），生産（production）
根本的革新 (radical or revolutionary)	モデルT，真空管，半導体（トランジスター，IC），レーヨン，ナイロン，ポリエステル，ダイナマイト，システム360（コンピューター），DC3（航空機），ルーサイト（合成樹脂），ネオプレン（合成ゴム），テフロン，フレオン（冷却剤）など ［研究に基づく新製品］	ベッセマー法，塩基性法，LD転炉，連続鋳造法，シャルドンネ法，ソルヴェイ法，ハーバー・ボッシュ法，ボンザック機械，キャストナー電解法，ブキャナン自動スズメッキ機，タンク車，タンカー，石油パイプライン，冷蔵・冷凍車；エドガー・トムスン統合製鉄所，ハイランドパーク工場（流れ作業ライン），JIT（リーン生産）
漸進的革新 (incremental)	自動車塗装，自動車用ライト，電動スクーター，4エチル鉛（ガソリン添加剤）など ［製品の改良］	QCサークルにおける改善，工程革新 ［工程の改良］

出所：筆者作成。

ろにも多くの製品を登場させる。これに対し，プロセス・イノベーションを工程革新と訳すことが多い自動車，電機（電子を含む），工作機械などの組立産業は下段の象限に位置することが多い。ただし，電機は半導体，コンピュータなど，また一部の機械産業はマシニング・センターなど，研究開発に基づくダイナミックな新製品の開発を特徴としており，左上，右下の象限に位置することが多い。

さらに生産システムに関しては，自動車などの組立産業では流れ作業ライン，JIT（just in time production）――別名，リーン生産またはFMS（flexible manufacturing system）などが製造方式の大規模な革新を遂行した。このような生産システムは，地道な改善を積み重ねて達成される要素と，初発から斬新なプラント・レイアウト，すなわち根本的革新といった両面を備えている。後述のアバナシーは，流れ作業ライン（moving assembly line）を通常革新，つまり漸進的革新の内に含めているが，プラント・レイアウトの斬新さとともに，「部分改良の累積がシステム全体を革新させる」側面を見落としていると言えよう[12]。同様に，カーネギーによって建設されたエドガー・トムスン製鉄所も初発から規模の経済や統合の経済――垂直統合によって得られる利益――を狙って，大規模な高炉，ベッセマー製鋼炉を建設し，原料から最終製品までの連続的な生産システムを創造することによりドラスティックな製法革新を実現したのである。

また、いわゆる互換性組立部品に基づく「アメリカ的製造システム」（American system of manufacturing）も一つの生産システムの革新と言えよう。さらには第二次大戦後に一躍脚光を浴びるようになったＪＩＴやそのより一般的表現であるリーン生産システム、ＦＭＳも漸進的生産システム革新の適例である。このような生産システムの革新は、輸送機械を含め、多種多様な、かつ大量の部品を使用する機械工業＝組立産業によく見られる現象である。これに対し、化学や鉄鋼では、もちろん漸進的革新は重要ではあるが、それが一つのシステム革新にまで高まることは少ないと言える。

以上の生産システムの革新は、生産分野における組織革新であり、図４－１の組織能力に基づく組織革新に含まれる。生産システムの規模の大規模化、また生産システムの変革が販売・購買にまで及び、さらにはＲ＆Ｄ、財務などに拡張され、最終的に人的資本への投資、すなわち経営者の採用・訓練を通じた経営階層組織の形成に至ると、組織革新が遂行されたことになる。このように、生産システムの革新は組織革新全体に影響を及ぼす可能性を秘めている。

アバナシーの変革力マトリクス

表４－１は技術革新の類型を分類したものだが、イノベーションについて注目すべき見解を提示しているアバナシーは、図４－３に示したような自動車産業における変革力（transilience）のマトリクスを作成している（ただし図４－３は他の産業にも拡張することにより筆者によって若干変更が施されている）。[13] アバナシーは、技術革新だけではなく、市場と技術の両側面から見た革新のタイポロジーを提示した。彼によれば、市場と技術、および変革力の強弱によって四種の革新が区別される。

第一に、構築的革新（architectural innovation）である。構築的革新は技術的に見て画期的であると同時に、それが新しい需要創造、すなわち市場＝産業を構築するような変革である。例えば、自動車産業においてドミナント・デザ

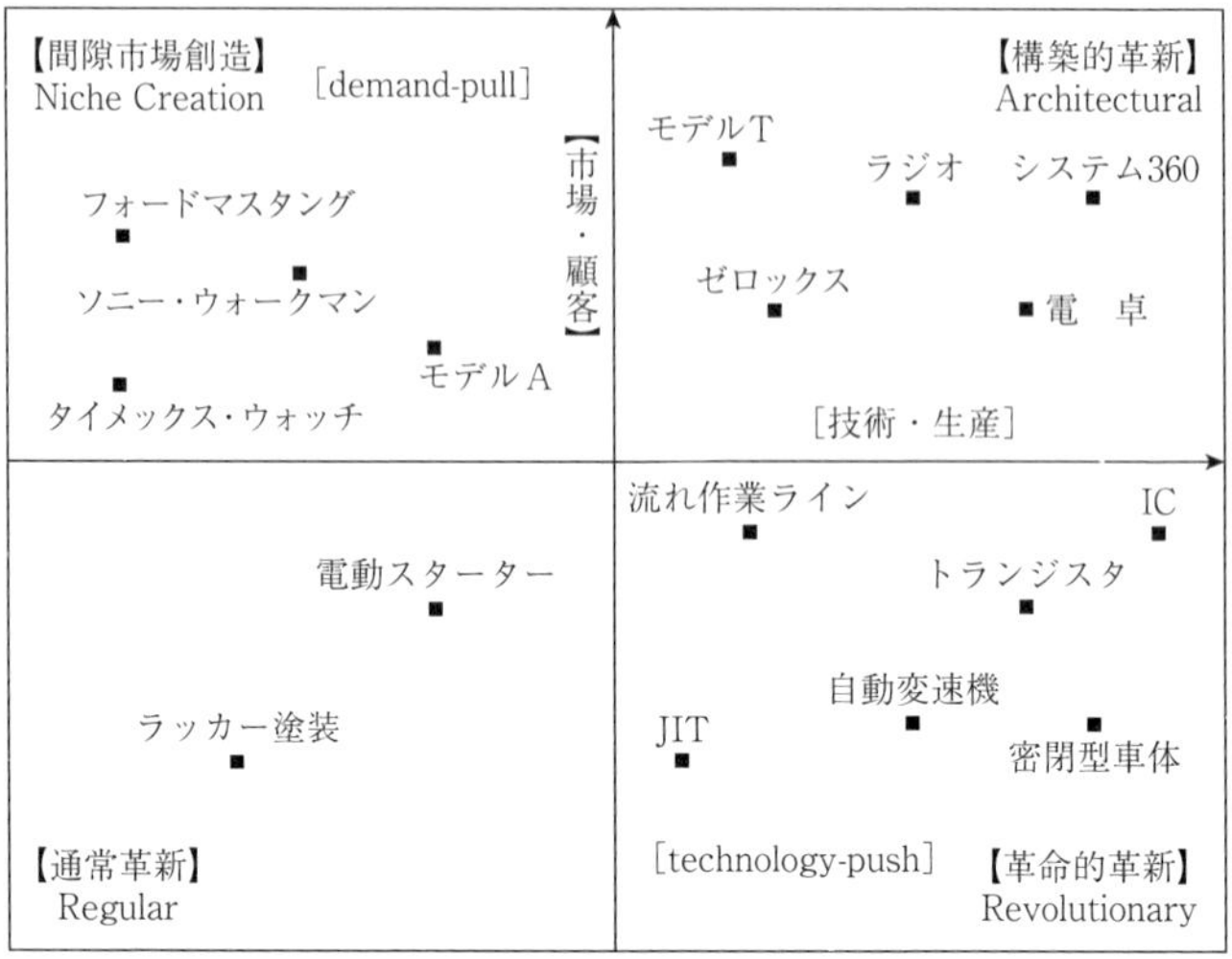

図4－3　革新の「変革力」のマトリクス

出所：Abernathy & Clark, "Innovation: Mapping the Winds of Creative Destruction," p. 8など。

インと言われるモデルT（T型車）は、その後の自動車の基本コンセプトを決定し、量産化による低価格と相まって大衆自動車市場を開拓し、モータリゼーション社会の基盤を築いた。この構築的革新はシュンペーターの革新者＝企業者モデルに一番フィットする革新類型である。また複写機を作りだすことによって膨大な複写機市場を開発したゼロックス社や、メインフレーム・コンピュータの基本モデルとなったIBM社のシステム360もまたコンピュータ産業のドミナント・デザインと言えるであろう。

次いで、構築的革新が行われた産業では、通常革新段階（regular innovation）に移行する。ここでは革新は製品・製法とも漸進的になり、日常的な改善に主力が置かれる。ただし、モデルTとワンセットで、製法・生産革新としてつとに名高いハイランド・パーク工場における流れ作業ラインを、すでに指摘したように、アバナシーは通常革新に分類している。しかし流れ作業ラインを根本的な製法革新としてみなす考えからは、それは通常革新ではなく、以下で説明する革命的革新に属すると考えるべきである。

他方で、アバナシーはプロダクト・ライフ・サイクルという図式を提起し、モデルTのようなドミナント・デザインが出現するまでは、製品革新が中心的競争スタイルだが、それ以後はプロセス・イノベーションやインクリメンタル・イノベーションが中心となると指摘している。(14)

しかし彼は、「多くの観察者は新しい製品革新を強調するが、プロセス&インクリメンタル・イノベーションも同等の、あるいはそれ以上の商業的重要性を持ちうる」(15)と工程革新・漸進的革新の意義を強調している。

アバナシーは、ドミナント・デザインたるモデルTが登場した一九〇八年から製造停止直前の一九二六年までに様々の変化を受けたことを指摘し、通常革新の重要性を指摘している。例えば、モデルTの価格は一二〇〇ドルからわずか二〇〇ドルに下がったが、それは鋳造・溶接・組立に改良が施され、新素材が使用された結果であった。さらにまた製品自体にも電気ライト、エナメル塗装、電動スターター、連動ブレーキシステムなど種々の改良が加えられた。このような製品改良によって、モデルTの市場訴求力は改善されたのであった。言い換えれば、漸進的製品革新は市場への多彩な商品提供力（market versatility）を増大する。(16)このように通常革新は、ドラマティックではないにせよ、持続的な革新を通じて競争優位の状態に大きな影響を与えるのである。

革新の重要性は、技術や市場それ自体に対する影響力というよりは、その革新が競争優位あるいは劣位にどれほどの影響を与えるかが決定的に重要である。競争優位に対する影響という観点から考察すると、通常革新は長期にわたる製品革新・製法革新（工程革新）を通じて、競争優位に大きな変化を惹き起こすが故に重要なのである。ただし、こうした通常革新においては、「体系的な計画や一貫性」（methodical planning and consistency）が必須であり(17)、通常革新という言葉が連想させるような場当たり的・アドホックな改良では十分ではない。

第三に、間隙市場創造（niche creation）がある。この革新は、既存の技術を用いて新しい需要を喚起し、新しい市場に適合させた製品を開発することである。市場の変化に対応した鋭敏性が、そしてタイミングがこの革新局面では最重要である。二、三の事例を挙げれば、タイメックス（Timex Corporation）社は、旧来の時計製造の技術を用いて、だが素材的には高価な宝石の使用を避け、硬質合金ベアリングを使用し、廉価で気軽に身につけられる時計を市場に送り出し、成功を収めた。またソニーは有名なウォークマンを開発し、小型化する上での技術的苦労はあったにせよ、基本的には既存の技術を利用して新しいニッチ市場を創り出したのである。またモデルTの後継車たるモデルA（一九二七）は、良好なパフォーマンス、モダンなスタイリングとともに、あまり高くない価格付けをしたファミリー・カーとして新たに出現しつつあった中産家庭向け市場を満たすことに成功したのであった。

このように、市場の新しい動向をいち早くキャッチし、それに合わせた製品革新を行うことがニッチ創造革新においては重要である。しかしこの革新はモデルの歴史が示すように、他社に模倣されやすく、競争優位を長期にわたって維持し続けることが困難である。実際、モデルAは、モデルTの不振で苦悩していたフォードをナンバー1企業に返り咲かせるほど発売直後にたいへんな人気を博したが、GMのシボレー（Chevrolet）がモデルAよりも少し大きく、少し早く、もう少し快適でスタイリッシュな車を発売するに及んで、その競争優位は破壊された。そしてGMがその後長期にわたって、フォードに圧倒的な優位を築く原因になったのである[18]。

第四の革新類型として、革命的革新（revolutionary innovation）がある。これはドラスティックな技術上のブレイクスルーを意味しているが、構築的革新と区別される点は、それ自体が新たな市場を創出せず、従来市場での製品革新に留まる点である。その意味で「革命的」という言葉はやや強過ぎる言葉であろう。例としては、レシプロ・エンジン、真空管、機械仕掛けの計算機、自動変速機などがある。ただし、筆者の実感としては構築的革新と革命的革新は区別するのが困難であり、また強いて区別を問題にすることもないと思われる。例えば、アバナシーはＩＢＭのシステム３６０コンピュータを革命的革新に分類しているが、筆者はモデルTと同様の意義を持っているとの判断から構築的革新に分類した[19]。また、真空管の代替物として発明されたトランジスタが新たな市場を創出し、さらにＩＣに繋がっていくという大きな変革のルートは、革命的革新から構築的革新に移行する典型的な例と言いうるであろう。そして脱成熟化を問題にする場合には、通常革新→革命的革新→構築的革新へのルートが最も望ましいと考えられる。

これに対し、通常革新からニッチ市場へと向かう革新は、構築的革新にまでは到達しえない。

以上の革新の分類で最も重要な点を再度強調すれば、革新がどれくらい競争優位をもたらすかということが枢要な点である。競争優位について大著を物したマイケル・ポーターは、シュンペーターが静態論ではなく、競争＝革新を重視する動態論の立場に立っていることを評価しながらも、「なぜ、ある国に本拠を置くある企業が、他国の企業よりもイノベーションに優れているのか」を解明しえていないと批判している。そして彼もまた「多くの革新は、急激に起こるというより、むしろ日常的に起こり少しずつ進行する」「技術的なブレイクスルーより、小さな洞察と進歩の積み重ねによって、革新は起こる」と、漸進的革新の意義を高く評価している[20]。

ポーターは革新の原因を、①新しい技術（真空管→トランジスタ）、②新しい買い手のニーズ（ファースト・フード・レストラン）、③新しい産業セグメント（フォークリフト）、④原材料コスト、その入手可能性の変化、⑤政府規制の変化（製品基準、環境統制、新規参入制限、貿易障壁）のように分け、さらに斬新な視点として、「低次元の競争優位」と「高次元の競争優位」とを分けている。「低次元の優位」としては、低い労働コスト、安い原材料のような要素コストがある。だがこうした要素上の優位は環境の変化によって容易に失われる可能性がある（例えば労賃の上昇、他所での安い原料の発見）。そのため優位を長期にわたって維持し、アップグレイドしていくためには革新を通じて獲得される「高次元の優位」を数多く、しかも恒常的に改善していく必要がある。

「高次元の優位」とは、独自の工程技術、製品差異化、ブランド信用の確立、安定的顧客関係などである。こうした優位を得るためには、人材、製造設備、習熟、R＆D、マーケティングへの持続的で累積的な投資が重要であると主張する[21]。これは、チャンドラーの組織能力とまったくと言ってよいほど同じである。革新を行うだけではなく、それによって獲得された競争優位を維持するためには「巨額の累積投資」が不可欠であり、その結果として最も持続性の高い優位が得られるのである。それゆえ、競争優位を維持する上からも持続的な革新の重要性が再確認できる。

5　革新のための組織

革新はどのような条件の下で、どのような組織によって遂行されるのだろうか。この問題を検討するために、ひとまずクリストファー・フリーマンによるシュンペーターへの批判を取り上げてみよう[22]。

まずフリーマンは、シュンペーターが企業者という個人に拘泥し、企業という組織をまったく考察しなかった点を批判する。新古典派がコースなどの制度学派によって批判されたのとまったく同様に、シュンペーターには企業家はいたが「企業の理論」はなかった。さらに「革新〔誘発のメカニズム〕の理論」もなく、「企業者精神の理論」（theory of entrepreneurship）しかなかった。このような個人を中心に据える革新論では、大企業の中における研究・開発部の活動、すなわち組織的な革新活動を正当に評価できない。第二に、ドラスティックな革新を重視し、累積的な性質をもつ革新、つまり漸進的革新を正当に評価しえていない。換言すれば、革新の相互依存性が無視されており、したがって累積的な性格が軽視されている。革新は個々ばらばらに起こるのではなく、一連の連続した動きの中で実現されるからである。

第三に、革新を惹起する事情がシュンペーターにおいては外生的な事情として捉えられており、革新は知性の行為というよりはむしろ意欲の行為として描かれている。このため主要な投資の波（コンドラチェフ波動）と革新の波を関係づけることに失敗し、経済成長論のサイモン・クズネッツからの「英雄的企業家は五〇年ごとに革新に飽きたのか」といった皮肉な批判を浴びている。第四に、シュンペーターは発明、革新、技術の蓄積を十分に概念化しえていない。とりわけ、技術の普及・移転の理論を展開しえていない。発明・革新・普及（diffusion）という関係を取り上げてみても、シュンペーターにとって普及は模倣者の活動に他ならないが、技術史のローゼンバーグ（Rosenberg）によると、技術の普及の過程は、めったに単純な模倣の過程ではなく、採用者（adopter）の質によって大きく異なるし、元の形と普及後のものとはかなり異なったものになっている。第五に、シュンペーターの場合、傑出した個人が問題となっているが、科学者（scientist）、技術者（technologist）、技師（engineer）、労働者、経営者、ユーザーといった様々な人々の集団が問題である（「組織集団」organization set の重要性）。

さらに第六に、シュンペーターは革新の官僚制化によって企業者活動の余地が狭くなり、資本主義は社会主義に道を譲ると言っているが、他方で、「大企業は研究・開発に競争優位を持っていると述べている」。これは明らかに矛盾している。これに関連して革新はアウトサイダーによって遂行されることが多いと述べている（「第二種の非連続性」）が、大企業の方が有利なのか、アウトサイダー（小企業の場合が多い）の方が有利なのだろうか。フリーマンによると、最近の研究は技術革新の「累積的性質」（cumulative nature）、「実地経験による実習」（learning-by-doing）、「相互作用による学習」（learning-by-interacting）の重要性を強調しており、個々の企業家の「超合理性」（hyper-rationality）、「異常な知的能力や活力」（super-normal intelligence and energy）を仮定してはいないのである。

多岐にわたる以上の批判の中で、革新をもたらす組織とは何か、換言すれば、大組織の方が小組織＝アウトサイダーよりも革新において有利なのかどうかを検討することにしたい。

かつて第一次産業革命の時代、ジェイムズ・ワットが蒸気機関を発明した時代、企業のR＆D組織は存在しないも同然であった。当時は町の技術屋が試行錯誤で発明に取り組んでいた。それでも画期的な発明が職人芸として可能であった。もっともワットが蒸気機関を発明した際には、グラスゴウ大学の教授連との活発な知識の交流があったと言われており、ワットのケースを単なる町の技術屋の仕事とし、科学的知識の裏付けがなかったと結論づけるのは必ずしも正しくはない（小学校卒の本田宗一郎も、浜松高等工業の聴講生になっている）。

しかし相対的に言えば、牧歌的な発明時代から、組織的なR＆D活動が研究所の設立という形をとって現れてくる第二次産業革命以降の時代には、組織的な活動が重視されるようになったことは疑いない。例えば、技術革新の活発な二大産業である電機と化学では、基礎的な研究を実施する研究所がジェネラル・エレクトリック社（スケネクタディ、一九〇〇)、デュポン社(一九〇二)、AT&T社(一九〇七)、コダック社(一九一三)というように次々と設立され、新製品を開発していった。[23]

ただしチャンドラーによれば、第二次大戦前にはほとんどの企業の研究部門の仕事は基礎研究ではなく、製品の開発であり、戦後になって初めて「多数の企業の研究開発の目的が製品開発のみならず製品革新となった」のである。これは研究開発の先頭を切っていたデュポン社にしても然りであり、ナイロン、ネオプレン(合成ゴム)のような製品革新が登場するのは中央研究所が基礎研究に乗り出した一九二七年以降のことであった。[24]

しかし第二次大戦後は、特に一九六〇年代、一九七〇年代になると、ベンチャー・ビジネスが隆盛となり、他方で巨大企業の技術革新に対する対応に疑問が向けられるようになった。以前から、アメリカの巨大企業が研究開発に消極的になったことが指摘されている。特に自動車、鉄鋼産業においてその傾向が顕著であった。「アメリカの鉄鋼業や自動車産業の例でわかるように、大量生産体制においても技術進歩は頓挫することがある。一定の製品専用の施設への投資が巨額になると、製品や製造工程の変更には高い再設置費用がかかるようになる。技術革新のコストは、そのもたらしうる利益よりも計算が簡単だから、どうしても慎重になり、変化を避ける[25]」事態が生ずるのである。特に「USスチールは鉄鋼技術の大きな改革を恐れ、そのため何億ドルもの設備投資が後手後手に回った」。「『ノー・インベンション、ノー・イノベーション』のフレーズがこの会社のポリシーかのようである」と揶揄されるほどであった。[26]

実際、アメリカの鉄鋼業が発明はおろか、第二次大戦後の二大製法革新であるLD転炉や連続鋳造法の採用において遅れをとったことは事実である。チャンドラーはこの点に関し、次のように述べている。自動車産業では製法が完成の域に達していたので、研究投資は無駄であるように思われた、と革新へのインセンティヴ不足を指摘している。[27]

他方で、シリコン・バレーに代表されるベンチャー・ビジネスは、技術革新は町の発明家がなしうるようなものではなく、大企業の整った大掛かりな研究所でなければもはや不可能になったとする旧来の常識的考えを覆すものであった。ここにおいて、チャンドラー流の「大きなことは良いことであり、また大きくなくては競争優位を保つことはできない」とする考え方と、硬直化し、革新的でなくなった大企業ではなく、活力あるベンチャー・ビジネスこそが技術革新の担い手であるとする考え方が真っ向から対立するようになった。ベンチャー流の小規模でチャレンジ精神旺盛なエネルギーを大企業の内部に取り込もうとして、社内ベンチャーとか、entrepreneur ならぬ intrapreneur といった言葉まで作られ、さらには企業家の革新性・チャレンジ精神を強調するために、最近では企業家に代えて、日本でも「起業家」なる言葉が使われることも多くなった。

しかしチャンドラーはこうしたベンチャー・ビジネス重視論に強く反対している。長期にわたって競争優位を保持しうる企業は、インベンターやパイオニア企業ではなく、生産・流通・マネジメントへの膨大な三つ又投資を行った一番手企業であるとする彼の見解からは、大企業のみが生き残り、成長できるという大企業重視論が出てくる。コンピュータのメインフレームでは、企業家型の企業はほとんどなく、長い伝統を誇る確立した会社が存続・成長したのであり（例えばＩＢＭ）、ミニコンやパソコンでも、企業家型の会社の活躍余地は相対的に大きいとはいえ、やはり「確立した会社」（established companies）（ＩＢＭ、ＮＥＣ、ヒューレット・パッカード）が企業家型の企業（アップル、タンディ、コモドール）に挑戦している。たしかに、ＩＢＭこそチャンドラー・モデルに一番フィットしている企業なのである。[28] だが最近ではそのＩＢＭも第二次大戦後の新興企業であるインテルやマイクロソフトに挟撃されて苦戦している。その意味で技術革新を誘発する条件としての規模の重要性は、以前より低下していると言えよう（ＩＢＭはその後、パソコン部門を中国企業に売却し、パソコン市場から撤退した）。

この点に関して、チャンドラーの次の指摘は注目に値する。第二次大戦後、戦間期や第一次大戦前の状況と比べ、競争は激しくなった。なぜなら、第二次大戦後は多角化競争、海外投資を通じた外国との競争により、競争が全般的に熾烈になったこと、またその重要な原因として、エレクトロニクス（電気機械から電子制御へ）の発達や新素材の登場により、技術革新が加速し、その結果、最小効率規模が減少したこと。さらにまたＩＭＦ・ＧＡＴＴ体制の下で、コストの低い原材料を自由に入手し、海外販路への自由なアクセスが保証されたことにより、取引コスト削減の必要性が低下した。そのために垂直統合を必ずしも推し進める必要はなく、「垂直統合の解体」とも呼べる状況が出現した。これも規模の優位を減少させた。競争は「規模の経済」を活用するより、むしろ新製品の開発を通じた「範囲の経済」に依存するようになった。[29]

だがチャンドラーはそうした規模・垂直統合の重要性の低下は認めるが、なお範囲の経済を推し進めるためにも大規模組織の優位を力説している。しかしながら、GEやデュポンの研究開発費の総額はたしかに莫大であるが、特定領域に限定した場合、中規模の専業企業と比べて、むしろ後者の研究開発費の方が多く、資金的に見てもまた投入される人員の面でも後者の方が有利であり、さらに意欲の面から見ても成功する可能性が高いとの興味深い指摘もある。

またシュンペーターに立ち戻れば、彼が革新は新企業やアウトサイダーから出現しやすいと述べていることはよく知られていることである。革新を阻害する条件として、シュンペーターは次のことを列挙している。①行動のための明確なルールがない、②固定的な思考習慣に縛られて経済主体自身の態度が保守的、③顧客、取引先、広くは社会環境が革新に抵抗する。[30] そのために特に大企業の内部では、革新が出現しにくい状況がある。チャンドラーは組織革新により、このようなデメリットを克服できると考えているが、いずれにせよ、この問題はなお競争条件の変化とも合わせ、未解決の問題と言えよう。

6　コピーキャット（ものまね上手）は悪か？

戦前および戦後の日本の技術革新は、多少なりともオリジナルな研究開発はあったにせよ、概して外国からの技術導入によって行われてきたと言ってよい。それゆえ、日本企業をコピーキャット（copycat）、すなわち「ものまね上手」と嘲笑的に呼ぶ人々もいる。たしかに、戦後の日本の技術導入は目を見張るものがあった。例えば、一九五五年から一九六五年までの日本の外国からの技術導入（特許とライセンス）に対して、同期間の技術輸出はわずか一％以下であった[31]。いかに技術輸入に頼っていたかが分かろう。

しかし、技術導入ないし技術移転はそれを受け入れる側にある程度の技術水準が存在して初めて可能となるのである。それは単なる模倣の過程ではなく、それぞれの地域あるいは国ごとの特殊事情に適合させてこそ、技術が根づいていくことができる。ローゼンバーグの強調するように、受容された技術は受入国の特質や技術水準に規定され、変容し、オリジナルな技術とはかなり様相を変えたものになるのである。

従来から日本の基礎研究の弱さが指摘されており、近年は中央研究所の設立も活発化している。だが、現在、基礎研究の最先端を行っていると思われるアメリカでも、甚礎研究に基づいた製品革新は第二次大戦前には例外的であり、戦後になって初めて基礎研究に基づく製品革新が多くの大企業によって遂行されるようになったにすぎない。それ以前はデュポンのような大企業においても製品革新というよりも、製品開発が中心であった。

歴史的に見ても、一九世紀末から二〇世紀初頭のアメリカは、「ヤンキー・インジェニュイティ」という言葉が象徴するごとく、主としてヨーロッパ（特にイギリス）からの基礎技術の導入に頼っていた[32]。鉄鋼業におけるベッセマー法（一八五六）、塩基性法（一八七九）をはじめ、後のＬＤ転炉法、連続鋳造法もヨーロッパからもたらされたものであった。さらに化学工業のシャルドンネ法、ソルヴェイ法、ハーバー・ボッシュ法もヨーロッパ原産であった。むしろアメリカの強みは、統合製鉄所、流れ作業ライン、アメリカ的互換性部品製造方式など製法・工程革新にあった。これは戦後の日本が製品革新ではなく、製法革新に強みを発揮していることと類似性がある。

さらにアメリカが多くの基礎的技術を導入したイギリスは、一九世紀こそ産業技術の先進国であったが、一七世紀には「ものまねの上手な国民」と皮肉られており、多くの技術を当時の先進国であったオランダから導入したのであった（例えばリボン織機）。さらにここイギリスでもまた、工場制という製法・生産システムの革新がきわめて重要であったように見える。したがって経済発展のためには、ものまねの上手な国民であることがきわめて重要な資格とも言えるのである。

しかし、日本では次の発言が示すように、「基礎研究ただ乗り論」とも言えるような状況があったことも事実である。「日本においては、昭和四〇年代まで、化学および基礎技術の研究は欧米に任せて、日本の企業はそれらの応用ないし実用化に力を注ぐことが効率的な技術開発の方法だと強く主張されていた」[33]。このような状況は基礎研究所や中央研究所の設立によって改善されたが、製品開発は別としても、製品革新においてなおアメリカが比較優位を持っていることは確かであろう。また日本は、「リバース・エンジニアリング」(reverse engineering)と呼ばれる手法、つまりライバルの製品を買ってきて分解し、それを徹底的に分析し、その技術を「盗む」やり方である。こうした方法は特許権の問題とも絡み、大きな批判に晒されていることは周知のことであろう(現在では、中国がその筆頭であろうか)。しかしながら歴史的に見て、競争優位を創り出す有力な源泉の一つは、他企業に対するモニター(監視)能力とも関係して、ものまね能力に優れていることであろう。

7　革新の歴史的トレンドと戦後の日米比較

ここでは革新の歴史的トレンドを概観し、その延長上に日米の革新パターンの相違を分析してみたい。

まず近代工業が誕生した一八世紀後半の第一次産業革命において、イギリスでは様々な発明、技術革新が遂行されたが、組織革新としては何と言っても工場制度の成立が挙げられる。機械を基盤とした分業に基づく協業である工場制度は、しかしながら今日の言葉を使えば、「非伸縮的専門化」(non-flexible specialization)であった。アダム・スミス的ピン製造の専門化に見られるように、用途が自己開発されていかず、他に転用され、それ自身の市場を生み出すことが少ない専門化のタイプであった[34]。換言すれば、専門化しつつも、他のものに素早く切り替える能力(転用能力)に欠けていたのである。

次いで一九世紀の中葉にはアメリカにおいて最初のビッグビジネスたる鉄道において、輸送・通信施設の能率的運営のために、ライン・スタッフ組織に見られるような一連の組織革新が進行した。鉄道企業は、多数のミドル、ロワーの経営者を採用・訓練し、階層組織を構築し、マネジメントへの投資を実施した。[35]しかし鉄道の場合は、競争線との競合はあるものの、初期には明確な競争優位がなくとも存続・成長できたように思われる。むしろ二〇世紀に入って、自動車、航空機などの代替輸送手段との競争が激しくなってから真の競争優位が問われるようになり、その結果十分な組織能力を持っていない場合には、有名なペンシルヴァニア鉄道の倒産（一九七〇年代）といった事態も引き起こされた。

鉄道に引き続いて、鉄鋼業でベッセマー法という革命的な製法革新が行われ、高炉の大規模化と相まって連続製鋼のために、統合製鉄所の建設という生産システムの革新が遂行された。大規模な通量（throughput）を管理するために、財務会計、原価会計、人事などへの投資が行われ、巨大組織が形成された。ほぼ同じ頃、互換性部品に基づくアメリカ的製造システムが開発された。この原理はピストル、ミシン、タイプライターなどの軽機械、最終的には自動車生産に受け継がれ、アメリカ的大量生産体制の要となった。しかしチャンドラーが指摘しているように、このアメリカ的製造方式は規模によるコスト優位を狙ったものであり、「範囲の経済の利用が極度に抑えられた」のである。[36]

このため、第二次大戦後、規模の経済ではなく、範囲の経済が重要性を増すにつれ困難が倍加し、また伸縮的専門化を志向しなかったために、フォーディズムに結実するアメリカ的製造方式は二重の問題を残すことになった。だが、こうした軽機械の製造企業は鉄鋼企業などと比べ前方統合に熱心であり、集権的職能別組織の形成に大いに貢献し、典型的な垂直統合企業を形作ったのである。

ところで、鉄鋼、石油においては、また軽機械においてもドミナント・デザインが登場してからは、製品革新というよりも製法革新が中心となった。したがって研究・開発に対する投資は比較的小規模であった。しかし一九世紀末から登場した電機と化学の二産業では、製品革新――第二次大戦前に関して言えば正確には製品開発――が活発であり、競争は新製品の開発競争の形態を取った。それゆえ、研究開発部門に対する投資は積極的で、そうした活動によって多角化に乗り出す企業も多く、その結果、多角化に対応した事業部制も出現した。これは新たな組織革新であった。しかし自動車企業は戦間期にはかなり多角化したが――フォード社のトラクター、航空機、ＧＭのディーゼル機関車、航空機――第二次大戦後には、自動車に対する未曽有の繰延需要（pent-up demand）を満たすために本業に専念することになり、脱多角化の方向をたどることになったのである。[37]

第二次大戦後はすでに指摘したように、技術革新の速度が速くなり、そのため新製品の開発競争が激しくなった。新製品の開発は戦間期には五～八年であったが、戦後はわずか数カ月で競争企業が対抗製品を市場に送りこむようになった。これは規模の経済の重要性の低下、逆に範囲の経済の重要性の増大をもたらした。また世界的に自由競争体制が成立し、海外からの直接投資による競争が激化した。「長い伝統を持つヨーロッパの産業企業がその組織能力を回復し、また、より新しい日本の企業が組織能力を開発し、ヨーロッパと日本の企業が外国の市場に進出し始めると、国際競争は激化した」[38]。さらに戦後はニッチ市場の重要性が増大し、しかもこのようなニッチ市場においてはベンチャー・ビジネス、それを支えるベンチャー・キャピタルが効果的であった。このような熾烈な競争は企業の戦略、組織、財務に大きな影響を与えることになったのである。

第二次大戦後の状況は、チャンドラーによれば、歴史的な「ターニング・ポイント」であった。自動車、鉄鋼のような規模の経済が比較的重要である産業での挑戦者企業は、海外から登場した。これらの産業では製品革新よりもむしろ製法の革新が重要であった。それゆえ、日本の漸進的革新に依拠した競争優位が力を発揮し、日本の鉄鋼と車と家電が世界を席巻することになった。この製法革新に関しては、アメリカの自動車産業は規模の経済に依拠し、範囲の経済の活用を極度に抑えたアメリカ的製造システム（フォーディズム＝少品種大量生産）を採用したが、日本の自動車メーカーは範囲の経済を少なくとも部分的に活用したＪＩＴシステムや多品種中量生産を生み出し、伸縮的な専門化を採用したのである。これに対し、アメリカの自動車メーカーは、多様化する市場の動向に背を向けて規模の経済に拘泥し続け、今日の苦境を招いた[39]。表４－１においてＪＩＴを根本的製法革新に分類したゆえんである。

一方、電機や化学では、日本企業は相対的に強みを発揮していない。というのも、これらの産業では製品革新が枢要であり、アメリカ企業がコンピュータ関係をはじめ、製品革新のリーダーシップを取ったからである。このような優位を補強するものとして旺盛なベンチャー・ビジネスの活動があるが、それらは主として製品革新において力を発揮できる。これに対し、比較的製品革新が少なく、製品の改良や製法革新が進展した消費者用電気製品（TV、VTRなど）において日本企業は競争優位を獲得しえた。しかし鉄鋼と同じ装置産業ではあるが、化学産業では、工程革新（製法の改良）よりも新製品の開発および根本的な製法革新が重要であり、これらにおいて比較優位を持たない日本企業は競争力を持ちえていない。

さて、以上のような戦後の状況を整理する場合、ヘンリー・リッグズの所論が参考になる。(40)

表4－2　技術優位の日米比較

アメリカ	日　本
基礎研究	応用研究
ソフトウェア	ハードウェア
画期的新製品	小型化
新産業創造	製品多様化
先進開発	プロセス・エンジニアリング
総　合	分　析
技術・トップダウン志向	ユーザー・組織志向
後方革新	前方革新
命令型意思決定	全員一致型意思決定

出所：Riggs, “Innovation: A United States—Japan Perspective,” pp. 247-248.

リッグズは日米の技術力の比較を行い、日本の技術戦略の特徴を「フォロワー戦略」および製品改良の二点に求める（アメリカはその逆）。この比較を別な角度から見ると、アメリカの特徴は「総合」（synthesis）にあり、日本のそれは「分析」（analysis）にあると言う（日米の比較については表4－2参照）。いろいろな要素を総合して新しい画期的な製品を創り出すのではなく、「既存の製法における内在的限界を分析し、漸進的改良（incremental improvements）を施す」のである。例えば、メモリー系半導体の密度を上げ（64K、256K、1M、4M、さらには16Mを目指す動き）、歩留を改善すること（日本の強みの一つは歩留を向上させることにより生産性を上げることである）。

リッグズはなぜ日本が「分析」活動が得意なのかと問いつつ、その答は日本企業の経営慣行にあるとする。例えば、全員一致による意思決定、ジョブ・ローテーション、オン・ザ・ジョブ・トレイニングは、緊密なコミュニケーシヨン、知識の共有、均質な技術的エクスパティーズ（熟練と知識）を保証する。また提案制度は、組織志向的な開発の源泉である。とりわけ興味深い指摘であるのは、強さが逆に日本企業の弱さの原因ともなっている次の五点である。

第一に、日本の企業は他企業や外国の企業における技術的改良に絶えず注意を払っている（monitoring）。これは改良のためには、あるいはフォロワーとしての戦略には十分であるが、根本的な新技術開発のためには適当ではない。第二に、終身雇用はユーザー志向的な開発を促進するが、科学者やエンジニアの流動から生じる異なった技術の総合の可能性を減少させる（同質者の集団になってしまう）。第三に、顧客密着的スタイルは製品の改良やバラエティをもたらすが、顧客が知らないようなまったく新しい製品開発を阻害する。第四に、日本のR＆Dスタッフは集権的なプロセス・生産工学に偏っており（したがって製法革新には強みがある）、基礎的なR＆D機能は弱い。第五に、日本では激しい競争が行われており、それが日本企業の競争力を高めている。だが、その競争の性質は製品の改良や生産性の向上といった局地戦（brushfires）にとどまっている。そうした局地戦においては総合よりも分析に力点が置かれ、ラディカルな新製品を生み出すことに弱点を持っている。

この最後の点、激しい競争に関して今少しコメントすると、マイケル・ポーターは国の競争優位を決定する最も重要な要因の一つは、国内競争だと主張する。国内のライバル間の競争が国際競争力の獲得・維持に決定的であり、それは「企業に対して改良と革新への圧力を生む」。さらに言えば、国内競争の方が外国の競争企業との競争よりも重要である。そして「日本ほど国内のライバル間競争の激しい国は」なく、それ故に日本企業が多くの分野で国際競争力を持ちえているのだと述べる[41]（ロバート・クリストファー『日本で勝てれば世界で勝てる』[42]）。

たしかにこれは的を射た指摘だろう。ライバルの動きがつぶさに観察できる国内の競争――これを「**見える競争**」（visible competition）と呼ぶことにしたい――と、海外からの競争（海外市場での競争、国内での輸入品との競争、さらには国内での外国企業による直接投資も含めて）――この種の競争は外国の競争企業本社の戦略が直接には読み取れなかったり、製造工程の詳細が分からなかったりすることから、「**見えない競争**」（invisible competition）と呼ぶことにしたい

――とは質的な違いがある。国内企業との競争、すなわち「見える競争」の方がはるかに激しいものとなる場合がある。その意味で「企業間の協力を促進できるだけの、規模と実力をもった『国のチャンピオン』となる一社ないし二社を育てる」ことは、競争を弱める点で誤りだろう。したがって日本の競争構造はポーターが指摘するように競争優位の大いなる源泉である。だが同時に、リッグズが指摘しているように、漸進的製法革新や製品の改良を中心とする競争では、この種の激しい競争は有効だろうが、根本的に新しい製品革新を中心とする競争では必ずしも有効ではない。

例えば、先のメモリー系半導体の高集積化では、激しい国内競争にさらされている日本企業が圧倒的な強さを発揮したが、別の角度からの競争、すなわちロジック系半導体のCPUなどでは、アメリカのインテル、あるいはモトローラに完全に水を開けられている。現在では、半導体競争の中心は単なる高集積化よりもCPUなどのロジック系に重点が移っている。言い換えれば、しばしば過当競争と呼ばれる激しい日本の競争上の強さは、ある程度明確な所与の方向上での競争であり、想像もつかない異種の方向からの競争に対しては脆いと言えよう（同質競争には強いが、異質競争に弱い）。

8　今後の展望

これまで見てきたように、歴史的に競争優位の条件は変化してきている。第二次大戦後は、国際的に競争が激化し、その中で日本は製法革新、漸進的製品革新に比較優位を持ってきた。自動車、鉄鋼、造船、消費者用電気製品などの分野である。漸進的革新の重要性はほとんどの論者が強調するように、ドラマティックな製品革新より経済的に重要であろうし、生産システムの革新、とりわけ三つ又投資を通じた組織革新は競争優位の最大の源泉であろう。だが第二次大戦後、また今後はさらに製品革新の重要性が高まるだろうと思われる。また短期的には日本が相次ぐ合理化により製法革新をかなり限界まで推し進めてきた感があることも否めない。

この点に関して、次の発言はきわめて示唆的である。ＱＣ活動が日本の強さの秘密の一つと言われたのに、近年では限界説や批判も聞かれるようになったことについて、「ＱＣは非常に効果があったと思う。その意味では基本的にいいものだが、技術構造的に効果が少なくなってきたのが実情だろう。今は生産技術がソフトウェアや工作機械の形でパッケージ化されており、現場の班長がいろいろやってもコストが下がらない。むしろソフトの技術者がソフトを工夫する方が効果が大きい。米国ではまだ現場の改善余地が残っており、彼らにとっては強力な武器になっているのではないか[43]」。

根本的な製法革新や製品革新の一層の進展が望まれていることは明らかである[44]。

9　革新の意義

本章で筆者が強調した点は、シュンペーター流の革新解釈が主としてドラスティックな創造的破壊、すなわち均衡の破壊を強調していたのに対し、戦後日本の特徴とされる漸進的革新をどのように位置づけるかということであった。そこでカーズナーの均衡への競争プロセス（均衡の創造）をシュンペーターの革新に対置し、それが決して均衡破壊という根本的革新と比較して経済的重要性の劣るものではないこと、またそれをライベンシュタインの「Ｘ非効率」の概念とドッキングさせ、図４‐２に示されたような最適フロンティア内部の点から最適曲線（均衡曲線）への移行を重視する立場を強調した。以上のシュンペーターとカーズナーの対比により、Murakami & Yamamura が提起したような日米の革新の性格上の違いにも適切な解答を与えることができるように思われる[45]。

第二に、アバナシーの理論を援用しつつ、製品革新／製法革新、根本的革新／漸進的革新のタイポロジーを明らかにしたこと、さらにこうしたタイプ分けにかかわる重要な論点として、マイケル・ポーターの競争優位の観点から、そうしたタイポロジーの意義を明らかにした。

第三に、革新のための組織として、大企業が相応しいのか、あるいはベンチャー・ビジネスが相応しいのか、この問題には直接的な解答は今のところ与えることができないが、チャンドラーは執拗に大企業の優位を強調している点に本章では注意を喚起している。これは、第二節で展開した点、パイオニア企業ではなくファースト・ムーヴァー（二番手企業）が経営発展にとって重要であるとの指摘と関わってくる。

第四に、経営史における模倣の意味について考察した。日本は重要な技術革新を海外から「導入」し、それを改良することに力を注いできたコピーキャットに過ぎないとの批判に対して、歴史的に見るならば、そうした例はいくつも見いだされる。古くは一七世紀のイギリスもそうであった。イギリスは、リボン織機で有名な、当時の技術先進国であったオランダの模倣国であり、イギリス国民は「ものまねの上手な国民」と言われていたし、一九世紀末のアメリカもまた然りであった。模倣の巧みな国民ほど、経済発展に成功するというのは古今の真理であろう（現在の中国も同様）。

第五に、戦後日本の技術革新の特徴として、リッグズの所説を基礎に、アメリカと対比しながら日本の技術革新の特徴を考察し、日本の技術は「局地戦」には強いが、異種の方向からの競争には脆いという特徴を持っていることを強調した。また第二次大戦後、技術革新の速度が速くなり、さらには規模や統合の経済の有効性が減退し、ベンチャー・ビジネスの活躍余地が大きくなったこと、それもまた競争激化の一要因となっていることを指摘した。いずれにせよ、製品革新、組織革新などの種々の領域にわたって、革新は経営学・経営史の重要なトピックとして論じられてきたし、今後も論じられることは明らかであろう。

第5章　進化の概念と経営史

近年、企業DNAとか、組織進化論、企業進化論、経営進化論などといった、生物学、特に進化学の用語を取り入れた経営論議が盛んになっている。しかし、そのほとんどは進化学につまみ食い程度にしか言及しないか、まったく触れていないものもある。生物進化そのものをどう捉えるかということを抜きにしては、進化学からのアナロジーは無意味であるばかりか、むしろ有害でさえあろう。響きがよいということで、進化という言葉をムード的に使うケースも多い。

そのような中でほとんど唯一と言ってよいほど、進化学に本格的に取り組み、社会進化論としての自説を提示したものに、藤本隆宏の『生産システムとしての進化論』がある(1)。本書の執筆に際しては、藤本の論考に大いに刺激を受けたことをはじめに記しておきたい。ただし、行論から分かるように、経営進化論の捉え方は同じではない。

そもそも「進化」(evolution)という概念をどのように理解するかということも簡単ではない。進化は、単なる「変化」ではなく、高次のものへの変化でなくてはならない。退化という言葉もあるからである。また「進歩」という言葉も、進化に近いが、進歩という言葉はイデオロギー的に何かしらの「臭み」を感じさせるので、当節では経営学では、進化よりも人気がない。進化という言葉は、価値判断的にニュートラルな外装を少なくとも日本では与える。(言うまでもなく、神が「種」を作り出したとする創造説の強いアメリカでは、進化はイデオロギー色の強いことばである)。

さらに、進化に類似の言葉として、発展（development）や成長（growth）がある。経済学の通常の解釈では、成長は量的変化、すなわち数量的増大を示すのに対し、発展は質的変化、高次のものへの変化を含むとされている。そうすると、進化は発展とどのように区別されるのだろうか。

ジョゼフ・シュンペーターは、大著『経済発展の理論』を一九一一年にドイツ語（*Theorie der wirtschaftlichen Entwicklung*）で出版した。一九三四年に、その英訳が出版された時、タイトルは、*The Theory of Economic Development* であった。本来、entwicklung は evolution とも訳せるが、シュンペーターは進化論の経済学への適用に懐疑的であり、また社会ダーウィニズムの悪評を蒙りたくなかったために、development を採用したと言われている。(2) ただし、シュンペーターは、初期は進化論の適用に強く懐疑的であったが、後には社会進化論や、ある時には突然変異などの用語も使うなど、進化論の適用にだいぶ軟化したようである。(3)

発展という言葉は生物進化を連想させないが、進化は生物進化を連想させるので、それを使う場合には、何らかのアナロジーが必要である。言い換えれば、生物進化をどのように理解するかということを抜きにしては、本来、進化という言葉は使用できない筋合いのものであろう。

そこで本章では、まず生物進化論の成り立ちを解説し、筆者がどのようにそれを理解しているかを示し、次いで、進化学の社会、企業への適用に論を進めたい。生物進化学は、近年、日進月歩で「進歩」しており、その状況自体も知的興奮をそそるのに十分であるが、「ダーウィン産業」とか、「進化論産業」とか言われるほど、夥しい研究が登場している。(4) もとより、筆者がそうした状況を十分理解していると主張するつもりもなく、本章は試論的なものに留まらざるを得ないことも付言しておきたい（ちなみに、進化論と進化学との用語の使い分けは、原則的には、進化論はダーウィンに関係した場合に、進化学はダーウィンの進化論と、メンデル、ド・フリースの遺伝学説との「総合」〔学問としての確立〕以降を指す場合に使用する。だが、語感もあるので、使用の仕方は厳密ではない）。

1　生物進化学の成り立ち

進化学の発展

一九八〇年代以降のアメリカでは、ファンダメンタリスト（キリスト教原理主義者）の再隆現象が見られ、それに伴って、創造説（この世の種は、すべて神が創造したものであり、ダーウィン以来の進化論を否定する）が一部で復古しているが、それはある種の社会現象であり、「科学的思考」とは呼べないものなので、考察の視野の外に置く。

まず、進化とは何かという定義から始めたい。進化とは、生物が、複雑な高次のものに変化すること、および種類が増えて多様化するという二つの内容が考えられる。退化、減少（一様化）という逆方向の変化も可能だからである。

次に、生物とは何かという問題がある。さしあたり、生物とは、自己複製能力を持つ有機体であると言うことができる。最近、話題となっている『生物と無生物の間』によれば、生物と無生物の間の中間的存在として、ウィルスが指摘されている。たしかに、ウィルスは自己複製能力を持つが、生命の律動がない。大きさにもあまり大小がなく、生物というより物質に近い。翻って、生命とは、つまり生物とは、「動的な平衡状態」を持つものであり、その点でウィルスは無機的で、生命の律動がないとされる[5]。ウィルスをどう捉えるかということは、後に論ずるセントラル・ドグマをどのように位置づけるかということにも関わってくる。

さて、進化学の概略的な歴史を紐解いておこう（表5-1参照[6]）。

ラマルクの用不用説は、キリンの有名な例が示すように、よく用いる器官が進化し、それが遺伝するというものであった。ただし、ラマルク説では獲得形質の遺伝が有名であるが、目的論的・内的力が進化の原動力であり、ラマルクにとって獲得形質の遺伝は副次的性質であった。一八五九年にチャールズ・ダーウィンの『種の起源』が出版され、ダーウィン革命と呼ばれるような大きな変化が社会的に発生した。その理論の中心は、彼が造語した自然選択

表5－1　進化学の発展

1809年	ラマルクの用不用説（獲得形質の遺伝）
30年	ライエルの斉一説（地質学）
59年	ダーウィンの『種の起源』（自然選択と最適者生存）
65年	メンデルの遺伝法則（エンドウ豆による実験）
92年	ヴァイスマンの生殖質説（獲得形質遺伝の否定〔マウスの尾〕），ネオダーウィニズム
1900年	メンデル法則の再発見（ド・フリースのトウモロコシによる実験）
10年	トマス・モーガンの突然変異説（ショウジョウバエ実験による染色体の発見）
17年	オズボーンによる適応放散説
20年代〜30年代	集団遺伝学（R.フィッシャー，J.ホールデン，S.ライト）
37年	ドブジャンスキーの『遺伝学と種の起源』（進化総合説）
42年	J.S.ハクスリーの『進化――現代的総合』
53年	ワトソンとクリックのDNAの二重螺旋モデル
62年	ズッカーカンドルとポーリングの分子進化学（分子遺伝学，分子生物学）
68年	木村資生の分子進化中立説（遺伝的浮動），非ダーウィン進化論
72年	グールドとエルドリッジの断続平衡説
2003年	ヒトゲノムの解読

出所：主に木村（1982a, 1988），猪（2004），松永（1988），速水（1988）より筆者作成。

（natural selection）であった。自然選択と関連づけられる「最適者生存」（survival of the fittest）は、ハーバート・スペンサーの用語で、後にダーウィンも使うことになる。ちなみに、evolution もスペンサーが使用したものをダーウィンが後に使うようになった言葉である[7]。

ダーウィンは、獲得形質の遺伝に関しても、最初は明確ではなかったが、後になるほどそれを認めるようになった。したがって、獲得形質の遺伝に関して、ラマルクとの差は大きくはない[8]。

ダーウィンの自然選択の例として、有名な蛾の工業暗化の例を紹介しておこう。一九世紀半ばのイギリス工業都市マンチェスターでは、工業化によって建物や樹木が黒ずむ現象が起きた。その地域の蛾は、従来、淡色系の蛾が優勢であったが、淡色であると目立つために鳥に捕食されることが多くなった。生物にとっての環境変化が起きたのである。その結果、まれな突然変異型であった黒色の蛾は、環境に適応して次第に増加し、二〇世紀の半ばには九八％に達した。これが蛾の工業暗化である[9]。

『種の起源』が出版されたのとほぼ同時期に、メンデルがエンドウ豆に関する実験を行い、遺伝学の祖となった。彼の実験は長い間注目されなかったが、一九〇〇年に至って、ド・フリースによって再発見され、世に広く知られるところとなった。ド・フリースは、トウモロコシによる実験を行い、大掛かりな突然変異（mutation）を進化の原動力と考えた。

また、その少し前の一八九二年には、ヴァイスマンによって、獲得形質の遺伝が否定されていた。ダーウィンは獲得形質の遺伝を認めていたが、ヴァイスマンは、マウスの尾を何十代にも渡って切断したが、いつでも健全な尾が発生したので、獲得形質は遺伝しないと主張した。そこで、ヴァイスマン以降の説を、獲得形質を否定しているので、ネオダーウィニズムと呼ぶ。ただし、この実験によっては獲得形質の遺伝が否定されたことにはならないという批判もある。(10)

一九一〇年には、トマス・モーガンによって、ショウジョウバエの実験が行われ、染色体（chromosome）が発見され、遺伝学が進展した。少し遅れて、オズボーンが、種は世界各地に分かれて、そこで適応して独自の種を形成するという適応放散説を立てた。

一九二〇年代から一九三〇年代にかけては、統計学を駆使した集団遺伝学が隆盛となった。統計学でも著名なフィッシャーやホールデン、ライトなどの名前が挙げられる。イギリスのフィッシャーは、ダーウィンが強調した自然選択説に忠実であったが、アメリカのライトは、偶然による遺伝子浮動を強調した（後の中立説）。

一九三〇年代から一九四〇年代にかけて、ドブジャンスキーやJ・ハクスリーによって、ダーウィン説とメンデル説を総合した進化総合説が成立した。ちなみに、総合説という名称はハクスリーの著書の「現代的総合」に由来している。(11)

一九五三年には、ワトソンとクリックによって、生物学史上で画期的とされるDNAの二重螺旋構造が解明された。また、この一九五〇年代には、有名なセントラル・ドグマが確立した。セントラル・ドグマとは、DNAが遺伝情報をRNAに伝え、リボソーム（たんぱく質合成工場）でたんぱく質（アミノ酸）が合成されるという考えである。このとき、遺伝情報は〈DNA→RNA→たんぱく質〉というように流れ、その逆はない。

一九六〇年代は、化学の発展によって分子レベルでの分析が進み、分子生物学が成立した。この流れの中から、アメリカのライトのもとで研究していた木村資生《もとお》が、分子進化中立説を発表した。[12] 従来、フィッシャー流の自然選択が進化論の中心であったが、それは表現型（個体）レベルでの話であり、遺伝子レベルでは、生存に有利でも不利でもない中立な遺伝子が大部分を占めるというのが、中立説である。不利な遺伝子は短期間に淘汰され、また有利な遺伝子は数が少なく、無視することができる。したがって、遺伝子レベルでは中立な遺伝子が大部分を占め、中立であるがゆえに、淘汰ではなく偶然（遺伝的浮動）によってその遺伝子が集団中に広まり、集団の性質になる（固定）。

また突然変異による新生と遺伝的浮動による偶然的消失との釣り合いによって多型的変異が集団中に保たれる。言い換えれば、個体レベルでは自然選択が中心だが、遺伝子レベルでは遺伝子浮動（＝遺伝的浮動）および突然変異が中心とされる。ただし、中立説でも表現型レベルでの自然選択（特に負の淘汰）は否定していない。また、このような偶然が支配的になるためには、その数が比較的少ないことが条件であるが（同時に適応度の差が小さいこと）、隔離効果により、それは満たされるとする。

この中立説に関しては、表現型と遺伝子の関係など、なお疑問を呈する向きもあるが、生物学界では広い支持を得ているようである。中立説と選択説（淘汰説）については、次のように言い換えることができる。「最適者生存」が自然選択説の中心概念であったが、中立説では「最運者生存」（survival of the luckiest）となる。偶然が進化の有力要因なのである。[13]

これに関連して、経済学に目を向けると、最近の経済学では、一つの均衡ではなく複数均衡が主張されることが多い。これは均衡を論ずる場合でも、単一の均衡ではなく、いくつかの均衡あるいは均衡の幅を認めることに繋がっている。

生物学でも、最適者生存という言葉は、最適者のみの存続といった狭い範囲ではなく、より広い範囲で考える必要があろう。最適者生存 survival of the fittest ではなく、いわば survival of the fitter、survival of the fit さらには、survival of the neutral に拡張して考える必要がある。また最近では、少しくらい不利な遺伝子も淘汰されないということが主張されていることから（拡大中立説）、survival of a little unfit も生存できると考えれば、種内生物の多様性の有力な根拠になろう。[14] 換言すれば、進化論の重要な課題、すなわち種間・種内の多様性の説明根拠となる。

他方で、一九七〇年代には、グールドとエルドリッジの断続平衡説が登場した。断続平衡説は、環境の大変化によって短期間で生物に断続的変化がおき、その後、環境が変化しなければ長期間にわたって静止的平衡状況が生まれるという説である。この説は、私見では、後述の今西錦司説と近いように思われる。

さらに最近では、ゲノム（染色体一組分に含まれる全遺伝情報）の解明が進み、ヒトや他の生物のゲノム解明が進んでいる。（二〇〇三年にヒトゲノムの分析が完了した。）

中立説に関しては、「重要なものほど変化しない」というのが中立説の結論の一つであるが、最近ではこの点に疑問が投げかけられている。遺伝子は情報を持ついわばソフト（ゲノム）で、遺伝子のハードはＤＮＡ（デオキシリボ核酸）である。ヒトの遺伝子座数約三万のうち、遺伝子の中には、偽遺伝子（pseudogene）と呼ばれる、ＤＮＡではあるが、重要な情報を持っていない遺伝子がある。このような偽遺伝子は、ＤＮＡ全体の九〇数％を占め、遺伝子情報を持つＤＮＡは数％に過ぎないとされていた。だが、偽遺伝子も実は、大量のＲＮＡを製造し、遺伝子の機能制御などの重要な働きを行なっているとする見解が出てきた。変化が大きいために、偽遺伝子は重要ではないとされていたが、「変化の大きい部分が、生物種間の違いを決めている」という見解もある。[15]

以上の学説および他の説を加えて整理したものが、表５‐２である。やや補足すると、隔離説は、地域が限定されると、そこで独自に進化が起こる、それが進化の推進力であるという説である。また断続平衡説の種選択は、大規模な進化は、小進化の積み重ねではなく、種分化の際の急速な変化、集団や種レベルでの高次の選択によって説明されるとする階層理論を特徴としている。[16]

表5-2　主要な進化学説の概要

学　説	主張者	生物進化の要因								
		環境への直接反応	獲得形質の遺伝	自然選択	隔離効果	生物内部の力	大規模な突然変異	反復的な突然変異	ランダム効果	種選択
ラマルク説	Lamarck	◎	◎							
ダーウィン説	C. Darwin		○	◎	○					
隔離説	Wagner				◎					
定向進化説	Eimer		○	×		◎				
大突然変異説	De Vries			○			◎			
新ラマルク説	Cope		◎	×		○				
新ダーウィン説	Weismann	×	×	◎		×				
総合説	Dobzhansky, Mayr, Simpson	×	×	◎	○	×	×	○	○	
中立説	Kimura	×	×	○	○	×	×	○	◎	
断続説	Eldredge, Gould, Stanley	×	×	◎	◎	×	?	○	○	◎

出所：速水（1988）11頁。

上記のように様々な説があり、進化学は混沌としているようにも見えるが、全体として見れば、進化総合説の中に収まるとも言える。自然選択を重視するか、遺伝的浮動を重視するか、あるいは小規模な突然変異を重視するか、大規模な突然変異を重視するかといった違いはあるが、種選択を除けば、広い意味での総合説の枠内と言ってよい[17]。

個体から遺伝子レベルへ

生物界は、図5-1のような構成を持っている。個体から見て、個体群（population）（同種の小集団）があり、種内の亜種や変種があり、さらに種、属、科、目、綱、門、界と広がっていく。ダーウィンは、そのタイトルが示すように種（species）を分析の基準にしていたが、種とは何かが最近では明確には定義できないようになった[18]。遺伝学的か、形態分類学的か、といった分類方法の違いによっても種の定義は変わる。

集団遺伝学、分子遺伝学の急速な進展によって、進化の分析の重心は「下向」している。ヒトの個体は、三万の遺伝子座、三五億の塩基座、六〇兆という膨大な数の細胞から成り立っているが、その細胞も体細胞と生殖細胞に分かれる。生殖細胞が放射線を浴びて突然変異が起これば、それは次世代へ遺伝する可能性を持つが、体細胞の突然変異は次世代に遺伝しない。つまり獲得形質遺伝の否定である。獲得形質が遺伝するか否かは、社会進化の場合にどうなるかということとも絡んで、重要な論点である。

ところで、動物の場合は獲得形質の遺伝は否定されるのが定説であるが、植物の場合は様相が違う。植物の場合は、体細胞そのものが生殖細胞になることがあり、体細胞時に獲得した性質が、生殖細胞となることによって遺伝する可能性がある。[19]他方で、社会進化では、獲得形質の遺伝は概ね認められている。（筆者は、社会進化に関して、獲得形質の遺伝を否定した文献に出会わなかった。）

真核生物では、核の中に染色体があり、その中にDNAがある。このDNAが二重の螺旋構造を持っていることは先述のとおりである。このDNAは、A、T、G、Cという塩基からなっている。塩基は、ACAなどのように三つで一まとまり（コドンと呼ばれる）になり、この場合はトレオニンというアミノ酸である。アミノ酸は二〇種類あり、代謝に必要な成分となっている。一九六〇年代にはトレオニン、グリシン、グルタミン酸、アスパラギン酸などのアミノ酸配列の分析が中心であったが、一九七〇年代には塩基配列が分析の焦点となった。[20]遺伝子の分析が分子レベルで行われるようになったのである。

他方で、セントラル・ドグマが示すように、重要であるのは遺伝情報を持つDNAであった。そこで企業DNAなどという曖昧な表現も出てくることになる。

しかし、ウィルス、特にレトロ・ウィルスはDNAを持たずにRNA（リボ核酸）だけを持ち、それが遺伝物質となっている。逆転写酵素でDNAを作製し、宿主のDNAに組み込み、自らが増殖を遂げることになる。これは、セントラル・ドグマの例外で、世代交代（垂直遺伝・垂直伝

個体→個体群→亜種・変種→種→属→科→目→綱→門→界
個体→体細胞・生殖細胞→染色体→DNA遺伝子（アミノ酸配列→塩基配列）

図5-1　生物界の構造

出所：筆者作成。

達）を経ずに増殖するので、水平遺伝・水平伝達と言われる。さらにトランスポゾンと呼ばれる転移性遺伝子は、移動して別のＤＮＡの鎖の中に入り込むことのできるＤＮＡである。これもまた水平伝達の例である。これ以外にも、コピア状因子など水平伝達を行う生命体がある。[21] こうした水平伝達をするものをどう評価するかは論者によって違いがあるが、ウィルスなどの一部に過ぎないと否定的評価をする者と、これを重視する者がいる。[22]

補足的に、大いなる説得力を持つと思われるドーキンズの利己的遺伝子と、今西錦司の棲み分けについて触れておこう。ドーキンズによれば、生物とは、遺伝子が生き残るための生存機械、すなわち乗り物であり、遺伝子は、遺伝子中における自己のコピーを増やすことを目的として生きている。また進化を促す自然選択が作用するのは生物個体ではなく、遺伝子である。個体ではなく、遺伝子こそ、生物の基本単位という認識である。[23] この考えでいくと、昆虫などの利他性、人間の利他性なども、ハミルトンの包括的適応度（個体の適応度ではなく遺伝子のコピー数）の考えと合わせて、うまく説明できる。

また今西錦司は、独特の種の利益説、棲み分け説によって進化を論じている。[24] ダーウィンの自然選択、あるいは最適者生存の考えを批判し、生物はそれぞれの領分を棲み分け、種が進化するのは、大規模な環境変化があった時に、「生物は変わるべくして変わる」。それにより種が選択され、新種が誕生し、その後棲み分けるとする。最適者生存あるいは弱肉強食であれば、生物社会が成り立っていかないとし、生存競争（struggle for existence）に批判的である。最適者だけが生き残るとすれば、生き残るものはただ一つになってしまうというわけである。

こうした懸念は、実は経済学においても、「マーシャルのディレンマ」としてよく知られている。マーシャルのディレンマとは、規模の経済のために収穫逓増が働き、一企業による独占が実現されるまで、長期均衡には達しないというものである。しかし現実には、独占が成立する産業は必ずしも多くない。企業の理論は、このディレンマを解決するために発展してきたとも言われている。この問題の解決のためには、ピグーによって企業の最適規模の概念が提出され、一応の解決がなされている。つまり各産業はそれぞれの最適規模を持っているというわけである。[25]

しかしながら、今西の懸念するようなことをダーウィン進化論が考えているわけではない。ダーウィンの適応進化、自然選択は、直接的な生存競争や弱肉強食を前提するものではない。自然選択や適応進化は、適応度（一個体が次世代に残す子の数）が高いものが生き残っていくとする考えで、必ずしも直接的な競争や闘争を前提するものではないのである。いわんやライオンとシマウマのような捕食・被食の関係は必要ではない。「平和共存」していく中で、適応度・包括適応度が高いものが、生存率・繁殖率を上げる適応進化を遂げていくことだからである。今西進化論は、生物学界では問題とされてはいないが[26]、競争に対する棲み分けの考え方により、政治学的に言えば、平和共存対戦争、経済学的には、競争対カルテル（棲み分け）ということになり、なおその理論に期待している論者もいる[27]。私見では、最適者生存あるいは弱肉強食という用語は、適応進化とは異なる考えであり、使用すべきでないように思われる。突然変異の偶然、遺伝子浮動の偶然、自然選択による適応進化（生存率、繁殖率の差）によって進化が生ずるのであるから、闘争（struggle）という言葉は必要ではなく、せいぜい競争という言葉で十分であろう。（おそらく闘争という言葉が弱肉強食的なネガティヴ・コノテーションを持つために、struggle for existence は通常「生存競争」と訳されている。）

ちなみに、スペンサーによって主張された社会ダーウィニズムの評判が悪い理由は、最適者生存として、他のものを切り捨てるところにあろう。しかし、最適者を重視する「正の淘汰」（より良い者が残る）の場合でも、最適者だけではなく、適者も、また中立な者も生き残るのであり、適していない者だけが淘汰される（「負の淘汰」）がより作用していると見るならば、競争はいつも厳しいというよりは、穏やかな競争が常態というべきであろう。

また「種の利益説」は、個体や遺伝子の利益ではなく、種全体の利益によって進化が促進されるという説であるが、先述したように、今では「種」そのものが明確でなくなっており、また包括適応度の考えにより、個体の利益でもなく、遺伝子の利益説が、有力となっている。

以上で、生物進化論の概観を終えて、社会進化論の問題に移ろう。

2　社会進化論あるいは経営進化論について

生物進化論と社会・経営進化論への架橋

生物進化論には諸説あるが、それでも全体として進化総合説の大きな流れの中に納まる。しかしながら、社会進化論には全体をまとめるほど、大きな理論枠組みは存在していない。したがって、生物進化論と社会進化論との間の架橋もきわめて困難である。あえて、関係性を示せば、「生物学――人類学――社会科学（経営文化論――経営学）」のようになるのではなかろうか。自然科学としての生物学、自然科学・社会科学としての人類学、人類学との共通点も多い経営文化論、社会科学としての経営学、こうした連関を想定できるが、以上を通観する理論は存在しない。

また、生物学の一分野とも言える社会生物学（エドワード・ウィルソンなど）と、人類学とはきわめて類似している。先にも述べたように、生物学から経営学までの架橋をした著作としては、藤本隆宏以外の参考になる文献は見当たらなかった。社会生物学では、ウィルソンの著作『人間の本性について』は多くの示唆に富むが、社会科学との架橋については、一〇〇〇頁を超える彼の大著『社会生物学』ともども、どのように利用できるかは今後の課題としたい[28]。

組織進化論の分野では、ネルソン&ウィンター、オールドリッジ、アンデルセン、ホジソンの研究が本格的なものであるが、最後のものを除いて、あまり役立たなかった[29]。

社会進化論を考える場合、ミーム（meme）なる用語がドーキンズから提案されている。これは、ギリシャ語の「模倣」からきた言葉で、英語ではmemoryに近い。遺伝子の重要な要素が自己複製能力であり、また人間の特異性が「文化」という概念に要約できるならば、模倣とは文化的な面における自己複製であろう。したがって、生物学的な意味での遺伝子（DNAとゲノム）に対して、文化遺伝子としてのミームを考えるのである[30]。

ウィルスが寄生細胞の遺伝機能に寄生するように、「脳」はミームの繁殖用の担体となる。DNA遺伝子による生、物的遺伝と、それによって作り出された脳は、ミームを生み出し、模倣＝複製を通じて、新しい進化メカニズム、文化的遺伝を生み出した。また文化的突然変異も起こる。さらに、利己的遺伝子と同様に、利己的ミームも考えられる。ヒトとしての我々個体は、遺伝子機械であり、ミーム機械でもある。換言すれば、古い進化によって脳が生み出され、その結果、ミームが誕生し、ヒトは利己的な行動をする遺伝子とミームとを運ぶ乗り物となる。このミーム（文化子）については、ドーキンズを受けて、村上泰亮も取り上げているが、なお熟した説明にはなっていない(31)。

以上のような社会進化を考える場合、生物の遺伝子に相当するものは何かというアナロジーがまず思い浮かぶ。従来の議論では、ヒトか、あるいは抽象的なものか（たとえばミーム）という議論がある。ドーキンズの場合は、抽象的なミームである。ヒトか、抽象的なものかといった問題に関しては、ホジソンが議論を整理している。

ホジソンによれば(32)、ハイエクの場合は方法論的個人主義により、個人が遺伝子となる。ルール（組織ルーティーンなど）は選択の対象であり、選択が人間領域で最高のものとされるならば、それを行うのは個人を置いてほかにない。この場合、ルールは複製子（replicator）ではあるが指示子（instructor）ではない。選択は指示子が行うのであり、それが個人＝ヒトである。この考え方は、もちろんドーキンズ流の利己的遺伝子説とは異なる。

ネルソン&ウィンターは、組織ルーティーンを社会の遺伝子としている。組織ルーティーンとは、「物を生産するための明確に定義された技術的ルーティーンから、雇用や解雇、発注、需要の旺盛な製品の生産増強、さらには、投資、研究開発（R&D）、広告に関する政策、製品多角化や海外投資に関する企業戦略を含んだものをさしている(33)」。藤本も、ネルソン&ウィンターにならって、組織ルーティーンを、文化遺伝子としている。もとより、生物学での遺伝子と、人間社会でのその相当物がぴたりと重なり合うわけもない。だが、筆者はあえて、次のような理由から、ヒトが文化遺伝子あるいは文化DNAであると考える。

そもそも遺伝子は、DNA（実体）とゲノム（遺伝情報）からなる。それと同様に、文化遺伝子も、ヒト＝DNAと、情報としてのゲノム（記憶）から成り立つであろう。もちろん個体から塩基配列まで下向したことから、さらに分解

生物社会	世界経済
地域分集団	国民経済
種	産　業
個体（表現型）	企　業
DNA遺伝子 （遺伝情報）	ヒト（文化遺伝子） （情報：組織ルーティン，社風， 企業DNA，創業者DNAなど）

図5－2　生物界と社会組織の相関

出所：筆者作成。

すれば、脳すなわち神経系にまで文化遺伝子は還元されるであろう。

人間は、氏（遺伝）によって決まるのか、育ち（環境）によって決まるのかという議論は、昔からの論点であった。しかし、氏が良くても、また環境が良くても、意思が伴わないならば、宝の持ち腐れになることは明らかである。人間の社会性を決めるのは、「遺伝＋環境＋意思」であり、意思とは、脳（神経系）の働きである（蛇足ながら、最近の議論では、心臓は単なる血液循環のポンプに過ぎないと言われることがしばしばである。つまり、心は脳にある！）。

この意思の働きは、ヒトそれ自体の作用と考えられる。模倣し、学習し、記憶し、伝播させる働きは、ヒトの意思の作用抜きにはありえない。意思決定作用を遂行するＤＮＡ遺伝子は、ヒトの内部に実体として存在するので、ヒトを文化遺伝子とすることが妥当と思われる。これに関して、グッドイナフの考えを援用すると、「人々は個人として学習する。そのため、もし文化が学習されるものであるとすれば、その究極的な遺伝子座は集団ではなく個人に存在する」[34]ことになる。グッドイナフの考えも、集団ではなく個人であり、また抽象的な概念ではないと読み込むことができる。

ネルソン＆ウィンターや藤本では、転写の役割が強調されている。人は来たり去るが、組織は残り、企業はその組織ルーティーンを維持する。組織では、新しく来た人に、非実在的存在、いわば「空気」「雰囲気」「社風」から、転写が行われるとする。しかし、組織ルーティーンが、新しく来た人に何となく転写されるのではなく、従来からの人が意識的に転写を行うと考えるべきであろう。このように、転写を人から人へと考えると、極端な想定ではあろうが、ある組織の九九％の人が退出し、数多くの新しい人が来た場合、転写はきわめて困難である。したがって、組織においては人がＤＮＡであり、情報（ゲノム）が人から人に転写されると思われる。

そうした考えに立って、図5-2を見ると、生物社会に相当するのは、経済社会にあっては世界経済であり、地域分集団――適応放散により地域環境に適応して系統的に分化したり、また各集団の個体どうしが交配できなくなったために生じた集団――は国民経済に対応し、種は産業に、個体は企業に、DNA遺伝子は文化遺伝子たるヒトに対応する。ヒトはもちろん、記憶としての情報を、組織ルーティーンとして、社風や企業DNA、創業者DNA（つまりは企業家精神）などの様々な形で、脳＝神経系のうちに保持する。

おそらく生物的伝達（遺伝）の力と、文化的伝達の相違は、文化的伝達においては、知識とスキルを使って、環境の変化にヒトがある程度耐えることができる点であろう。生物的伝達では、環境の変化に脆《もろ》いのである。この文化的伝達の力は、ボールドウィン効果と呼ばれることがある[35]。

藤本説の検討

社会システムの進化論として、説得力を持っていると思われる藤本隆宏の議論をやや詳細に検討してみよう。藤本は、社会システム進化論として、次の五つの特徴を挙げている[36]。第一に、社会システムでは獲得形質は遺伝＝複製される。ルーティーン（組織メモリーの単位）が共時的・通時的に伝達・学習されるという結論を、ネルソン&ウィンターから持ってくる。先にも述べたように、筆者は模倣・学習する実体がヒトであること、つまり文化伝達における遺伝子DNAを、抽象存在（組織ルーティーン）ではなくヒトとするが、藤本はルーティーンとしている点で筆者とは異なる。だが、文化伝達においては獲得形質が遺伝する点では同様である。生物界でも、植物では獲得形質の遺伝は起きうるのである。

第二に、藤本は、環境淘汰（市場淘汰）とシステム内淘汰（例えば社内でのプロジェクト審査）を区別する。後者は生物界では基本的に存在しないので、その点が違うと主張する。しかし、ドーキンズによれば、自然選択はダイレクトに遺伝子に作用する、言い換えれば個体内でも淘汰は起きることになる。したがって、生物界でもシステム内淘汰は起こりうる。だが、木村資生は遺伝子レベルにおける自然選択の作用を強く否定していて、自然選択は表現型で起きることに限定している。[37]（ちなみに、淘汰および選択という言葉は、どちらもselectionの訳語であるが、淘汰という言葉には「振るい落とす」というニュアンスがあり、選択よりも強い響きを持っている。しかし、その方が適当と思われる場合もあるので、基本的には選択を使うが、両方とも文脈に応じて使い分けることにする。）

第三に、淘汰圧力の中立性の結果、淘汰されずに共存する可能性がある。言い換えれば、「厳しいスクリーニング」ではなく、「緩やかなスクリーニング」が存在する。中立説的考えであり、多型性（生物および企業の多様性を）を説明する有力な論拠である。

第四に、変異の方向性がノンランダムつまり定向性を持っているという主張である。藤本に限らず多くの論者が突然変異（mutation）を単に変異（variation）と呼び、「変異→淘汰→保持」としているが、[38]「突然変異→淘汰→固定」が正しい表現ではなかろうか。その上で、突然変異の方向が特定の方向に向けられていることは、社会システムにあっては大筋でもっともかもしれない。ただし、一部の論者は生物界でも突然変異の定向性を主張しているが、突然変異は基本的にランダムであると思われる。また突然変異はランダムだが、自然淘汰は「秩序を生む機構」である。[39]

しかし、社会進化においては意思によって突然変異を起こす（意図的）、突然変異がランダムに起こる（偶然）、意図せざる行為の結果（瓢箪から駒、怪我の功名などの非意図的結果）によって、創発（emergence）と呼べる現象が起きる。創発とは、先行するシステムの条件からは予測や説明ができない形でシステムが変化することである。これに関連して、生物界においては、偶然（突然変異）が担う役割を、社会システムでは創発が担うと述べている。脳の意識的働き＝意思によって、新しい変化（突然変異）を導入することは、変化が完全にランダムでもなく、意図的でもないことを示している。[40]

第五に、突然変異の幅、つまり大突然変異と小突然変異の承認である。表5－2によると、総合説も中立説も大規模な突然変異を認めていないが、私見では生物界でも起こりうるし、社会システムでは、当然、漸進的イノベーショ

ンとラジカル・イノベーションはありうる。(41)

藤本の主張の中で最も同感するのは、複数均衡の承認や、存続しているシステムは短期的には環境に完全に適応しているのではなく、不完全にしか適応していないし、「不器用な環境適応が常態」であり、「厳しい淘汰」ではなく、「緩やかな淘汰」が現実の社会システムの基本であるという主張である。ここ数十年の進化学の動向も、変異の多様性の根拠を明らかにしつつある。(42) これは、「(驚くほど先見性を示した) ダーウィニズムに唯一欠けていた発生学」を発展させ、遺伝子研究や集団遺伝学の発生学への統合への動きとも重なる。環境、発生、遺伝子、表現型を統合し、ゲノムを始まりではなく、応答システムとして捉えるべきとの主張にも呼応する。発生的応答基準とは、個々の表現型ではなく、スペクトラム（範囲）が淘汰の標的であり、表現型多型の解明こそ、エボ・デボ（Evo-Devo）――進化（evolution）と発生（development）の統合――の役割である。そのために、エピジェネティック（後成的）発生機構――同一のゲノム型が複数の適応的な表現型をもたらす機構――や、カナリゼーション（canalization）――少々の撹乱があっても発生経路はそれを修正し、正常な表現型へと落ち着かせる――などが考えられている。(43) 複雑化と多様化が進化であるならば、「種」の多様性や表現型多型の解明に、中立説、複数均衡、エボ・デボが大きく貢献することは明らかであろう。

3　企業遺伝子の側面

ヒトがミーム（文化遺伝子）の実体であるとして、脳が蓄積した知識、記憶は、他のヒトに模倣され、学習され、伝播（複製）されていく。もちろん、社会進化においてはヒトがそれを選択していくことも重要である。

企業ＤＮＡと呼ばれるものは、多くの場合、創業者ＤＮＡであり、あるいは組織ルーティーンである。言い換えれば、組織風土、企業風土、経営風土、あるいは日本風の表現を使えば、社風であろう。このように考えれば、経営進化論の研究は、経営文化論の研究とかなりの程度重なる。経営文化論を経時的・通時的に研究するならば、それは経営史であり、その場合、経営進化論は即、経営史の枢要な一部分となる。**経営進化論は、「論理的時間」ではなく、繰り返しのない一回性を特徴とする「歴史的時間」の要素を含んでいるので、経営史と自動的に重なると考えられるのである。**(44)

ただし、生物学からのアナロジーを使う場合には、二つの点に注意することが必要であろう。突然変異とは、表現型レベルというよりは遺伝子レベルのミスコピーである。その場合、相対的に完全なコピーをする遺伝子と比べて、ミームは不完全なコピーになりがちである。(45) 文化伝達に、不完全性はつき物なのである。第二に、生物では垂直的伝達（親から子への伝達）が普通だが、それは世代交代という形で行われる。(46) 文化伝達ではそれははっきりしていない。

それでは、社会システム＝企業（個体）では世代交代とはいったい何を意味するのだろうか。社長（ＣＥＯ）の交代だろうか。たしかにそれは、有力な世代交代かもしれない。社長が変われば、企業の雰囲気も変わろうというものである。しかし、それでも生物におけるほどの明瞭な世代交代というものは存在しない。だが、生物界においても垂直遺伝だけではなく、水平遺伝が存在しているので、明瞭な世代交代に拘泥する必要はないのかもしれない。

さらに文化遺伝子を取り上げる場合、次の二つのパターンがある。一つは、企業の中で伝播していく文化遺伝子である。第二には、企業を越えて、文化遺伝子が伝播していく場合である。

以下では、研究の対象として興味深いと思われる事例を例示的にいくつか挙げておこう。

第一のパターンの典型である創業者ＤＮＡを取り上げた場合、まず思い浮かぶのは、自動車会社のホンダである。本田宗一郎は、自身の強烈な個性により、ある意味で日本離れした経営者スタイルを採った。技術的な先進性の追求、それがまた消費者嗜好の動向と合致し、本田宗一郎伝説を作り上げた。日本の企業家の中で最も多くの伝記・評伝が出版されたというのも宜なるかなという気がする。またライバルのトヨタも創業者の豊田喜一郎伝説を持っている。困難な自動車開発のパイオニアとして、また家庭的に気の毒な事情がある種の企業ロマンを醸成し、トヨタの合理主義一点張りの社風にそれ以外の要素を付加している。

それに対して、日産は鮎川義介がやはりパイオニアとして多くの苦節を経ながらも、戦後、戦犯となり追放された後、興銀の川又克二が社長となり、技術志向ではなく、また不順な労使関係にも災いされて、ジリ貧に陥ったことは企業ＤＮＡの弱さ、強い企業文化の欠如に起因するのかもしれない[47]。ルノーのゴーンがＣＥＯとなり、まったく新しい社風が築きあげられるならば、それが新たな文化遺伝子となるかもしれない[48]。ホンダの元副社長が言っていたことだが、「企業にはロマンがなければうまくいかない」という言葉には、リアリティがある。

また電機業界における松下（現パナソニック）も、創業者である松下幸之助の独特の社風を受け継いできた。しかし、環境変化によって、それが立ち行かなくなり、中村改革によってＶ字回復を遂げた際には、松下幸之助が残した社風には大きな変化が訪れたようである。

アメリカでは、ヘンリー・フォードが築き上げたフォード社がすでに創業者在職のうちに危機に見舞われ、技術志向の伝統がぼやけてしまい、それでもなおナンバーツーとして存続してきた。

同じくＧＭでも、アルフレッド・スローンが築き上げたＧＭの伝統、社風は一九八〇年代から一九九〇年代に大きく変容した。その場合、企業ＤＮＡはどのように受け継がれたのだろうか。さらに、ＧＥやＩＢＭでは一九七〇年代から一九八〇年代に、企業文化が大激変を受けた。それまでの仲良しクラブ的社風から、競争重視の環境へと変貌した。ＩＢＭでは、かつて三〇万人いた従業員は十数万に減少し、しかもその大部分は、元の従業員ではないと言われている。ヒトの大部分が変わり、企業遺伝子も完全に変わったのであろうか。

第二のパターンとしては、企業を超えた遺伝子として、住友や三菱のグループ文化がある。住友の「浮利を追わず」のフレーズや[49]、「組織の三菱」、三菱の「紳士文化」の研究は、企業の範囲を超えたグループ文化の研究対象を示している。さらに、ケイレツとしても、古河鉱山→富士電気→富士通→ファナックという一連の分社の過程と、そこにおいて企業遺伝子は継受されたのかどうかという問題もある。

アメリカに戻れば、シリコン・バレーには有名なスピンアウトの事例がある。ベル研究所を起点として、ショックリー研究所、そこからスピンアウトしたフェアーチャイルド、その七人の企業家たち、フェアーチャイルドからスピンアウトしたロバート・ノイス、ゴードン・ムーア、アンドルー・グローヴが設立したインテル、あるいはチャールズ・スポークが設立したナショナル・セミコンダクター、ジェリー・サンダーズが設立したAMD（Advanced Micro Devices）（以上、すべてフェアーチャイルドからの分離であり、彼らはフェアチルドレンと呼ばれた）の事例である。[50] この一連のスピンアウトの過程では、担体としてのヒトが動いたのであるから、当然、企業遺伝子も移動したであろう。

以上のような経時的流れの中で、文化遺伝子、企業遺伝子を考察することは、経営史研究にとっても、大いなる意味があると思われる。[51]

第6章　イギリスの経営発展とチャンドラー・モデル

1　一九世紀イギリスの市場経済

取引所経済

取引コストの節約による「見えざる手」から「見える手」への移行ということが、内部組織の経済学に基づく歴史解釈であった。市場の持つ種々の難点（限界づけられた合理性、機会主義、不確実性、少数性）、すなわち「市場の失敗」から生ずる取引コストの高さを、内部化により節減することが歴史的発展のコースと考えられてきた。そして一九世紀中葉のイギリスこそ、こうした市場経済を典型的に具現した存在として考えられてきた。

例えば、鈴木良隆は純粋の市場経済を図6－1のように表現している。(1)多数の企業が次の生産あるいは流通段階の企業と直接に取引関係を結んでいるという想定である。このような市場取引関係においては、適当な取引相手を見つけるための取引コストは高くならざるを得ず、内部組織の形成によって取引コストを減少させようという誘因は強いと考えられる。したがってイギリスにおいても一九世紀中葉の市場経済から遅々としてはいるが、一九世紀末から二〇世紀初頭にかけて大企業の出現が見られたといった解釈が生まれてくる。

しかしながら、この一九世紀中葉の市場経済についての説明はミスリーディングであるか、あるいは不十分な説明

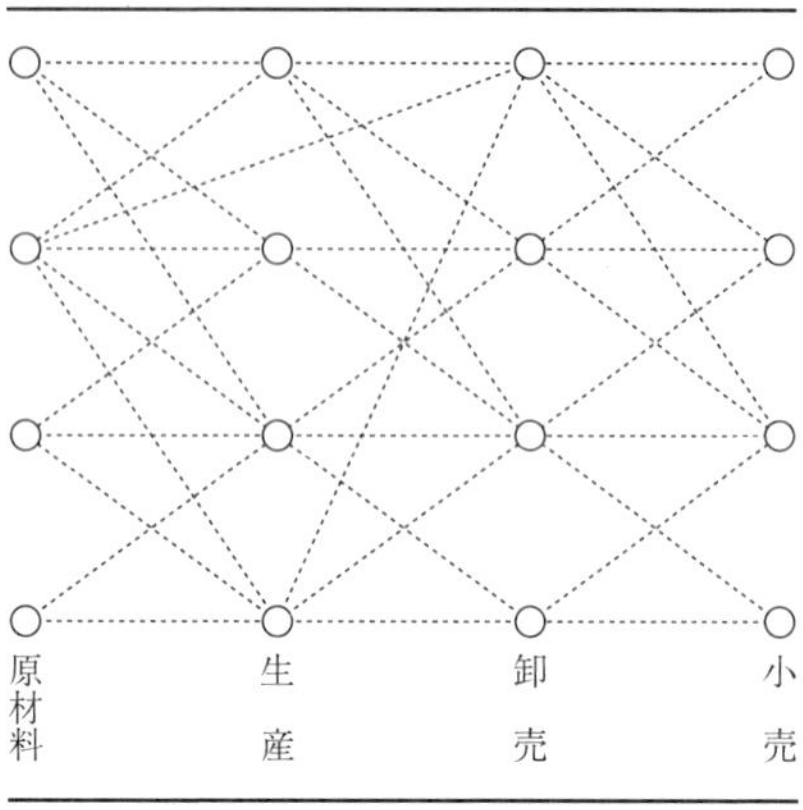

図6－1　市場を通じた企業間関係

注：図では生産を行う企業は，それ以外の活動は他の企業にまかせている。点線はそのために生じる１回ごとの取引である。
出所：鈴木良隆「現代企業の出現」鈴木良隆・安部悦生・米倉誠一郎『経営史』有斐閣，1987年，９頁。

であるという見方もできる。たしかに一九世紀中葉のイギリスにおいては、同一の産業において多数の企業が存在したが、そうした企業は当時の基幹産業であった幾つかの産業において、図６－１で想定するような企業間での直接の市場取引を行っていたわけではなかった。むしろ歴史的現実としては、ある特殊な組織、それは決して市場から組織へという解釈において想定されているような組織ではなく、産業の組織とでも呼べるものを通じて、大幅な取引コストの削減が実現されていた。そのような組織とは、多数の企業が集う取引所（exchanges）であった。

　通常のミクロ経済学は、多数の企業が展開する完全競争、つまり市場経済から説明を始めるが、そうした企業がどのような関係を他の企業と結んでいるかについては説明を与えていない。しかし、宇沢弘文の『近代経済学の再検討』によると、理論的にも各企業は取引所を媒介に取引関係を結んでいることが理解できる[2]。そしてまた歴史的にも、中川敬一郎の言葉を借りれば、「取引所経済」なるものが一九世紀のイギリスにおいて存在していたのである[3]。言い換えれば、個々の企業は多大の情報コストや危険コストを負担して直接に取引関係を個別の企業と結んでいたのではなく、取引所を経由することによって、適当な取引先を探すという行為を行わずに済ます方法を採っていた。取引所においては、売手と買手が週に一度、あるいはもっと頻繁に集合し取引を行ったが、それは個別の相対《あいたい》取引より取引コストを著しく節減する方法であった。

　取引所においては、多数の売手・買手が集散するために、そこに行きさえすれば適当な取引相手を探し出すことができ、またある相手と価格で折り合わなければ折り合うことのできる相手を見つけることも容易であった。このような取引所を通じた売買は、わざわざ個々の取引先を訪問し取引を成立させる場合と比較して、適当な取引相手を見つけるためのコストを著しく削減した。言い換えれば、典型的な市場経済は、個々の企業が個別に直接取引を行うというよりも、むしろ取引所によって媒介される企業間関係と理解する方が理論的にも歴史的にも妥当性を持っているのである。このような取引所を媒介とする関係は、図6－2のように表現することができる。そして、こうした取引所経済が高度の発展を見せたのが、他ならぬ一九世紀中葉のイギリスであった。

この種の取引所は、当時のキー産業であった綿工業や製鉄業において、またその他の産業においても重要な働きをした。そうした例をいくつか列挙しておこう。一八世紀後半の産業革命から一九世紀中葉の世界の工場期にかけて、イギリスで最も枢要な産業であった綿工業においては、次のような原料・製品の流れが出現した。アメリカから輸入された綿花は、一八〇八年に常設市場として開設されたリヴァプール綿花取引所（Cotton Exchange）で取引され、ランカシャー南部の紡績業者の手に渡る。彼らによって製造された綿糸は、マンチェスター綿糸取引所（Manchester Exchange）で売買され、さらに北方の織布地帯に運ばれ、織布業者によって綿布となる。その後、仕上加工を施された綿布は綿製品取引に専業化した商人によってイギリス国内はもとより、世界各地に販売されていた。[4]このような一連の流れの中で、仲買人を中心とする取引所の働きはきわめて重要であった。

また製鉄業においても、銑鉄を中心に各地に取引所が設立された。グラスゴーでは一八三〇年代には王立取引所（Glasgow Royal Exchange）ですでに先物取引が行われ、また一八六〇年代にはバーミンガムやミドルズブラ（Middlesbrough）でも取引所（Royal Exchange）が開設され、銑鉄を中心に鉄商人やブローカー、製鉄

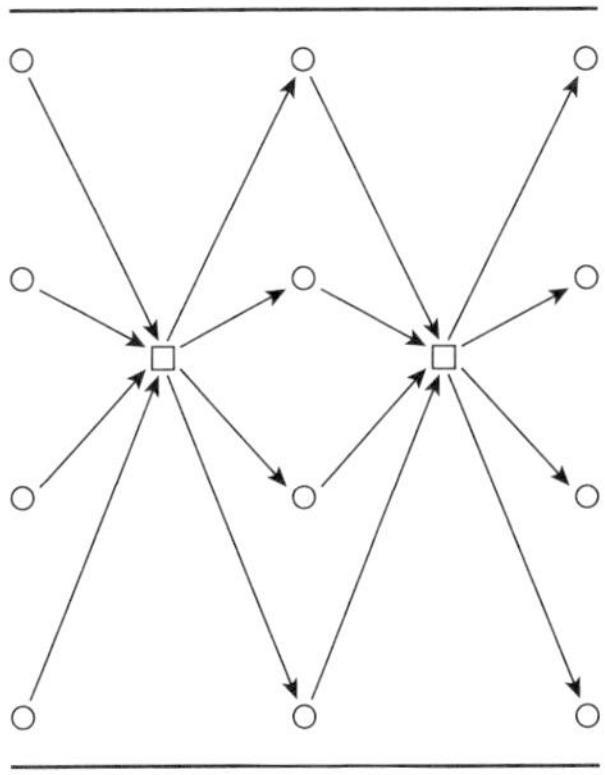

図6－2　企業と取引所

注：○は企業，□は取引所を示す。→は商品の流れ。
出所：筆者作成。

業者の間で取引が行われていた。特にグラスゴーの取引は活発であり、毎日二回の相場が立った。これに対して、バーミンガムやミドルズブラでは週に一回の相場が開催された。取引所のメンバー数は、一八七三年にバーミンガムでは一七〇〇、ミドルズブラでは約四〇〇を数えた。さらに一九世紀末から二〇世紀にかけて、ロンドン、スウォンジー(Swansea)、マンチェスターでも取引所が開設され、前二者は週に一回、後者は週に二回の取引が行われた。このようにイギリス各地に取引所が開設され、取引所を通じた売買が製鉄業でも行われたのである。[5]

今一つの重要産業であった毛織物工業でもブラッドフォード取引所(Bradford Exchange)で羊毛の取引が行われていた。さらに他の産業でも、ロンドンのメタル・イクスチェンジでは、銅・錫・鉛・亜鉛などの非鉄金属が取引され、ロンドン商品取引所(London Commodity Exchange)では茶・砂糖・コーヒー・ココア・香辛料などが売買され、また同じくロンドンのゴム取引所(Rubber Exchange)、石炭取引所(Coal Exchange)、穀物取引所(Corn Exchange)、羊毛取引所(Wool Exchange)、さらには製造業ではないが海運のボールティック・イクスチェンジ(Baltic Exchange)、証券取引所(Stock Exchange)、王立取引所(Royal Exchange)あるいは取引所の一種と考えられる保険のロイズ(Lloyd's)なども隆盛を極めていた。[6]以上のように一九世紀のイギリスでは重要な商品の流れは様々の取引所を経由していたのである。

翻って、現代でもこうした商品取引所の重要性、あるいはそこで形成される相場の影響力の大きさは明瞭である。例えば、国際的な戦略商品と言われる石油はニューヨークの商品取引所を通じて決定されるし、同じく戦略商品と呼ばれた大豆・小麦などの農産物もシカゴの商品取引所の相場で決定される。綿花、綿糸、羊毛などの商品は今でも取引所相場が決定的な力を持っており、また鉄鋼製品でも、取引所で価格が決定される棒鋼などの汎用品は、他の品目にも大きな影響を及ぼす。また非鉄金属は伝統的にロンドン・メタル・イクスチェンジの国際相場が重要であり、金・銀・ダイヤモンドなどの貴金属・宝石類に関しても取引所相場が重要である。

取引所経済の限界

しかし、取引所で売買される商品の性質にはある特徴が読み取れる。それは主として原料・半製品が取引所で取り扱われる商品であるということである。言い換えれば、均一性・同質性を有する商品が取引所の取扱商品になりやすいということである。例えば、綿花・綿糸は産地の違い、品質の善し悪しはあるが、等級づけが容易であるという特徴がある。大豆・小麦などの農産物も同様である。こうした等級付けによって商品の選別・識別が簡単にできるという特徴があり、さらにまたこの性質から規格化された標準品という特徴が出てくる。たしかに鉄鋼業においても銑鉄は品質に違いはあるが、例えば「クリーヴランド鋳物銑ナンバー3」などのように産地と品質を特定すれば、汎用品として広く流通させることができた。またスラブ、ビレット、ホット・コイルなどの半製品も同様である。さらには汎用棒鋼などの規格化された製品も取引所で扱いうる。また金・銀・銅などの極めて高度の物理的同質性を有する商品は取引所の対象商品に適している。どこの産地の金でも純度を別にすれば、事実上無差別である。株式や貨幣に至っては完全に同質であるので――同じ会社の株式一株は一株であり、一ドルは誰が持っていようとも一ドルである――取引所の商品として最適である。

しかしながら、製品固有の性質が重要な商品、アフターサービスが欠くことのできない商品、あるいはデザインなどの製品差異化が重要な商品の場合には、取引所はその機能をほとんど発揮できない。例えば、製品差異化が顕著な自動車の取引においては、ディーラー間の中古車オークション市場を除き、取引所が機能する余地はまったくない。また高度のエレクトロニクス製品や家電製品も製品差異化が進んでおり、またアフターサービスが不可欠なので、企業間の、あるいは企業と消費者間の直接取引が普通である。このことは航空機や事務機器などにも当てはまる。すなわち高度の製品差異化が行われているような、またアフターサービスが不可欠な複雑な製品の場合には、取引所は馴染まないのである。だが、このような製品こそ一九世紀末以後の「第二次産業革命」が生み出した製品なのであった。

このことから、次の二つの結論が導かれる。一九世紀のイギリスは、「第一次産業革命」が生み出した主要製品、綿糸と銑鉄の生産で世界の工場となりえたが、その取引は企業の購買・マーケティング能力に依存したものではなく、むしろ取引所に依存したものであった。そしてこのメカニズムは一九世紀の主要な商品特性に合致していた。

しかし第二に、このような取引所経済が他のどの国よりも高度の発展を遂げたために、逆に「第二次産業革命」が生み出した製品の持つ特性に合致した体制を創り出すことに遅れを取った。「第二次産業革命」のもたらした製品は、取引所によって取り扱われるには不適当であり、企業独自の購買・販売能力に依存するところが大であった。(7) こうした製品の取引で効率的であるためには、企業は規模の経済、統合の経済による内部化を不可避としていた。だが優れた取引所機能に慣れ親しんでいたイギリス企業にとって、内部組織形成への誘因は強くなかった。それゆえ、イギリス企業は緩慢に内部化を進めたに過ぎず、大企業の出現はアメリカ・ドイツに比べ遅れることになった。イギリス経済の一九世紀末以降の相対的な停滞の原因は、このような取引所経済の発展が逆にその後の発展に災いするという逆説的解釈によって、ある程度説明できるように思われる。

2　イギリスにおける近代企業発展の特徴

アメリカと比較した場合、イギリスにおける近代企業発展の特徴は、第一にイギリスの企業規模はアメリカ企業と比べて著しく小さいことが挙げられる。一例をあげれば、U.S. Steel Corporation が一九〇一年に設立された時に一〇億ドル企業と言われていたが、その資本金はポンドに換算して二億五〇〇〇万から三億ポンドにも達していた。これに対して、イギリス最大の軍需・鉄鋼企業でも一〇〇〇万ポンドに達する企業はなく、純粋鉄鋼企業では最大でも五〇〇万ポンド程度に過ぎなかった。(8) 第二に、近代企業はアメリカと同様に一八八〇年代に現れ始めたが、アメリカ企業が急速に発展したのに対し、イギリスではその発展は緩慢であり、近代企業が確立したのは第二次大戦後であった。(9) これと関連して第三に、アメリカでは内部成長型のUフォームが比較的多くみられ、また企業集中・合併型のH

フォームも速やかに経営階層組織（マネジェリアル・ハイアラーキー）を形成し、Uフォームへと転化していった。だがイギリスではUフォームタイプの成長企業は少なく、圧倒的大部分はHフォームタイプの大企業であり、しかも強い権限を持つ本社機能を欠いた「緩かなHフォーム」（loose H form）であった。第四に、家族主義の伝統が強く、企業の所有者は成長よりも安定を望み、他人に企業を委ねることを好まず、子々孫々に家産として企業を残していこうとする社会的・文化的雰囲気が横溢していた。(10) これは経営者資本主義（マネジェリアル・キャピタリズム）の登場を遅らせ、家族資本主義（ファミリー・キャピタリズム）を長く温存させる原因となった。

最後に、近代企業は米英においてほぼ同種の産業で成長したと言ってよいが、そこには重要な相違も看取される。先述の四分野の中、包装産業食品産業などの消費財産業ではイギリスでも同様に大企業が出現したが（Imperial Tobacco、Guinness、Distillers Company など）、電機工業、化学工業、標準品機械工業（ミシン、後には自動車が典型）などのいわゆる「新産業」では極めて遅々としていた。加えて、イギリスでは垂直統合よりも水平統合による大企業形成がとりわけ顕著であった。このような企業合同は繊維や鉄鋼などの「旧産業」に偏る傾向があり、さらに全体としてイギリス機械工業は隆盛であったが、ミシンなどの「標準軽機械」（light standardized machinery）における競争優位はなく、軍需・造船などの重機械（heavy machinery）に依存していた。(11)

それでは、上述のような米英の相違はどのような要因によって惹き起こされたのだろうか。チャンドラーによれば、まず第一に最も重要な要因として国内市場（domestic market）の規模とその成長率の違いが挙げられる。合衆国の人口は一九世紀後半にイギリスを上回り、また国土の広さは言うに及ばず、さらに国民所得の成長率はイギリスを大きく凌駕していた（急速に拡大する国内市場の存在）。しかも、その拡大する国内市場は比較的同質性を有しており、加えて国民所得の分配もイギリスに比べて歪みが少なかった。その結果、大量生産に適した均一な大衆消費市場の成立に格好の条件が与えられた。

また次のような言及は興味深い。なるほどイギリスの国内市場はそれほど大きくはなかったが、他面で、オーストラリアなどの広大な帝国市場（imperial market）を保持していたので、その点で有利だったとする考え方がある。だがチャンドラーは、南アフリカへは船で三週間、オーストラリアへは六週間も要したのに対し、アメリカではサンフランシスコからニューヨークまで鉄道でわずか四日間で行けたとし、帝国市場の地理的広大さが逆に経済効率的な統一市場をイギリスにもたらさなかったと述べる。このように、チャンドラー・シェーマでは市場の役割が強調され、結局、市場の規模や質が戦略を規定し、戦略が組織を規定することになる。

次いで第二点として、技術の利用（application of technology）の重要性が主張される。アメリカの場合、互換性部品に基づく「標準化された機械」や「連続製法」（continuous process）などの導入が敏速であり、「アメリカン・システム」という呼称が与えられたほどであったが、イギリスはこうした技術の利用で立遅れていた。もっとも、そのような技術・機械の導入の遅れは相対的に労働が豊富であったためというよりはむしろ市場の質の相違に起因していた。それゆえ、労働の希少性、つまり賃金の高低における相違により、アメリカが相対的に機械の使用に向い、イギリスが労働使用的になったとするハバカク説をある意味で批判していることになる（アメリカの賃金は、イギリスのそれより高水準であった）。

第三に、Uフォームの形成に関して、チャンドラーは逆説的な注目すべき論点を提出している。曰く、イギリスでUフォームが進展しなかった原因の一つは反トラスト法のような独占禁止法が存在しなかったが故であり、そのためにHフォームが採用し易い有力な形態として、長らくイギリス経済に残存した。これに対してアメリカでは、シャーマン法のような独占禁止法により、カルテルは違法とされ、また持株会社も違法の可能性の高い「被疑者」（suspect）と見なされていたために、それを回避する手段としてもUフォームの発達が促されたと言う。言い換えれば、独占禁止法の存在こそ大規模で効率的な近代企業の発展、すなわちビッグビジネスの成長に力を貸したことになる。[12] 筆者はこのような「独占禁止法」とビッグビジネスとの逆説的関係を「チャンドラー・パラドクス」と呼ぶことにしている。

それはともかく、上記の三つの要因によりイギリスでは近代企業の発展が遅れ、また独自の相貌が刻印されていくわけだが、以下では大企業発展の歴史的経過をつぶさに追うことにしたい。

3 時代別の特徴

イギリスの近代的大企業の発展は次の四期に区分しうる。第一の時期は一八六〇年代から一八七〇年代にかけての株式会社の発起ブームである。この時期は主に綿業や鉄鋼業において株式会社が簇生《そうせい》した時期であり、大企業成立史の上からは等閑視されているが、筆者は近代的大企業形成への先駆と考えている。もちろん、チャンドラーの考える数万人の従業員を擁する大企業のレヴェルには達していないが、曲りなりにもパートナーシップではなく、永続企業たる株式会社として、また規模の点でも一万人に近い企業が存在していた事実からしても、近代大企業の出発点と見なしてよいのではなかろうか。

次いでは、一九世紀末から二〇世紀初頭にかけての「合併運動」(merger movement)の時期である。この時期にイギリスに特徴的な「緩かな」(loose)Hフォームが誕生した。その後一九二〇年代、一九三〇年代に再び企業集中の波が高揚し、またImperial Chemical Industries(一九二六年)やUnilever(一九二九年)の設立に見られるように、両大戦間には真の近代企業の発生が観察された。ただし、その拡がりと程度をどのように捉えるかを巡って議論が別れている。

第三の時期は第二次大戦後の一九五〇年代、一九六〇年代である。チャンドラーによれば、イギリスで経営者企業やMフォームが支配的となったのは第二次大戦後である。以下では、一九世紀末からの時期を詳しく見ていく。

一九世紀末から二〇世紀初頭

この時期には、一八八八年に創設されたthe Salt Unionを皮切りに、数多くの合併が世紀末のイギリスで進捗した。

主だった合同を挙げてみると、一八九〇年のUnited Alkali Co.（資本は八四二万ポンド）、J. & P. Coats（一八九六年、五五〇万ポンド）、English Sewing Cotton Co.（一八九七年、二二五万ポンド）、Fine Cotton Spinners' and Doublers' Association（一八九八年、四〇〇万ポンド）、Bradford Dyers' Association（一八九七年、三〇〇万ポンド）、Calico Printers Association（一八九九年、八二〇万ポンド）、Wall Paper Manufacturers（一九〇〇年、四一四万ポンド）、Associated Portland Cement Manufacturers（一九〇〇年、六三五万ポンド）、Imperial Tobacco Co.（一九〇一年、一四五二万ポンド）などがある。これらの合同は、多数の企業が産業の特定局面で、高い市場占有率をもつ水平結合（lateral combination）を行ったという特色をもっていた[13]。この事実は、アメリカの合併が垂直合同的色彩が濃厚であったことと対照的である。

いくつかの例を取り出すと、最も有名なCalico Printers Associationは四六もの企業が合同し、キャラコ捺染市場の八五％のシェアを確保した。同社では社名の“Association”という言葉が示すように、奇妙な感じもするが、法的には独立の歴とした会社であった。だが実際には、各構成企業の寄り合い所帯的ないしは業界団体（trade association）的性格を顕著に帯びていた。旧企業の力が強固で、また彼らの利害を代表する八四名もの取締役がおり、さらに旧企業から継続して勤務する一一四名もの工場支配人がいた。その結果、こうした取締役や工場支配人の利害関係の調整には難渋し、彼らは言わば「統制不能の群衆」（uncontrolled mob）であった[14]。

このように各工場や旧利害をコントロールする強力な本社機構が創出されなかったために、旧工場の整理統合、それによる生産性・経営効率の増進は期し難かった。同社の無配当が表わすように、収益性も振るわなかったのである。要は、八四名にも及ぶ過大な取締役会、しかも単に数が多いだけではなく、構成企業の利害に翻弄されて効率的な経営階層組織を構築しえなかった点にイギリスにおける合併企業の脆弱性が端的に示されている。「緩かなHフォーム」と言われる所以である。

こうした例はCalico Printersだけではなく、United Alkali Co.（五一企業が合併）、Salt Union（六四企業）、Fine

Cotton Spinners' and Doublers'（三一企業）、Wall Paper Manufacturers（三一社）というように、この種のタイプの合併がイギリスでは典型的であった。合衆国でも同様に多くの水平合同を数えることができるが、その場合、遅滞なく旧企業の力を排除し、集権的なマネジェリアル・ハイアラーキーを創り出すことに成功した。この点に両国の合併の基本的差異を見出すことができる。(15)

もちろん、イギリスにおいてもCalico Printersタイプの合併ではなく、比較的少数の企業が合併し、ある程度効率的な本社機構を作り上げたJ. & P. Coats（五社が合併、六名の小取締役会、二～四名の業務執行委員会を有した）のような例もあるが、これはあくまで例外に属し、その程度も必ずしも十分ではなかった。約言すれば、イギリスの「ルースな持株会社」形態はたしかに一応「複数単位組織」と言ってよいが、充実した階層組織を欠いている点で、真のmulti-unit firmではなかった。したがって、合理化も進展せず、またそもそも最初から合理化よりも単なる競争排除を意図していたことが多かったのである。(16)

両大戦間期

第一次世界大戦を経て、構造的不況に落込んだイギリス産業界は合理化・合併を促進することを余儀なくされ、実際にもある程度までこのような合併・合理化は進展した。企業の近代化・大規模化が合併運動の第二波として進行しつつあったのである。そこで、この状態を積極的に評価するか、あるいは否定的に捉えるかという見解の相違が生ずる。チャンドラーは、両大戦間期にはまだマネジェリアル・ハイアラーキーは出現し始めたところであり、所有の分散も不十分で創業者家族による支配がなお強く、経営者資本主義の段階に立至っていないとする。それは言わば「家族資本主義」（family capitalism）に過ぎず、管理組織の面でも依然として「緩かなHフォーム」が支配的であり、本格的に経営者資本主義が登場し、マネジェリアル・ハイアラーキーが確立するのは第二次大戦後であるとする。

なるほど両大戦間期に、リーバ・ブラザーズ（Lever Brothers）のように広範な経営者スタッフを持つ経営組織を作り出した企業もあったが、それはあくまでも例外に過ぎない[17]。一方、先に述べたようにアメリカでは経営者企業はすでに第一次大戦までに確立し、Mフォームも数は少なかったが、一九二〇年代には「最も活発な形態」(the most dynamic form)に成長していた[18]。

さらに経営管理技術の点でも、一九三〇年代にイギリスの先進的企業はアメリカから原価計算や管理手法といった、主にミドル・マネジメントやロワー・マネジメントにおける管理技術を導入したが、トップ・マネジメントに属するような管理技術、例えば組織計画や長期・短期の景気予測などは一九五〇年代、一九六〇年代になり漸く導入されるようになった[19]。一言で言えば、イギリスにおける近代企業の発展はアメリカと同時期の一八八〇年代にその起点を持つが、アメリカが一世代でやり遂げたことを三世代かかって第二次大戦後に達成したと言うのである。

これに対してイギリスの経営史家レズリー・ハナは、近代企業がイギリスで確立したのはチャンドラーが言うような第二次大戦後ではなく、それ以前であると主張する。「近代企業を特徴づける事業部制は……比較的登場するのが遅かったが、他の統計的指標は、一九三〇年よりも遅くない時期にイギリスの経済生活において近代企業の特徴の多くが支配的であったことを示唆している」と論じ、その一つの根拠として、合衆国の最大一〇〇社の付加価値に占める割合は一九〇九年に二二%であったが、イギリスも一九二〇年代中葉まではその比率に追い着き、一九三〇年頃にはほぼ同水準に到達していたと指摘した[20]。

また上位二〇〇社の管理組織を考えてみても、一九一九年には single unit firm が五二%を占め、支配的であったが、一九三〇年にはHフォームではあるが、multi-unit firm が六八%と支配的になった[21]。他方で、経営と所有という点からも、(創業者)家族が取締役メンバーである比率は一九四八年には上位二〇〇社の六〇%に達しているが、これは必ずしも彼らが支配的な役割を演じていたということを示唆してはいない[22]。名目的にボード・メンバーとなっている場合が多々あるからである。Mフォームに関しても一九四八年段階で少なくとも一二社が事業部制を採用しており、ICI、Reckitt、Fison、Metal Box、Unilever などの企業においては合理化も進んでいた[23]。それゆえ、「一九三〇年代までには、小企業のヴィクトリア経済から近代企業経済を区別する特徴の多くはしっかりと確立されていた」[24]ことになる。

もちろん、ハナもイギリスにおいて近代企業の発展がアメリカより遅かったことは認めている。しかしながら、その原因としてチャンドラーが列挙する既述の三つの要因、特に国内市場の規模と成長率を強調し、それを所与とする考え方に対し、市場規模という概念は「複雑な現象」であり、企業家の活動によってそれはより急速に成長することも可能であるから「潜在的あるいは現実の需要の最適な指標ではない」[25]とし、その有効性を部分的にのみ認めている。要するに、企業家の主体的努力によって、市場の成長率はより上昇することが可能であると言うのである。さらに一歩進んで、この点は必ずしもチャンドラー批判ではないが、「市場に対して、見える手の暗黙の一般的優秀性の是認」[26]があるが、イギリスが見える手の実現に遅れた理由の一つはむしろ逆に市場メカニズムの優秀性、すなわち効率的な商人ネットワークが存在していたからであり[27]、結局、問われるべき問題は見える手と見えざる手の「最適バランス」であると断言する。そしてイギリス経済が非効率である理由は、非競争的形態において企業が独占的利益を享受する傾向、つまり競争回避的態度だとする[28]。

もとより、「見える手」を積極的に評価する点など、チャンドラーとハナの間に多くの一致点があるが、近代企業成立の時期の問題と米英の相違が何故生まれてきたかについて重点の置き所が異なるのである。もっとも、前者の問題に関しては程度の差という感が無くもなく、両者にそれほどの差異はないのかも知れない（ただし、ハナはのちに強いチャンドラー批判を展開することになる）[29]。というのも、チャンドラーもドイツ、合衆国において近代的大企業（large modern enterprise）は第一次大戦前に成立したが、イギリスでは一九二〇年代から一九三〇年代に、フランスでは第二次大戦後とし、さらに多角化（Mフォーム）がアメリカにおいて「標準的な戦略」（組織）となったのは第二次大戦後と述べているからである[30]。このような場合、矛盾しているように思えるので、「近代的企業の特徴の多く」の意味をより明確にすることが肝要であろう。

第二次大戦後

第二次大戦後はアメリカだけではなく、イギリス、ドイツ、日本などの国で経営者企業やMフォームが一般的となった。チャンドラーによれば、イギリスでは第二次大戦後に経営者企業やMフォームが成立したが、その程度は合衆国と比較すれば近年に至ってもなお不十分であった。一九七〇年にイギリスの最大一〇〇社のうちで事業部制を導入している企業は七二社であったが、アメリカでは八六社に達していた。しかも経営者企業の確立という点でも、アメリカで五〇年以上も前に起きた企業者企業から経営者企業への転化がイギリスでは一九六〇年代や一九七〇年代に起きたのである。[31]

この変化は、第二次大戦後の第三次合併運動（第一次は一九世紀末、第二次は戦間期）により促がされたのだが、その合併運動の性質にもイギリス的特徴が見られた。アメリカでは合併に際して強力な本社機構をもつマネジェリアル・ハイアラーキーが形成されたが、そのような中心的流れとは別に、第二次大戦後、コングロマリットと呼ばれる比較的小規模の本社機構や研究開発施設しか持たない多角化企業が出現した。この形態は、企業の売買を通じて金融的収益を極大化しようとする、言わばMフォームの「変種」であるが、チャンドラーはこの形態をあまり評価していない。というのも近代企業を特徴づける大規模な経営階層組織を備えていないからである。ところが、第二次大戦後、イギリスで合併により登場してきた企業は他ならぬこのコングロマリットに近い性格を帯びていたと述べる。[32]

加えてイギリスの場合、アメリカとは異なった経路を辿ってMフォームに到達した。イギリスの経営組織を研究したD・F・チャノンによると、一九六〇年のイギリスでは大企業九二社のうちHフォームを用いている企業は**四〇社**（そのうち、多角化している企業は三五社）と、Uフォームの二一社より遥かに多かったが、一九七〇年になると九五社のうちUフォームが八社、Hフォームが一五社、Mフォームが**七二社**とMフォームが大部分となった。[33] つまりHフォームからMフォームへという流れが主流だったことが分かる。これはアメリカにおけるUフォームからMフォームへという流れと極めて対照的である。この相違は、イギリスにおけるHフォームの存在を再確認させるものであろう。

また法的側面からは、先にチャンドラー・パラドクスとして、独占禁止法の存在のためにアメリカでは近代的なUフォームが発展したが、これに対してイギリスでは独占禁止法がなかったために逆説的にUフォームが発展しなかったことを指摘した[34]。しかし第二次大戦後には、イギリスでも独占禁止法（Restrictive Trade Practices Act of 1956）が施行されると、それが持株会社の維持に障害となり始め、UフォームやMフォームへの転換の素地を作った[35]。

一方、先に紹介したハナはチャンドラーとは別種の問題を提起している。一九三〇年代に米国と並んだイギリスの最大一〇〇社の付加価値に占める割合（当時は約二五％）は、一九七〇年初めには米国の三二％に対し、イギリスのそれは四三％に達していた。また一九七二年の四万人以上を雇用する企業数三〇社は、アメリカの八九社よりは少ないが、人口で約三倍のＥＣ六カ国とほぼ同数であった[36]。英米の人口比は一対三・七なので、わずかではあるがアメリカより四万人以上を雇用する企業のウェイトはイギリスの方が高い。それゆえ一九七〇年代のイギリスでは、資本の集中・大規模化が最も進んでいたと言ってよい（大企業体制の国、イギリス）。しかしながら、これは過度の集中ではないかと彼は危惧する。そしておそらく、アメリカよりもイギリスにおいて合併がより進んだ原因として、資本利得税（capital gains tax）が一九六五年まで存在しなかったという税制上の要因を挙げる[37]。

以上、主にチャンドラー（およびハナ）の見解を中心にイギリスにおける近代大企業の形成の諸特徴を考察してきた。次には、イギリスの企業組織の歴史的特質を明らかにしたい。

4　特殊イギリス的企業組織の生成

イギリス企業においては創業者家族、あるいは類似の特定ファミリーの力が強固で、企業の実質的支配権が彼らに握られていたために、その企業の在り方は時にファミリー・キャピタリズムやパーソナル・キャピタリズムと呼ばれている。チャンドラーによれば、イギリスではファミリー・キャピタリズムはほぼ第二次大戦頃まで継続し、第二次大戦後になって初めて経営者企業の時代が到来する。しかし、第二次大戦以前でも企業規模は巨大化しているので個人企業ではありえず、企業組織は、近代企業と見なしうる企業者企業の段階にあった。

ところでイギリス鉄鋼企業にもHフォームは見られたが、同時にそれと重なり合いながら、イギリスに特徴的な組織形態ないしは組織上の特徴が出現していた。ある意味ではこの形態が最もイギリス的特徴を示していると言ってもよい。それは端的に言えば、一方における所有の分散、他方における「職業的取締役」(professional directors)の支配という企業構造である。

鉄鋼企業がパートナーシップから株式会社に転換された頃(一八六〇年代)、有力鉄鋼企業であったボルコウ・ヴォーンの株主数は約四五〇人、エッブ・ヴェイルは五〇〇人、ジョン・ブラウンは三〇〇人とそれほど多くはなかった。しかし一九一一年には三社の株主数は、それぞれ八一〇〇人、一五〇〇人、六二五〇人と飛躍的に拡大していた。またアームストロング・ウィットワース(Armstrong Whitworth)やヴィッカーズ(Vickers)といった鉄鋼・軍需企業はそれぞれ一万二〇〇〇人、二万二〇〇〇人と厖大な数の株主をかかえていた。一方、全取締役の所有する株式の総株主に占める割合はアームストロング・ウィットワース九・六%、ボルコウ・ヴォーン二・六%、ジョン・ブラウン三・六%、キャメル・レアド(Cammell Laird)二・七%、コンセット一・八%、エッブ・ヴェイル四・九%と低水準にあった。ヴィッカーズも同程度と推定される(38)。

このような状況は、特定のファミリーが株式所有をてこに、その企業の実権を握っているとの結論に疑念を抱かせるのに十分な数字である。また有力鉄鋼企業四九社のうち、一〇〇〇人以上の株主を擁する企業は二二社と半数近く、さらに全株式に対する取締役の株式保有率が分かる四七社のうち、同比率が五%以下の企業は九社、一〇%以下は二二社(累計)とやはり半数近い。したがって、先に列挙したような企業が資本的にも大規模で、かつ中心的な存在であったことから判断して、イギリス鉄鋼業においてはかなり所有の分散が進んでいたと推定してよかろう(39)。その限りでは、家族資本主義はあまり強固ではなく、所有の面で特定の支配グループは存在しなかったことになる。

それでは一体どのような人々が実権を握り、企業を牛耳っていたのだろうか。それが他ならぬ「職業的取締役」であった。完全に同義ではないが、別名「不在取締役」(absentee directors)とも呼ばれる「職業的取締役」は、数社あるいは十社以上の取締役を兼任することにより、そこから得られる収入に依存しつつ、いわば取締役であることを職業にしているという意味で「職業的取締役」と呼ばれたのであった。彼らは、①鉄鋼業に素人である、②政治に深く関わっている、③製鉄所のある現地に住んでいない、④月一回程度の取締役会に出席する程度の会社への参加、⑤他社との兼任が多いため十分な時間的余裕がない、などの特徴が顕著であった。イギリス鉄鋼業では、このような人々が最高の意思決定機能を果たしていたのである。こうした人々の中には、意思決定に実質的に参加しない単なる「お飾り取締役」(guinea pig directors)もいたが、重要な点は職業的取締役が単なる「お飾り取締役」とは異なり、戦略的意思決定を担っていた点である。(40)

言うまでもなく、経営者企業の成立の最重要の条件は、専門経営者が長期の意思決定を担うようになることである。しかし、イギリスでは総支配人などの専門経営者は、上述の「職業的取締役」の指揮下に置かれ、必ずしも基本的な経営戦略の策定を主導することはできなかった。したがって、アメリカ的な経営者企業ではなく、株式所有は分散したが、専門経営者ではなく職業的取締役が支配的存在となり、専門経営者は短期的性質の、管理的・業務的意思決定に活動領域を限定され、またその地位も総支配人止まりで、めったに業務執行取締役（executive director）や社長(managing director)に昇格しえなかった。すなわち、「イギリス型経営組織」とでも呼べる、独特な企業組織の出現である。

この形態は、一八六〇年代に鉄鋼企業がパートナーシップから株式会社に転換し、しだいに企業者企業が成立した後、本来ならば専門経営者が旧オーナーに取って代わり、経営者企業となるべきところをそうならずに、職業的取締役が優勢となったために成立した。言い換えれば、企業者企業から経営者企業への過渡的形態として登場し、第一次大戦頃に頂点に達し、弱くなっていったが、一九三〇年代まで持ち越されたのであり、イギリス的特徴（経営アマチュアリズム）を端的に表現する形態と言える。こうした職業的取締役は、表現を変えれば、イギリスでその存在が強調される取締役連携制（interlocking directorate）に近く、鉄鋼企業にとどまらず鉄道業においても見られ[(41)]、さらにイギリス全体の特徴として指摘する見解もある[(42)]。

5　チャンドラーのイギリス資本主義論

イギリスにおける近代企業の発達については、三つの争点がある。第一に、近代企業成立の時期をめぐっての議論であり、それが第二次大戦後に成立したのか、あるいはそれ以前かという問題である。第二には、米英の相違をもたらした最重要の要因が国内市場の規模と成長率とされているが、そうした市場は所与と考えることができるか否かという問題である。企業家の主体的努力により国内市場はより拡大し得たし、チャンドラーは否定的であるが、「帝国市場」をより積極的に評価する見解もある[(43)]。第三に、戦略と組織の関係について、マーケット・パワーやパワー・リレーションシップを重視し、戦略と組織の関係は「因果的」というよりはむしろ「共生的」という見解を取る研究者もいる。また企業発展について、戦略とか組織とか、いわば制度的問題よりも個人のパーソナリティ（経営文化）を強調する論者もいる[(44)]。

筆者は、パーソナリティの問題について次のように考える。分析の次元として、抽象度の高い順に、①経済理論（市場メカニズム）、②組織（産業組織および企業の内部組織）、③企業家のパーソナリティ、という三つが考えられる（法則、制度、個性）。個々の企業の発展を問題にする場合に、市場の力の影響や組織の制約の下にパーソナリティが第一義的に重要になるが、経済全体を問題にしたり、その国際比較を論じる場合には、市場と組織のウェイトがより重要な問題となる。あるいは産業によって、市場がより効率的に作用したり、または逆に組織の効率が優越したりもする。

チャンドラーも述べているように、近代企業は組織が有効に機能しうる産業で発展してきたのであり、しかもそれ

が経済的に隅の首石となる産業だったのである。(45)

本章では、主に米英の比較を通じて近代企業の発展を辿ってきたが、さらにチャンドラー・シェーマをより広い国際比較の位相に照らして検討するという作業が残されている。これに関して一点だけ、筆者の論点を提示しておく。

チャンドラーによれば、近代企業はアメリカ、ドイツにおいては第一次大戦前に成立したが、イギリスにおいては戦間期に、フランスでは第二次大戦後に常態となった。だが、その形態はアメリカがUフォーム、ドイツがカルテル、イギリスが「緩やかなHフォーム」、フランスが「資金的に結合された産業グループ」と、それぞれの国で異なっていた。(46)別の視角からすれば、経営者資本主義への道は、アメリカが垂直統合による急激な変化であったのに対し、イギリスでは家族資本主義が尾を引いたために漸次的変化、ドイツでは金融資本主義、日本ではグループ資本主義(group enterprise capitalism)という異なったルートを取り、一様ではなかった。(47)そして経営階層組織の形成は、イギリスではなかなか進展しなかったが、アメリカとドイツでは成功し、日本はいっそう効率的でさえあったと、チャンドラーは言及する。(48)

戦前の日本の管理組織を見ると、持株会社が支配的であり、このHフォームという点は形式的にはイギリスと全く共通している。この点をどう理解したらよいのか、筆者は常々疑問に思っていたが、チャンドラーはカルテルについてある論文の中で"loose cartel"と"tight cartel"を区別していることを知った。(49)アメリカやイギリスのカルテルは「緩やか」であり、結局は不首尾に終ったが、ドイツのカルテルは法の保護もあり、「緊密」であったために管理的調整機能を発揮することができた。(50)ここから一つの類推として、イギリスのHフォームは「緩やか」であるが、日本のHフォームは本社のコントロールが強力であったために、イギリスとは異なり、言わば〝タイトなHフォーム〟と呼ぶことができるのではないか。このように類推すると、イギリスではHフォームの故に近代企業の発展が遅々としていたにもかかわらず、日本では逆に急速かつより効率的に近代企業が発展し、第一次大戦後はイギリス、ドイツよりもアメリカの近代企業(Mフォーム)により近い組織を持ったことが理解できる。(51)換言すれば、日本はHフォームではあったが、本社による子会社への強い統制によって管理的調整の実をあげることができ、また多角化と相まって「第一次大戦までには大財閥はMフォームに類似した組織を発展させていた[52]」という評価も出てくるのである。

6 イギリス資本主義の諸特徴

これまで、イギリス資本主義の市場、戦略、組織を見てきた。その特徴を、次の四点にまとめることができる。

第一に、イギリスは最初の工業国家であると同時に、最初の大量消費社会であった。特に一九世紀にはロンドン、カーディフ、グラスゴー、エディンバラという「黄金の四角形」のなかに一〇〇〇万人以上の人が住む、都市型の「史上最大の稠密な消費市場」が生み出された。「イギリスはまさに最初の都市的な産業国家であったがゆえに、世界最初の消費社会になったのである[53]」。こうした都市型市場では、工業地帯で製造された製品が都市のハイストリートにある様々なチェーンストアや百貨店で販売されるようになった。

第二に、こうした都市市場の消費者志向は決して画一的ではなかったので、商品はある程度のバラエティ、すなわち製品差異化が行われていることが必要であった。その意味で、量産型の標準品（コモディティ）は受け入れられない傾向があった。例えば、自動車にしても、フォードのモデルTがイギリス市場の首位であった時期もあるが、同時にイギリスは、ダイムラー、ロールズ・ロイス、MG、トライアムフ、ジャガー、モーガンなどの個性的な車を生み出し、長く存続させているのである。つまり、アメリカ型の量産型標準品市場と異なり、消費者嗜好の多様性があり、農村型市場に対する都市型市場の特徴を示している。

第三に、イギリスの所得分配はアメリカと比べれば均等ではなく、上層が多くの所得を得ていた。例えば、第一次大戦前にはイギリスでは上位五％の高額所得者の割合は、総所得の四三％に達していたが、プロイセン、デンマーク、ノルウェー、アメリカ合衆国では、二四〜三三％の間であった[54]。

第四に、イギリスは世界のミリタリー・パワーとして登場したことから、軍需が相対的に重要であった。これは直接にはヴィッカーズやアームストロング、ＢＳＡ（Birmingham Small Arms）などの軍需企業、ひいては鉄鋼、機械などの重工業企業を誕生させた[55]。政府が石油のＢＰ（British Petroleum）の前身であるアングロ・パーシャン石油に投資したのも、軍艦の燃料である石油の確保のためであった。

こうした市場の特質を踏まえて、イギリス企業の競争面・組織面における特徴を要約すると、以下の四点が挙げられる。

第一に、イギリスの企業家は競争回避的であった。多数の企業を擁する原子的（atomistic）な産業構造を持っていたが、製品別・地域別の市場構造を持っていたために、全国的かつ同質的な競争は展開されにくかった。むしろ製品別・地域別の製品差異化が行われていることが多かった。これはイギリス市場の消費者・買手の嗜好が多種多様であることに起因する。さらには、イギリスの企業家は長期的取引を好むので、このことも剝き出しの競争を好まず、競争回避的な行動を取る一因であった[56]。したがって、イギリス資本主義を「競争的資本主義」と呼ぶことは適当ではない。

第二に、企業の拡張志向があまり強くないことを指摘できる。これは一つには企業所有者が支配権喪失を恐れるためであり、また家産の保全のためには、むやみな拡張は企業倒産の可能性を高めるので、そうした急激な拡張は回避されがちである。

第三に、経営手法としてアマチュアリズムがある。とくに、企業トップの判断は専門に偏った判断ではなく、全般的な立場からの判断が重要であるとの思考がある。それゆえ、トップの資質としては、専門的知識の多寡よりも、状況に適切・的確に対応できる能力が重視された。したがって大学教育で獲得された専門知識よりも、チームプレイのスポーツで鍛えられたリーダーシップなどの判断力・統率力がより重要と見なされた。これと並んで、ショップフロア・レベルでは、徒弟制を経た叩き上げの人間を尊重し、現場をよく知らない空理空論の持ち主として大学卒業者を好まないか、採用しても軽視する風潮が存在した。

第四に、家族企業の蟠踞《ばんきょ》がある。たしかにイギリスには大企業にも家族企業の例は多い。大企業二五〇社の約半数が、家族企業であると推定される（一九七五年）。このような家族企業的経営がイギリス企業の近代化を妨げた、というのがイギリス資本主義についてのチャンドラーの主要な結論である。筆者の言葉を使って整理するなら、「企業組織が戦略に媒介されながら、管理組織に影響を及ぼす」という連関である。しかし同時に、イギリスの大企業の多くが家族企業ではなく、またある統計によると、家族企業はイギリスよりもアメリカに多いというデータもある。（各国経済に占める家族企業の割合として、イタリア九八％、アメリカ九六％、スイス八七％、イギリス七六％という数値がある。ただし、その数値については、家族企業の基準をどのように定義しているかなど、吟味が必要である）(57)。したがって、このような単純な家族企業論ではイギリス企業の根本問題を説明することはできない。

もっとも、チャンドラーは家族企業をイギリス企業近代化の主要な桎梏として考えているが、それはさらに拡張されて明らかに家族企業ではない卸売生協を含む、言い換えれば、「非階層組織的経営」という意味での個人的経営、個人資本主義への固執へと敷衍される。それゆえ、チャンドラーの場合も、話は単純に家族企業主犯論ではなくなるが、しかしなお個人的経営の中心は家族企業であると言ってよいので、チャンドラーの議論では非家族大企業のケースを十分には説明できない。彼の議論は、家族企業か否かというよりも、経営階層組織を持っていたか否かというように、読み替えることもできる。

非家族企業である大企業の意味でも、イギリス特有の問題を抱えている場合もある。例えば、鉄鋼企業の大手は、早いものでは二〇世紀初頭には、そして戦間期にはほとんどが非家族企業となっていた。しかし、経営環境だけではなく、経営的にはその多くが組織上の問題も災いして、戦間期には大いなる苦境に立っていた。また新産業のＩＣＩやユニリーバも非家族企業であった。自動車企業では家族企業が多かったが、皮肉にもそうした企業の企業者活動は活発であり、好業績をあげていた。たしかに綿工業では比較的家族企業が残存し、また政府の肝煎りでＬＣＣ（ランカシャー・コットン・コーポレーション）のような企業連合体が生まれた後でも、家族企業の連合体的残滓を色濃く持っていたし、集権化、階層組織の構築にも成功したとは言い難い。しかしながら、全体としてはイギリス企業も、特に主要な企業は非家族化していたと言える。

それでは、何がイギリス企業の近代化を阻んだのか、あるいは何がイギリス資本主義に独自の相貌を刻印したのか。端的に言えば、ジェントルマン資本主義（gentlemanly capitalism）がその一番の原因ということになる。ただし、筆者がここで使うジェントルマン資本主義は、ケイン&ホプキンズと同じ意味内容ではない。ケイン&ホプキンズは、ジェントルマン資本主義を、北部の工業経済に対して、南部の土地・金融利害が主たる経済政策の決定者であって、北部の工業資本家はイギリス資本主義の発展にとってマイナーな存在にすぎなかったと結論する。しかし、ヘドリックの『帝国の手先』を見ても分かるように、「北部」が帝国支配の道具を作り出さなかったならば、帝国は決して存在しえなかった。それゆえ、「北部」抜きの帝国はありえず、「北部」の工業地域こそ、帝国の礎となったのである(58)。

それでは、そうした北部の工業企業が抱えていた問題とは何であったのだろうか。それは企業の内部にまで入り込んだジェントルマンとプレイヤーという観念である。ジェントルマン＝アマチュア、プレイヤー＝プロフェッショナルという位置づけで、ジェントルマンの方がはるかに高い社会的評価と地位を与えられ、また企業内部においても最高の意思決定組織である取締役会を壟断し、実務家たるプレイヤーを下位の者として処遇するという階層組織構造の中に、ジェントルマン的資本主義が企業内部において有する矛盾が見られる(59)。これは、日本的感覚すれば奇妙な気もする。日本では、経営者はプロであるべきで、アマチュアでは務まらないと思うのが普通だろうが、アマチュアの方がむしろ大局的見地から判断できるという考えからである。もちろん、こうした考えにも一理はある。

しかし、市場・技術などの経営環境が激変するとき、アマチュア経営者＝ジェントルマンでは、的確な意思決定を行うことは至難であろう。本来、意思決定権を持つべきであるプレイヤーはいわば、二等市民として、なかなか意思決定機構である取締役会のメンバーになることができず、総支配人（general manager）止まりであった。このような組織上の問題こそ、家族企業でなくなって以後も、イギリス企業が抱えていた大きな問題であったのではなかろうか。

このようなジェントルマンの尊重、プレイヤーの軽視という現象は、価値観、組織風土の問題として捉えることができる。ジェントルマンが支配する企業組織は、明らかにイギリスの経営風土から導き出されたものであった。この考えは、さらにプレイヤーの中に、実業家（ビジネスマン、その予備軍としての職員＝ホワイトカラー）と、労働者（ブルーカラー）との分断・対立を派生的に生み出す。学卒のエンジニア（ホワイトカラー）と、現場からの叩き上げ親方（職人＝マスタークラフツマン）との対立・確執。こうした事態は完全に経営者企業化したＩＣＩにおいても存在した[60]。そもそも学卒者を積極的に採用しないことがイギリス企業の弱点とされていたが、逆に多数の学卒者を採用したＩＣＩのような大企業であっても、あるいはそれだからこそ、学卒エンジニアと叩き上げ親方職人との対立が顕在化したのである。

このようなジェントルマン、ホワイトカラー、ブルーカラーは企業の中では、取締役、（幹部）職員、労働者として現れる。ただし、企業経営の上では、社会的にこれら三者が分立していることが問題なのではなく、またビジネスないしビジネスマンが社会的に低い評価を与えられていることが直接の問題なのではなく（レズリー・ハナによれば、一九六〇年代までには反ビジネス的文化は大方イギリスでも消滅し、ビジネスへの評価は高まっていた）、三者の社会的関係が企業内に持ち込まれ、ビジネスマンが実務者としてのビジネスマンではなく、ジェントルマン的ビジネスマンとして存在していたことが問題なのである（企業家のジェントルマン化）。言い換えれば、ビジネスマンが本来のビジネスマンではなく、ネガティブな意味でジェントルマン＝アマチュア的傾向があること、すなわち実務能力があまりない人物が要職を占めている状況が問題なのである。

このようなジェントルマン支配的企業組織は、第二次大戦後、大きな変容を経験していることは確かであるが、それが機関投資家資本主義（アメリカ化の一例と見なせる）と絡んで、どの程度変貌を遂げたのかについては、なお検討の余地を残している[61]。

第7章　日本型企業システムとチャンドラー・モデル

チャンドラー・モデルは、アメリカの現実を背景に形成されたものである。当然、それは色濃くアメリカの歴史的特質を反映している。だとすれば、それは日本の状況によくマッチするのだろうか。マッチするとすれば、アメリカの特質と日本のそれは近似しているのだろうか。逆に、チャンドラー・モデルが日本の現実によくフィットしない場合、それは日本の状況を説明するのに有効ではないのだろうか。あるいは、アメリカと対照的であるがゆえに、逆に日本の独自性を浮き上がらせるのに好適なモデルなのだろうか。

チャンドラー・モデルは日本によく適合するのか、そうでないのかという議論が十数年以上も前から経営史学会でたびたび行われてきた。これは、よく当てはまるならばチャンドラー・モデルは日本でも有効であるという考えである。すなわち普遍的モデル論である。しかし、当てはまらないならば、それはアメリカモデルであり、別の日本モデルを考えねばならないという主張につながる。

しかし、別の観点もありうる。それは、チャンドラー・モデルをアメリカの史実に基づいて構成されたモデルでありながらも、世界における経営発展の一つの普遍的仮説(ウェーバー風に言えば、理念型)として見なす考え方である。一つの普遍的仮説に過ぎないという視角からは、ネットワークの形成を基に作られたモデルもまた別の有力な仮説となりうる。すなわち、チャンドラー・モデルも、説得力を有する、いくつか存在するモデルの一つに過ぎないとする見解である。筆者は、チャンドラー・モデルは一つの普遍的仮説であるとする見方をとる。それは、日本の状況をもかなりの程度よく説明すると考えている。またヨーロッパでも然りである。しかし別の角度から、ネットワーク・モデルという視角で見れば、異なった構図も描けるのである。

チャンドラー・モデルについての議論は、アメリカを除けば、ヨーロッパ諸国と比べて、日本ではかなり活発である(1)。それは、日本人研究者の日米比較、ひいては東洋対西洋という問題関心からなのか、あるいは日本の企業システムとアメリカの企業システムとの実際的親和性からなのか。かくいう私もチャンドラー・モデルについて、いくたびか論じてきた(2)。だが筆者の問題関心は、チャンドラー・モデルがアメリカのモデルに過ぎないとか、日本にどのくらいよくフィットするのかといった問題意識ではない。世界の経営発展をどの程度説得力を持って普遍的に説明しうる仮説であるのかという関心からであった。こうした視点から、日本型企業システムのチャンドラー・モデルにおける位置づけを行おうとするのが本章の目的である。

1　チャンドラー・モデルとは何か

チャンドラー・モデルは、通俗的に言えば、一九世紀末のアメリカにおいて全国的統合市場が成立し、それに対応した垂直統合戦略が志向され、その実行のために集権的職能別組織（Uフォーム）が形成された。さらに二〇世紀前半（特に一九二〇年代）には、市場の細分化や新市場が誕生し、多角化戦略の策定、それを効率的に実行するための組織としての事業部制（Mフォーム）が生み出された。黄金律としての多角化戦略と事業部制の採用である（「組織は戦略に従う」）。また、このような戦略と管理組織（management structure）の因果関係と平行して、企業組織（corporate structure）としての企業者企業や経営者企業が誕生した。経営と所有の分離による専門経営者層および経営階層組織（managerial hierarchy）の確立である。

しかし、このように理解されるチャンドラー・モデルも、その力点は微妙に変化している。規模の経済、統合の経済に基づく戦略と組織の対応関係、経営階層組織の強調（『経営戦略と組織』および『経営者の時代』）から（「初期チャンドラー・モデル」）、一九九〇年の『スケール・アンド・スコープ』では、「組織能力」が強調されている。特に一九九二年の論文では、新古典派経済学やエージェンシー理論にネガティブな評価を下し、また取引コスト理論にも一定程度の批判を示し、結局、ネルソン&ウィンターの組織進化論に賛意を示している。その結果は「組織能力」の重視である（「後期チャンドラー・モデル」）。

また範囲の経済の重視も、「動態的範囲の経済」（dynamic economy of scope）として、R&Dを含んだ範囲の経済を重視するようになった。以上のように、チャンドラーモデルもその強調点は微妙に変化してきているのである。(3)

2　チャンドラー・モデルにおける国際比較

以上のようなアメリカベースのモデルを構築したチャンドラーにとって、国際比較はどのような意味を持っているのだろうか。チャンドラーによる国際比較の論文としては、一九七五年論文が嚆矢であろうか。その後、いくつかの論文を発表しており、また国際比較の大著としては先の『スケール・アンド・スコープ』がある。しかし、この著作ではアメリカ、イギリス、ドイツの三カ国に対象が絞られており、日本への言及は少ない。そこで、以前の論文も手がかりにチャンドラーが、日本や諸外国をどのように捉えていたかを幾分なりとも明らかにしよう。

チャンドラー・モデルは、経営発展の普遍的な理論として、世界の経営システムは経営者資本主義に、それに達するルートや現実の諸相は異なるとはいえ、収斂していくというのが基本テーゼである。

チャンドラーによれば、近代大企業は、アメリカ、ドイツにおいては第一次大戦前に成立したが、イギリスにおいては一九二〇年代および一九三〇年代に、フランスでは第二次大戦後に常態となった。だがその形態はアメリカがU

フォーム、ドイツがカルテル、イギリスが「緩やかなHフォーム」(loose holding company)、フランスが「資金的に結合された産業グループ」とそれぞれの国で異なっていた。別の視角からすれば、経営者資本主義への道は、アメリカでは垂直統合による急激な変化であったのに対し、イギリスでは家族資本主義が尾を引いたために漸進的変化、ドイツでは金融資本主義、日本では「グループ資本主義」(group enterprise capitalism)という異なったルートを取り、一様ではなかった。さらに経営階層組織の形成は、イギリスではなかなか進展しなかったが、アメリカやドイツでは成功し、日本ではより効率的であったとさえ、チャンドラーは述べる。日本はチャンドラー・モデルの中で、優等生なのである。(4)

以上の主張は、主に第二次大戦前の状況を念頭においているが、チャンドラーにとっては、市場による調整(coordination through market)よりも管理的調整(administrative coordination)が重要である。ドイツでは、カルテルは英米風のルースなカルテルではなく、タイトなカルテルが存在し、それが実質的な管理的調整を担った。日本のシステムを解釈する場合に、チャンドラーは戦前の財閥を効率的とみなしている。その根拠をチャンドラーが来日した折に筆者が直接質問する機会があった。日本の財閥を英米のルース(緩やか)なHフォームとは異なり、タイトなHフォームであるとすることはどうであろうかと聞いたところ、「それは良いアイデアだ」との答えを得た(一九八五年一月の京都において)。つまり、チャンドラーにとって、企業の存在形態よりは、企業間も含めた管理的調整(見える手)が、市場による調整(見えざる手)に取って代わっていくことが近代資本主義の精髄なのである。ただし、以上の国際比較においてイタリアが抜けていることが、後述のピオーリ&セイブル、ザイトリンなどによるSMEネットワーク論も視野に入れると、問題を残すことになった。(5)

3　日本型企業システムとチャンドラー・モデル

それでは、通常言われている日本型企業システムとチャンドラー・モデルはどのような位置関係にあるのだろうか。この問題を考える場合、チャンドラー・モデルも微妙に変化していること、また日本型経営システムも大いなる変化を遂げていること、さらにアメリカ資本主義も変貌してきていることに留意する必要がある。戦前期のシステムと比べれば、一九五〇年代から形成され、一九八〇年代に確立し、一九九〇年代に大いなる変容を経験した日本型企業システムは、別物と言ってもよいほどである。またアメリカ資本主義も一九五〇年代と一九八〇年代では大きく異なる。そのような歴史的変遷を念頭に入れた上で、チャンドラー・モデルとの関係を探ろう。

チャンドラー・モデルは、市場、戦略、管理組織（例えばMフォーム）、企業組織（たとえば経営者企業）の四側面で構成されている。よく言われる批判に、チャンドラー・モデルには、労務管理（労働市場）、財務管理（資本市場）が抜け落ちている、あるいはブラックボックス化しているとの批判がある。たしかに若干の言及はあるものの、労務管理、財務管理に関してチャンドラーはほとんど触れていない(6)。わずかに、経営者企業の成立に伴い、雇用が長期化する傾向があったこと（内部労働市場の成立）、また専門経営者が実権を握るに従い、J・P・モルガンやドイツ銀行などの外部の金融資本から独立する傾向があったこと（金融資本の弱体化による内部資本市場の成立）が指摘されている(7)。だが、ミドルやロワーの管理者、ランク&ファイルの従業員の管理問題は本格的には扱っていない。また、最近の機関投資家の台頭や資本市場の変化についても若干の言及があるとはいえ、きわめて不十分である(8)。

ところが、いわゆる日本型企業システム（主に一九八〇年代までの古典的日本型企業システム）は、人事労務管理の面にその最大の特徴がある。また資本・金融市場の面では、メインバンクシステムが最大の特徴であった。すなわち、チャンドラー・モデルと日本型企業システムは、その特徴的な側面を異にしているのである。しかし、もちろん接点はある。

企業内に目を向ければ、いわゆる日本型経営の三種の神器として、年功制（賃金と昇進）、終身雇用（長期安定雇用）、企業別組合がある。内部労働市場論からの視角によれば、三番目の企業別組合を除き、日本の企業システムこそ、年功制、長期雇用において世界の最先端を行くものであった。また現実のアメリカの労働実態（一九八〇年代まで）は、日米で程度は大きく違うとはいえ、年功制や長期安定雇用がかなり実現していたと言える（かつてのGM、IBM、GE、J・P・モルガンなど）。その意味で、チャンドラーは日本の人事労務管理のあり方に特に違和感を感じなかったのではなかろうか。(9) 今日のアメリカ資本主義の労働市場と、一九五〇年代に頂点を迎えた古き時代のアメリカ資本主義の労働市場（チャンドラー・モデルが最もよく当てはまる時期）は非常に異なるのである。

また、日本型企業システムの生産管理におけるジョブ・ローテーション（多能工の形成）はたしかに日米で大きく異なる点である。QCサークル（全員参加型経営）、ボトムアップ型意思決定も日米間の相違点であるが、チャンドラーはこれらの点に関して特には言及していないようである。また今一つの点、狭い範囲の多角化も日本型企業システムの特徴であり、これに対し、幅広いレベルでの多角化がアメリカ企業の特徴である。だが、後者はM&Aによるコングロマリットの形成につながり、自社内への三叉投資（three pronged investment）や本業関連型投資を重視するチャンドラーは、投資戦略の面で日本を評価し、アメリカ企業に批判的である。この点でもアメリカ企業より日本企業の方がチャンドラー流の管理的調整のロジックに忠実なのであり、それがアメリカ企業の衰退、日本企業の隆盛につながったとする。(10)

チャンドラー・モデルの重要なマイルストーンである経営者企業の成立に関しては、アメリカでは経営と所有の分離、それに基づく専門経営者層の登場は緩やかであったのに対し、日本では、番頭経営や婿養子による家業の維持などの伝統的な要因も寄与したが、直接には財閥解体によるオーナー経営者の追放により、世界で最も徹底した経営者資本主義が誕生することになった。イギリスでは家族企業の伝統が強く残り、またドイツやフランスも言うに及ばず、アメリカと比べても日本の経営と所有の分離の強さはつとに指摘されるところである。その結果、学卒者を中心とした内部昇進の専門経営者層が登場した。日本はこの点でもチャンドラー・モデルに最も適合的なのである。

他方で、企業間・企業外に目を向ければ、アメリカのMフォームに対し、ケイレツ（グループ）が日本の顕著な特徴とされる。系列には、水平型と垂直型の二類型があるが、垂直型（縦）のケイレツは、チャンドラーモデルの首石でもあるMフォームと対照的な形態とされる。「メイク・オア・バイ」（内製か購入か）の問題がしばしば論じられるが、しかし、トヨタグループなどの縦のケイレツで購買される率も「実質内製率」とすれば、チャンドラーモデルにとって縦のケイレツも管理的調整の一部とみなすことができる。したがって、縦のケイレツとMフォームとの間には、見かけほどの相違はないということになる(11)。

三井グループ、三菱グループ、住友グループなどの水平型系列に関しては、日本でも活発な議論が展開されてきた。戦前期の財閥に関しては、タイトなHフォームということで解釈できるが、戦後の企業グループに関しては、日本の顕著な特徴として、また group enterprise capitalism の象徴として、研究者の耳目を集めてきた。企業グループが本当に日本企業の良好なパフォーマンスの源泉であったのか否かに関しては、一九八〇年代からも議論の的であったが、一九九〇年代に入り、実質的に六グループが三グループになり、しかも三井と住友が融合の道を歩むにつれ、横の企業集団が日本の大いなる特徴であるかどうかも疑わしくなってきた。

水平型のケイレツと類似の現象として、メインバンク制度が挙げられる。チャンドラー・モデルにおいて、金融は十分な分析の対象となっていないのは、先に述べたとおりである。投資銀行などによる証券市場の発達、短期信用に特化した商業銀行などによってファイナンスされてきたアメリカ金融市場の特質と比較して、日本が証券などの資本市場でなく、銀行融資などの貨幣市場を基盤としてきたことが、どのようなメリット・ディメリットを持っていたのかは、定かではない。ただし一九九〇年代に入って、メインバンク制度が実質的に解体過程に入っていることから、著しい特徴とされてきた有力銀行との取引による社会的プレスティッジの獲得や破産回避の機能が弱まっていることを考慮すれば、日本型企業システムの顕著な特徴ではなくなりつつあると言える。銀行との関係は短期信用だけではなく、時に実質的な長期信用も与える単純な存在となりつつある（いわゆるメインバンクから単純なプライマリーバンクへ）。ただし元来、チャンドラー・モデルにあっては、資本・金融部面の分析枠自体が十分ではないのであり、両者の関係を云々すること自体が的外れと言ってよい。この点は、リチャード・サイラも述べるように[12]チャンドラー・モデルの大きな弱点と言えるであろう。

チャンドラーモデルの中で、近年一番問題となっているのが、独立した水平ネットワークである。日本でも一九八〇年代に、日本型企業システムにおいてその良好なパフォーマンスをもたらす有力な要因が、大田区、東大阪などの地域ネットワークであるという主張が出てきた。日本でも、大田区や東大阪が「発見された」のである[13]。一九八〇年代に大田区が「発見された」のと時を同じくして、ピオーリ&セイブル、ザイトリン、スクラントンなどによって、地域ネットワークの重要性が主張されるようになった[14]。特に、「第三のイタリア」、ドイツのノルトライン・ウェストファーレン、ビュルテンブルク、イギリスのケンブリッジ、カリフォルニアのシリコン・バレー、ボストンのルート一二八、ノースキャロライナのリサーチ・トライアングル、テキサスのオースティン、ダラスなどの地域である。

こうした地域では、後に巨大企業となったベンチャー・ビジネス（スタートアップ企業）もあったが、新興の創意あふれる企業家が相互に切磋琢磨し、地域ネットワークの利益（外部経済）を享受し、それぞれの国民経済発展の原動力となったとする。さらに第二次産業革命の時代から、こうしたSMEネットワーク（Nフォーム）は、ビッグビジネスと同様に、あるいはそれ以上に重要であったと主張する者もいる[15]。

チャンドラーの主要な関心事はきわめて明快で、なぜビッグビジネスが一九世紀末に現れ、それが経済発展の原動力となり、今日まで続いているか、ということであった。彼の視野にはSMEやそのネットワークは入っていないのである。だが、インテル、マイクロソフト、グーグル、デルなどの新興企業がアメリカ経済の中心を形作る中で、それを十分に論じるフレイムワークを持たないチャンドラー・モデルの評価が下がるのは当然である。チャンドラー本人は依然として、マイクロソフト、インテル、デルなどは三叉投資を行い、大企業になり得たから存続発展しているのであり、決してチャンドラー・モデルの例外ではなく、まさにモデルの正しさを証明しているものとする。[16]だが、この点に関するチャンドラーの反論は人を十分納得させるものとはなっていない。

以上のように考えてくると、チャンドラー・モデルは、重厚長大という言葉によって特徴づけられる第二次産業革命にフィットしていたモデルであり、軽薄短小という言葉によって特徴づけられる第三次産業革命（エレクトロニクス革命）にはあまり適合しない、という結論が導かれる。日本型企業システムは、基本的には第二次産業革命における延長戦のなかで、その特異性、卓越性を発揮したのであり、その意味でチャンドラー・モデルの最優等生であった。だが、第三次産業革命への移行の中で、落第生として烙印されていたアメリカ企業が、SMEネットワークを活用することによって一九九〇年代に復活を遂げると、チャンドラー・モデルの優等生であった日本企業は、技術および市場環境に不適合となり、一転、落第生へと転落したのであった。

4　残された日本型企業システムの特徴

上述した特徴の他に、なお二つの特徴に言及しておく必要がある。その一つは、日本株式会社として揶揄されていた日本企業と政府の関係である。産業政策、通商政策、独占禁止法などの分野で、日本企業と政府との関係は密接であった。だが、チャンドラーにとって、政府は所詮、発展の原動力とはなりえず、企業のみが究極の動因であり、政府はそれを歪めたり、促進したり、妨げたりする要因に過ぎなかった。チャンドラーにとって、政府・企業関係はあまり興味のないテーマであった。日本に強い関心を持っていたチャンドラーがチャーマーズ・ジョンソンの『通産省と日本の奇跡』に言及していた記憶がない。また、筆者の産業政策の研究から得た結論では、政府の産業政策は、それが企業間の競争に対して促進的であった場合に成功し、競争抑止的であった場合には失敗した。[17]その意味で、日本の重要な特徴であった産業政策の当否もチャンドラー・モデルの有効性を損なうものではない。

ただしチャンドラーは、独占禁止法には企業の発展パターンに直接影響したものとして積極的に言及している。独禁法は企業の成長に大きな足枷となるとともに、逆に厳しい独禁法がカルテルや持株会社ではなく、本来の大企業発展の基本ルートであり、また収斂のある時代の終着点（end point）でもあるMフォームを促進した効果もあった（チャンドラー・パラドクス）。チャンドラーは最終的にはともかく、さしあたりMフォームが世界を制覇すると考えていたので、それが収斂の当面のエンドポイントであった[18]。アメリカでMフォームがいち早く本格的に採用されたのは、ある意味で独禁法のお陰であり、独禁法が存在しなかったイギリスでは持株会社やカルテルが盛んとなり、ドイツではカルテル裁判所による応援までついた。

今一つの日本型企業システムの特徴は、企業への忠誠心に代表される日本の経営文化であろう。日本型企業システムの様々な制度的装置（ハードウェア）に加えて、否、そうしたハードウェアは、滅私奉社、会社主義、恩顧（会社の碌を食んでいる）などの意識によって支えられていなければ、機能することはできなかったはずである[19]。ソフトウェアとしての経営文化は、長期雇用、ゆっくりした昇進や長時間勤務の許容、職場や仲間への責任意識、「企業は社会の公器」といった感覚を醸成し、正規社員としての意識を作り上げる（安部『文化と営利』の日本の章参照）。その反対の極には、かつて臨時工、社外工と呼ばれ、今日では非正規社員として、派遣、期間工、構内請負、一人請負、パート社員などの増大といった歪みを生じている。このような仕事観、勤労意識の国際比較は、遠くチャンドラー・モデルの埒外にあり、だがそれ自体が探求されるべき重要な課題となっている。

5　チャンドラー・モデルにおける日本の位置

チャンドラー・モデルにとって、日本型企業システムの位置はどのようなものだろうか。

すでに述べたように、日本企業、したがって日本型企業システムは、チャンドラー・モデルの優等生であった。チャンドラー・モデルのロジックに忠実な生徒として、日本企業はチャンドラーから高い評価を与えられていた。だが、モデル自体の枠組みから労務、財務、政府、経営文化などが捨象され、それがモデル自体の不完全さを際立たせ、日本型企業システムとチャンドラー・モデルのある面でのすれ違いを惹き起こしていた。さらにまた、モデルが時代を超越するということはありえず、エレクトロニクス革命の進展により、技術および市場環境が大幅に変わり、モデル自体の妥当性が大幅に減少した。ただし鄙見では、有効性が完全に消滅したのではなく、SMEネットワークとビッグビジネスとの共存関係が今後ますます進展するであろう。縦のケイレツは独立型というわけではないが、ある種のビッグビジネスとSMEネットワークの結合とも言える。

一九七〇年代から一九八〇年代にかけて、チャンドラー・モデルの優等生であった日本企業およびそのシステムは、一九九〇年代にその地位を凋落させた。そして日米、攻守所を代えることとなったが、その解釈はなお今後の展開による。チャンドラー最後の論文となった二〇〇六年の論文を見ると、チャンドラー・モデルの優等生であったソニーのCEOが、英米系のストリンガーなる者に交代したことはチャンドラーにとって驚きであったようである[20]。しかし、一九九〇年代から二〇〇〇年代のドラスティックな変化は、多くの者の想像の域を超え、それはチャンドラーとて例外ではなかった。

しかし、チャンドラーが日本に関心を持っていた理由の一つは、国際比較に対する強い関心からであった。アメリカ人研究者はともすれば、アメリカだけで世界が完結していると考える傾向があるが、グローバリゼーションがアメリカナイゼーションだけを意味するのではなく、世界的な同質化と平行して、それが逆に各国の独自性を際立たせるものとして存在していることは明らかであり、MフォームとNフォームの並存としてのさしあたりのエンドポイントが日本型企業システムの将来を暗示しているのかもしれない。

第8章　チャンドラー・モデルの意義と限界——チャンドラー・モデルは時代遅れか

「大企業の時代」が崩壊し、SME（small-and medium-sized enterprise）が持て囃され、それと関連して、ベンチャーキャピタルが脚光を浴び、またSMEの集合体としてのネットワークが注目を浴びている。イタリアのコモ湖周辺地域や、わが国の大田区、東大阪市などの地域、またシリコン・バレーやボストン近郊、イギリスのケンブリッジ地区、台湾の新竹など、「第二の産業分水嶺」が話題に上ることも多い。

一九世紀末から二〇世紀初頭に誕生した「大企業体制」は、その歴史的使命を終えたのであろうか。大企業体制の歴史的成立過程を解き明かしたチャンドラー・モデルは、時代遅れとなったのであろうか。たしかに、大企業は「大企業病」と揶揄されるように、多くの問題点を抱えている。しかし、他面では、自動車、製薬、鉄鋼、化学などのように、企業合併を通じて、企業はますます大型化していく傾向もある。

このような事態を、歴史的・理論的枠組みに照らしてどのように解釈できるのか。本章は、この問題を、大企業成立史を解明した、最も有力な理論であるチャンドラー・モデルの検討を通して、明らかにしようとするものである。(1)

1　経営戦略・管理論史としてのチャンドラー・モデル

改めて述べるまでもなく、チャンドラーが第二次大戦後の経営史学に与えた影響は、計り知れない。また経営史だけではなく、経営学にも大きな影響を与えてきた。極論すれば、経営史家で、経営史を越えて広く引用・言及される研究者は、チャンドラー以外あまり思い浮かばないというのも残念な気がするほどである。彼の理論、それをチャンドラー・モデルと名づけるならば、それは次のような内容を持っている。(2)

【A】企業は、個人企業から企業者企業、そして経営者企業へと進化してきた。これを筆者は、〈企業組織の類型〉と呼んでいる。企業組織の類型は、企業が個人によって所有され、経営される個人企業から、企業家が所有し、長期の意思決定を行う企業者企業を経て、「経営者革命」が成立し、専門経営者による経営者企業へと発展して行く歴史的進展過程の説明である。と同時に、現在でももちろん、この三種類の組織類型が併存している。

【B】企業は、一事業単位しか有しないシングル・ユニット企業から、あるいは一職能しか有しないSフォームから、多事業単位・多職能を有するUフォーム（集権的職能別組織）へ、そして多製品・多職能・多事業単位を有するMフォーム（事業部制）へと発展してきた。これを〈管理組織の類型〉と呼ぶことができる。ただし、これも歴史的過程をたどるだけではなく現在でも三類型が併存している。また、この組織類型は経営戦略と深い関わりを持ち、垂直統合戦略はUフォームを必然化し、多角化戦略はMフォームを生み出した。有名な「組織は戦略にしたがう」という命題である。

結局、チャンドラーは、経営者企業やMフォームの成立史を描いたわけで、彼の「見える手」は、アダム・スミスの「見えざる手」＝「市場」に対するアンチテーゼであり、「組織」、正確に言えば、大企業組織が経済活動の枢要を担うという考え方である。

「市場」対「組織」という二分法的見解は、第二次大戦後のアメリカ経済にきわめて適合的であり、また若干の異なった経路を経つつも、イギリス、ドイツ、フランス、日本などでも同様の収斂傾向が見られた。それゆえ、チャンドラーの理論は、国際的な収斂理論として、アメリカだけではなく国際的にも高い評価が与えられた。

また今一つの彼の特徴は、個別企業史ではなく、それらを一般化した総合的な機能史という点である。もっとも、機能史といっても、企業のすべての側面を分析するのではなく、主として戦略と組織に焦点を定め、人事・労務や財務などは比較的軽く扱われている。人事・労務および財務は、その基本的な位置づけを与えられてはいるが、それ自体としては分析されていない。いわば、ブラックボックス的に扱われている。だが、これを理論的不十分さ・欠陥と見るのは妥当ではない。人事・労務や財務にも内部化理論によって基本的な位置づけを与えることにより、専門経営者の制覇という首尾一貫した理論的・歴史的解釈を与えたからである。

経営資源には、ヒト、モノ、カネの三要素があるが、モノは、規模の経済を通じて、また統合や多角化を通じて、企業の内部に合体される。また、ヒトは雇用の長期化を通じて、企業の内部に結合される。チャンドラーは、実際、労働市場が流動的であると思われているアメリカでも、二〇世紀には雇用が長期化したと考えている。いわゆる企業特有性（カンパニー・スペシフィシティ）に基づいた「内部労働市場」の成立である。またカネの面でも、経営者企業においては、投資銀行などの金融資本から相対的に独立し、豊富な内部資金によって自立性を獲得したと考えている（内部資本市場の成立）。

もちろん、このような考えは、一九八〇年代以降の脱統合の進展、労働市場の流動化、第二次大戦後の機関投資家の成長によって、大きな挑戦を受けていることは言うまでもない。

しかし、個別企業史を、戦略と組織を中心とした企業発展の一般史・総合史へと転換させたチャンドラーの意義は、きわめて大きいと言える。

また理論的には、コース＝ウィリアムソン流の内部組織の経済学を基礎に、内部化理論の歴史的実証を行なったこと、また『経営戦略と組織』によって、アンゾフなどの経営戦略論への出発点を構築したことが、学界への大きな貢献である。[3] 換言すれば、理論と歴史との大胆な架橋を行ったことが、時に経済学者、経営学者とも呼ばれる経営史家チャンドラーの最大の業績ではなかろうか。

2　企業家の消失

しかし、第二次大戦後の労働市場の流動化、機関投資家の登場といった、チャンドラーが想定していなかったような現象を別にしても、彼のモデルは次のような限界を有していた。

チャンドラーは自らの理論を経営管理論史として位置づけ、シュンペーターなどの企業家史とは区別している。彼の分析は、企業の管理組織の歴史であり、そこではやや無機質的な管理や組織の変遷が説明されている。彼自身も認めているように、英雄的サーガ（冒険談）は消えて、その意味で、ヒトよりも組織に分析の重点がシフトしている。例えば、有名な事業部制の導入を行なったデュポンにおいても、ピエール・デュポンがどれほど強力なリーダーシップを発揮したのかどうかは今一つはっきりしない。というより、チャンドラーの関心は、ピエール・デュポンがどのような活動をしたのかというよりは、デュポンが多角化から事業部制を作り出す過程そのものが関心事であった。

また彼の著作では概して、一九世紀的なカーネギーやロックフェラー、あるいは二〇世紀の英雄的企業家であるヘンリー・フォードやデュラントの活動それ自体よりも、調整能力を特徴とするGMのアルフレッド・スローンに焦点を当て、彼の戦略やGMにおける組織の変革に主眼を置いている。

しかし、一九八〇年代以降、次に取り上げるベンチャー・ビジネスの評価とも絡んで、組織よりはむしろヒトにこの二十年間は研究の焦点が当てられ、リーダーシップやアントルプルヌールシップ（企業家精神、企業家職能、企業家活動などと訳されるが、その総合と考えるべきである）が問題とされてきた。チャンドラーの経営者像は、組織の中で生きる「オーガニゼーション・マン」であり、GMのスローンが典型であった。だが、一九八〇年代はマイクロソフトのビル・ゲイツなど、従来の専門経営者ではなく、企業家が再び脚光を浴びている。(4)

また経営者企業においても、例えばGEでは、ジャック・ウェルチが果断なリーダーシップを発揮し、従来のスローンをはじめとするオーガニゼーション・マンとは異なるリーダー像を示している。ビル・ゲイツのアントルプルヌールシップや、ジャック・ウェルチのリーダーシップが時代の要請となっているのである。一九世紀的な企業家の再現とも思われるこの現象は、ヒトから組織へ、そしてまたヒトへ、という転換を示しているのではなかろうか。(5)

チャンドラー・モデルにおいては、経営者企業の中核を占める「専門経営者」がキー・コンセプトであったが、ビル・ゲイツをはじめとする「企業家」の輩出は、チャンドラー的な組織人の限界を鋭く指摘するものであった。チャンドラーは、企業者資本主義から経営者資本主義への移行になぞらえて、アントルプルヌールシップという言葉に代えて、マネジャーシップ（経営者精神）の使用を提唱したことがあったが、現在はむしろアントルプルヌールシップの重要性が再認識される時代となったのである。

3　不沈戦艦としての大企業体制の動揺

しかし、チャンドラー・モデルが抱えた最大の問題は、大企業でなければ、生産・流通・組織への「三つ又投資」(three pronged investment)を行なうことはできず、したがって存続し、成長しつづけることはできないという点にある。たしかに、二〇世紀初めに確立した大企業体制は、大手一〇〇社ランキングを見ても、一九七〇年代まであまり変化が見られなかった。だが、一九八〇年代以降、企業合併による変動、またハイテクベンチャーの台頭により、一〇〇社ランキング、ひいては大企業体制に激変が訪れた。それまで若干の入れ替わりはあったものの、大手企業は概して静態的・安定的であった。それまでランキングが大きく変動するということはなかった。

しかしながら、ここ三〇年間、とりわけ一九九〇年代の上位ランキングの変化は激しい。これまでの伝統企業が軒並み名前を消し、むしろ生き残ったGE、デュポンなどが珍しいほどである。（現在は、デュポンはダウ・ケミカルと合併してダウ・デュポンとなり、GEはダウ・ジョーンズの指定銘柄から外れた。）

特に研究開発に目を向けると、従来、大企業でなければ、巨大化した研究開発投資を賄えないと考えられたが、ベンチャー・ビジネス論では、たとえ中小規模の企業（SME）であっても、特定分野にその投資の主力を振り向ければ、大企業に決して引けを取るものではないと考えられている。また、SMEでは、その事業に社運を賭けることになるので必死であり、また大企業組織ではないので、意思決定が早く小回りが効くという利点がある。現在では、経営環境の変化により、規模の経済、統合の経済、範囲の経済よりもスピードが重要となっており、SMEはこうしたスピード面での優位を持っていると言ってよい。

さらにこうした意思決定の迅速化は、IT革命と連動して、ますます大企業の必要性を減じている。ファヨール的な範囲の原則、階層化の原則は、社内メールの活用、組織のフラット化、スリム化によってある程度克服され、組織の細分化である社内ベンチャー（イントラプルヌール）の創出などによって、大企業病克服の可能性が与えられている。

こうしたベンチャーの台頭による大企業体制への打撃は範囲の経済にも及び、「総合」企業から「専業」企業への競争優位の変動をもたらした。

もう一つの大きな変化は、ピオーリ&セイブルの『第二の産業分水嶺』によって示された産業集積の考えであり、たとえ大企業でなくとも、地域的な集中・分業を通じて、フェイス・トゥ・フェイスまたはITによって、ニッチ市場や多種多様な市場において強い競争力を持ちうるという考えである（連結の経済）。さらに国際的にも、グローバル・ニッチ・トップ（GNT）として活躍する企業が増加している。

こうして、大企業それ自体の持つ規模の不経済、統合の不経済、範囲の不経済に代わって、またSMEの持つスピード、集中投資によって、さらにまた水平分業に基づく産業集積（industrial agglomeration）の利点によって、大企業体制は大きく揺らぐことになった。

しかし他方で、自動車産業や製薬産業では大型合併が相次いでおり、これはベンチャービジネス台頭論とどのような整合性を持つのだろうか。また、水平分業を基礎とする産業集積に対して、大企業主導型の垂直分業は完全に意味を失ったのだろうか。必ずしもそうは言えないであろう。こうした状況を見ると、現代は、チャンドラーが描く大企業体制が変化しつつも、SMEと大企業体制が拮抗する状況になっていると言えるのではないだろうか。

4　大企業体制の次の体制は何か――チャンドラー・モデルとポスト・チャンドラー・モデル

ポスト・チャンドラー・モデルを考える前に、チャンドラー・モデルの要点を再確認し、あわせて、チャンドラー・モデルの次の組織モデルはどのようなものかを考察してみよう。

ポスト・チャンドラー・モデル（表8-1）が示しているように、アメリカの経営発展は以下のように、四つの段階に区分できる。

第一の時期は「専業化」が中心であった一九世紀初頭から中葉にかけての時期である。第二の時期は、「規模と統合の経済」によって企業が拡大した一九世紀後半から二〇世紀初頭にかけての時期である。第三の時期は、「多角化」が拡大していった両大戦間期から第二次大戦後一九七〇年代までの時期である。第四の時期は、一九八〇年代以降、「焦点化＝選択と集中」が時代の流れとなった時期である。

以上の時期は、主に経営戦略によって区分されているが、そうした戦略を推進する経済原理、人的要素、組織、技

表8－1　ポスト・チャンドラー・モデルⅠ

	19世紀前半	19世紀後半	両大戦間期	1980年代
戦　略	専業化	規模と統合	多角化	焦点化（選択と集中）
推進原理	分　業	規模の経済・統合の経済	範囲の経済	連結の経済＋…
人的要素	血縁・地縁ネットワーク	英雄的企業家＋組織	組　織	英雄的企業家＋…
組　織	S-form	U-form	M-form	ベンチャービジネス＋…
技術革命	鉄，機械，蒸気力	鋼，内燃機関，化学，電機	半導体・メインフレーム；	パソコン
インフラ	鉄　道	電信，電話，自動車	航空機	インターネット

出所：筆者作成。

術、インフラなども、各時代にそれぞれ照応した変化を見せている。また、このような戦略などの変化は、基本的には市場の変動によって引き起こされたと言ってよい。

以下では、それぞれの時期について解説していく。

一九世紀前半

一九世紀前半のアメリカにおける「産業革命」の時代に、「よろずや」的経営、別言すれば、綿業、製鉄業、鉄加工業、機械、鉄道、銀行、海運などの諸業種にわたって経営を行なっていたボーデン家（アメリカ北東部）のような「地方財閥」は、専業化の流れに飲み込まれていき、徐々に解体していった。また、貿易、海運、金融など種々の事業を行っていたブラウン家（プロヴィデンス）のようなジェネラル・マーチャントも解体していった。いわば、ジェネラル・アントルプルヌールが消滅していった時代である。[6]

この事実は、専業化の方が、「総合的に」経営するよりも、取引コスト――生産コスト、流通コスト、情報コスト、危険コストを合わせた総称――が小さかったことを意味していた。[7] そこで、専業化が時代の流れになった。専業化は、言い換えれば、「社会的分業」であって、アダム・スミスの原子論的な市場経済の世界である（「スミス的成長」）。

企業を構成する人的要素は、ゲゼルシャフト的要素よりは、ゲマインシャフト的関係、すなわち血縁関係、次いで地縁ネットワークが一般的であった。その点で、ファミリー・ビジネス的でもあった（企業組織としては、「個人企業」段階）。

こうした地方財閥やジェネラル・マーチャントは、企業の集合体を捉えれば複数事業単位組織であったが、管理組織として個々の事業をとってみれば単一事業単位組織（＝

Sフォーム）であった。この点に関連して、チャンドラーが旧ソ連の企業組織を単一事業単位（シングル・ユニット）と断じているのは興味深い。彼はこのことを断片的に述べているだけで詳細には論じていないのだが、筆者流に解釈すれば、チャンドラーは巨大組織が効率的な経営の前提でもあり、また結果でもあると考えているが、旧ソ連の組織は見掛けは巨大でも、それらは効率的に統合されておらず、結局、シングル・ユニットに留まっていると判断しているように思われる。

一九世紀前半の技術革新は、言うまでもなく「鉄、機械、蒸気力」であり、その集約的創造物が鉄道であった。またインフラにおける一大革新の原動力が鉄道であり、それが経営発展を促したことも明らかである（ロバート・フォーゲルの、アメリカの経済成長において、鉄道は重要ではなかったという結論は誤っていると思う。本書序章参照）。

一九世紀末から二〇世紀初頭

第二の時期である一九世紀後半から二〇世紀初頭にかけての時期は、一九世紀前半の専業化の流れと様変わりして、大規模化戦略・統合戦略が中心となった。その推進原理は、「規模と統合の経済」であり、鉄道、電信などのインフラの発達によって、取引コストが大幅に下がり、市場が全国化し、その結果として創出された巨大全国市場に対する戦略も、規模の経済、統合の経済を推進するものに変化した。それを実行したのは、カーネギー、ロックフェラーなどの英雄的企業家であった。ただし、彼らはSフォームではなく、複数職能を有する複数事業単位企業、すなわちUフォームを専門経営者を雇って経営したのであるから、ワンマン経営ではなく、組織を効率的に動かすリーダーでもなければならなかった。したがって、この時代の人的要素は、厳密に言えば、「英雄的企業家＋組織」であった。

一九世紀後半のアメリカでは、第二次産業革命が進行し、「鋼、内燃機関、化学、電機」の分野で急速に技術革新が進展し、これらの分野で技術革新を進めるためにも、組織は巨大でなければならなかった。また、こうした技術革新の結果、インフラも電信からさらに電話、自動車まで拡張された。この時代を、端的に言えば、「大企業の形成期」

と呼ぶことができよう。

両大戦期から一九七〇年代

第三の時期である両大戦間期から第二次大戦後の一九七〇年代までおよそ半世紀は、二〇世紀初頭に誕生した「大企業体制」が磐石の存在感を示した時代である。「規模と統合」が最重要のキーワードであった。

だが、ここで注目すべきは、市場が単一の全国的製品市場から、複数のセグメント化した市場へと変貌しつつあったことである。その典型的な事例は、自動車産業における高級車から大衆車までのラインナップを揃えたGMの勝利である。前時代的な単一製品全国市場に主眼を置いていたフォードの敗北は、マーケット・セグメンテーションの流れを象徴している。GMの多角化戦略――正確にはミニ多角化戦略――は、時代の流れを先取りしていた。またデュポンの多角化戦略も、市場が多様化していく一つの象徴であった。このような多角化戦略の推進原理は、「範囲の経済」であった。

以上のような多角化戦略が時代の枢要な戦略となると、当然、管理組織も事業部制＝Mフォームに変化し、「多角化と事業部制」が時代の合言葉となっていった。事業部制は、市場原理を部分的に企業の内部に取り入れた、その意味では組織化原理（内部化）とは逆の方向性を持っている。歴史的に見れば、市場原理へのゆり戻しとも判断でき、それゆえ密かに「内部化への逆流」が生じていたのであり、一九八〇年代以降の「市場の復活」の先駆けでもあった（図1－1参照）。

ただしアメリカでは、GMに見られるように、「連邦経営」は組織的混乱を招くという理由から、また親会社・子会社間の取引に対する独占禁止法の制約から、「持株会社」形態はタブーとなった。これに反して日本では、準垂直的統合とも呼ばれるケイレツ＝持株会社・関連会社形態が活発に用いられた。

技術の面では、第二次大戦後に半導体、コンピュータの普及があり、企業経営にも影響を及ぼしたが、なお社会の広い分野を深く覆うまでには達しなかった。一九八〇年代以降になって初めて、社会の深層をコンピュータ（パソコン）が捉えるようになったのである。

インフラとしては航空機の普及があったが、人はともかく貨物輸送の面では次の時代まで、鉄道、トラック輸送に対抗しえなかった。この時代は「大企業体制の成熟期」と約言できる。

一九八〇年代以降

第四の時期は、一九八〇年代から現在に至る時期である。この時期の戦略は、広すぎる多角化への反省から、不採算事業の切り捨てと、強い競争優位を持つ事業への集中が重視された。「範囲の経済」があまり作用しない部門からの撤退、潜在的市場成長の可能性が大きな分野への進出、コア・コンピタンスを持つ数種類の産業への集中である。これに伴って、事業部制の欠点――事業間の調整困難による重複投資、新成長分野への進出の立ち遅れ、経営資源のばら撒き的拡散などが指摘され、また「範囲の経済」に基づく総合化戦略が批判され、脱「総合化」が叫ばれた。逆に、アライアンス、バーチャル・カンパニー、カンパニー制などの新たな組織モデルが探索されている。だが、事業部制にとって代わるような明確な形では新時代の組織モデルは提起されていない。（二〇一八年現在、パナソニックもトヨタも、事業部制の亜種であるカンパニー制を採用している）。

他方で、大企業内部の改革ではなく、新興企業に注目が集まった。これらの新興企業は、ミニコンピュータやパソコン、半導体などの電子産業、バイオ産業などのハイテク産業に多く登場したが、それだけではなく機械、建材、繊維などの様々な分野に登場した。大企業が絶対の優位を持つと思われる分野でもベンチャー企業が登場し、そうした企業は横のつながりを活かし、ネットワークを形成していることが多い。このようなネットワークの利点は「連結の経済」と呼ばれ、『第二の産業分水嶺』でも、着眼された所である。(8)

これに伴って、ビル・ゲイツのような英雄的企業家が再び脚光を浴び、ベンチャー・ビジネスが大いなる注目を集めることになった。したがって一九八〇年代以降は、組織的にはなお明確な方向性は出ていないが、自動車、製薬、化学、流通産業など、圧倒的な規模の経済が必要となっている分野と、SMEを中心としたネットワーク分野との併存が現状であろう。このような事態がもたらされたのは、戦間期にその傾向はすでに出現していたが、市場の細分化がいっそう進行し、そうした市場では大企業が必ずしも競争優位を持ち得ない状況を反映していると言える。

一九八〇年代以降の状況ではスピードがなによりも重要となり、そうした「スピードの経済」(economy of speed)を実現する上で、大企業体制は障害になるという考えも成り立つ。かつてチャンドラーは「速度の経済」を強調していたが、その概念は「規模の経済」に吸収された。一九八〇年代における「スピードの経済」は、統合生産における生産開始から工場出荷までの生産リードタイムや、研究開発から出荷までの研究開発リードタイムを重視する「速度の経済」よりもはるかに広い概念で、ビジネス取引一般のスピードアップが強調されている。契約締結に三カ月も掛けるのではなく、一日で決着するようなスピードである。日本大企業の契約スピードは、上司から始まり、権限を持つ者の許可を得るまでに数カ月を要するのに対し、欧米や、台湾、東南アジアの契約スピードはわずか数日であると言われている。

このような変動は、「第三次産業革命」と呼ばれることもあり、時期的に先行した大型コンピュータ(メインフレーム)も含めて、半導体における技術進歩、コンピュータの小型化やパソコンの登場、さらには通信手段としてのインターネットによって、電話、テレックス、ファックスに代わる通信ネットワークが形成され、先のネットワーク経済がより低コストで、よりすばやく実現できることになった。この時代を特徴づければ、「スピードの経済」の登場による「大企業体制の動揺とベンチャーの台頭」と表現できよう。

以上の歴史的動向を見るならば、チャンドラー・モデルは、あくまでも上述の第二、第三の時期までの説明理論に過ぎず、新しい現象を解明しえていないという意味で、「アウト・オブ・デイト」であると言える。しかし、大企業そのものがもはや時代に合わなくなったのではなく、分野によっては大企業は陳腐化したどころか、ますます規模の

ヒ　ト	⇒	組　織	⇒	ヒ　ト
企業家	⇒	大企業	⇒	企業家
組織の形成	⇒	大企業体制	⇒	ベンチャー・ビジネス＋大企業
規模・垂直統合	⇒	多角化	⇒	選択と集中
U-フォーム	⇒	M-フォーム	⇒	産業集積（水平的分業）＋垂直的分業

図８－１　ポスト・チャンドラー・モデルⅡ

出所：筆者作成。

経済、統合の経済が必要となっている。このような状況をどのように理解するかが、まさにポスト・チャンドラー・モデルの役割であろう。

ポスト・チャンドラー・モデルとは、本章で示した、いくつかの要素が混在している一九八〇年代以降の状況解明がそれに相当するが、その意味で、単一の戦略、推進原理、人的要素、管理組織の形態ではなく、それらのアマルガム（合成物）であると言える。以上の歴史的過程を、別の形で整理して見れば、図８－１のようになろう。

企業活動の中で、それを動かすキーファクターは、かつては「ヒト」であったが、それは無機質的な「組織」（あるいは組織人）に取って代わられた。しかし、もう一度、ＳＭＥにおけるアントルプルヌールシップや、大企業内部におけるリーダーシップの重要性が注目され、その意味で、「組織」から再度「ヒト」に力点が移ったと言ってよい。言い換えれば、企業家から、大企業へ、そしてまた企業家へという変遷である[9]（正確に言えば、大企業と企業家の併存）。

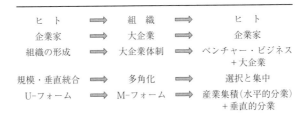

またもう一つの重要なポイントは、一九世紀は大企業体制ができあがっていたのではなく、「大企業組織の形成」期であり、英雄的企業家が組織を形成するという、一九八〇年代以降とは意味合いの異なる「ヒトと組織の共存時代」であったということである。その後、二〇世紀初頭に「大企業体制」が成立した後は、ビリー・デュラントやヘンリー・フォードのような英雄的企業家は必要ではなくなり、アルフレッド・スローンのような組織人が必要となったのである。

チャンドラーの歴史的視野には、大企業体制成立後も含まれているので、チャンドラーの理論は、「大企業組織形成の理論」と「大企業組織存続の理論」という二側面をもっていることになる。[10]

また管理組織の面では、Uフォームから Mフォームへの変化の後、産業集積（=水平分業）が新しい組織形態として注目されたが、日本では、垂直的分業（ケイレツ）が競争優位の大きな源泉となっていた。統合の一形態であるケイレツにもアメリカの政府・業界から批判が集中したが、水平的分業（産業集積）と垂直的分業（ケイレツ）のどちらが、あるいは双方がネットワーク組織の重心を形成するのか、あるいはこの二種類のネットワークがどのように絡み合っているのかもはっきりはしていない。今後の解明が待たれる点である。

5　マス・プロダクションとスペシャルティ・プロダクション

チャンドラー・モデルとは、大企業形成の理論であり、また形成後の存続の理論でもあった。その要点を列挙することはしないが、一つだけ重要な点を再度指摘するならば、チャンドラーの業績は、経営理論と歴史との架橋を行ったことであろう。

最後に、ここでの論旨は、経営史学会第三八回全国大会統一論題での筆者の報告、およびそこでの議論を基にしているが、三九回全国大会でも類似のテーマ「大企業と中小企業における競争関係の歴史的再検討」が統一論題として掲げられ、議論が行われた。それについても、述べておきたい。

三九回全国大会での議論では、スペシャルティ・プロダクションの一貫した重要性が強調され、チャンドラー流の大企業優位論は必ずしも歴史的に妥当しないとの主張もみられた。[11] この問題に関し、筆者はさしあたり次のように考える。

図8-2で示したように、近世はもとより、産業革命を経た一九世紀においても、機械に基づく工場の導入は見られたが、なお工業の手工業的性格は維持され、本格的マス・プロダクションの成立は一九世紀末から二〇世紀初頭を

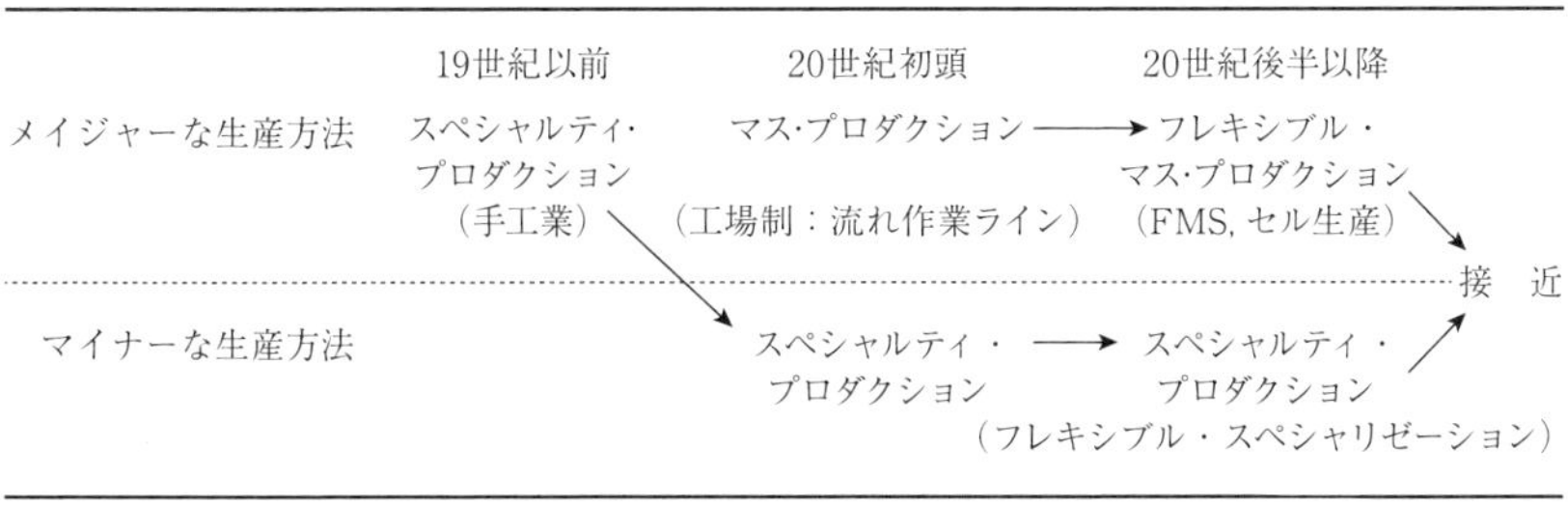

図8-2　マス・プロダクションとスペシャルティ・プロダクション

出所：筆者作成。

待たねばならなかった。言い換えれば、この時代のスペシャルティ・プロダクションは手工業的分野に限られていたか、あるいは機械制が導入された分野でも手工業的な性格が強固に残存していた。

二〇世紀に入り、マス・プロダクションが特定の分野――チャンドラーに倣って、すべての分野ではないことを強調したい――で成立し、経済の「メイジャーな生産方法」は、流れ作業ラインを基礎とするマス・プロダクションに移行した。スペシャルティ・プロダクションは、これに対応して、経済の「マイナーな生産方法」に後退した。

しかし、マス・プロダクションは単一製品の巨大市場、換言すれば、マス・マーケティングを前提としているために、市場の細分化が起こると、市場のニーズに対応できなくなった。そこで、製品のフルライン化や、多角化が企業の重要な戦略となり、いわばフレキシブル・マス・マーケティングが不可避となった。

第二次大戦後、市場の細分化はさらに進展し、単なるマーケティングの面だけではなく、生産面でもセグメンテーションに対応せざるを得なくなった。多品種を生産するフレキシブル・マス・プロダクションである。フレキシブル・マス・プロダクションの中身としては、FMS（flexible manufacturing system）やセル生産システムなどが挙げられる。このように、マス・プロダクションを行う大企業でも多品種への逆流が見られた。しかし、ある程度の規模を前提としているために、「多品種中量生産」と呼ぶべきである（多品種少量生産、多品種変量生産という言葉もあるが、現実には困難であろう。製品・部品などでもミリオン単位のロットが求められることが多い)。

同時に、従来の、マス・プロダクションに馴染まない伝統的部門においても、NC機械などを駆使することにより、フレキシブルに生産品目を変え、多品種を生産できるようになった。SMEが、独自の水平的なネットワークにより、あるいは垂直的分業関係にある下請け的SMEなども、スペシャルティ・プロダクションを行うことができるようになった。イタリアなどで特徴的な多品種中量生産を迅速に実現するフレキシブル・スペシャリゼーション(柔軟な専門化)である(安部『文化と営利』のイタリアの章参照)。

このように、マーケット・セグメンテーションに対応して、大企業のマス・プロダクションでも、SMEのスペシャルティ・プロダクションでも、フレキシブル化が進行している。したがって、両者のある程度の接近が現実に進行していると言えそうである。時代のキーワードは、「フレキシブル」ということになろうか[12]。

第9章　チャンドラー・モデルの行く末——批判者たち

経営史の碩学、アルフレッド・チャンドラーは、二〇〇七年に八八歳でその一生を閉じた。彼の業績を記念して、*Business History Review* や *Enterprise and Society* でも、特集が組まれた。またイギリスの Association of Business Historians でも、二〇〇八年の大会で彼の追悼特別企画が開催された(1)。

しかし、チャンドラー・モデル自体の評価を振り返ると、『スケール・アンド・スコープ』の出版（一九九〇）を画期として、一九九〇年代にはチャンドラー批判は高まりを見せ、「チャンドラー反革命」と言ってもよいような状況が出現した。元来、チャンドラーはあまり理論的な論争に関わらず、（もちろん、このことは彼が理論に関心がなかったということを意味しない）、着実にマイペースで大著を物していくスタイルを取っていた。しかし二〇〇〇年代には、強い言葉を使って批判者に反駁するようになった。その一つの例が、ラモロー、ラフ、ティミン（ＬＲＴ）の共同論文に対する「この言明は馬鹿げている」（this statement is absurd）との強い調子での反論であった。これに関しては後に詳論するが、ＬＲＴをはじめ、他にもラングロア、セイブル&ザイトリン、ヒューズ、ハナ、スクラントンなどからの批判がある。チャンドラー自身は、ラングロアは実質的には彼のアプローチをサポートしているとしている。だが、経済理論の扱いなどに関してＬＲＴに強く反論し、またセイブル&ザイトリンに対しては、積極的には反論していないようであるが、二〇〇〇年前後にも囃された、いわゆる「ニューエコノミー」（New Economy）をめぐって、また経済理論に関して、チャンドラーとＬＲＴは、またセイブル＆ザイトリンとＬＲＴも一致していないと、チャンドラーは認識している。[2] このように、歴史認識をめぐって種々の議論が行われているのであるが、本章では、ＬＲＴとセイブル＆ザイトリンの提起した問題を考察したい。

1　チャンドラー・モデルは「進化」する

チャンドラー・モデルや大企業経済に対する批判が本格的に出始めたのは、おそらく一九八〇年代半ばであったろう。一九七三年の『スモール・イズ・ビューティフル』[3] を先駆けとして、一九八〇年代にはベンチャー・ビジネス論が台頭し、それが一九九〇年代にはチャンドラー批判へとつながっていく。これは、一九七〇年代から一九九〇年代にかけて、また現在にも継続する大変動が企業経営に起きたことが誰の目にも看取されたからである。大企業病、ダウンサイジング、フラット化、アウトソーシング、ファブレス・ファウンドリ、ＦＭＳ（flexible manufacturing system）、スピードの強調、そしてＳＭＥ（small- and medium-sized enterprise）ネットワーク論など、めまぐるしく時代は動いた。

もちろん、現代に強い関心を抱くチャンドラーも、この状況を自分なりに解釈し分析しつつあった。そして、多くの論文と、ハイテク産業（エレクトロニクスと化学・製薬業）についての大著を執筆したのであった。そして二〇〇〇年代に入ると、積極的な反批判を開始していく。[4]

チャンドラー・モデルを批判したＬＲＴの主要論文は、二〇〇三年の *American Historical Review* の論文である。チャンドラーは、この論文では彼らはほとんど『ヴィジブル・ハンド』をターゲットにしているが、それは一九七〇年代はじめに執筆されたものであり、その後の著作を問題にすべきだとしている。一九九〇年の『スケール・アンド・スコープ』、二〇〇一年の『エレクトロニクス』、二〇〇五年の『化学・製薬』や他の論文を参照しなくては、本人の最近の状況に対する解釈は分からず、チャンドラー批判にはならないと言うのである。[5] けだし、ＬＲＴは最近の状況を基に批判しているからである。やや長くなるが、チャンドラーの反論を引用しよう。

「一九八〇年代までに古典的チャンドラー企業は、自身のコア事業においてさえも、より専門的な、脱垂直統合したライバル企業によってしばしば凌駕されつつあったと、彼ら（ＬＲＴ）は主張する。したがって『新しい総合』がチャンドラーのフレイムワークを修正するために為されなければならない。だが、ＬＲＴは続ける。『われわれはそれ以上のことを目指している。（チャンドラーが典型だが、一般的にも経営史に特徴的な）傾向、現在を発展のプロセスの最終段階とみなし〔ウィッグ史観?〕、したがって事実上、現在を経営史のエンドポイントとみなす傾向を避けるような経営史を執筆するための代替的方法論を提供することを意図している。』おそらく理論家にとってはそうでないかもしれないが、経験を積んだ歴史家にとって、この言明は馬鹿げている。*American Historical Review* における彼らの新総合は小規模の専門化した企業によって支配される『ニューエコノミー』を描いている。一八八〇年代以降発展してきているグローバル資本主義や多国籍企業の時代にあって、明らかに、彼らの見解は歴史的現実（historical reality）に矛盾している。[6]」

チャンドラーにとって、おそらく、本人が使ったこともないエンドポイントなどの言葉、ＬＲＴが主張する「ニューエコノミー」なるものの想像の産物に強い違和感を覚えたのであろう。

迂遠と思われるかもしれないが、ここでチャンドラー・モデルとは何かをもう一度簡単に振り返っておこう。「組織は戦略に従う」との命題は、別のところでも強調してきているが、管理組織（management structure）が戦略に従うのであって、企業組織（corporate structure）が戦略に従うわけではない。管理組織のモデルとは、Ｓフォーム、ＵフォームＭフォーム、Ｈフォームなどの系列である。これに対して、企業組織とは、個人企業（personal firm）、企業

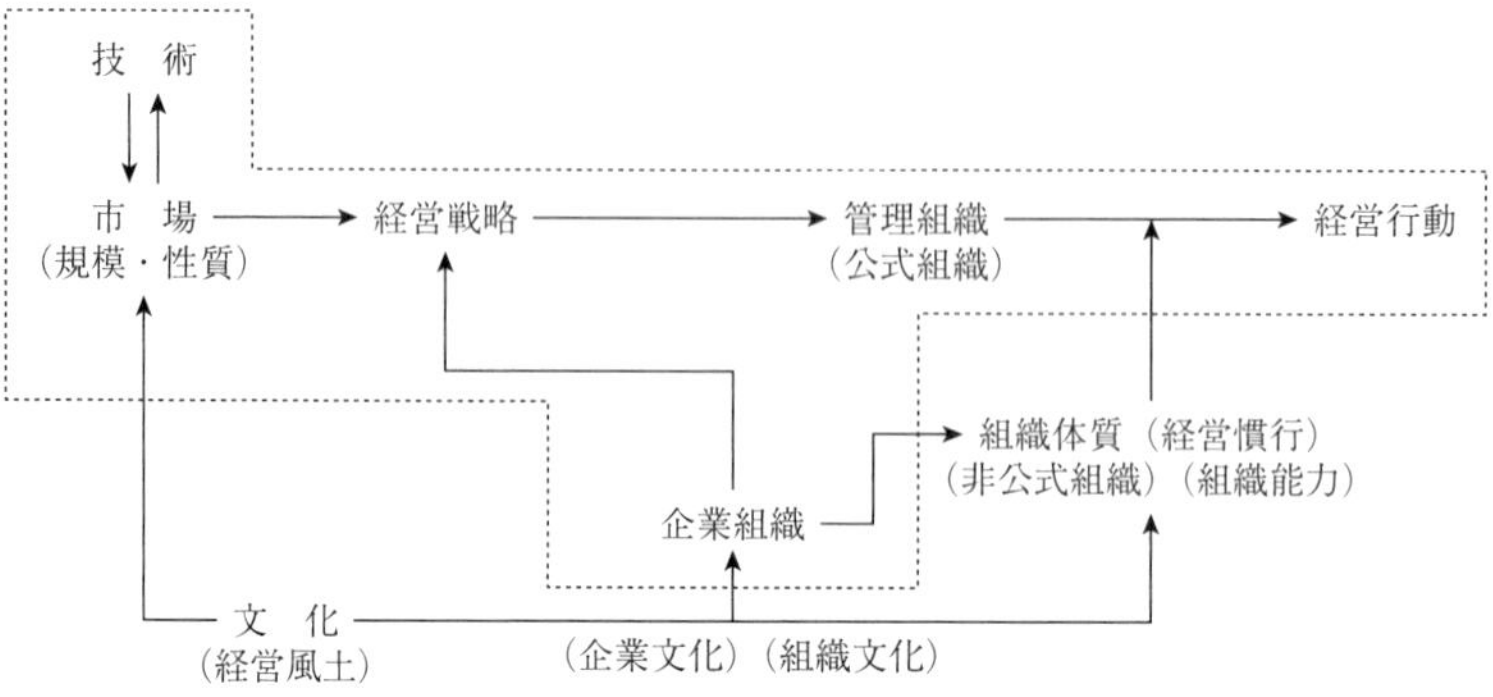

図9-1　市場・戦略・組織・文化・経営行動の関連（M-SSGCモデル）

注：点線内はチャンドラー・モデルの１つの解釈。ただし，チャンドラーの場合，企業組織の経営戦略に与える影響は明確ではない。
出所：筆者作成。

者企業（entrepreneurial firm）、経営者企業（managerial firm）の系列である。チャンドラー・モデルを理解する場合、この二つの系列を区別しておくことは重要である。[7] Ｍフォームを到達点とすることはもとより、企業組織の到達点である経営者企業に関しても、ファミリー・ビジネス論や機関投資家（年金基金、ミューチュアル・ファンド、投資ファンドなど）の台頭によって、経営者企業論は現状にフィットしないといった問題点が指摘されている。だが、本章ではそれに関しては立ち入らない。[8] なお、Ｍフォームではなく、経営者企業こそがチャンドラー・モデルのエッセンスであるという見解もある（森川英正の発言）。

さて、戦略が管理組織を決定する（逆に言えば、それに従わない企業は没落する）という命題は周知であるが、もう少し敷衍すれば、戦略を市場の規模と質が決定することは明らかであろう。市場の規模と性質によって、戦略が決定され、さらに管理組織が決まっていく。その結果、チャンドラー・モデルにおいては、多角化戦略の選択とそれに続くＭフォームの採用が黄金の公式（formula）となる。この場合の多角化は市場関連にせよ、技術関連にせよ、関連型多角化であって、コングロマリットのような無関連型多角化であってはならない（図9-1参照）。

以上のようにチャンドラー・モデルを理解していくと、エンドポイントというのは言いすぎだとしても、さしあたりの終局の形態としてはMフォームということになろう。（歴史は今後も続いていくのであるから、あらたな組織類型が誕生することが十分予想されるため、チャントラーはこのエンドポイントという言葉に強く反発したと思われる。）[9] LRTは、SMEネットワーク（Nフォーム）が勢力を強めており、Mフォーム（Chandlerian firms）は没落しつつあるという事実認識に立って、チャンドラー・モデルはもはや有効性を失ったと主張している。LRTの主張は、チャンドラーの見えざる手（市場）から見える手（組織）への移行という二分法そのものに異議を唱えている。もはや、市場対組織といった図式では現状を捉えられなくなっており、長期的な取引関係を基礎とするネットワークこそが、現代の最も重要な組織形態であると主張する。換言すれば、統合し、多角化し、Mフォームに基づく巨大化した大企業に代わって、脱統合した・専門的な・ネットワークを基盤としたSMEこそが、現代の市場動向に対応できるとする。また、大規模組織でなくとも、参入バリアは、第三次産業革命によって低下し、SMEの活躍余地は拡大したとする。[10]

ところで、たしかに『ヴィジブル・ハンド』などではMフォームに関してそうした解釈もありうるが、チャンドラーは一九世紀末から第二次大戦までを取り上げたいくつかの論文や、米英独を比較した『スケール・アンド・スコープ』では、アメリカを競争的経営者資本主義、ドイツを協調的経営者資本主義（しかしドイツでは依然として家族企業も強い）、日本をグループ資本主義として、いずれも効率的な経営階層組織を作り上げた例としている。（イギリスは個人的資本主義として落第生）[11]。だとすると、近代的組織は、Mフォームとは限らず、カルテルやグループも高い評価を与えられていることになる。カルテルやグループはネットワーク（Nフォーム）ではなかろうか。NフォームがこのようなL広い概念であるように、チャンドラーの当面の終局の組織形態もMフォームというよりも、UフォームやNフォームをも含んだ管理的調整（administrative coordination）一般ということになるのではなかろうか。そのように、チャンドラー・モデルの「エンドポイント」を広く理解するならば、LRTの批判は的外れであろう。不思議なことに、両者ともトヨタやデルを、自分の理論の好個の事例としてあげているのである。両社とも、そのネットワークで有名である。

先に述べた、『ヴィジブル・ハンド』は一九七〇年代初めの著作であり、その後の著作も見てほしいというチャンドラーの指摘を踏まえて、最近のチャンドラーの強調点＝キーワードを見てみよう。いわば、オールド・チャンドラー・モデル（初期チャンドラー・モデル）に対して、ニュー・チャンドラー・モデル（後期チャンドラー・モデル）がありうるのかといった関心である。

チャンドラーは、第二次産業革命と情報革命との異同を通じて、経営発展にとっての重要事を明らかにしようとする。

二〇〇五年の論文（Preface）では、共通点として、①経営発展の最重要のプレイヤーは、大学、業界団体などのNPOではなく、**営利事業FPO**（for-profit organization）であったこと。②アメリカ、西ヨーロッパ、日本などへの地理的集中があったこと。③**学習経路**（paths of learning）を有していたこと、④**支援連鎖**（supporting nexus）を持っていたことを挙げる。ここで注目すべきは、支援連鎖が挙げられていることである。これは、大企業がその活動を行う上で、サプライヤーとの密接な関係が不可欠であるとし、その重要性に着目したものである。これは従来のMフォームなどの議論に新たな視点を加えたものと言えよう。相違点としては、時代（時間）、ヨリ多数の企業が第二次産業革命には存在したことなどを指摘しているが、特に注目すべきものはない[12]。

ちなみに、チャンドラーは第三次産業革命という用語をほとんど使わず、エレクトロニクス革命、情報革命、バイオテクノロジー革命といった用語を使う。第二次産業革命は、二〇世紀初頭（別の論文では一八八〇年代から一九二〇年代まで）、情報革命は一九五〇年代から、バイオテク革命（「第三の主要な革命」）は一九九〇年代といったように使い分ける[13]。

次に、同年の論文（Commercializing）では以下のものがあげられている。①技術知識を製品開発、製造、マーケティング、流通に結合し、**統合的学習基盤**（integrated learning base）を築き上げることが重要であるとする。一番手企業（first movers）は参入障壁を構築できるが、絶えずそれを初期の競争優位に基づいた新製品の開発につなげていかなければ没落する。②関連した新製品の実用化を含む成長戦略としての**成功軌道戦略**（virtuous strategy）。言い換えれば、今までの優位を活かした新製品開発とそれを支える製造などの職能を相互強化するような成長戦略。③学習経路、④大小の企業からなる支援連鎖。以上の中では、③と④は、前掲論文と同じであるが、統合的学習基盤と成功軌道戦略が新たに取り上げられている。(14)

さらに、チャンドラー最後の論文となった二〇〇六年の論文では、両方の産業革命に共通な特徴として、①統合的学習基盤、②規模と範囲の経済を利用できる成功軌道戦略、③成功軌道戦略を活用するためには、Mフォームが必要であること。④営利企業FPOが実践した学習経路、⑤支援連鎖は大小企業からなり、産業のインフラを形づくり、またそれは国や産業の成功にとって重要であること。例としては、ボストン近郊のルート一二八、シリコン・バレー、東京と大阪間の多数の小企業間連鎖などを挙げる。これに対して、ヨーロッパでは上記のようなサポーティング・ネクサスを構築できなかったために、エレクトロニクス分野などで欧州企業は遅れを取ったとする。(15)しかし、たしかにチャンドラーによっても、大企業とそれを取り巻く中小企業間のネットワーク（ネクサス）は取り上げられたが、SME論の機軸とも言うべき、イタリアにおける中小企業間の独立した、ネットワークは、依然として視野の外にある。なお、アマトーリは、大企業から独立したイタリアのネットワークを、柔軟な資本主義（flexible capitalism）と呼んでいる。(16)

一九九〇年の『スケール・アンド・スコープ』では、組織（構築）能力（organizational capability）が大いに強調されていたが、二〇〇〇年代の論文では、統合的学習基盤、成功軌道戦略、学習経路、支援連鎖が強調されている。組織（構築）能力は、統合的学習基盤、学習経路と密接に関係し、また成功軌道戦略も、その一翼を担うものである。新たに加わったものは、小企業を支援連鎖の一部と考え、それが産業基盤の形成にきわめて重要であるとの位置づけである。ただし、チャンドラーはエレクトロニクス、バイオなどのハイテク企業に強い関心があるせいか、イタリアの労働集約的な産業におけるSMEネットワークには注目していない。しかし、SMEネットワーク論では、イタリアやフランス、ドイツなどのミドテク、ローテクの産業集積に大きな注目を置いていることから判断すると、なお部分的評価といえる。しかし、トヨタなどの縦の系列は、典型的な支援連鎖として評価されている。

ちなみに、チャンドラーがしばしば言及する東京と大阪間の小企業のネクサス（nexuses in the single Tokyo-Osaka industrial district）とは、いったいどのようなものなのか、筆者にはすぐには理解しがたい。[17] 東京や大阪でも、大田区や東大阪市などの大企業から基本的には独立した産業集積＝SMEネットワークの存在は、チャンドラーによってどのように評価されるのだろうか。

さらに、LRTとチャンドラーの間には、同じ企業の位置づけに大きな違いがある。LRTは、チャンドラー的な企業（Chandlerian firms）はもはや主導的な地位を占めず、ニューエコノミー的な企業（"New Economy" firms）が中心であるとする。だが、チャンドラーはこうした理解は歴史的現実に合致しない、と反駁する。具体的には、LRTがニューエコノミー的な企業として、デルとトヨタをあげるのは「奇妙である」とし、両社ともチャンドラー的な企業であるとする。デルは、最終消費者への直販へと垂直統合戦略を推し進めたが、それは一世紀前のデュポンや他企業の戦略と類似している。さらに、インテルやマイクロソフトも成功への「チャンドラー的」ルートを辿ったとし、トヨタこそ、チャンドラーが主張する成功軌道戦略の模範例であり、成功軌道戦略を実行せずに衰退したアメリカの競争企業と好対照を成す。LRTこそ、ウィッグ史観批判と言っているにもかかわらず、一九七〇年代に書かれた『ヴィジブル・ハンド』に依拠しているので、彼らこそウィッグ史観に基づいていると、痛烈に批判している。[18]

さらに、LRTは、一九七〇年代以降のチャンドラー的企業が経験した変化しつつある機能を考察していないとも批判する。変化しつつある機能とは、製品に焦点を当てるよりも、むしろサプライヤーや契約者とのネクサスの「編成」（orchestrating）への移行である。第二次産業革命では、実用化（commercializing）に際してMフォームが重要であったが、情報革命においては管理組織（managerial structure）に変化が起き、ネットワーキングがより重要となった。[19]

チャンドラーが見ているものと、LRTが見ているものは、実は同じものを別の角度から見ているに過ぎないとも言える。あるいは、「ニュー・チャンドラー・モデル」では、ネットワークの重要性が強調されているので、両者の差はあまりないというべきであろうか。

MフォームかNフォームか、あるいは、管理的調整か市場ネットワークによる調整か。このように考えると、両者にはほとんど差がないと言えるのではなかろうか。

以前、各国で、Mフォーム、Uフォーム、Hフォームがどれくらい採用されているかということが調査された（一九七〇年前後）。その結果は、Mフォームは大企業二〇〇社では、アメリカが七七％、日本は四二％でその差はかなり存在した[20]。しかし、日本は同時に系列・関連企業などの形で、Nフォームを利用していた。関連会社数が一〇〇〇社に達する大企業も何社もある。またMフォームはヨーロッパでは低いという印象があるが、ウィッティントン&メイアーによれば、ヨーロッパでもMフォームは依然として高いということが指摘されている[21]。しかし、GMがMフォームを廃止しグループ制に移行し、松下が同じく事業部制からマーケティング本部制、さらにはカンパニー制に移行したことからも分かるように、狭い意味でのMフォーム自体の有効性は明らかに減少した。ただし、それが直ちにチャンドラー的企業の衰退と言えるか否かは疑問であろう。管理的調整という大きな風呂敷から見れば、すべてが入ってしまうという欠点もあるが、管理的調整を「エンドポイント」として考えれば、なおチャンドラーの立論は存在意義があろう。またグループ制やカンパニー制なども、Mフォームの変種とも言える。

ただし、大企業の安定性・強靭さに関して、チャンドラーがしばしば言及するIBMに関して言えば、チャンドラーは一九一一年の設立からいかにIBMが安定的に推移してきたかを強調する[22]。だが、一九九〇年代初めにIBMが倒産の危機に瀕したことからも分かるように、学習経路や統合的学習基盤、成功軌道戦略は、第二次産業革命時代のそれと、情報革命あるいは第三次産業革命のそれとは異なっており、それは、表面的に二〇世紀初頭の大企業が今日まで継続してきているとしても、中身が変化していることを強調することが重要であろう。チャンドラー的企業のうちでも、ＩＢＭ、ＧＥなどは自己変革を経て生き残ったが、自己変革に成功しなかった（新たな統合的学習基盤、成功軌道戦略、支援連鎖などを築きあげることができなかった）ＧＭ、フォード、シアーズ、ウェスティングハウスなどは倒産ないしは衰退したのであった。

2　セイブル＆ザイトリンによる批判

チャンドラーは、ＬＲＴにはかなりのページを割いて反批判しているが、セイブル＆ザイトリンにはほんのわずか触れているだけである。一方、セイブル＆ザイトリンは、チャンドラーを強く批判している。彼らの考え方の最初の著作は、広く知られるようになったピオーリ＆セイブルによる『第二の産業分水嶺』（英語版は一九八四年出版）である[23]。次いで、翌年の一九八五年に、セイブル＆ザイトリンは論文"Historical Alternatives to Mass Production"を発表した。この論文は、レトリックと相まって、彼らの博学さを示すもので、とても興味深い充実した内容を持っている[24]。

その要点は、マス・プロダクションに対して、フレキシブル・プロダクションが歴史的に見て、もう一つの有力な生産方法であったということである。彼らによると、マス・プロダクションの思想的系譜は、アダム・スミス、マルクス、チャンドラーのように描ける。これに対して、フレキシブル・プロダクションは、空想的社会主義者と呼ばれるプルードンをその思想の先駆とする。このようにセイブル＆ザイトリンの構想は、産業革命以来の数百年にわたる雄大な構想である。

彼らは、供給側の問題だけではなく、需要の質に注目する。アメリカでマス・プロダクションが発展したのは、労働の不足（特に熟練労働の不足）によって、労働節約的な機械の使用が広まり、それが汎用機ではなく専用機の活用につながって、マス・プロダクションという供給面での特徴が出現したとする。しかし、それに加えて、粗製でかつ標準的な製品（crude, standard products）を受容する市場が存在したことが重要であった。もともと、アメリカに移民するイギリス人（ヨーマンなど）は、多様性を好む性質を持っていたが、アメリカへの移民とともにそうした性質は消失し、手工業的な多様性を持つ製品ではなく、機械によって製造された標準品で満足するようになった。さらにまた、軍需品は多様性ではなく、標準品が要求されるのであるが、マサチューセッツのスプリングフィールド陸軍工廠などにおける軍需品の活発な生産が標準品への需要を作り出したとする。(25)私見では、アメリカ南部の奴隷制の存在も、標準品・ローエンド品の需要増大に力があったのではなかろうか。東部で綿工業が登場してきたときに、その量は定かではないが、南部の奴隷用製品であったとする見解もある。こうした需要の質が、企業家の労働節約的機械の使用と相まって、アメリカにマス・プロダクションを成立させたのである。

これに対して、フランス（プルードンの母国）は異なっていた。貴族、富裕な市民、若干の豊かな小農民からなる地域社会の中で、市民、小農民は貴族の真似をし、地域ごとに異なる、独特かつ多彩な商品嗜好を生み出した。こうした嗜好を支えるための、手工業に基づく柔軟な技術（flexible technology）が発達した。後に設立された百貨店のボン・マルシェはアメリカの量販小売業者とは表面的に似ているに過ぎず、非なるものである。これに対し、イギリスは、アメリカとフランスの中間に位置する。イギリスは、最初の産業国家となり、そうした標準品を受け入れる要素もあったが、いずれかと言えば、アメリカよりはフランスに近い。(26)

このように、市場の質あるいは使用価値に着眼したところはLRTも同様である。この点こそ、チャンドラーに欠けていたところであろう。チャンドラーは、量産・量販のメカニズムを分析したが、また市場の規模にはたびたび言及してきたが、市場の質に関しては理解が深くはなかったと言える。LRTは第二次大戦後の市場の細分化、多様化について次のように記述している。一九六〇年代以降、個人の嗜好が重要となり、例えば一九六〇年には消費者の七五％が白地のシーツを購入していたが、一九七〇年代半ばにはそれは二〇％に低下していた。これは一例であるが、消費のあらゆる面で、量産・量販の母国アメリカにおいても、市場の細分化・多様化が進行していた。供給面でも、多彩なシーツを生産できるような革新、たとえばシャトルレス織機も開発された。さらに、アパレル一般でもＧＡＰやThe Limitedなどのスペシャルティ・ブティックの全国チェーンが誕生していた(27)。

チャンドラー・モデルでは、量産・量販が至上であり、市場の質の変化には十分な注意が払われていなかった。もちろん、チャンドラーが分析した、一九二〇年代におけるフォードT型車のＧＭフルライン戦略に対する敗北は、市場が多様化・細分化に向かっていることの先駆けであったのだが、そのことの意味は十分掘り下げられなかった。しかし第二次大戦後、市場多様化・細分化の傾向はアメリカでも加速度的に進行した。フランス、イタリア、あるいはイギリスなどの他の国々では、その傾向はなおいっそう顕著であった。

セイブル＆ザイトリンは、こうした市場の質に対応したフレキシブル・プロダクション（クラフト的生産）は、技術進歩の点に関してもマス・プロダクションへの有力な対抗軸であったと主張する。クラフト生産は、市場との関係では多彩な商品を製造でき、また技術の柔軟な活用が可能であった。競争と協調のバランスをとり、手工業者を支える地域の諸制度も存在した。歴史的には、一八世紀、一九世紀前半の手工業を経て、一九世紀後半にアメリカでマス・プロダクションが成立したが、それは一時的に「産業二重主義」（industrial dualism）を成立させたにすぎず、再び第二次大戦以降はフレキシブル・プロダクションが力を増した。いつの時代も専門生産は有力であったのであり、手工業から量産へと移行していくような狭い軌道（narrow track）ではなく、手工業的生産もあり、量産も並存するいわば広い軌道（wide track）が歴史の現実の進行であった。換言すれば、単線的進化ではなく、生物の進化において見られる「枝が広がっていく系統図」（branching tree model）こそ、経営発展の歴史的経路であるとする(28)。

たしかに、第二次大戦後、①需要の多様化・細分化、②着実な所得上昇、③第三次産業革命（エレクトロニクス革命、情報革命、バイオテクノロジー革命）による参入バリアの低下によって、ＳＭＥ（ネットワーク）の活躍余地は増大した。セイブル＆ザイトリンは、この事態を、一八世紀以来の手工業時代からの系譜の中で、フレキシブル・プロダクションをマス・プロダクションとの対比の中で位置づけようとしている。

セイブル＆ザイトリンがこのように、手工業的生産を社会の生産システムの中で高く評価するのに対し、当然、次のような疑問もある。

ランデスは、手工業的・フレキシブル・プロダクションが種々の手作り感覚の多彩な製品を作り出せることは認めるが、消費者はより安い価格でなら、類似品（comparable goods）で満足し、大企業がそれらを提供できるとする。[29] たしかに手工業的製品（手作り製品）は万人の好むものではあれ、数百万円という値段が付けられる大島紬や結城紬はおいそれとは買えない。そこまで極端ではないとしても、いつでも、価格と品質は、所得を所与とすれば、トレードオフするであろう。このことは、次の批判を惹き起こす。そうした手工業的製品がどれくらいの需要割合を占めうるかという疑問である。

アマトーリは、労働集約的フレキシブル・プロダクションの牙城とされるイタリアに関して、次のことを指摘する。たしかに一九六〇年代にこうした専門品生産がイタリア国内所得の上昇によって、また国際市場においても販路を見出し、輸出が飛躍的に伸びたことを指摘する。そうした製品の市場は国内外で拡大し、メイド・イン・イタリー・ブランドが確立したのである。だが彼は、イタリアの Montedison、Olivetti、ＥＮＩなどの大企業が不振となり、この損失は労働集約的小企業の成功によっても償われないと結論する。[30] 経済全体におけるＳＭＥのウェイトが問われるわけである。もちろん、所得の上昇、嗜好の多様化・細分化、参入バリアの低下によって、フレキシブル・プロダクションのウェイトは上昇しているが、それでもなお重工業、大企業分野の失敗、損失を償えるか、という問題は存在する（量産品、標準品、ローエンド品を量販するウォルマートを想起！）。

この大企業分野におけるフレキシブル・プロダクションの問題についても、一九七〇年代以降さまざまな議論が展開されてきた。手工業的フレキシブル・プロダクションが主に労働集約的軽工業分野（ローテク、ミドテク）に集中しているのに対し、チャンドラーが主な素材としたハイテク・ミドテクではどのようなフレキシブル・プロダクションの進展があるのだろうか。

一九八〇年代以降、大企業ではＦＭＳによって、少品種大量生産から多品種変量生産、多品種中量生産への変化が見られた。大企業においてもたしかに、ＦＭＳなどの手法、あるいはセル生産などの頻繁に変動する需要に対応した方法が考え出された。市場の細分化、流行変化の短期化に対応した生産方法の変貌である。こうした現象はアパレル市場だけに限られるのではなく、電機工場や自動車工場に聞き取り調査に行くと、異口同音に市場変化の早さ、変動範囲の大きさによって、従来の生産手法では追いつかず、セル生産などによって多様な製品を開発・生産し、市場動向にキャッチアップしなければならないことが強調される。日本企業が得意とするセル生産も、大企業の中における多品種中量生産の一つの現れであろう。こうしたＦＭＳやセル生産は、アウトソーシング、ファブレス・ファウンドリなどと結びつき、大企業ネットワークを形成し、いわばフレキシブル・マス・プロダクションが誕生したと言える。他方では、大田区、東大阪市のような相対的に独立の程度が高いＳＭＥネットワークもある。(31)

以上のように見ていくと、前章で示した図８－２のように、歴史的な流れを総合できるのではなかろうか。

まず、産業革命以前の一八世紀には、手工業的な生産、クラフト的スペシャルティ・プロダクションが主要な生産方法であった。一八世紀後半から一九世紀初頭の第一次産業革命では、まだマス・プロダクションは成立せず、工場の展開は部分的で手工業的生産が広範に残る中間状態であった。一九世紀末になり、アメリカで流れ作業ラインを基にマス・プロダクションが成立すると、特定の分野ではあったが、それが経済の枢要な部分（鉄鋼、自動車、化学、電気など）を占めることになり、経済全体のメイジャーな生産方法は、マス・プロダクションへと転化した。もちろんこの時期でも、靴、アパレル、家具、装飾品など衣食住に直接関係する製品はフレキシブル・プロダクションによって製造されていた。

第二次大戦後、需要の多様化・細分化、所得の上昇、第三次産業革命の進展による参入バリアの低下は、労働集約的スペシャルティ生産においても、種々の機械（ＮＣ旋盤、マシニングセンターなど）の利用により、フレキシブル・スペシャリゼーション（市場の変化に即応して、多様な専門製品を速やかに生産すること）に接近し、他方で大企業の側でも

ＦＭＳなどによるフレキシブル・マス・プロダクションが出現した。結局、両者はどちらもフレキシブルをキーワードとする生産方法に接近しつつあるのではないか。

以上のようにまとめると、チャンドラー・モデル、ＬＲＴ、セイブル＆ザイトリンの見解は、大きな枠組みの中では総合されるのではなかろうか。種々の激しい論争が行われているが、生物学における進化学論争でも見かけ上の激しい論争にもかかわらず、大きく見れば「進化の総合学説」の枠内に収まるのと同様に、経営発展の理解にも同様のことが言えよう[32]。

3　チャンドラー・モデルの限界

経営史に大きな足跡を残したチャンドラーであるが、そこには当然限界もある。

第一に、一九七〇年代以降、チャンドラー的企業が、ニューエコノミー的企業に取って代わられたという批判は、言わばオールド・チャンドラー・モデルではＭフォームが「エンドポイント」であったかもしれないが、ニュー・チャンドラー・モデルでは、「エンドポイント」は管理的調整であり、Ｎフォームも含めると考えれば、最近の現象もある程度説明がつく。だが、依然として一九七〇年代以降の変化の認識がチャンドラーの場合、十分ではないと思われる。二〇世紀初めに成立した、ファースト・ムーヴァーズ（一番手企業）とクロース・フォロワーズ（近接追随企業）による大企業体制が一九八〇年代に動揺した事態を、単に成功軌道戦略、組織（構築）能力の論理に忠実でなかったからであるとするが、変動はより根本的なものであろう。単に、ＧＭが論理に外れたから衰退したといったことではなく、もっと経済構造的な問題と考えられる。すでに指摘したことだが、ＩＢＭやＧＥを見ても、深刻な危機を迎えて、そこから新たなビジネスモデルを見つけ出すという「命がけの跳躍」が不可避だったのである。

第二に、チャンドラーの場合、市場の質の変化に十分な考慮が払われていないことがある。チャンドラーはハイテク企業を彼の最後の十年間に精力的に研究したが、経済社会はハイテク分野だけではない。衣食住の基本的な要素がまず重要な要素であり、そこでどのような需要が発生し、それをどのような生産方法が満たすのかといった視点からは、マス・プロダクションの世界は限定的である。さらに、時代は、二〇世紀初頭の世界と比べて、専門製品、スペシャルティ・プロダクションの世界に、より重きを置くようになっているのである。セイブル＆ザイトリン、ＬＲＴも、この需要側面の強調では同じ側にいる。チャンドラーの分析で、イタリアのフレキシブル・プロダクションに関する分析がすっぽり抜け落ちていることが需要側面の分析不十分の証明である。現代世界で重要な戦略とされるブランド戦略や、ハイエンド・ローエンド市場といった発想はチャンドラーの場合、基本的に存在しない。しかし、世界はマス・プロダクション、ハイテクの世界だけではない。やや格言風にいえば、「アジアのマス・プロダクションが成功すればするほど、ヨーロッパのブランド企業も成功する」。アジアで所得が増大すれば、シャネルやルイ・ヴィトン、グッチのラグジュアリー・ブランドのアジアでの売上も増加するのである。

第三に、チャンドラーや、これはＬＲＴにも共通するのだが、日本企業に対する過大評価がある。二〇〇一年の著書ではそれが特に顕著である。いわく「日本は新しいハードウェアシステムを実用化し、既存のそれを強化することにおいて優位を維持するであろう。……新しい世紀の初頭において、アメリカとヨーロッパは、前世紀〔二〇世紀〕でそうであったように、日本の主要な市場であるだろう[33]」。日本企業がエレクトロニクスのハードウェアにおいて、競争優位を維持するというのである。だが、現実はどうであろうか。日本のエレクトロニクス企業はほぼ総崩れという状況である。

またＬＲＴも、「次の時代の選択モデルは、長期的関係を持つネットワークの中心にある、脱垂直統合した日本企業であった[34]。」言い換えれば、垂直統合に代わって、インフォーマルな長期的関係に基づくネットワークが新時代に適合的であり、日本の系列を最有力のＮフォームの典型とみなしているのである。

長年の友人であるラモローに、二〇〇八年ごろ、次のように尋ねたことがあった。「日本では、脱系列とか、系列の解体とかいったことが盛んに言われているのに、逆に、系列（長期的取引関係）がこれからの中心的な形態というのはおかしいのではないか」「日本では、最適な世界市場調達を目指すべきであり、系列に頼っていてはだめだ、という議論が盛んである」と質問したところ、確たる答えはなかった。

このような日本企業への過大評価の一端は、国際比較の射程にあるのではないだろうか。チャンドラーはLRTがアメリカにのみ目を向けていて、国際比較の視点がないと批判している[35]。だが、チャンドラーの国際比較も、主としてアメリカ、イギリス、ドイツ、日本に限定されていて、一九九〇年代以降、NIEs、BRICsを含むメガ・コンペティッションを視野の内に置いていない。二〇〇一年の著作のインデクスでは、日本を初め米独などのエレクトロニクス企業の名前が数多く出ているにもかかわらず、サムスンが出ていない。日本エレクトロニクス企業の最大の脅威であるサムスン抜きには、一九九〇年代以降の同産業の歴史は語れないはずである。また、中国がマス・プロダクションの旗手として膨大な対米黒字を積み上げているのは周知の事実である。チャンドラーも認めているように、現在に近いところを歴史的流れの中で描くのは、つまり現代史を執筆するのはきわめて困難な仕事ということになろう[36]。溪内謙もソ連・東欧の崩壊について大きな間違った予測をした（『現代史を学ぶ』八頁参照）。

第四に、本章では触れなかった企業組織、すなわち経営者企業や家族企業の問題がある。この問題は、ファイナンス、コーポレート・ガヴァナンスの問題にも深く関わっているのであるが、チャンドラーの分析はこの面ではきわめて不十分である[37]。なお、経営者企業、家族企業に関しては、特に、ドイツ、イタリア、中国について、安部『文化と営利』である程度論じている。

第10章　企業の境界とは何か——ポスト・チャンドラー・モデルの探求

1　チャンドラー・モデルへの批判

一九八〇年代までは大企業の優越が既知のものとされ、大企業が採る戦略としては多角化戦略、それを実行するための組織としては事業部制、これが黄金の方程式（市場の変化→多角化戦略→事業部制）であった。こうした状況の中で経営学では、マイケル・ポーターやオリヴァー・ウィリアムソンが有力な学者となり、経営史ではアルフレッド・チャンドラーが圧倒的な説得力を持って隆盛を誇っていた(1)。ところが一九八〇年代以降、市場環境が劇的に変わり、企業の戦略や組織の在り方に大きな変化が訪れた。パソコン、インターネットの普及、社会主義の崩壊を含むグローバル化の進展といった市場環境の激変、多角化戦略に代わって「選択と集中（refocusing）戦略」の登場、事業部制の変革、こうした大変化が起こった。こうした動きの中でポーターやウィリアムソンは、なぜかそれ以降もあまり凋落していないように見えるが、経営史の世界ではチャンドラーに対する批判が続出している(2)。

チャンドラーによる経営発展のプロセスに関する理解は、アダム・スミスの「見えざる手」（市場）から、「見える手」（組織）への進化であった。企業家のみを経済活動の主体とし、労働力、原材料、機械は購入される存在であり、企業はいわば「点」である市場経済から、従業員も重要な人的資源として存在する「階層組織」（hierarchy）を持つ大企業への発展である。そこでは、「規模の経済」「統合の経済」「範囲の経済」を活用し、大規模に生産・流通・マネジメントへの「三叉投資」を行う巨大企業のみが、イノベーションの担い手であり、経済全体の牽引車であった。そうした事例としては、ＧＭ、ＩＢＭ、ＧＥ、ＡＴ＆Ｔ、スタンダード・オイル（エクソン、モービル）、シアーズ、デュポン、Ｐ＆Ｇなどの大企業があった。

しかし、一九八〇年代以降、今なお健在な優良大企業もあるが（Ｐ＆Ｇ、エクソン・モービル）、チャンドラーが賞賛したＧＭ、ＩＢＭ、ＡＴ＆Ｔ、シアーズは、一度は苦境に直面し倒産したか、倒産寸前にまで立ち至った。またデュポンも健在ではあるが、かつてほどの勢いはない（現在はダウ・ケミカルと合併し、ダウ・デュポンとなった）。これに対して、デル、マイクロソフト、インテル、アップル、グーグル、フェイスブック、シスコ・システムズ、サン・マイクロ、セレクトロン（Selectron）、フレクストロニクス（Flextronics）などの、目覚しい新興企業（start-up firms）の登場がある。

こうした状況をどのように解釈するか、また一九八〇年代以降、アメリカ経済復活の原動力の一つとなったシリコン・バレーなどの地域的な産業集積をどのように位置づけるか、こうした点で、チャンドラー・モデルでは近年の状況を説明することはできないとの批判が沸き起こった。垂直統合・多角化した巨大企業に代わって、むしろ専業化した相対的に小さな企業が、ネットワーク経済を活かして、経済全体の推進力になっているとの理解である。(3)

このネットワークという考え方は多義的であり、シリコン・バレーのような地域経済、デル、ウォルマートのようなＳＣＭ（supply chain management）、日本のケイレツ、ファブレス・ファウンドリ（ＥＭＳ = electronics manufacturing system）、ＳＰＡ（specialty store retailer of private label apparel）などをも含む。ここにおいて、（階層組織を持つ）企業とは何か、特に市場と企業との境界（boundaries of market and firm）はネットワークの中でどのように解釈されるべきかという問題が登場した。

以下では、チャンドラー・モデルを基礎に行論を進めながら、チャンドラー・モデルの限界を指摘し、二一世紀の新しいビジネス・モデル、言い換えればポスト・チャンドラー・モデルを探求することにしたい。

2 市場と組織の連関

繰り返しになるが、市場と企業、あるいは市場と組織という場合の市場とは何か、企業とは何か、という問題がある。市場と対比して、「企業」がなぜ出現するのか、というのが、ロナルド・コースの問いであった[4]。もちろん、市場にも「企業」は存在する。ただし、その企業とはいわばワンマン・カンパニーであって、企業家が一人いて、労働者は、原材料や機械設備、建物などと同じように、労働力として購入され、対価として賃金を支払われる。ここでは、企業家が意思決定の唯一の主体であり、他は客体に過ぎず、「組織」（人間と人間との規律的な関係）はない。コースによれば、取引コスト（この言葉も一義的ではないが、さしあたり情報コスト、危険コストとして捉えられる）の節約のために、「組織を持つ企業」が登場する。ここで、市場対企業という図式ができあがる。取引コスト（transaction cost）が減少する場合に企業が登場するが、逆に取引コストがあまり減少しない場合、あるいは組織化コスト（organizing cost）が増大する場合には、企業は出現しない。

企業と市場とのこの関係は、見えざる手（市場）対見える手（企業）というように言い換えられる。ただし、厳密には階層組織＝企業と言うべきであって、前述のとおり、市場における企業は企業家という「点」である。企業とは、海洋（市場）における島であるという比喩もよく使われる。

チャンドラーは、コースのような「新制度学派」の流れの中で、またマックス・ウェーバー、タルコット・パーソンズのような社会学（組織論）、シュンペーターの企業家論、さらにはハーバード・ビジネス・スクールの経営管理論の影響を受ける中で、独自のモデルを作り上げた[5]。[6]

彼のモデルに関しては、安部の一連の著作などを参照してもらうことにして、本章では、市場と企業に加えて、ネットワークをどのように位置づけるかということを問題にしたい。ただしその前に、組織（経営階層組織 managerial hierarchy）を通じた管理的調整（administrative coordination）、あるいは市場による調整（coordination through market）について説明しておく必要がある。

チャンドラーは、ウィリアムソンもまた、経営階層管理組織を二種類に区別している。集権的管理組織をUフォーム（unitary form）、分権的管理組織（＝事業部制）をMフォーム（multidivisional form）と呼んでいる。一九世紀末にアメリカで大企業が発展した際の組織タイプが、Uフォームであった。Mフォームは、一九二〇年代に、多角化戦略の導入により、まずデュポンにおいて、次いでGMで導入された。第二次大戦後、Mフォームがアメリカ企業の中心的な管理組織となっていくことになる。

第1章でみたように、今井賢一・伊丹敬之の主張するところでは、組織と市場には、それぞれ原理と構造（彼らの用語では「場」）が区別される。市場原理、組織原理というメカニズムと、市場という構造、組織という構造が考えられる。これを筆者なりに図示すると、第1章の図1－1のようになる。左端に市場、右端に内部組織という構造があり、左端で市場原理が最も強く、右端で組織原理が強い。構造としての組織でも市場原理は作用するし、構造としての市場でも組織原理は作用するという「相互浸透」の世界である。(7)

市場原理（プライス・メカニズム）が最も強く作用する左端（市場）では、スポット市場的な構造ができあがる（ただし強調しておきたいが、純然たる市場でも、交換の結節点としての取引所という組織が存在したのが歴史的な真実であり、また理論的にもワルラス的世界の特徴であった(8)）。組織原理が最も強く作用する（国有企業、計画経済は除く）内部組織（階層組織）では、市場原理は相対的に弱い。しかし、規模の経済、統合の経済を活用している場合はUフォームでよいが、範囲の経済を活用すべく多角化戦略を採用し、製品種類が増加すると、組織化コストの膨張により独立採算制を基礎とする事業部制を導入せざるを得ない。これは、部分的な市場原理（内部取引価格）の導入である。したがって、Mフォームは、Uフォームよりも左に位置することになる。

大企業の内部組織としてUフォームとMフォームは存在するが、法的には別の企業となる持株会社・子会社・関連会社関係も存在する。この持株会社タイプは、内部組織よりもさらに市場原理が強く作用している。アメリカでは、持株会社（これはHフォームと呼ばれる）が独占禁止法で違法とされる可能性が高かったために、持株会社の採用は活発ではなかった(9)。そのために、事業部制設置への積極的な誘因が与えられたとされる（チャンドラー・パラドクス）。

これに対して、ヨーロッパ、特にイギリスでは持株会社の設立は法的制約がなく、実際に巨大企業を設立するために積極的に活用された。ただし、イギリスの持株会社は緩やかな（loose）な結びつきであり、コントロールは弱かった。これに対し、日本でも財閥に見られるように、戦間期には活発に持株会社が設立され、しかもそのコントロールは緊密（tight）であった。一般的に、イギリスの持株会社はルースであったために効率的ではなく、日本はタイトであったために効果的であったとされる。

財閥は、第二次大戦後に企業グループへと変容したが、これもある種の組織タイプである。企業グループは持株会社形態を採っていないので、水平的グループ（水平ケイレツ horizontal keiretsu）と呼ばれる。これに対して、事業会社を基礎として成立した企業グループは、縦のケイレツ（vertical keiretsu）と呼ばれる。これは、戦前期の財閥と同様に、業種の広がりを別にすれば、タイトなコントロールを行う持株会社である(10)。

また、さらに市場原理が強いタイプとしてカルテルがある。アメリカでは、カルテルは独占禁止法のごく初期を除き、不公正競争を行うものとして明確に違法とされた。また独占禁止法以前でも単なる紳士協定であったので、しばしば遵守されず、実効があがらなかった（ルースなカルテル）。しかしながらドイツでは、業界協調を優先し、「過当競争」を避けるためにカルテルは合法であり、かつカルテル協定を遵守させるためにカルテル法廷も設置されていた（タイトなカルテル）。このカルテルは、完全な内部組織ではなく、また準内部組織でもある持株会社による親・子会社関係でもなく、純然たる企業間関係ではあるが、ある種の管理的調整と言ってよい。

日本でも戦前から、また独占禁止法の導入された戦後でも、不況カルテルや合理化カルテルとして、盛んにカルテルは利用されてきた。またイギリスでは、カルテルは違法ではなかったが、紳士協定に過ぎなかったので、実効はあがらなかった（独占禁止法導入以前のアメリカと同様）。

市場取引の極限的な形態は、取引所を通じたスポット取引である。ここでは、匿名的な売り手と買い手が互いに価格を基準に取引するプライス・メカニズムが支配している。証券市場、石油市場、小麦、大豆などの農産物商品市場、金・銀などの貴金属市場、海運市場などがこの領域に属している。ただし、先に述べたように、市場経済にとって、取引所という組織は必須と言ってもよい。

しかし、商品特性からして、アフター・サービスやメンテナンス、取引の繰り返しが重要な産業では、一回限りの取引（one-off transaction）や短期取引よりもむしろ数年単位の長期取引が選択される（長期取引のための投資の結果、簡単に契約を打ち切れないというホールドアップ問題の発生）。アセンブラーへの自動車部品などの供給はその際たるものであろう。また耐久消費財のような完成品、あるいは機械設備においても、数年、あるいはそれ以上の長期にわたって使用するものは、アフター・サービスを通じたＢtoＢ、ＢtoＣの継続的な関係が重要である。これも一応「市場」ではあるが、スポット市場とは異なり、「長期的な繰り返し取引」がキー概念となる。

アメリカやイギリスでは、自動車部品取引においても短期的な傾向が見られるが、これに対して日本やドイツでは、同種の製品についても、長期的な取引関係が見られる。さらに日本では、長期的な取引関係を堅実なものにするために「ケイレツ」の形成が見られた。トヨタ、日産、ホンダなどの自動車サプライヤーのケイレツと、パナソニック、東芝、日立などの電気部品のサプライヤー・ケイレツが有名である。さらにこうした後方ケイレツに対して、ディーラーなどの前方ケイレツも形成された。トヨタ、日産、ホンダのディーラー・ネットワーク、パナソニック、東芝、日立などの専売店ネットワークは日本のケイレツとして、独自の特徴を持っている(11)。化粧品の分野においても、資生堂のヴォランタリー・チェーンなどが日本の特徴とされる。

以上のような固定的な長期取引、カルテル、ケイレツはかつて中間組織と呼ばれた。中間組織論の誕生である。しかし、中間組織というような曖昧な呼称ではなく、このタイプを、市場と組織に対する第三のタイプとして、積極的にネットワークとして位置づけようとする動きもあった[12]。この場合は、図1－1のような直線ではなく、トライアングル構造になる。

　しかし、筆者は市場原理と組織原理の相互浸透（取引コストと組織化コストの大小）という視点からすると、中間組織としてネットワークを考えるほうが妥当であると思う。そこでネットワークという言葉を用いるが、中間組織としてのネットワーク（Ｎフォーム）と考える。ちなみに、Ｓフォームは、シンプルな、単一事業単位、単一職能を有するタイプであって、市場における「点」企業と考えてよい。

　チャンドラーにとって、管理的調整はＮフォームをも含むものであったが、やはり管理的調整の中心は、階層組織を有する内部組織たるＵフォーム、Ｍフォームであった。Ｈフォームは、アメリカではあまり用いられず、その典型であるコングロマリットはアメリカ経済を発展させるものではないとの観点から、チャンドラーはこれに批判的であった。しかし、最近では、サポーティング・ネクサスなどの視点から、Ｎフォームに関しても、積極的に評価していたし、ドイツのカルテル、日本の戦前期の財閥に関しても、またトヨタのサプライヤー・システムなどに関しても、管理的調整の一種として肯定的であった。

　しかし、チャンドラーが明確に注視できなかったものとして、水平ネットワークがある。シリコン・バレー、第三のイタリア、日本の大田区、東大阪などの地域水平ネットワークである。むしろ、こうした地域の説明としては、チャンドラーよりもアルフレッド・マーシャルの地域産業集積論が、一九八〇年代以降、脚光を浴びた[13]。チャンドラーは、長期的に見れば大企業にならなければこうしたハイテクベンチャーも生き残れないとして、インテル、マイクロソフト、グーグルなどを新たな種類の新興企業としては、従来の大企業から区別しない。しかも、かつてのＩＢＭやＧＭが凋落した原因を、たんに「三叉投資」のロジックに忠実でなかったからであるとして、積極的に探求していない。しかし、インテルやマイクロソフトなどの新興企業は、従来の産業特性ではなく、新たな産業特性・製品特性に基づいて、統合（integration）ではなく、むしろ脱統合（disintegration）、専業化（specialization）、垂直的特化（vertical specialization）、企業特化（corporate specialization）、脱コングロマリット（deconglomeration）の戦略を採ることによって、巨大化し大企業となったのであって、従来型の「三叉投資」による大企業とは異なっている。[14]この点に関しては、後述する。

以上で、図1-1の概略を説明したが、国有企業、計画経済についても触れておこう。一九八九年のベルリンの壁崩壊、それに続くソビエト連邦の解体、市場経済への移行によって、計画経済は非効率であり、国民の豊かな生活を保証しえないことが明らかになった。こうした計画経済の中軸を担っていたのが、国営企業（従業員は公務員）、国有企業（国が株式を所有する株式会社）であった。

こうした計画経済の崩壊と時を同じくして、あるいはそれに先行して西側諸国でも、国営・国有企業の非効率が問題になり、民営化の動きがほとんどの国でも見られた。[15]特に、西側諸国で最大の国有企業比率を持っていたイタリア（二五％）でも、それに次いで高い国有企業比率を持っていたイギリス（一一％）でも、続々と国有企業の民営化が図られ、国有企業は解体されていった。

チャンドラーによれば、本来、市場による調整よりも管理的調整の方が効率的なはずであるが、それではなぜ管理的調整によって運営されていた計画経済、国有企業の運営は行き詰まったのだろうか。これは、筆者にとって長い間の疑問であった（社会主義に明日はあるか?）。だが、企業の目標が抽象的な公共の利益といったものでは、短期的にはともかく、長期的には実際のインセンティヴになりえず、非効率が蔓延したと考えられる。やはり長期的には、NPO（nonprofit organization）ではなく、FPO（for prcfit organization）[16]でなければ、経済システムの本当のインセンティヴにはなりえないということなのである。管理的調整を軸としている内部組織でも、根底にはFPOとしての利益追求原則がなければ、長期的な効率的組織の運営はできないということである。[17]

ただし、一〇年前には市場原理の機能しない国有企業は非効率の代名詞となっていたが、最近はやや様相を異にしている。それは、アラブ諸国や、シンガポール、マレーシアなどのＳＷＦ（sovereign wealth fund）や、中国の国有企業の動きである。アラブ諸国などの政府系投資ファンドは、豊富な資金を利用して世界の金融界、産業界に大きな影響を及ぼしている。また中国の国有企業はそのスケールにものを言わせて、世界各地への輸出、また輸入、特に資源の買い付け、建設、金融などの分野で力を発揮している。かつては、国有企業の非効率、無力化が言われていたが、様変わりのこうした動きが一過性のもので終わるのか、あるいは、これまでの組織から市場への揺り戻しという流れの中で、長期的にみても本格的潮流となるのか、今後の動向が注視される[18]。

以上を要約すれば、企業と市場の境界とは、中間組織（Ｎフォーム）の存在によって、曖昧にされ、暈《ぼか》されてきた。外的環境また企業の持つ内部資源によって、取引コストと組織化コスト（ネットワークを組織するコストを含む）の大小によって、市場や内部組織、あるいは中間組織が選択されてきた。企業の歴史は、この数直線の上を行きつ戻りつしていることになろう（不可逆的ではなく、可逆的である）。

3　「消え行く手」について

筆者とほぼ同様の視点から、チャンドラー・モデルに新たな視点、用語を付け加えたリチャード・ラングロアの見解を検討することにしたい。

チャンドラーは、アダム・スミスの「見えざる手」を一捻りして「見える手」を自書の題名としたが、ラングロアはさらに「消え行く手」（vanishing hand）という言葉を使い、チャンドラー・モデルが、あるいはチャンドラーが重視した特長を持った企業（Chandlerian firms）がもはや機能しなくなっていることを論じている。本章では、それに関する論文二点 "The Vanishing Hand: the Changing Dynamics of Industrial Capitalism"[19]（2003）、"Chandler in a Larger Frame: Markets, Transaction Costs, and Organizational Form in History"（2004）を検討し、チャンドラー・モデルの限界と、ポスト・チャンドラー・モデルへの燭光《しょっこう》を見出したいと思う。

ラングロアは、最初の論文で次のような指摘をしている。

一九八〇年代以降、垂直分解（vertical disintegration = vertical unbundling, vertical specialization）が顕著になり、これが「消え行く手」という現象を惹き起こしている。彼によれば、この過程は、チャンドラーの「見える手」がアダム・スミスの「分業過程」（a larger Smithian process of the division of labor）の一部であり、一時的なエピソード（a temporary episode）に過ぎなかったことを意味している。しかし、チャンドラー・モデルを放棄するのではなく、再解釈することが必要であると主張する（この点は、筆者も同感である）。

現在は、市場を通じた調整や専業化の力が増大し、垂直的に統合された生産段階（チャンドラーの段階）と拮抗している。しかし、最初からチャンドラー段階を否定する見解もあり、スクラントン、あるいはセイブル&ザイトリンは、経営者革命の時代にも、専業による生産システムが有力であったと主張している。真っ向からのチャンドラー的な解釈への挑戦である[20]。しかし、一時的なエピソードではなく、一つの明確な段階として、また主要な産業が統合された大規模企業によって推進されたことは否定しがたいように思われる。

重要な点は、スミスの分業についての理解である。「分業は市場の大きさによって制約される」というスミスの有名な命題がある。成長論的に見れば、斎藤修の言う「スミス的成長」である[21]。鄙見では、スミスの分業論は、一方にはピン製造の事例が示すような「組織内分業」があり、他方には異なる企業間での「社会的分業」がある。市場の大きさとは、つまり各種の財への需要の大きさである。企業は、内部の分業を通じて規模を拡大するが、同時に社会における分業も、種々の企業が産み出されることによって増大する。これは実際、一九世紀前半のアメリカで生じた専業化の過程である。

だが、この傾向は反転する。たしかに市場の拡大によって分業は組織内、組織間でも進展するが、同時に一九世紀後半のアメリカでは、企業が独自に、製造から販売、購買、研究開発など他の機能（function）に進出し、統合過程を推し進める現象が発生した。さらに世紀末の第一次合併運動期には、他社の買収合併を通じて規模の増大が図られ、一九二〇年代の第二次合併運動では、他職能企業を買収合併する垂直的合併が活発となった。そして一九二〇年代には、他製品への進出、新製品の創造という多角化への進展が始まり、大統合・多角化企業が誕生したのである。この過程は、スミスの分業論が想定していた事態ではない。あくまでも、スミスの分業論は組織内（製造工程内）・組織間の分業を考えていたが、企業が垂直統合に向かうといったことは想定していなかった。したがって、ラングロアの言うように、チャンドラー的企業（Chandlerian firms）がスミスの分業論の枠内におさまることはないのである。その点で、一九世紀後半の垂直統合への動向に基づいて立論されたチャンドラー・モデルは独自性を持っているということが言えよう。すなわち、スミス的過程の一部分などということはないのである。

ただし、チャンドラーは一九八〇年以降の変化を十分認識しえたとは言えない。例えば、ラングロアが指摘するように、「第二次大戦以降は特に、有形・無形の資本に対する重要な大規模投資は……新興企業によって行われたのではなく、グローバルな規模で潜在的な新技術を開発・実用化するのに必須の学習・組織能力を有する既存の企業によって主に行われたのである」との叙述は、ミスリーディングである。[22] というのも、たしかに一九八〇年代まではチャンドラーの言うとおりであったが、一九八〇年代以降、マイクロソフト、インテル、アップルに代表されるように、まったくの新興企業によって発展の重要な部分が担われたからである。

ラングロアによれば、チャンドラーは、流行語となった「企業の専業化」（corporate specialization）といった現象にも十分な注意を払わなかった。最大の雇用企業がチャンドラー的企業の代表選手であったGMから、派遣会社であるマンパワー社（Manpower, Inc.）に移ったこと、ジェット旅客機の最大の所有者が、航空会社ではなく、GEの航空機リース部門であることなどの変化を十分分析したとは言えないとする。[23]

もちろん、こうした専業化を軸とする動向は一九世紀前半の専業化とは異なり、高い通量（throughput）を特徴としており、当然異なるシステムである。またEMSにみられるような「ファブレス・ファウンドリ」のビジネス・モ

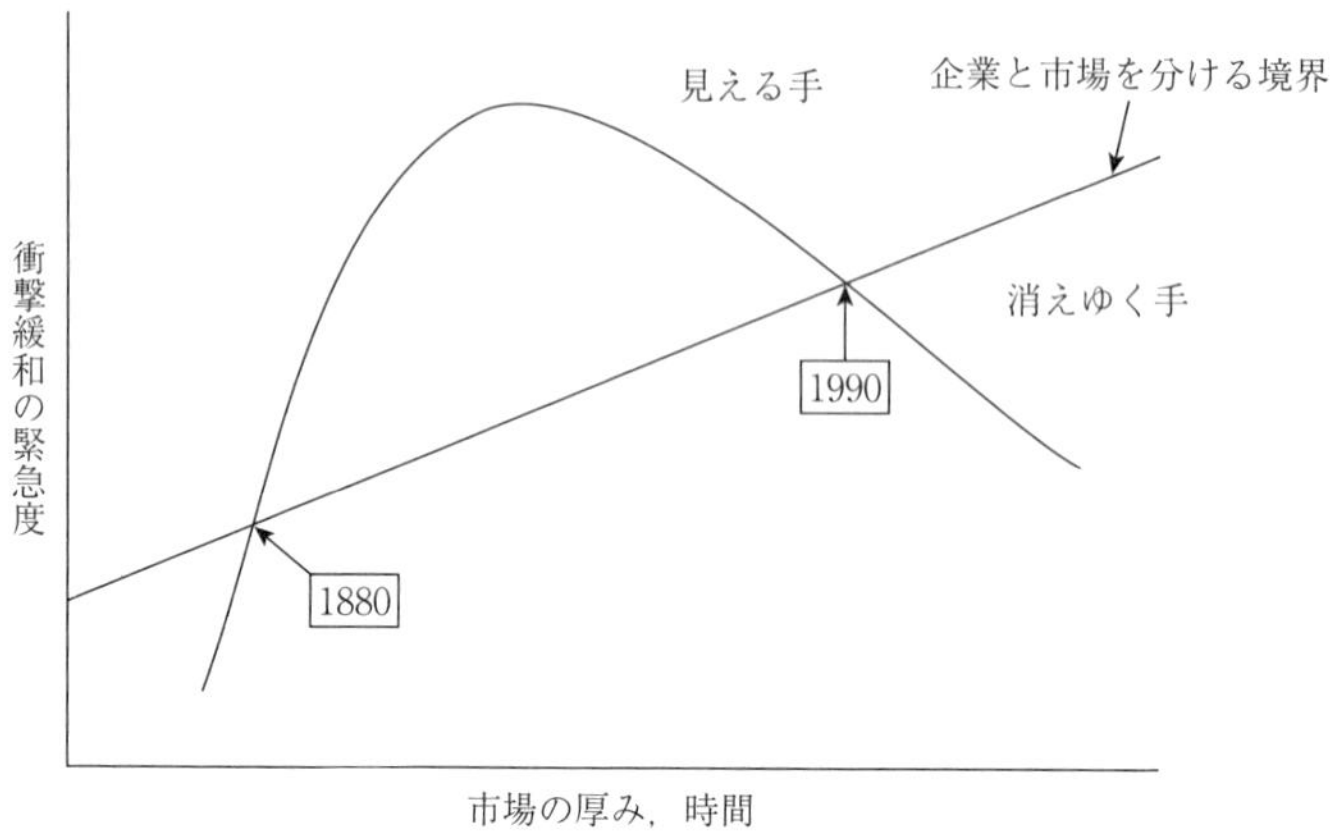

図10－1　「消え行く手」仮説

出所：Langlois, “Vanishing Hand”, p. 379.

デルも視野に入っていない。また筆者も、もともとチャンドラー・モデルにおいては、アメリカの重要なビジネス・モデルであるフランチャイズ・システムがまったく分析されていないのも問題であると思う。(24)

垂直統合の解体、専業化、ファブレス・ファウンドリの勃興、こうした動向はＰＣ製造に代表されるモジュラー・システムの利用と結び付いている。またデルのような企業は、市場を通じて、緊密に統合されたロジスティクス・システムを創りあげた。これは、一九世紀末に食肉のスウィフト社がチャンドラー的企業タイプによって達成した管理的調整と同種のものである。(25)

ここでラングロアは、衝撃緩和（buffering）という用語をサイバネティクスから借用し、企業に対する衝撃（統合へのプレッシャー）をいかに緩和するかが重要であるとする。現代では、中心的な流れはモジュラー性（modularity）と市場のメカニズムによって、衝撃緩和の緊急度（urgency of buffering）は低下する傾向にあり、もはやチャンドラー的企業が中心ではないとする。(26) 言い換えれば、量産量販体制の整備、市場危機への対応などの様々なプレッシャーを少なくするために大企業体制は成立したが、そのプレッシャー緩和の必要性は、技術革新などのために低下したと言うのである。

ラングロアは最終的に、図10－1が示すような見取り図を提示する。「市場の厚み」（Thickness of markets）とは、市場の大きさであり、スミスの「分業の程度は市場の大きさによって制約される」という場合の市場と同じである。言い換えれば、需要の大きさである。この需要は、所得が増加し、人口が増大し、経済がグローバル化することによってもたらされ、質的には市場の細分化が起こり、それに対応する企業タイプが必要とされる。市場の大きさは時間とともに増大する。

他方で、衝撃緩和の緊急度とは、企業が外部から受ける衝撃（特に輸送コスト、コミュニケーション・コストなど）を克服するコストである。あるいは、「製品の流れの不確実性を緩和しようとすること」（to buffer product-flow uncertainty）である。前者と時間を横軸に、後者を縦軸にとり、図10-1のように、「見えざる手」から「見える手」へ、そして「消え行く手」へと移行していくというのである。図上の直線は、企業と市場を分ける境界線であり、その線より上方にあれば企業、下方にあれば市場である。

大統合企業を作り上げるためには、衝撃緩和の緊急度が大きくなるので、曲線は上方へ移動する。だが、技術進歩による最小効率規模（minimum efficient scale）の低下やモジュラー・システムなどの要因により、緊急度（衝撃緩和コスト）は低下し、小企業がハイテク産業などに参入しやすくなり、市場メカニズムに回帰する。この変化は、大雑把に言えば一八八〇年頃と一九九〇年頃が分水嶺となる。

以上のようなパラダイムを提示したラングロアは、結局、チャンドラー・モデルはスミス的過程（「スミス的成長」）の「中間駅」（way-station）、「一時的エピソード」に過ぎないとする[27]。

第二の論文でも概ね上記の議論を主張しているが、その論文では、Naomi Lamoreaux, Daniel Raff, Peter Teminの共同論文に対する反論が中心である。ラングロアによれば、LRTとラングロアは、事実に対する同じ認識、目的を持っているにもかかわらず、なぜこの変化が起きたかの理由、それに関する理論的解釈に違いがあるとする[28]。

LRTの主張するところでは、組織の発展は「こぶ構造パターン」（hump-shaped pattern）になっているとする。高度に分散的な（highly decentralized）企業システムから、統合された（integrated）それへ、再び分散的な（decentralized）システムへと、組織の発展はこぶ構造パターンをたどった。この解釈は、ラングロアの図10－1に見られる解釈と同一である。だが、ＬＲＴには、状況認識の不足と共に、組織変化の基礎理論が欠けており、ラングロアは、それを新古典派の主流的組織理論（代表的著作としては、Milgrom and Roberts のテキスト）[29]に基づいて論証しようとする点が異なる（ラングロアの解釈）[30]。

この新古典派的組織理論に関しては、取引コスト論、エージェンシー理論、契約の束理論、所有権理論、ホールドアップ論などがあるが、ここではウィリアムソンの垂直統合への考え方に触れておこう。

ウィリアムソンは、垂直統合への誘因は通常は技術的・経営的理由（鉄鋼業の「熱経済」に見られる統合の経済、輸送コストの削減、中間利潤の獲得）から説明されるが、もし完備契約が可能であれば、そうした理由がなくても垂直統合は進展するという。ただし、そうした完備契約は、機会主義、情報の偏在などによって不可能であるとする（本書第1章参照）。ウィリアムソン曰く、「技術的相互依存性にもとづいて垂直的統合を説明しようとするつぎのような議論は、もっともおなじみの議論であり、またもっとも簡明な議論でもある。……技術的補完性は、おそらく、分離可能な部品の製造の場合よりも、連続処理型作業（化学、金属など）の場合のほうが重要であろう。標準的な例は、製鉄と製鋼との統合であって、この場合には熱経済の利用が可能になるといわれている。……しかしながら、私は、もし製銑工程と圧延工程とのあいだの複雑な条件つき請求権契約を作成し、その履行を強制することが可能であるならば、この二つの活動を熱経済のために統合することは不必要なはずだと主張したい。そうした契約が禁止的なまでに高い費用を要することが、統合しようとする決定が行われる理由なのである[31]」。

以前から、筆者はこの部分の説明には疑問を持っていた。素朴に、技術関係を基礎とし、その上で取引コストの問題が出てくるのではなかろうか。たしかに、一八世紀後半のイギリスのある製鉄所では、製鉄所全体を所有する企業家が、高炉は自分で操業したが、錬鉄部門・圧延部門を他の企業家に貸し出し、その企業家が錬鉄・圧延部門を経営していたという経営分離の事例があった。しかし、こうした事例は例外で、時代が錬鉄から鋼に変わり始めると、熱経済の重要性の増大のために、このような事例は見られなくなった[32]。したがって、契約や取引の視点からのみ、企業のシステムを見ていくことには疑問が残る。垂直統合への誘因はやはり技術的・経営的な誘因が中心ではなかろうか（本書第1章参照）。

ラングロアの指摘で興味深いのは、大企業とは、価格理論（新古典派）では大量産出物の生産であるが（しかし、新古典派では、そもそも大企業は存在しないのではないか）、コースの意味で大企業とは、多くの活動や生産段階を企業化すること（incorporating）という指摘である[33]。

すでに触れた点であるが、二〇世紀の市場は、所得上昇などにより市場細分化が起き、チャンドラー的企業はそうした変化に対応する柔軟性（flexibility）を欠いているという批判はそのとおりであろう。最後に、やや不思議ではあるが、ラングロアは「チャンドラー革命は再び起こりうる」と述べる。すなわち大統合企業が再び主流になる可能性である[34]。

以上が、ラングロアの主張する要点である。

4　統合と脱統合の現段階

以下では、いくつかのポイントを述べてまとめとしたい。

中世的生産様式であった家内工業（domestic production）に基づく問屋制（putting-out system）は、産業革命の勃興と共に解体し、「点」としての企業（Sフォーム）が出現した（前章図9-1参照）。この一八世紀後半から一九世紀前半にかけての過程はまさにアダム・スミスが述べる「市場の大きさが分業の程度を制約する」とする過程であり、企業の専業化の過程であった。しかし一九世紀末から、規模の経済、統合の経済が進展し、さらには範囲の経済が加わり、大統合多角化企業の優勢は、イノベーションを含み、生産・流通などあらゆる面で圧倒的となった。しかし、第三次産業革命（エレクトロニクス革命）の中で、パソコンに代表されるモジュラー生産方式、ファブレス・ファウンドリ、ダウンサイジング、アウトソーシング、フラットニングなどのビジネス・モデルが有力となり、かつまた研究開発でも中小企業が不利という条件も少なからず減少した。また需要面では、市場細分化が進行し、ハイエンド市場、ローエンド市場、ボリューム市場、ラグジュアリー市場、プレミアム市場、ミドルマス市場などの市場細分化が生じた。

ここで、ラングロアが逆の事例としてあげている時計市場について補足しておくと、一九八〇年代エレクトロニクス革命の一端として、時計生産の世界でもデジタル化が進行し、クウォーツ時計が主流となった。そこで勝者となったのは、集権的な所有と管理体制を有する革新的な日本企業であり、それまで時計業界の覇者であったスイス時計業界は、一九世紀的な分散的生産体制を採り続けていたため、敗者となった。この現象が、脱統合化が進行し始めていた一九八〇年代に起きたという逆現象である。

しかし、時代はさらに進む。二〇〇〇年代には再びスイス時計業界が世界の覇者となった。それは、時計のブランド化がさらに進行したからである。個数ではたしかに日本企業は優位であるが（約六〇%、二〇〇三年）、売上では、ブランド力を活かした、分散的経営スタイルを取るスイス企業が（七〇%、二〇〇三年）を占めている。これは、一個あたりの単価が桁違いだからである。ローレックスなどの数十万円という単価が、ブランド力を基礎にして（技術的にはアナログの機械式を使っている場合もある）、金額で見た時計市場の圧倒的部分を押さえたのである[35]。日本企業や他の諸国の一個当たり単価が数万円に過ぎないことを考えれば、時計市場におけるラグジュアリー市場の重要性が窺える。これも所得の上昇を基盤としており、市場の復活と言える。

だが、こぶ構造パターン、あるいは「消え行く手」論は、小企業ネットワークの存在を過大評価しているのではなかろうか。たしかに、大統合企業よりも、大専業企業への流れが中心のように見える。しかし、重要な例外も存在する。たとえば、劇的な復活を遂げたGEは、ジェットエンジン、医療機器、発電機、金融などの広範囲にわたる大多角化企業である。また韓国のサムスン、ＬＧ、現代、インドのタタも大多角化企業（コングロマリット）への道を歩んでいる。世界のハイテク分野では、ファミリー・ビジネスを梃子にして多くの国で、大多角化企業への道が普通である。また、サムスンなどは、液晶パネル、液晶テレビの生産を統合しており、この業界では統合することがきわめて重要であると、ある専門家は主張する(36)。

自動車業界でもたしかにラングロアが指摘するように、ＧＭは部品事業部をデルファイ（Delphi）という別会社にし、フォードもまたヴィステオン（Visteon）という別会社にスピンオフした。だが、世界の情勢を見れば、自動車の部品生産と組立の結合は同一会社という形態を取らないまでも、密接なつながりを持たなければならないという状況は変わっていない。藤本隆宏が主張するような「擦り合わせ」と「モジュラー」との相違である(37)。パソコンではモジュラー生産が相応しい形態だが、自動車生産では設計段階からの擦り合わせが不可欠である。

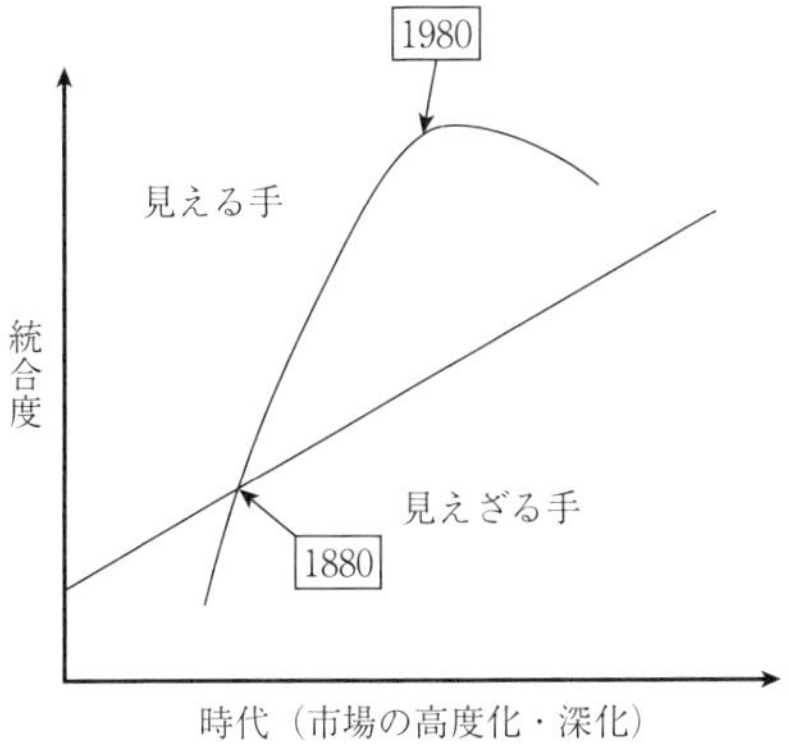

図10－2　安部の仮説

出所：筆者作成。

またソニーなどの、ハードとソフト（映画事業、音楽事業）の結合という戦略もある。金融業界でも、ドイツ流の総合金融業的な方向に向かっているとも言える。商業銀行、投資銀行、保険、小売証券などの統合への動きが、バンク・オブ・アメリカなどの有力銀行では顕著である。また銀行業では規模の拡大は必須であり、ダウンサイジングなどは遠い彼方にある（ただし、フラット化は進行している）。またハイテクの最先端でも、グーグル、マイクロソフト、インテルなどは技術・市場の変化に対応して、各種の製品分野に進出し、互いに競争している。

このように考えていくと、大企業から小企業ネットワークへ、統合から脱統合へ、多角化から専業へと単線化するのは現実の一面しか見ていないと言ってよく、大統合多角化企業と市場企業的性格を持つ新興企業との併存というのが現実に近い状況ではなかろうか。その点で、ラングロアの図に即して言えば、[38]曲線は右下方に下がってはいるが、まだ直線には達しておらず、なお世界は見える手の中にあると言えよう（図10－2参照）。

第11章　QCDからQCFDへ——マーケティング力と国際競争優位について

今となっては思い出すことも難しいが、「パックス・ジャポニカ」と言われたこともあったように、一九八〇年代、欧米諸国と比べて日本経済の強さが目立ち、実際にも日本の国際競争力は際立っていた。特に、製造業でその優位は明瞭だった。ただし、すべての分野においてではなく、主に家電、自動車、造船、鉄鋼、メモリー系半導体分野などに限定されていたことは留意されるべきである。

1　日本企業の優位——QCD

QCD

こうした分野における日本の競争優位は、主にQ（Quality）、C（cost）、D（delivery）と呼ばれる「品質、費用、納期」から来ていた。日本の工業製品は、故障しないという意味での品質の良さ、低いコストで製造できる製造技術上の優位を誇っていた。したがって、低コストを活かして国際的にも価格競争で優位に立つことができた。さらに、商取引で重要な「納期を守る」といった点で、日本企業は海外企業と比較して優れていた。

品質

品質という言葉は幅広い内容を持っているが、ここでの品質とは、欠陥品でないこと、すなわち故障しないことや不具合が生じたりしないことである。かつて（一九六〇年代）、中国製の万年筆ヒーローを購入したことがあったが、書こうとするとインクがボタッと漏れ、とても書けなかった記憶がある。また一九八〇年代、ＮＩＥｓ製品がもて囃され、韓国製のラジカセを購入したが、半年で壊れて使い物にならなくなってしまった。アメリカで乗っていたクライスラーの車は、毎月どこか故障していた。これらが典型的な欠陥品質である。

ところで、欠陥品が発生することは、ある程度の範囲内で不可避であるが、取引先の信頼が高く、検査を省略できるならば、それは受入れ企業にとってコスト節減に直結する。全数検査からサンプル検査、さらには無検査で取引できるならば、検査費用を省くことができ、それは大きなコスト節約要因となる。加えて、日本企業は、欠陥品をゼロとする方向、すなわち品質完璧主義を極めようとしていた。さらに最終局面での検査体制だけではなく、製造工程での「品質作りこみ」によって、欠陥品を発生させないようにした。万が一、欠陥品が生じた場合、たとえ一つであったとしても、その部品を空輸しても取引先に迷惑を掛けないように尽力していた。こうした事柄は、日本企業の評価を高めていた[1]。

もう一つ、欠陥品に関して特筆すべきことがある。筆者は一九八〇年代に海外の日本企業でインタビューしたことがあるが、その時に印象に残ったことは、ある程度の欠陥品の発生は止むを得ないが、「前回は低い欠陥品率であったが、今回は高いと言ったバラツキが最も困る」という発言であった。欠陥品率が予想できれば、対応策を検討できるというわけである。以上のように、日本企業は、低い欠陥品率、欠陥品のバラツキの低さ、それらにより、ＢtoＢやＢtoＣにおいて、取引先や最終消費者の圧倒的な信頼を勝ち取ることができた。それは、消費者や、とりわけ数十回、数百回、数千回と繰り返される納入先との取引において（ＢtoＢ）、海外企業と比べて有利な要因であった。

ところで、信頼には、本来二種類ある。一つは、相手の善意に対する信頼である（goodwill trust）。相手が何をするかその意図を忖度しなければならないとすれば、すなわちいわゆる機会主義（相手につけ込むやり方）の持ち主であるとするならば、それに対する警戒コストがかかるであろう（広い意味での取引コスト）。もう一つは、相手の能力に対する信頼である（competence trust）。相手が善意の持ち主であるとしても、能力がなければ、欠陥品を納入してくるかもしれない。それは、受け入れ企業にとって大きな負担となる。こうした二重の「信頼」において、日本企業は一九八〇年代、高い評価を得ていたのである。

コスト

さらにコストの面では、納入品検査費用の圧縮に加えて、コストに大きく影響する歩留まりの高さが日本企業の強みであった。歩留まり（合格品の比率）が高ければ、当然コストは低くなる。一九八〇年代によく言われていたのは、鉄鋼業での日米格差である。日本の鉄鋼業での歩留まりは九〇%であったが、アメリカのそれは七〇%から八〇%であった。その差異がコストに跳ね返るというわけである。さらに、この歩留まりの差から、粗鋼レベルではアメリカの生産量が多いが、完成鋼レベルでは日本の生産量が多いという逆転現象も生じていた。

他方で、自動車産業では、金型の取り換え（段取り換え）の素早さが市場動向を睨んだコストの軽減に大きく影響していた(2)。その点でも日本企業は他の追随を許さないほど、優秀であった。段取り換えの国際コンテストでは、日本企業チームがいつも優勝していたことが懐かしく思い出される（現在では、中国企業チームが優勝しているそうである）。もとよりコストに関しては、賃金・福利厚生費などの労働コスト、建屋・土地・機械などの資本コスト、研究開発費、事務経費、販売経費など、多面的な分析が必要であるが、技術に根差した歩留まりの差異も、きわめて重要な生産コスト優位の源泉であった。

納　期

最後の納期に関しては、面白い逸話がある。これも一九八〇年代のヨーロッパでの聞き取りであるが、金曜の午後に納入するという約束は当てにできない。なぜなら、金曜の午後に納入されなくても、土曜、日曜は工場・オフィスが休みになるので、文句を言おうとしても、その持って行き場がなく、怒りも月曜日になると自然消滅するというのである。それを見越しているので、金曜の午後に納入するという約束は、最初から守る気がないと解釈していたそうである。日本では、トヨタのカンバン方式が典型的だが、サプライヤーが納期に遅れたら取引停止になると言われているように、納期の厳守は絶対である。

このようなＱＣＤという三要素における優秀さが日本企業の競争優位を形成していた。

2　パラダイム・シフト――デザイン重視への転換

ジャパナイゼーション

しかし、一九九〇年代に入ると、いわゆるジャパナイゼーションを通じて、欧米企業は日本のやり方（ＱＣＤ）を学んでいく(3)。欧米企業も納期に関して厳格になり、コストの面でも段取り換えの素早さ、検査コストの縮小などにより、低コストで生産できるという意味での技術力を高めていく（製品技術力に対する量産技術力）。品質も技術向上により、日本製品と遜色なくなっていく。

またコスト面では、韓国、台湾などのアジア企業が、日本企業のＱＣＤを学びつつ、労働コスト、資本コストの安さを武器に、日本企業の優位を奪っていくことになった。このようにして、一九八〇年代に日本企業が堅持していた国際競争優位は、欧米企業およびアジア企業の両サイドから切り崩されていくことになった。

技術・生産パラダイムの変化

しかし、日本企業の凋落にとって決定的だったのは、技術パラダイムの変化である。端的に言えば、QCDからQCFD（quality, cost, function, design）へのパラダイムシフトである。一九八〇年代までは、日本の「モノづくり」の優秀さが際立っていた。しかし、日本企業の強みは、製造工程におけるQCDであった。これら三分野での優位に基づいて日本企業の競争優位が存在していた。しかし、供給の面では、第三次産業革命によるエレクトロニクス革命（ハードとソフトの分離、設計思想の重要化[4]、モジュラー化[5]、ファブレス・ファウンドリの進展、インターネットの普及、電子商取引の普及、パッケージソフトの進展、伸縮的専門化）のような変革の波が起こった。これらのほとんど全ては、日本企業の従来の競争優位を低下させる方向に作用した。日本的生産システム・日本的経営システムの根幹が揺らいだのである。

需要の変化——QCFDへ

他方、需要の面では、所得上昇による市場の細分化（market segmentation）・多様化（d.versification）によって、市場構造が大きく変化し（needs から wants へ）、それに伴って生産構造も大きく変化することになった（統合の解体 disintegration の進行）。

各製品市場はますます細分化・多様化され、ハイエンドとローエンドへの分解、言い換えれば分厚いミドルマスの解体、ディフュージョン・ゾーンあるいはセカンド・ライン、ボリュームゾーン（普及価格帯）への多様化が顕著となった（大衆社会から「分衆の時代」へ）。そうした動向の中では、消費者の嗜好性がますます強くなり、デザインの重要性が増していった（QCFDのDは、納期ではなくデザインのDである）。個性的な製品が好まれ、本当の手づくりではないとしても、「手づくり風の製品」が好まれていく。そこでは、ブランドの重要性が一段と増していった。

ブランドとデザイン

ところで、ブランドには、二つの概念がある。一つは、シャネル、ルイ・ヴィトン、エルメス、ミキモト、フェラーリ、ロールズ・ロイスなどのラグジュアリー・ブランドである。もう一つは、ナイキ、アップル、ソニー、H&M、ZARA、ニーマン・マーカスなどのプレミアム・ブランドである。ラグジュアリー・ブランドは、ある特定業種の中における超ハイエンドをターゲットとするブランドであるが、プレミアム・ブランドは、他製品より少し高価格で、個性的なハイエンドをターゲットとするブランドである。

こうした市場細分化は、伝統的な工芸を別にすれば、日本企業の不得手な分野であり、ヨーロッパ企業の得意な分野であった。イッセイミヤケ、森英恵、山本耀司、山本寛斎などの日本人デザイナーがある程度活躍できたファッションの世界を別にすれば、なかなか日本企業の出番は少ない。化粧品、アパレル、家具、装飾品などの分野では、フランス、イタリア企業の強さが際立っている。

またラグジュアリー車の世界でも、フェラーリはプライスと製品価値の不一致から、一時期不振であったが、経営改革と世界の富裕層が増大したことから、好調さを取り戻した。またオートバイ分野の王者であったハーレイ・ダヴィッドソンも、一時期、ホンダ、川崎などの日本製オートバイに押されて沈滞していたが、マーケティングに新機軸を見出して（消費者とメーカの間の密なリレーショナル・マーケティング）、ブランド力を回復している。

さらに一般的な工業製品分野でも、たとえば自動車を一例に取り上げると、日本車がデザインで優れているという評価はまれである。むしろ韓国車の方がイタリアデザインを本格的に取り入れて国際的な評価は高い。レクサスは、ハイエンドを目指して、ベンツ、BMW、アウディに挑んでいるが、なお時間がかかるのは避けがたいようである。ブランドを確立するには、数十年という時間がかかる。

さらに、日本は先に言及したオートバイ分野でも、技術力でイタリアのドゥカッティに追い上げられている。ドゥカッテイの場合は、スタイリングもさることながら、その新技術が評価されている事例であり、日本の製品技術力はここでもチャレンジを受けている。[6] またオートバイ分野では、そのスタイリングに高評価を受けているＢＭＷは、依然としてオートバイ市場でその地位を維持している。

以上のように、市場の細分化により、デザインの重要性が高まり、個性的なデザインを持つ製品が市場で評価されるようになってきている（ハイエンド市場の重要性の高まり）。こうした構造的な変化に、日本企業の従来のＱＣＤ戦略では付いていくことはできなかった。

3　機能とは何か――品質、機能、性能、使いやすさ、感性

品質という言葉も多義的ではあるが、故障しないという意味での品質に関して、日本製品の品質が高い評価を受けていることは現在でも変わらない。とりわけ自動車分野ではそうである。もっとも、三菱自動車の欠陥車問題、トヨタのリコール問題、タカタ・エアーバッグのリコール問題、日産・スバルの不正検査問題が示唆しているように、日本製品の品質への信頼はかつてほどではない。また海外企業も品質面ではかなりキャッチアップした。特に、韓国企業のキャッチアップは目覚ましい。

しかし、Ｄ（納期）がＤ（デザイン）に変化したように、品質とは異なる新しい要素が加わった。それは、機能（function）である。（ＱＣＦＤのＦ。）機能と言うと、高性能を連想しやすい。車で言えば、スピードが出る、加速性能が良いなどの技術的な機能（性能 capability）である。しかし、機能には使いやすさ（ease of use, readiness）、使い心地（comfortableness）という要素もある。高性能過ぎて、あるいは多機能すぎて使いづらいことはよく起きる。無駄な機能（過剰機能）が付随している状態、すなわちオーバースペックの状態である。日本のパソコンに装備されている無駄なソフトの数々を連想すればよい。

素材の面で言えば、不必要に高機能な素材もある。例えば半導体を取り上げれば、かつてのメインフレームでは、

長期間の使用でも不良品とならないためにＤＲＡＭ（メモリー系半導体の一種）は二五年保証が必要であった。しかし、メインフレームからパソコンにＤＲＡＭの主要市場が変化していく時に、二五年保証は必要ないのである。そうした過度の高性能（あるいは過剰品質）に、技術尊重（偏重と言うべきか）の精神から、日本企業が必要以上に拘泥したことが日本ＤＲＡＭ産業の崩壊をもたらしたとする説もある。[7] 日本企業はかつては低コストで製造する**量産技術**に一日の長があった。だが、**性能技術**への過度の傾斜により、以前の量産技術のメリットを喪失したとも言える。

しかし、時代の長期的傾向では、使いやすい、あるいは使い心地がいい、アパレルで言えば着心地がよいなどの、ユーザーサイドの**感性的要素**がますます重要となっている。

かつて自動車産業では、マニュアル・トランスミッションからオートマチック・トランスミッションへの変化が、操作しやすいとの観点から主流になった。[8] 機能の面では、最近のユニクロのヒートテックは、寒さを防ぎ、着心地が良いとの評価を受けて大ヒットした。ハイブリッド車も燃費の点、自然環境への負荷の低さから市場の高い評価を受けた。

現代では、過剰な機能（オーバースペック）や高性能より、使いやすさ、シンプルさ、使い心地などの要素が高い評価を受けるようになっている。

アップル

デザイン性と使いやすさ（機能）の両方を追求して成功したのがアップルである。超ハイエンドのラグジュアリー・ブランドと区別したプレミアム・ブランドとして、ＰＣおよびスマホのハイエンド市場を我がものとしたのがアップルであった。株式時価総額でエクソン・モービルを追い越したアップルこそ、ＱＣＦＤの寵児となった。[9]

アップルの品質は、昔から有名である、頻繁なフリーズに示されるように必ずしも高いものではない。また生産コストも特に低廉というわけではなく、ハイエンドを狙っていることからも高価格である。アップルのボリュームゾーンを狙って出したかつての低価格機戦略（パフォーマ・シリーズなど）は、コスト・ベネフィットを重視する多数の人々、および従来のアップルフリークからは評価されなかった。しかし、一連のMac、iMac、iPod、iPhone、iPadに示される成功は、アップルのFD戦略（機能デザイン戦略）の成功を示している。使い易さ、その高いデザイン性によって、"look and feel"（外観と操作感）という標語に示されるように、アップルの製品は市場に受け入れられ、かなりのアップダウンはあったが、企業として成功を続けている。

アップルに関して言えば、コストに関してもイノベーションが起きた。かつては、日本企業と同様に、自社工場で完結する統合生産を行なっていたが、一九九〇年代に、コンパックと類似のファブレス・ファウンドリ戦略を採用した。生産は台湾企業、韓国企業に委託するファブレス・ファウンドリ戦略である。しかし、製品のアーキテクチャー（基本構想）の開発はアップルが統合して行う（インテグラル戦略）。その結果、アップル製品のコストはかなり下がり、しかも製品はファンクションとデザイン（ＦＤ）の追求により、高価格を維持することができた。その帰結は、年に五〇〇億ドル（六兆円）を超える営業利益である（トヨタの営業利益は二～三兆円）（二〇一四年度）。この**インテグラル開発戦略**は、マイクロソフトやインテルの**オープン戦略**とはまったく異なることにも注目すべきである。[10]

ナイキの製品も典型的なプレミアム・ブランドであり、機能とデザイン性でその競争優位を確立している。生産は、アップルと同様にアジア企業に委託生産している。

これに対して、日本企業はデザイン性で高評価を得ることはできず、機能の面でも高性能ということではある程度の評価を得ているが、使い易さ、使い心地ということでは必ずしも高い評価は得ていない。

家電といえば、かつては日本企業の競争優位が最も発揮された分野であったが、品質ではサムスン、ＬＧなどの韓国企業にほぼ追いつかれ、コスト面では労働コスト、資本コスト、さらには低コストで生産するエンジニアリング技術（量産技術）で圧倒され（ＤＲＡＭが適例）、デザイン性でもサムスンのワイン型テレビに出し抜かれると言ったように、むしろ劣位にある。

ＱＣＦＤとのミスマッチ

日本企業の優位は、量産量販の単純な世界に適合的だったのであり、デザイン性や機能性が重視される一九九〇年代以降の時代と合わなくなっているのが最大の問題である。さらにそうした設計思想の問題（インテグラルか、モジュラーか）だけではなく、生産タイプの面でも従来の統合型（インテグレーション）にこだわり、大胆なファブレス・ファウンドリモデルに転換できていない。日本の産業構造の空洞化（hollowing-out）の懸念から、日本企業が十分なファブレス・ファウンドリモデルの採用に踏み切れなかったことは理解できるが、国際競争力に大きなマイナスをもたらしたことは明らかである。

時計産業

もう一つの重要な事例として、時計産業を挙げることができる。前章でも解説したが、従来、スイス企業は小規模企業による分散的な生産体制を基盤に、圧倒的なブランド力を誇ってきた。ヴァシュロン・コンスタンタン、ローレックス、オメガなどの企業である。しかし、一九八〇年代クウォーツ技術（デジタル技術）の発展により、正確で安価な時計が主力となった。その技術の面で、優位に立ったのが日本企業であった。セイコー、シチズンなどの日本企業が世界を制覇する勢いであった。しかし、世界的な所得の上昇（これは他分野においても市場の細分化・多様化を引き起こした）によって、デザイン性の優れた高級時計の需要が高まり、時計業界の中心はハイエンド、かつラグジュアリー商品に移った。二〇〇三年には日本企業は個数では世界の六〇％を生産していたのに、売上ではスイス企業が七〇％を占めるといった信じがたい事態が起きている（日本企業の売上は、一〇％程度か）。これは、日本企業の製品価格が数万円であるのに対し、スイス企業の製品単価はその一〇倍以上しているからである。このようなプライシングが可能である産業では、コストよりもデザインをベースにしたブランド力が最も重要なのである。(11)

もちろん、自動車業界やアパレルでも桁違いのハイエンド（フェラーリやロールズ・ロイスの一台数千万円、シャネル、アルマーニのスーツ一着数十万円）は存在しているが、それらは業界の中心とはならず、マイナーな世界に留まっているのに対し、時計業界ではラグジュアリーに属するスイス時計が業界の主要部分を占めることが可能だった。こうしたラグジュアリー化が他の分野でも程度こそ違うが進行しているのであり、そこでは、ＱＣＤよりも、ＱＣＦＤにおけるデザイン性が最も必要とされているのである。スイス時計の高級品は、デジタルではなく機械式のアナログであることが多く、デジタルに比べれば、正確さは格段に劣る。それでも売れるのである。電波時計による正確さなどはむしろ特殊な人々の需要であり、同時に格安デジタル時計も業界の中心にはなれない。ちなみに、ＱＣＦＤと書いたが、重要度から言えば、真逆のＤＦＣＱと言える。

4　イタリアの経験

以上のようなＱＣＤからＱＣＦＤへの展開に関して、アップルと同様、イタリアの経験は多くの教訓を日本企業にもたらすと思われる。

一九七〇年代までのイタリアは、ヨーロッパの中ではイギリス、ドイツ、フランスと比べて、遅れた貧しい国という評価であった。今でも、一部にはそうした側面も残っているが、一九八〇年代、イタリアは「第二の産業分水嶺」[12]と呼ばれる変革の中で、模範生として登場してきた。「第三のイタリア」（Third Italy）の誕生である。所得の増大とともに、市場が細分化されるにつれて、ニッチ市場、ハイエンド市場の重みが増した。イタリアは従来から品質というよりは、デザイン性で世界と戦ってきた。イタリア企業にとって幸運なことに、一九八〇年代のエレクトロニクス化の進展によって、これまでは中小企業（ＳＭＥ）にとっては不可能だったニッチ市場への新規参入や新製品市場への参入、グローバル展開が技術的・マーケティング的に可能となった。新市場への参入障壁が格段に低くなったのである。

そこでは、ＱＣＤももちろん重要であるが、より重要となったのはＦＤ（機能性、デザイン性）であった。この変化に関して、東レのイタリア子会社（アルカンターラ社）の経営を行なってきた小林元はその変動を的確に説明している[13]。

小林は、「イタリア的製品開発、マーケティング手法」と、「従来のマスプロ、マスセール」を対比し、例として、ケトル（やかん）のメーカーで有名なアレッシーを分析している。日本でやかんといえば、せいぜい一〇〇〇円か一五〇〇円であるが、アレッシーのやかんは、一つ一万五〇〇〇円もする。それでも売れるのは、デザイン性が高いからである。発展途上国では、早くお湯が沸く、落としても壊れないとかの性能をまだ評価しているが、「日本も含めて先進国のケトルのマーケットはもう変わった。今やオープンキッチンといって、客間とキッチンをつないだ部屋というのが主流になってきている。そうすると、食事をする、あるいはお客を招いた時に、キッチンにさり気なく美しい色彩、個性のあるものが置いてあって、しかもその色と形がキッチンの他のものと美しく調和しているということが大事」であると述べる[14]。

また合成繊維（人工スエード）の企画・生産・販売をアルカンターラ社は行っているが、イタリアの事情、あるいはヨーロッパの事情に合わせて、「色」の開発で独自性を出している。例えば、「動物の皮では色を出すのが限られていて、一二色くらいしか出ないし、中間色という微妙な色の差はなかなか出ない」。しかし、合成繊維の人工スエードならそれができる。「この色というのが実はヨーロッパの人、特にイタリア及び地中海の人たちには大変に大事なことだ」[15]。セーターのベネトンが成功した理由は、品質よりもその「色」である。

「日本ではメーカーは商品を消費者に提供する。メーカーが作り出すのは商品だと考えている」。これに対してイタリアでは、「消費者に商品を通じて生きることの楽しさを提供している」[16]。これは、先に述べたアップルが目指したものと同じである。スティーブ・ジョブズ、すなわちアップル社のデザインに対する関心には並々ならぬものがある[17]。

なお念のために、①品質・機能、②性能、③使いやすさ（使い心地）の関係を整理しておこう。これら三種類の関係は重なり合う部分もあるので、再整理しておきたい。

狭義の品質とは、故障が少ない、不良品でないという意味であり、機能とは、まず高性能であるということである。使いやすさの良し悪しは、オーバースペックな状態によって、高性能ではあるが、使いづらい、シンプルでないという状況がもたらされることによって決まる。これを別の角度から見れば、アップルの、"Simple is the most sophisticated"という表現になる。十二分に洗練し、彫琢すれば、それは畢竟シンプルなものになるという趣旨である。(18)

この点に関し、先の小林元は次のような興味深いことを述べている。個性的でないコモディティ（汎用品）に対するスペシャルティグッズ（**個性品**）という対比の脈絡で、後者は、「色が美しい」「見て美しいスタイル」「使ってみて非常に使いやすい、使っていると非常に楽しい、遊び心をかき立てるといった独創性を前面に押し出し」た商品であり、「**数値ではなかなか捉えられない感性**」が重要な商品である。アルカンターラ社は、最初は「しわにならない」「洗濯ができる」「虫がつかない」といった「機能性」を前面に出して、「西ドイツ市場でブームを起こした」。イタリアから見て、アルプスの向こうの人は、「機能性」を評価する。これに対して、アルプスのこちら側の人たちというのは感性を評価する。(19)

このように、機能性と感性とを対比的に捉えることもできるが、重なり合うところもある。感性を示す表現として、使いやすさということで、「使ってみると非常に使いやすい」という言葉じたいを小林も使っているように、また「色とタッチ」（傍点引用者）という用語も使われていることから、筆者の主張するように、機能性の中に、性能、デザイン、使いやすさ（使い心地）を区別することと小林説は矛盾しない。タッチには、手が感じる感触があるが、それは使い心地と同種のものと考えられる。アップルの"look and feel"のfeelにつながるものであろう。感性という言葉で括れば、目の感触がデザインであり、手の感触が使い易さ（使い心地）ということになろう。これを図示すれば、図11-1のようになる。

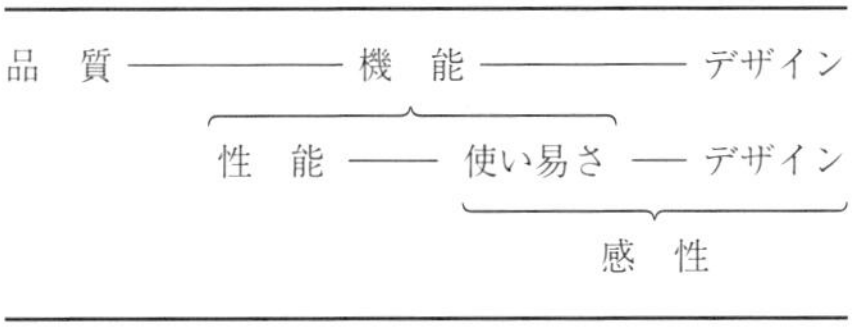

図11-1　品質・機能・デザイン

出所：筆者作成。

最後に、日本人デザイナー芦田淳のきわめて印象深い体験を紹介しておく。芦田淳は、日本でフランス式の家を建築しようとして、フランスから建築家を呼んだ。ただし、フランスと書かれているが、その建築家はフランスと言っても、地中海のコルシカ島生まれの建築家であった。南フランス、とりわけ、ニース、カンヌ、モナコなどのコートダジュールは、イタリアと文化的に非常に近いか、まったく同じと言ってもよいくらいである。歴史的にも、ニースは、かつてはイタリアを統一したサルディニア公国の一部であったし、コルシカも、ジェノア共和国の一部であった。したがって、地中海文化圏、あるいはイタリアから建築家を呼んだとも言える。

その建築家に、自由に設計してもらって構いませんが、一つだけ注文を付けますと、芦田は最初に言った。私はテニスをするので、シャワーを浴びる時に水圧の強い設計にしてもらいたいとの注文を出した。しかし、そのデザイナーはこの唯一の注文に応えず、水圧の弱いシャワーを選んだ。その理由というのが、この「シャワーヘッドがあまりにも美しかったので選んだ」と言われたのである。この美しさは何物にも代えがたいと主張して、建築家はシャワーヘッドの変更に応じなかった。二番目は、納期に関してである。およそ半年も完成が大幅に遅れた。しかし、建築家からの詫びの言葉はなく、芦田が、「『話が違うじゃないか』と詰問すると、いい家に住みたいなら、遅れても、結果がよければいいじゃないかと言われてしまった」。先のQCDのDは納期を指すので、日本の商慣行では納期遅れはタブーである。しかし、コルシカ生まれの建築家にとって、納期など眼中にないのである。

三番目として、納期の遅れは以下の理由にもよる。フレスコ画を階段両側の吹き抜けの高い壁に書かせたのだが、フレスコ画の作成には非常に時間がかかる。一日に一〇センチくらいしか進まない。しかし、デザイナーはあろうことか、ほぼ完成近くなった時に、わざわざ七〇%を削り取ると言いだした。芦田はなぜそんな無駄なことをするのか、壊すのなら最初から三分の一を造ればよいではないかと問い詰めたところ、**あなたは「『それでもアーティストか』、きちんと描いてから部分的に削らないと、本物にならない」**（ゴチックは筆者）と逆襲されてしまった。このように、イタリア人のデザイン性に関する思い入れはきわめて強い。その「情熱」の下では、納期など些細な事柄なのである。(20)

5　今後の方向性

先述のような世界の市場細分化・多様化に伴って、イタリア式ニッチ戦略やマーケティング手法は、様々な業界に浸透している。食文化でも、パスタ、ピザの国際展開は目覚ましいし、サンドイッチの食べ方でもパニーニが北ヨーロッパでも広がっている。またコーヒーでも、似てはいるが、フランス式のカフェオレより、イタリア式のカプチーノの方が世界的に人気である。人によって評価は分かれるだろうが、パリファッションより、ミラノファッションの方が勢いがあり、アルマーニ、ベネトン、プラダ、グッチ、マックスマーラ、ベルサーチ、フェンディなどがパリ・コレクション、ニューヨーク・コレクションより人気である。もちろん、パリコレを好む人も多く、市場は嗜好性に応じた様々な細分化を遂げている。金銀細工、宝飾品、革製品、家具（カッシーナ社、Ｂ＆Ｂ社などが有名）などの個性的なイタリアン・プロダクツが世界中に広まっている。言い換えれば、量産量販の世界から、**ニッチ市場の集合**（超ハイエンド、ハイエンド、ミドルマス、ローエンドなど）へと変貌を遂げているのである。

　詰まるところ、従来のＱＣＤからＱＣＦＤへの経営戦略の転換が、今後の世界市場で生き残るためには必須の課題とならざるを得ないであろう[21]。

第12章　日本経営史学の思想史的性格――リベラリズムと普遍主義と解釈論的研究

一九六四年に設立された日本経営史学会の初代の会長は、脇村義太郎氏であった。ただし、設立の実際の原動力は、その後、やはり経営史学会の会長となった中川敬一郎氏であったと聞く。脇村氏とは数回お会いしたことがあるだけだったが、中川先生とは、富士コンファレンスなどでよくお会いする機会があった。お二人とも、リベラリズムの雰囲気を漂わせていたと記憶する。

ところで、武田清子『日本リベラリズムの稜線』を紐解くと、日本におけるリベラリストの一人として、河合栄治郎が取り上げられている(1)。河合は、従来、右翼全体主義にも、また左翼全体主義たるマルクス主義にも抗したリベラリストとして評価されている。その河合栄治郎と、脇村氏の接点が、かつて『日本経済新聞』の「私の履歴書」で紹介されていた。河合、脇村の両氏とも東京大学経済学部の同僚であったが、当時の経済学部は、大内兵衛、大森義太郎、山田盛太郎、有沢広巳、脇村義太郎などのマルクス主義のグループ、土方成美などの右派、両派の中間にいる河合自由主義グループが激しく対立していた(2)。このときの「私の履歴書」の著者は、後に日本郵船社長を務めた菊地庄次郎氏であり、河合ゼミの出身であった。「大学は出たけれど」が流行語になるほど、昭和八年頃は就職難であり、就職活動をほとんどやってこなかった菊地氏は、河合教授から日本郵船を勧められ、そこを受験することになった。その際に、河合教授は海運業界に顔が利く脇村助教授をわざわざ訪ねて、「郵船の役員に推薦してくれるように頼」

んだことが記されている。(3) 脇村氏は、海運業界や石油業界を研究していて、なおかつ実家が資産家であることもあり、海運業界には大いに顔が利いたのである。(4) 河合栄治郎と脇村氏とは肌合いが違い、あまり仲がよくなかったとの風聞もあるが、それはともかく、頼みごとをしたり、されたりするだけの関係は持っていたと思われる。

脇村氏は、確かに労農派マルクス主義のグループに属していたかもしれないが、氏からは社会主義やマルクス主義の匂いは感じられない。筆者がかつて東京大学の経済学部生であった頃、経済学部図書室があって（今でもあるのだろうが）、そこには歴代の名誉教授や学部長の肖像写真が掛けてあった。学生たちにしっかり勉強せよ、といわんばかりに、学生を睥睨している風であったが、そのなかに、脇村氏の肖像写真もあった。それは、他のものとは異なり、まるで歌舞伎役者のような美丈夫で、人生をエンジョイしている様子が窺えた。『趣味の価値』（岩波新書）や『産業と美術と』などを読むと、いかに氏が趣味人であったかが窺われる。また、『脇村義太郎　著作集』（全五巻、日本経営史研究所）を読んでも、マルクス主義的な色彩を見出すことはできない。(5) リベラリストの雰囲気だけが伝わってくる。

マルクス主義的な分析手法というよりは、米川伸一氏が書評したように、脇村氏の方法的特徴は、現状密着型の「状況的把握」あるいは「状況論的歴史理解」（対概念は、日本の経済史で有力なマルクス主義的「体系志向性」）とでも呼べるものであった。さらに、いま一つの方法的特徴は、「教授の関心は現代経済の発生史にあり、現代の諸諸の現象はすべて歴史的規定性を帯びているという理由から、過去が探求されている」と理解する。(6)

中川氏に関しては、初期にはイギリス経済史あるいはイギリス企業史を研究していたが、その後一九六〇年代にアメリカに留学し、アメリカ流の経営史手法を身につけたので、マルクス主義経済学（あるいはマルクス経済学）とは、かなり離れた地平にいたと思われる。以上の二人を中心に創立された経営史学会は、その思想的基盤を、ある意味で河合栄治郎流のリベラリズムに置いていたと言えるのではなかろうか。(7)

1　労農派対講座派

ところで、一九三〇年代に日本のアカデミズムでは、「労農派対講座派」という、いわゆる日本資本主義論争が活発に行われていた。その中心的眼目の一つは明治維新をどう捉えるかという点にあり、労農派は、明治維新はブルジョア革命であり当面する革命は社会主義革命であるとしたのに対し、講座派は、明治維新は絶対主義が成立したものに過ぎず、ブルジョア民主主義革命こそが当面する革命であるとした。この明治維新論争について、最近、簡にして要を得た小論を執筆した石井寛治氏によれば、一九三〇年代、一九六〇年代、一九九〇年代のそれぞれの時期に論争が高揚した。そして「一九六〇年代の議論においては、後進性をもちつつも当時の日本社会が資本主義化して農村を中心とする封建遺制が消滅したとの認識が広まったことを背景に、そうした資本主義化の起点としての明治維新は不完全な面をもちながらもブルジョア革命であったという旧労農派的な明治維新＝ブルジョア革命説が、ソ連の学者による支持を受けるとともに、アメリカ合衆国の学者たちによる近代化論の影響も受けつつ、経済史学会を中心に広まっていった」(8)。さらに、「一九六〇年代の論争をリードした旧労農派の流れを汲む宇野派の議論は、当時の日本社会は資本主義化しているだけではなく、国家独占資本主義としてすでに没落期に差しかかっているという認識」に立っていたとする(9)。

以上のような議論の潮流の中で、経営史学会は明らかに、労農派的、近代化論的流れの中で誕生したと言ってよい。アメリカの学者による近代化論(10)は、マルクス主義が強い日本のアカデミズムの土壌では容易に定着しなかったが、思想的にはリベラリズム、方法論的には学際的・実証的な方向性で、経営史学会は登場したのである。以下では、さらに立ち入って、労農派と講座派の思想史的性格を比較検討してみたい。

2 宇野派

労農派と講座派の相違は、明治維新の捉え方や、それに基づく革命論においてだけではなく、発想法そのものが異なるように思われる。それは、端的に言えば、普遍主義と特殊主義という違いである。筆者が大学院生の頃、特殊イギリス的特徴、特殊ドイツ的特徴、特殊ロシア的特徴というように、「特殊……」という言い方を好む先輩がいた。こうした表現に違和感を持った私は、その時はよく分からなかったが、「外務省のラスプーチン」と言われた、佐藤優の次の指摘を読んで初めて合点がいった。

「日本の左翼の原点というか、日本の学術的国家論の原点はどこかなと考えると、一九三〇年代の日本資本主義論争、いわゆる封建論争に辿り着くのだと思います。この論争における講座派と労農派の国家モデルです。実を言うと労農派的国家モデルはないんです。論理連関を辿るならば、労農派は世界システム論になってしまうので、個別国家の特徴について研究しても意味がないという結論が究極的には出てくると思います(11)。」

この叙述からは、労農派は世界システム論的普遍主義であることが指摘されている。したがって、個別の国家論、社会論はたいして意味を持たないことが帰結される。これに対し、講座派においては、個別の国家論、社会論が大いに意味を持ち、「特殊……論」が重要となるのである。さらに、佐藤の主張するところを聞こう。

「ここで重要なのは、労農派から出てきた非常に異質な知性の持ち主である宇野弘蔵さんの言説です。宇野さん御自身は『僕は講座派でも労農派でもない』と言っているのですが、原理論の構成は明らかに労農派的な世界システム論の延長線上にあります。ただし、宇野弘蔵さんの場合、これは御本人も強調しているのですが、その理論的特徴は段階論にあります。原理論と段階論の断絶というか、捻れをどのように整理するかということに私の問題意識はあるのですが、段階論における典型国の想定というところをガチャガチャいじってみると、逆説的な形ですが、宇野弘蔵さんが自覚的には展開しなかった国家論を引き出してくることができるのではないかと考えています。(12)」

佐藤優はこのように、労農派対講座派という枠組みに、労農派の変種とも言える宇野を持ち出して、その特質を解説する。宇野派は、石井寛治によれば、一九六〇年代の日本資本主義論争をリードした学派であった。その特徴は、原理論、段階論、現状分析という方法論的「三段階論」にあり、純粋資本主義の原理論、イギリスやドイツを典型国とする段階論、一九三〇年代以降の国家独占資本主義論たる現状分析という「三段階論」であった。(13)

たしかに、重商主義段階（イギリス）、自由主義段階（イギリス）、帝国主義段階（ドイツ、イギリス）という発展段階論においては、典型国が持ち出される。(14)その意味では、特殊イギリス、特殊ドイツといった国別の個性・相違性が強調されているとも言えるが、段階論はあくまでも個別の国の特徴を強調するというよりは、帝国主義段階などの段階としての構成を問題にしたと言えるであろう。したがって、単なる国ごとの個性の重視とは異なるものと言わなければならない。

さらに、佐藤は次のようにも主張する。

「日本型経営というのは明らかに講座派モデルですね。日本の優れた知性は圧倒的に講座派なんですよ。それは本人たちが認めるかどうかは別として。しかし、私は労農派が好きですね。それは労農派の構成が、二〇世紀初頭の弁証法神学と親和性が高いからと思います」「宇野経済学を成り立たせている宇野経済哲学の構成には、神が入ってくる場所があるので、非常に魅力的です。(15)」

特殊日本型経営という意味では、たしかに通常の日本型経営というのは、講座派的発想の産物と言えなくもない。しかし、日本型経営を海外に移転しても通用するかどうか、すなわち普遍性を持ちうるか否かは、過去数十年間の国際経営論における中心的トピックであった。普遍性論者は、日本型経営は日本に留まらず海外でも適用できると考える。だが、文化的相違を強調し、移転が不可能であるか、きわめて限定的であると主張する特殊性論者もいる。筆者はいずれかといえば、限界はある程度あるが、基本的には移転できるという立場である。このように、日本型経営の普遍性という問題に関しても、労農派的発想と講座派的発想は、見解を異にするのである。

私が労農派びいきなのは、普遍性論的発想に惹かれるからである。しかし、「宇野経済哲学」を問題にし、佐藤が「宇野経済哲学には神が入ってくる場所があるので、非常に魅力的で」あり、「労農派の構成が、二〇世紀初頭の弁証法神学と親和性がある」というのは、キリスト教神学に無知である筆者の理解を超えているが。

ただし、佐藤も述べているように、たしかに日本の優れた知性には講座派が多いのも事実であろう。経営史学会のメンバーでもあった大塚久雄は、超講座派とも言えるほど、後進国の特殊性、日本の特殊性を強調していたように思う。しかし、産業革命の類型を論じた論文の中で、大塚は「世界資本主義」というモデルを持ち出し、産業革命が世界的に同時に存在し、時空を超えて、いわば横倒しに存在したことを、短い論文ながら指摘している[16]。これは、宇野の発展段階論の構成（典型国とその他）に類似しているのではなかろうか。また、大塚久雄が、佐藤優と同様に、熱心なクリスチャンであったことも、単なる偶然でもなかろう。したがって、経営史学会は、キリスト教を含むリベラリズムを基盤とすることが一つの特徴であるといってよい[17]（本書序章参照）。

3　アメリカ近代化論とチャンドラー

創立時から、日本の経営史学は、近代化論の牙城であるアメリカ・アカデミズムの影響を受けてきた。その中心には、ハーヴァードのアルフレッド・チャンドラーがいた。チャンドラー理論に関しては、筆者はいくつかの論稿を書いたので、そちらを参照してもらうことにするが[18]、その性格に関して、ここでは二点ほど強調しておきたい。

チャンドラーのモデルは、アメリカをベースにしているが、彼の狙いは、近代的大企業がアメリカだけではなく、ほかの地域においても形態は異なるかもしれないが、近代的大企業（経営者企業）が成立・発展していくことを実証することであったと思う。その意味で、特殊アメリカ論（いわゆる「アメリカ例外論」を想起せよ）ではなく、グローバルな普遍性を持ったモデルとして大企業成立発展論を構想していたことは明らかなように思われる[19]。日本の経営史学が、労農・宇野派的な普遍性論を基盤としていたがゆえに、チャンドラーの発展モデルが、ヨーロッパの学会（イギリス、フランス、ドイツの学会）と比較して、日本で圧倒的に受け入れられたと考えられる。日本の経営史学においては、筆者もその一人であるが、チャンドラー・モデルを高く評価する人が多いが、この普遍性論的性格もその一因であろう。実際、マルクス経済学である宇野派の研究者の中にも、マルクス経済学とはほとんど無縁のチャンドラーのところに行って勉強したいと思い、それを実行した人もいる[20]。

第二点は、チャンドラーが、values（thoughts, ideas）よりもfactsを重視するスタンスを持っていたことである。この点は、トマス・マックローが指摘しているのだが、チャンドラーは事実に基づいて推論することを好み、抽象的な議論には関心を示さなかった。Realityをなによりも重視したのである[21]。筆者の経験でも、次のようなことがあった。一九八〇年代、ハーヴァードのeconomic history workshopに出ていた時、チャンドラーが珍しくその研究会に出席して発言した。激しい議論の応酬の後、チャンドラーが、「根拠は？」（evidence）と、反問していたことが思い出される。チャンドラーは、ザハリッヒ（即事象的）なスタンスを持っていたのである。この点でも、日本の経営史学に相通ずる性格を有していたと言えるだろう。「イデオロギーの過剰」は好まれないのである。

また、チャンドラーの理論は、マックス・ウェーバーから大きな影響を受けていると言われているが、私はその影響は限定的であると思う。たしかに、UフォームやMフォームなどの大企業管理組織（management structure）に関するモデル・ビルディングなどのアイデアは、ウェーバーの官僚制論に由来していると思う。だが、ウェーバーには概念的・抽象的議論がしばしば見受けられ、その著作はきわめて難解である。由井常彦氏によると、チャンドラーは、ウェーバーの議論は彼にとっては晦渋で、彼のウェーバー理解は主にラインハルト・ベンディクスの解説書から得ていたようである(22)。

また、アメリカ流の近代化論が日本で今一つ人気がなかったのは、当時の日本社会・学界の指導層が、戦前のヨーロッパの文化伝統にのめりこんでいたこともあるだろう。政治学者の藤原帰一は、「第二次大戦より前に、ある程度の教育を受けて、それなりのポジションについていたグループがあります。彼らの受けた教育の中心になっていたのは、アメリカについての研究ではなくて、圧倒的にヨーロッパの研究です。……伝統的な日本の知識人のスタイルは、ヨーロッパの文化に触れることが第一であって、『アメリカなんて、軽くて軽くて』というのが基本だった」と、述べている。さらに丸山真男にも言及し、彼の「『日本政治思想史研究』は、日本の思想の中にも西欧文化におけるような政治の概念があったんだということを、荻生徂徠をベースにして考えることが中心の本です。西欧とは何かといえば、間違いなくヘーゲルなんですね。荻生《おぎゅう》徂徠《そらい》の中にヘーゲルを発見するといえばずいぶん荒唐無稽ですが、そこに論理の展開を持ってくる。……彼にとってアメリカの政治思想という話は出てくるはずがない(23)」とまで言い切っている。なるほど、日本の経営史学は、アメリカの経営史学から大きな影響を受けたわけで、ヨーロッパ重視の日本の文化状況からすると、異端と言えるかもしれない。幸か不幸か、日本における経営史学は、ヨーロッパ的な「重さ」を重視する固定観念から相対的に自由だったのである。

4　解釈論的研究と政策論的研究

以上のように、日本の経営史学は、リベラリズムと普遍主義をそのベースとして持ってきた。さらに三点目の性格として、序章でも触れたが、経営史学は解釈論的研究であるべきか、あるいは政策論的研究（応用経営史）であるべきかという方法論的問題に触れておきたい(24)。

ここでも、宇野弘蔵氏の言説は参考になる。かつて宇野弘蔵は、現在の学生諸君は大変ですね、マルクス経済学と近代経済学の両方を勉強しなければならないわけですからと言って、あたかもマルクス経済学だけを勉強すればいいようなことを言っていたが、これはまったくの間違いであった。むしろマルクス経済学を勉強しなくとも、近代経済学はもっとしっかりやっておけばよかったというのが筆者の悔悟である。

二つ目の間違いは、学者は解釈に留まるべきであって、政策論にタッチすべきではないというものであった。これは基本的に正しいであろう。ウェーバーの価値判断から自由な、換言すれば中立的な「価値自由」（wert-frei. value free）を思い出すまでもなく、政策論は利害やイデオロギー上の立場と無関係に、あるいはそれを超えて立論するというのは本来不可能であるからである。政策の根底には、何がしかの利害、理念が存在し、それに基づかなければ政策は形成不可能といってよい。宇野が言うように、学者は事実の確定や因果関係、メカニズムの解明に留まるべきであって、それ以上は学者の領分ではなく、そうした事実やその解釈に基づいた政策提言・実行は活動家や政治家、行政家の領域というわけである。これは、たしかにそのとおりである。

だが、そうした事実の確定、解釈に基づいて、自己の利害、理念を自覚しつつ、政策立案に参加するというのは（それができる立場にあればのことであるが）、研究者、というよりは、行動者としての一つの方向性であろう。問題は、利害、理念によって、「客観的」と思われる解釈が捻じ曲げられる場合である。誰しも、程度はあれ、利害、理念から自由ではありえない。だからこそ、「価値自由」「価値中立的」解釈の重要さが再認識される。

この点に関しても、チャンドラーは興味深いスタンスを取っていた。マックローによれば、チャンドラー個人は次のような思想上の性格を持っていた。

「合理性への関心は、チャンドラーによる巨大企業内部における意思決定の説明にも現れている。おそらくそれは、官僚制は合理主義の制度化であるとのウェーバーの金言についての理解から来ている。チャンドラーは一般的に、精神史（intellectual history）や、思想（ideas）の力にほとんど関心を持っていなかった。彼の仮定の多くは、ダニエル・ベルの『イデオロギーの終焉』に最もよく表現されているように、同世代の、価値中立的な社会科学（value-neutral social science）の概念に立脚していた。一般的に言えば、事実（facts）と価値判断（values）の相違を受け入れ、いつでも『現実』（reality）の優越性を強調していた。一九六二年に彼が執筆した書評の中で、次のように書いている。『歴史は、特定の〔経営〕技術についてビジネスマンにほとんど教えることはできない。近代世界では、それはあまりに早く変化するからである。歴史から学ぶべき教訓は、法則の一般化よりも、現実についての認識（awareness of reality）がより重要であるということである[25]』」。

以上のように、チャンドラーは歴史がどのように役立つかということにも考えをめぐらせていたのであるが、歴史を学ぶことは、彼の強調する「リアリティ」を自身のものにするために役立つということになるのである[26]。ここからは、ダイレクトに政策立案への方向性は出てこないし、またすでに述べたように利害や理念の影響も無視できない。過去を学び、解釈し、それを自身の判断力の向上に資することが第一義的に重要であろう。ただし、可能な立場にあるならば、利害や理念によるねじ曲げを自覚しつつ、客観的な立場とは異なる主観的な立場から、客観的な解釈を利用して、政策立案に参画することは、社会的に大いなる意味があることは言うまでもない。

「まえがき」でも述べたように、近年、よく聞かれる俗流のフレーズがある。「過去は変えることはできないが、未来は変えることができる」。これは、あたかも歴史学離れを促すような言葉である。過去は忘れ、未来に向かって歩きだせ、との「未来志向」である。

しかし、金言は次のように書き換えられるべきである。「たしかに過去を変えることはできないが、過去についての解釈を変えることはできる。しかも、それによって未来も変わっていくのである」と。

過去についての解釈、すなわち過去の事実の確定、歴史的な因果関係、メカニズムの解明、これらの新しい解釈によって、未来への政策や行動は大いに異なってくるはずである。個人のレベルから、政策論的なレベルまで、解釈論的研究の影響力には大いなるものがあると言ってよい。

末尾ながら、日本における経営史学のもう一つの山脈について言及しなければ、画竜点睛を欠くといわざるを得ないであろう。

脇村義太郎氏に次いで、二代目の会長となったのは、宮本又次氏であった。また関西の土壌からは、安岡重明氏、宮本又郎氏が会長となり、日本の経営史学に大いなる貢献をしてこられた。石川健次郎氏も、この山脈に連なる研究者である。

宮本又次氏に関して、一つだけ、今でも鮮明に記憶しているエピソードを紹介しておこう。宮本又次氏が、経営史学会の全国大会における懇親会で挨拶されたときにお話を聴く機会があった。氏いわく、私は経済とか、経営にはあまり興味がないんだ、興味があるのは大阪の町人文化であって、それを研究してきたし、今後もそれを研究していきたい、といった趣旨の発言であった。関西の持つ独特の健全なスタンスを感じたのは、私だけではないであろう。

終章　経営史の意義

これまで経営史のいくつかの側面について、本書で論じてきた。終章ではそのまとめということもさることながら、いくつかの残された問題を論じてみたい。

リサーチ・トピックとリサーチ・クェスチョン

数年前、筆者は広告学会関西部会に呼ばれて、「経営史学の方法」というタイトルで講演した。その時の講演が本書のエッセンスである。まず、経営史とは「企業進化学である」こと、第二に、チャンドラー・モデルについて説明し、第三に、一九九〇年代以降、チャンドラー・モデルへの批判が続出したこと、第四に、「アマチュアの歴史研究と、プロの歴史研究は何が違うのか」という、やや僭越な表題であった。

そこで強調したことは、リサーチ・トピックとリサーチ・クェスチョンとは異なるということである。自分の関心に基づいて、あるリサーチ・トピックを選ぶ。だがこれはリサーチ・クェスチョンではない。大まかな先行研究および調査を行ない、またどのような理論体系性（トピックの位置づけ）があるのかをふまえて、初めてリサーチ・クェスチョンが設定される。さらにそのリサーチ・クェスチョンに基づいて、網羅的な、詳細な調査を行ったのち結論が導かれ、その結論の意義（implication）が論じられる。これが通常の歴史家、あるいは社会科学者の方法であろう。好事家やアマチュアの歴史好きの人は、自分の興味のあるトピックを選び、それを深く調べればよいが、歴史を職業としようと思うプロ的歴史家は、リサーチ・クェスチョンを設定することが前提条件的に必要である(1)。

筆者の例で言えば、自分の関心から一九世紀後半のイギリス鉄鋼業をリサーチ・トピックとした。ある程度の先行研究調査を経て、イギリスの鉄鋼企業家は鉄鋼業の衰退に責任があるのかないのか、というリサーチ・クェスチョンを立てた。このテーマを同様に立てたドナルド・マクロスキーが下した結論は、企業家は「ノット・ギルティ」であり、私の結論は「ギルティ」であった(2)。

この方法は、社会科学一般に通用すると思うが、自然科学、人文学では異なるだろうし、また、創作では全く異なるだろう。純文学のある女性作家が、「史料がなくて書けない」という歴史家に、「史料があったら、書けるのね」という皮肉を投げかけたことがあった。創作では、アイデア、独創性が勝負だからである。歴史小説(フィクション)でも史料は必要であるが、小説、詩などの創作では資料はいらない。自身の感性である。

分類の誤謬

「価値自由」についてはすでに触れたが、再論すれば、価値自由、価値中立を得ることは至難で、むしろ自らの偏向を自覚する方が重要であるとの、ウェーバー、山之内靖の見解を紹介した(序章)。

もう一つ、重要な概念として経済学でよく言及される「合成の誤謬」(fallacy of aggregation)がある。個別の利害と全体の利害が相反し、個別の利害を積み重ねると、全体へのマイナスの影響が出てくるという考え方である。この考えは、短期と長期の利害相反にも拡張できる。これらはその通りであるが、似た概念に「分類の誤謬」(fallacy of classification)がある。これは私の造語なので、聞いたことがある人はいないであろうが、「合成の誤謬」に劣らず、重要な概念であると思う。

労働分野で、OJT(オン・ザ・ジョブ・トレイニング)とオフJT(Off JT オフ・ザ・ジョブ・トレイニング)という用語がある。ＯＪＴとは企業内訓練（実地教育）のことで、オフＪＴとは企業外訓練（外部の技術学校、ビジネススクール）などで教育を受けることである。日本はＯＪＴ、欧米はオフＪＴと通常言われている。

ある時、イギリスの工場に行き、マネジャーに質問する機会があった。件の常識的な知識に基づき、日本での従業員教育はＯＪＴですが、こちらはオフＪＴですかと聞いたら、そんなことはない、こちらでももちろんＯＪＴだと強く否定された。その時は、発言の意味がよく理解できなかったが、その後考えてみて、次のように解釈することができた。

日本ではＯＪＴはおそらく九〇％であるが、イギリスではＯＪＴは七〇％程度で、大部分はＯＪＴなので、日本やイギリスの基本をＯＪＴとすることは正しい（ただし、この比率は推測である、ドイツではオフＪＴのウェイトはもっと高いであろう）。逆に、オフＪＴは一〇％と三〇％で、そのウェイトが違う。その違いに注目してみると、日本の方がＯＪＴの比率が高いので、日本はＯＪＴ、イギリスはオフＪＴという理解になり、それにも一理はある。だが、基本部分を無視しているので、これは誤まった解釈であろう。その後、筆者はこれを「分類の誤謬」と名づけた。過半数や圧倒的大部分をある事象が占めているにもかかわらず、残りの多寡で分類してしまう誤りである。このように理解すると、様々な種類の日米間の比較、日中間の比較でも、分類の誤謬が多数目につく。人間社会としての基本に目を向けないと、小異を拡大解釈してしまい、思いがけない間違いが発生するのである。「日本人とアメリカ人は違う」「日本人と中国人は異なる」のように。

著作には vintage がある

ワインには、生産された年度（vintage）がある。ワイン生産に適した年であったか、そうでなかったかを知るうえで、vintage はきわめて重要である。ピーター・ティミンが言うように、資本設備（機械）にも、それが生産された年次がある。資本の年齢モデル（vintage model of capital）である。これに関しては、イギリス鉄鋼業についての論争紹介のところで言及した。

同様に、研究者が生み出す著作にもvintageがある。どの著作にも、刊行年次が通常は書かれている。しかし、かつては社会科学系の文献一覧で、出版年次がない場合もあった。さすがに、最近はそういうことはないが、著作がいつ出版されたかは（正確には書かれた年次）は、その時代の状況・雰囲気を知る上で、決定的に重要である。一九五〇年代の著作か、一九九〇年代の著作か、二〇一〇年代の著作かでは、時代背景がまったく違う。どのような時代背景で、その著作が書かれたのかを知ることは、著作自体の理解にも影響するからである。例えば、エドワード・カーの『歴史とは何か』は、社会主義にも希望があった一九六〇年代の著作なのである。

事実・真実・真理・理論・現実――反証可能性の重要性

遅塚『史学概論』をベースに考えて、事実（fact）と真実（truth、反対語はfalsehood）についてはある程度理解できた。しかし、真理（truth or verity）、現実（actuality）は依然としてよく理解できていない。また実在（実態、ありのまま、reality）も難解な用語である(3)。

だが、事実を真実と対比して、真実を筆者や通常の考えがそうであるように、事実の奥底にある、隠れたもの、それが真実であるとする立場からは、その真実が非常に抽象度が高い場合、かつ普遍性が高い場合、それを真理と呼ぶことができるのではないか。特に普遍性が高い場合、いつでも、どこでも妥当するようなもの、それが真理だとするならば、それを明瞭に表したものが理論（theory）ということになる。そのように考えると、真理とは法則（law）に近く、自然科学には当てはまるかもしれないが、社会科学、人文学には当てはまらないようになる（経済学のような一部の社会科学は除く）。

ポパーに言わせれば、反証可能性を持たないものは、科学とは呼べないので、歴史物語（story）（言語論的転回の影響を受けた歴史物語り〔narrative〕も含む）はもちろん、社会科学の一部も科学ではありえないであろう。ポストモダンも、科学ではありえない。したがって、「経済学はレトリック（修辞学）」とするＤ・マクロスキーのような考えは、[4]経済学にも真理＝法則はなく、科学的理論もないということになる。そうすると、科学上の真理（特に、追試が可能な分野）を著作化した理論が存在しえるのは、自然科学だけということになる。[5]

ここで、歴史上の傾向も、理論の一種と考えて、理論や傾向が「現実」と矛盾しないか、反証可能性ほどの厳密さはないが、議論を積み重ねることによって、現実と理論が相対峙し、対話するという可能性が開ける。理論と現実が絶えずフィードバックするという関係である。遅塚は、「趨勢（傾向）の認識は、事実認識と歴史認識との間のちょうど中間に位置する」と述べている。[6]また現実は、事実に関連する、というより事実そのもの（ありのままの事実）とも考えられるので、自然科学、社会科学、歴史学（人文学と社会科学との半同棲）は、〈事実→真実→真理（傾向）→理論→現実→事実〉という循環構造を作り上げることになる。人文学はこの循環の輪の中に入らない。創作も当然入らない。

以上のような理屈もあるが、ここでは、前章で述べたチャンドラーの即事象的な思考方法も想起しながら、常識的に妥当とされ、筆者の考えにも近いケネス・ボールディングの文を引用しておこう（彼は歴史家ではないが）。

「歴史は、単なる年表やなまの資料とは違って、生きた歴史家という文化集団の産物である。……だから書かれた歴史には、歴史家の価値観、利害、イデオロギー、理論などが必ず反映されている。この本（『歴史はいかに書かれるべきか』）の基本問題は、いかにしたら、これまで以上に『真実に近い』歴史を、書くことができるのか、そのために必要な歴史家の文化集団はどうしたらつくれるのか、という問題である。……『歴史において真実とは何か』という問題は、きわめて難しい認識論上の問題である。そもそも人は、真実を完全には知ることはできないといえるだろう（筆者と同様の不可知論）。それは、人間の内部的、外部的条件がそれを許さないからである」[7]（傍点、引用者）。

言語論的転回の功罪

多くの歴史の分野では、言語論的転回の影響を受けたが、幸か不幸か、経営史においてはその影響は大きくない。Toms & Wilson による言語論的転回派に対する批判も力があったのかもしれない。

もちろん筆者は、基本的には行き過ぎた主観主義（culturalist turn）に反対であり、「私の真実」や「あなたの真実」などはなく、「私の関心にとっての真実」や「あなたの関心にとっての真実」があるだけと考える。序章で強調したように、むしろ真実の断片ではなく、真実の全体（the whole truth）を理解することが重要であり、完全な真実、真実全体には、ボールディングが述べるように、漸近線的に接近するしかなく、完全には知り得ないので、不可知論にならざるを得ない。だが、接近すること自体が重要なのである。

ここでは、主観主義が行き過ぎると、その弊害として、主観的真実（post-truth）を主張する人々が登場し、fake news をばらまく危険性が増大する「負の側面」を指摘しておこう。

以下の記述は、イギリスの大学で教えている友人からの情報である。

「一九七〇年代、歴史学は『文学的転回』（literary turn）を経験した。〔ニューヒストリシズムの推進者である〕ホワイト（Hayden White）がこうした批判の最も著名な人物であり、ポストモダニズムやデリダ（Derrida）の仕事に影響を受けていた。デリダによれば、客観的真実はなく、視点は文化や育ち（upbringing）によって決まった。歴史家は過去を表現することはできず、書かれていること以上の真実はない。興味深いことに、ホワイトの専門は歴史ではなく、文学や哲学であった。歴史についての文学的批判やストーリー・テリング的批判者は、しばしばホワイトと同類であった。彼らは、歴史家は史料（sources）をもっと吟味し、もっと懐疑的に成るべきであると主張し、結局、歴史家とはたんにストーリー・テラーにすぎず、若干の事実をつなぎ合わせ、しばしば創作（fiction）で使われるナラティヴ（お話）を使っているにすぎないとする。それゆえ、ほとんどが主観的解釈であることになる」。

こうしたことが現実に起きるとどうなるか。歴史家David Irvingは右翼の運動に共鳴しており、ヒトラーはホロコーストを知らなかったと主張した。その後、アーヴィング名誉棄損事件が起き、複雑な屈折した過程をたどることになる。主観主義の危険性は、「客観的真実」を否定し、「自分の真実」を固執するようになることである(8)。

経営史学はどう教えられるべきか

二〇〇八年、Association of Business Historiansの大会に出席した時、ゲストスピーカーのリチャード・ウィッティントン（Richard Whittington）（歴史家ではなくstrategist）が、経営史がビジネススクールで生き残るための方策を三点にまとめていた。論文は、①現在から始める、現在への関心が重要。②図表、数値を多用する。しかも長期の分析、長期統計の活用が重要。③理論への貢献（理論的問題への目配り）が必要で、論文が理論との何かしらの接点を持つことが不可欠であると述べていた。筆者も、この三点がビジネススクールで経営史が生き残るには、必須であると思う。イギリスでは、多くの経営史家がビジネススクールで、経営史だけではなく戦略論、組織論などを教えており、以上の生き残り策が有効であることは確かである。ビジネススクールにはポストモダンの研究者もいるが、少数である。

もとより、アメリカのように経営史が歴史学部で教えられている場合は別である。日本では、ビジネススクールならぬ経営学部で教えられていることがほとんどで、イギリス、アメリカとも事情が異なる。日本には、アメリカ流、イギリス流のビジネススクールは数えるほどしかない。そこで、教え方も異ならざるを得ない。

最後に、歴史・歴史学についてのまとめの言葉として、「歴史はエピソードの積み重ねだ」には豪快感・爽快感があるが、「経済学はレトリックだ」には、そこまで言うかとのネガティヴな響きもある。「歴史学とは傾向（＝モデル、理論）の探求である」との表現が、最も適切であろう。言い換えれば、ノンフィクションという言葉はやや軽すぎる響きを与えるかもしれないが、「歴史とは、ノンフィクションであり、歴史家とは、アカデミックな手続きを経た『ノンフィクション作家』である」というのが、最も分かりやすい定義であろう。

付論　『経営史の再構想』を読む

本書は奇妙な本である。帯の惹句に、「この本を拾い読みせよ」と書かれている。全体を通読する必要はなく、関心のある項目を拾い読みすればよいとの趣旨らしい。本書と類似したものに、ウィリアムズの『キーワード辞典』（平凡社）があるが、それは辞典と銘打っている。

評者も、原著が出たときに目次を見て、面白そうな項目（entry）を拾い読みした。翻訳が出た後も、適宜、関心のある項目を拾い読みしていた。書評の話が来た時には、さすがに全体を通読しないのではよろしくなかろうと、順どおりではないが一応通読した。

そして分かったことは、両著者が大変な博識の持ち主であるということである。評者も、できるだけ幅広く知識を吸収するべく、英米の経済史・経営史、戦後日本の経済史・経営史、世界システム論（⇔諸国民国家体制論）、最近では、経営文化やブレグジットも取り上げている。しかし、「物知りですね」は決してほめ言葉ではなく、テーマの集中が散漫であるとの否定的言辞と思う、今日この頃である。もっとも「物知り」ではなく『該博』と言われて悪い気はしないが、海外の研究者でよく該博と言われていたのは、デヴィッド・ランデスであった。だが、スクラントンとフリダンソンは、二人分の知識を投入したこともあって、本書の幅広さと二人の該博さに驚いた。

冒頭の銘句に、「私たちが継承した経営史学は、驚くべき力を有する道具になるであろう。他の社会科学に自由に依拠しながら、経営史家は各自の研究で活用したいと望む部分を自由に選び取ればよいのである」と、ややほめ過ぎの文章を引用しているが、これは元々は、Mostafa Hefny という人が、「中東研究学会年報」において、"On Business History" と題して報告したプロシーディングズからの引用である。経営史と中東研究学会とは、正直まったく結びつかなかった。イスラム金融は確かに、経営とイスラムの重要な接点ではあるが、それについて報告したわけでもなかった。もっとも著者たちはその報告を直接聞いたのではなく、Shakila Yakob という研究者が *Australian Economic History Review* に書いた論文からの引用ではあった。それでも、著者たちの目配り力は尋常ではない。評者も、Yakob の論文を読んでみたが、なかなかの好論文であった。（ちなみに引用頁は三〇三頁ではなく、三一三頁）

冒頭からその幅広さに驚かされた本書は、「序論」「第Ⅰ部　罠――経営史家が避けるべきこと」「第Ⅱ部　機会――主題の領域」「第Ⅲ部　展望――最新の文献にみられる期待されるテーマ」「第Ⅳ部　資源――創造的な概念と枠組み」「結語」「日本版への結語」のような構成を持っている。「部」の中が項目に分かれていて、合計で四三項目ある。この項目を紹介していくと、それだけでスペースを取ってしまうので、項目の題名を挙げることは省略する。したがって、各項目の内容紹介も割愛せざるを得ない。

そこで、評者がぜひ論及したいと思った二つの項目、第Ⅰ部の6「新しい支配的パラダイムの探求」と、第Ⅰ部の9「合衆国（あるいは西洋）を基準・規範と見なすこと」、の二つを取り上げることにしたい。この二つの項目とも、これまで経営史でドミナントな学説であったチャンドラー・モデルを批判的に検討しているからである。

「新しい支配的パラダイムの探求」では、従来のチャンドラー・モデル、その礎石であった「見える手のメタファー」「規範の帰結としての効率仮説」「戦略が組織を決定するという認識」「生産・販売・マネジメントへの三つ又投資」などから成り立つチャンドラー学説が、「方向転換」を始めたと主張する。「展望や見通しの多様性」を尊重し、「政治・社会的変化における重要なアクターとして、ビジネスを探求」することが重要であるとし、「多様性の尊重」こそ、新しいパラダイムであるとする。新しいパラダイムは、「私たちを経済学以外の平行する研究領域（社会学、人類学、組織論、法学）に、また企業・成長・進歩といったものとは異なるテーマにみちびく」と主張する。

著者たちは、レヴィ＝ストロースや構造主義に言及し、その影響をもっと考究すべきかと主張するのかと思えば、それらは「理論によって彼らの方法を根拠づけることに失敗した」と述べる（傍点、引用者）。だが、次には逆転して、経営史がなすべきことは、「レヴィ＝ストロースが人類学について試みたように時空を超えた不変の根源的な原則を探すべく他の学術領域に従う」ことであるとする。この論理展開はなかなか理解しがたいが、「チャンドラー学派のアプローチの有効性と妥当性についての批判が沸き起こっていること」に鑑みて、いろいろ試みて「多様性」を追求しなさいと言っているらしい。

モダニストであるか、ポストモダニストであるかは、現在の学界の大きな分水嶺である。チャンドラーは明瞭にモダニストであり、ウェーバーもマルクスも、ポストモダンとの対比で言えば、モダニストであった。本書がこの問題にどのようなスタンスを取っているかは明瞭ではないし、ポストモダンに完全に与しているとも思われない。だが、著者たちは、科学主義的パフォーマンス論者が主張するような方法は「確かなものを求めるがための誤った実証主義への転回とみなしている」。実証主義的、数量的なアプローチに批判的であることが分かる。

著者たちが、どのような研究者および研究を重視しているかを知るために、「著者索引」を調べてみた。最多は、一一回の技術史家のエジャトン（訳者は、エドガートンと訳しているが、エジャトンが普通であり、最近の翻訳もエジャトンとしている）、一〇回の社会学者のギデンズ、九回のチャンドラー、そして経営心理学者のカール・ワイクが九回である。このほか、ウルリッヒ・ベックが七回、フリダンソンが七回、ブルーノ・ラトゥールが九回である。経営史でおなじみの、ジェフリー・ジョーンズは五回登場しているが、レズリー・ハナやラゾニック、またチャンドラー批判で有力な新しい方向性を示したピオーリやセイブルもまったく登場していない（同種のザイトリンは一回）。同じくチャンドラー批判で有名で、ＬＲＴという表現でよく言及されるラモローは二回登場しているが、ラフやティミンはゼロである。

比較的ニッチの技術史や、ワイクに代表されるポストモダン的な認識論を重視する研究者がよく参照されている。このように見ていくと、スクラントン＆フリダンソンの思考回路は、ポストモダンまではいかないが、認識論をばねにしつつ、社会学や人類学などを利用しつつ、多様性の探求という形で、経営史の内容を「リッチ」にしようとしているようである。

しかし不思議なのは、経営史であるからには経営学に最も基礎を置くべきだと思うが、先の引用でも、経済学、法学、人類学、社会学、組織論は出てくるが、経営学は出てこない。組織論は経営学の一部とも言えるが、他にもいろいろな分野が経営学にはある。冒頭部分(一頁)でも、経済学、社会学、政治学、行政学を列挙しているが、経営学は登場しない。中心の学問分野が存在しないのである。

本書では、経営史の多様性が強調されている。だが、EUでも、「多様性の中の統一」がスローガンとなっているように、単なる多様性が強調されていて、それではどうするかという「核」となる部分が見当たらない。統一的な部分、礎石がいったい何であるのかが判然としないのである。したがって、全体を読んでもまとまった読後感を得ることはできない。もっとも、最初に書いた「拾い読み」でよければ、全体から何が言えるのかに関してのまとめは要らないであろう。

ポスト・チャンドラー・モデルが二〇〇〇年代から盛んに人口に膾炙した。私も、この言葉をよく使っている。チャンドラー・モデルが現実とそぐわなくなり(一九八〇年代以降)、多くの論者がその欠陥、限界を指摘した。私も、チャンドラー・モデル自体では現実を説明できないことを主張し、多角化戦略に代えて選択と集中、Mフォームに代えてネットワーク組織、統合組織に代えてファブレス・ファウンドリ、量販市場に代って市場の細分化、また市場の性質を考える上で文化の質が重要であるとの指摘(経営文化論の必然性)、またチャンドラー自身も行ったことだが、人的資本の重要性に鑑みての組織能力の強調。以上のように、多くの限界、欠陥がチャンドラー・モデルに伏在していたことは疑いがない。『経営史の再構想』がチャンドラー・モデルに対して、きわめて批判的であることは明白だが、通常のポスト・チャンドラー・モデルとは異なり、チャンドラー・モデルをベースにするというよりは、それを盥《たらい》のお湯ごと流して、関連諸科学の助けを借りながら、経営史の多様性モデルを作り上げようとしているかに見える。

しかし、学問研究が進展する場合、それは従前の物をご破算にするというよりは、チャンドラーが行った如く、企業史と企業者史を統合して経営史が誕生したように、また経済学における新古典派的総合が、新古典派（ワルラス）とケインズ学派の総合として誕生したように、さらに「進化の総合学説」がダーウィンの自然選択説とメンデル、ド・フリースの遺伝学説との総合として成立したように、チャンドラー学派と、おそらくは社会学・人類学・文化論との総合の上に、新しい経営史パラダイムは発展していくのではなかろうか。著者たちのような構想では、経営史は社会史に溶解していってしまうと思う。

第Ⅰ部9項では、アメリカを基準にしてヨーロッパや他の国・地域を分析していく手法を断罪しているが、ある意味でもっともである。チャンドラーの『スケール・アンド・スコープ』がヨーロッパで「冷たい反応」を蒙ったのも理解できる。国情の違いや「歴史におけるビジネスの役割がどこでも同じではない」ことは自明である。だが、ヨーロッパ（アメリカ）が近代の駆動力であったか否かは、オリエンタリズム（サイード）からの反発もあるが、単なる文化相対主義ではなく、西欧近代の持つ意味がどこまでの射程を持ちうるか、普遍的でありうるかは大きな未解決の問題である。西欧的な普遍的人権を否定するのか、各国には各地域にはそれぞれの人権がありうるのかに関しては大きな問題である（アムネスティ・インターナショナルを見よ！　そこでは、国ごとに人権の定義を変えるということはなかろう）。人権と同様に、企業にも、国や地域の特殊性を包含しながら、なお共通性・普遍性があるのか否かは簡単には結論が出ない問題である。アメリカの基準で、ヨーロッパ、日本、東南アジア、インドなどを分析するのも一つのやり方であり、それがかなりの普遍性を持つかもしれないのである（本書第7章参照）。私見では、日本では『スケール・アンド・スコープ』は温かく迎えられたと思う。

約言すれば、チャンドラー・モデルをベースに新しいパラダイムを構想するのか、それを過去の単なる一部として様々な多様性を構想するのが新しい経営史のパラダイムであるのか、とする相違である。

最後に、翻訳について一言するのが礼儀であろう。翻訳は概ね的確で、これだけ幅広いテーマを扱った本書の翻訳に際して、訳者が費したエネルギーの量に敬意を払いたい。ただし、翻訳に完全はないので一点だけ指摘すると、二四六頁の「アメリカ橋で特殊エンジニアリングを率いていた」とあるのは、「アメリカン・ブリッジ社で」に直した方がよい。スクラントンの父親は、同社で働いていたのだと思う。

（フィリップ・スクラントン、パトリック・フリダンソン著『経営史の再構想』粕谷誠・矢後和彦訳、蒼天社出版、二〇一七年）

あとがき

本書では、経営史学の方法とその内実を論じてきた。経営史学の方法を明らかにするということは、隣接の経済史、社会史、政治史、あるいは歴史学全般を問題にすることでもあった。同時に、経営学、経済学、社会学などとの関係もある程度論じることになった（主に序章、終章）。これに対して、第1章から第12章までは、経営史学の様々な研究の方向性を論じ、それに基づいて筆者の考えを明らかにしてきた。

ところで、経済史においては大塚久雄の比較経済史学があり、社会史では増田四郎の比較社会史学（このように呼ぶことができると思う）や、アナール学派、イギリスの社会史などがある。経営史では、中川敬一郎の比較経営史学がある。

大塚久雄、増田四郎、中川敬一郎は、日本ではそれぞれの分野でのパイオニアであり、いわば「グレイト・アマチュア」と言えるのではないだろうか。三者とも、もとより時代的・技術的な背景があったからであるが、一次史料の操作を十分なかたちで行ったわけではなく、多くは二次文献の活用を通じて、自らの卓越した理論を構築していった。川北稔が言うように、「近代化にかんする大塚久雄先生の書物はいまでも読むに耐え」るし（序章、注(39)）、数十年ぶりに読み返した増田四郎の『社会史への道』も同様である。中川敬一郎の『比較経営史序説』は、拙著『文化と営利』でも一章を割いて論じたほどである。増田四郎を、弟子の山田欣吾は「ずばぬけた知性をもつしろうとの学問」（傍点は筆者）と評したが、至言であろう（土肥「『欧州経済史』の成立」一三頁）。

こうした第一世代のパイオニアに対して、第二世代の米川伸一などは、史料密着的に、いわば「プロフェッショナル」として、実証的に国際比較を行うという視点から研究を進めてきた。そして海外の学術雑誌に論文を発表してきた。こうした経営史の第二世代に対し、私のような第三世代は、第二世代と同様に、史料密着的に研究を進め、海外学術雑誌に論文を発表してきた。だが同時に、マルクス経済学の没落、近代経済学の隆盛、経営学の目覚ましい発展、社会学の多様な方向性への展開、文化・社会人類学の有用性への着眼、こうした諸社会科学の変化を受けて、あれもこれも勉強しなければいけないという「アップアップ」の状態を体験してきた。

さらに、バブルの崩壊とそれに続く失われた三十年といった日本の状況、他方で、国際的にはソ連・東欧社会主義圏の解体、中国の国家資本主義への転換、インドの市場経済への変容、東南アジアの台頭といった国際情勢の目まぐるしい変化に晒されて、問題意識の面でも激変が起きた。

こうした状況の中で、『経営史学の方法』と題して本書を刊行することは分不相応の感もあるが、今まで研究してきた内容をまとめ、同時に新たな方法論上の方向性を問いたいとの考えから、あえて本書を上梓した次第である。方法論を執筆する過程（序章、終章）では、特に遅塚忠躬の『史学概論』の緻密さに驚愕した。また溪内謙の『現代史を学ぶ』も有益であり、両著とも精読の価値がある。各章の基となったものは参考文献中に挙げた。書籍化にあたりそれぞれ大幅に加筆修正をした。

最後に、本書の出版に関しては、ミネルヴァ書房の堀川健太郎氏および中川勇士氏に、一方ならぬお世話になった。末筆ながら、厚くお礼を申し上げます。本書に誤りが少ないとすれば、それはお二人のお蔭である。だがもちろん、誤りの責任は筆者にある。

二〇一九年　水無月

安部悦生

《著者紹介》

安部　悦生（あべ・えつお）

1949年　生まれ。

1978年　一橋大学大学院経済学研究科博士課程中退。

現　在　明治大学経営学部教授。

主　著　『大英帝国の産業覇権――イギリス鉄鋼企業興亡史』有斐閣，1993年。

『ケンブリッジのカレッジ・ライフ――大学町に生きる人々』中公新書，1997年。

『経営史』（第２版）日経文庫，2010年。

『文化と営利――比較経営文化論』有斐閣，2019年。

『スケール・アンド・スコープ――経営力発展の国際比較』（アルフレッド・D・チャンドラー，Jr. 著，共訳著）有斐閣，1993年ほか。

経営史学の方法

――ポスト・チャンドラー・モデルを求めて――

2019年６月30日　初版第１刷発行　〈検印省略〉

定価はカバーに
表示しています

著　者　安部悦生

発行者　杉田啓三

印刷者　中村勝弘

発行所　株式会社　ミネルヴァ書房

607-8494　京都市山科区日ノ岡堤谷町１

電話代表　(075)581-5191

振替口座　01020-0-8076

中村印刷・新生製本

ISBN978-4-623-08675-7

Printed in Japan

索　引

（＊は人名，イタリックは逆丁の注の頁）

あ　行

か　行

さ　行

た　行

な　行

は　行

ま　行

や・ら・わ行

欧　文

注

まえがき

(1) 『歴史とは何か』184頁．エドワード・カーは，スコットの冒頭の警句をその著書で批判的に引用している．事実には主観が入りこむというのである．スコットは，むしろ素朴な実在主義者，素朴な実証主義者として批判されている（同書，6頁）．だが，あえて筆者が冒頭に掲げたのは，事実に主観が入るとしても，「柔らかな実在」は存在しうると考えられ，あくまで「事実」は重視されるべきとの立場だからである．「柔らかな実在」に関しては，序章第4節参照．なお，カーは，ハイエクによって危険な思想の持ち主とみなされて批判されている．実質的な社会主義者であり，ナチの全体主義的な思想の先駆であったヴェルナー・ゾンバルトと同じく，国有企業の創設など，労働党の社会主義がまだ魅力を持っていた時代，そうした社会主義的政策は，個人の自由を侵し，全体主義に通じる傾向を持っていると批判する．左右両翼の全体主義と闘うのは，ハイエクの真骨頂であった．ハイエク『隷従への道』217，239頁．また，カーに大きな影響を受け，現代史の方法について秀れた本を書いた溪内謙『現代史を学ぶ』も参照．

序 章　経営史とは何か

(1) ウィルキンズ『多国籍企業の史的展開』『多国籍企業の成熟』『外国投資の歴史』など参照．

(2) 村上陽一郎『西欧近代科学』『近代科学と聖俗革命』，リッカート『文化科学と自然科学』参照．ウェーバーは，次のように文化と文化科学について述べている．「我々は個々の場合にいつもこの価値理念の下に『文化』を考察するのである．『文化』とは，世界生起の意味のない無限のうちから人間の立場において意味と意義とを以て考え出された有限の一片である．……一切の文化科学の先験的前提は，我々が一定の，もしくは一般にいづれか或る『文化』を価値ありと認めることではなく，我々が意識的に世界に対して態度をとり且つこれに意味を与える能力と意志とを具えた文化人である，ということである．」（ウェーバー『社会科学方法論』58～59頁，傍点はウェーバー）．

(3) 数百年前の著作（物語）でありながら，シェークスピアの戯曲が今なお人々に

読み継がれているということは，そこに超歴史的・普遍的な「人生の真実」「人間の真実」があるからであろう．著名なシェークスピアの翻訳者は，かつて「シェークスピアには人間のすべてがある」と述懐していた．他方で，優れた歴史書は，その時代の真実を描いており，またその時代と現在との「共通の真実」によって，ヘロドトスやトゥキュディデスも読まれ続けているのである．物語（ストーリー）と歴史書・歴史学の相克に関しては，長谷川岳男「書評」参照．

（4） 小田中『経済学の歴史』187頁．伊藤元重『ビジネス・エコノミクス』．

（5） 経営史では，かつて経営学だけではなく，社会学との連繋が主張されたが，それは進展しなかった．１つには、社会学が広すぎる内容を持っていたことによる．社会学に代わって，人類学、進化学などの活用が現在は強調されている。歴史学の発展において，「社会学は当初信じられたほどの補助にはならなかった」「歴史家たちがいま借用する最も実りある学問分野が，社会学から人類学に移行した」と，キャナダインも指摘する（「序文」『いま歴史とは何か』iv～v頁）．

（6）「歴史学の歴史，つまり史学史〔方法論〕についても，それを専門にしている研究者の書かれたものには，あまり興味を引かれた経験がありません．歴史学の歴史もまた，個別の歴史研究に苦労を重ねた人が，自らの苦闘のなかで見出したもののほうが，はるかに面白いと思うのです」（川北『私と西洋史研究』10頁）．

（7） Gardiner (ed.), *What is History Today...?* には "What is military history?" が先頭に来ている．

（8） マルクス主義系の歴史家が，近経の用語をいかに嫌うかについて，ある経験がある．大学の授業で，学生が「生産性はどうですか」と質問したら，教授はじろっと，それは生産力の意味か，と聞き返した．マル経では「生産性」などという言葉は，禁句に近かったのである．かつては，「経済成長」という言葉も近経の用語として嫌われていたそうである（川北『私と西洋史研究』88頁）．

（9）「社会史は，その最も熱心な擁護者すら認めているように，1960年代や1970年代に思われていたような自信に満ち，網羅的な分野ではもはやありえなくなっている．そのかわり社会史は，全体としての社会の歴史ではなく，社会のさまざまな側面の歴史になっている」（キャナダイン『いま歴史とは何か』ｖ頁，傍点引用者）．

（10） この現象は「歴史学離れ」であって，「歴史離れ」ではない．ロンドンの書店では，ミリタリー・ヒストリーが盛んであるように，一般的な歴史書には関心が高い．「堅い」学問的な歴史書に人気がないのである．また，テレビでも，歴史ドラマはかなりの人気がある．

(11)「歴史はエピソードの積み重ねだ」との表現は，政治史家の岡義武氏と言われているが，確証はない．またエドワード・カーはポパーの「歴史法則はない」との言及を否定して次のように述べている．「西欧民主主義国がその〔民主的な〕制度的条件のゆえに，科学的進歩の先頭に立ち続けるであろうという信仰によって明らかに励まされていたものですが，その後，この信仰は，ソヴィエト連邦における発展によって影を潜めたり，ひどく弱められたりしてしまいました」(『歴史とは何か』243頁)．だが，資本主義から社会主義への移行という「歴史法則」は否定され，カーが『歴史とは何か』を書いた1961年から30年後，ソ連が崩壊し，ポパーの言明の正しさが証明された．

(12) ツワイク『ジョゼフ・フーシェ』参照．なお，イギリス化学企業の有名な社史を書いたウィリアム・リーダーは，経営史（企業史）と，経済史，社会史との相違，および政治史との類似性を次のように述べている．「わたし自身が執筆を意図しているのは，生身の人間と出来事の絡み合いに焦点を当てた政治史であって，個人と無関係なさまざまな力や条件についての記述と分析を旨とする経済史ないし社会史ではない．それというのも，わたしの考えでは，個人は，単独で，あるいは集団として，出来事に影響を与えうるし，実際に与えるからである」(ジェレミー「経営学専攻」35頁，傍点は筆者)．

(13) 森川『日本経営史』11～12頁．

(14) 橘川「経営史からの企業家研究」37頁．

(15)「マクロを構成しているのはミクロなので，ミクロの話が分からないと，マクロも分らない，だから研究対象としてはミクロ，個別企業を取り上げるが，それはマクロ理解のためということになります．……私は基本的には経済史のために経営史を研究している……経済史の立場からの経営史というのがあってよいのではないかと思っているのです」(宮本又郎「インタビュー」228～229頁)．

(16) 橘川「経営史からの企業家研究」43頁，同様の主張は「応用経営史の可能性」『ゼロからわかる日本経営史』でも主張されている．

(17) 遅塚『史学概論』237～238頁．

(18) かつて日本でも，個人所得税率の最高税率は75%，住民税を足せば93%であった．

(19) 遅塚『史学概論』278～280頁．

(20) 宇野『経済学方法論』3～16頁．

(21) ハーヴァード・ビジネス・スクールのジェフリー・ジョーンズ教授からの情報による．

(22)　MIT ホームページ，およびスローンスクールの学生からの情報による.

(23)　沼上『液晶ディスプレイ』23頁.

(24)　沼上『行為の経営学』219頁.

(25)　沼上，同書，78～79，217～225頁.

(26)　沼上『液晶ディスプレイ』23頁．小田部は，ケースの意義を次のように説明している.「日本の著名な大学での経営学研究がかなり遅れてアメリカ型化してきているのがうかがえる．つまり，合理的な理論をもとに，定量的データを多変量統計分析手法を使って実証研究する方法である．ところがこのアメリカの大学の経営研究者はこのような実証研究方法の限界を既に認識し始めている．むしろいくつかの事例を使って，定量化できないような（必ずしも合理的でないような）経営者，消費者の行動を深く研究するケースベースの文化人類学的な方法に関心が高まっている」（小田部「アメリカの大学」83頁).

(27)　岡崎『経済史』60頁．なお岡崎「制度の経済史」も参照．勘坂純市も，比較制度論について，「共同体と市場」という視点から，巧みに整理している.

(28)　岡崎，同書，69頁.

(29)　岡崎，同書，114頁.

(30)　遅塚『史学概論』291頁.

(31)　遅塚，同書，292頁．なお，ガーシェンクロン・モデルについては，安部『経営史』155～156頁参照.

(32)　ランデス「産業革命論再訪」19～20頁．ランデスの数量経済史に対する疑念（数値の曖昧さ，数値への過度の専心）については，同論文14～15頁参照．例えば，経済史家を集めた，あるハーヴァードの会合で，著名な老経済史家のアボット・フィッシャーが,「５パーセントとか，６パーセントというのがどれくらいの大きさなのか，という重要な質問をした」が,「その質問には誰も，フォーゲルでさえも答えられなかった」(同上，15頁).

またランデスとクラフツの間で，イギリス産業革命をめぐる論争もある．クラフツによれば，イギリスには産業革命を惹起する様々の要因があったが，それは必然性ないし極めて高い蓋然性をもたらすほどのものではなかった．換言すれば，偶然の要因が大きかったことを意味する．当時のフランスにも，大なり小なり産業革命が最初に起きる可能性があったのであって，フランスではなくイギリスにおいて産業革命が起こり，イギリスがファースト・スターターになったのは，偶然であった.

これに対し，ランデスは「大いなる過程は大いなる原因を必要とする」と主張

し，たとえ１回限りの事象でも，それが大きな歴史的変化であれば，それにふさわしい説明が必要であるとする．産業革命はまさに歴史的に大きな変化であって，従来から強調されてきたイギリス市場の統一性，効率性，企業家の自由，早期の地域専業化（ランカシャー）などの要因を指摘する（安部「イギリス綿工業の離陸」290頁）．この論争については，遅塚も紹介している（遅塚『史学概論』416〜418頁）．

(33) コッカ「比較史の彼方」11〜12頁．またクリフォード・ギアーツの「文化的実践」の考えも有力になった（キャナダイン『いま歴史とは何か』199頁）．テキストと区別された文化的実践は，ウェーバーの「宗教の教義解釈ではなく，教派集団の性格の探求」こそが研究テーマであるとの言葉を思い起こさせる．しかし，「実践」という用語は適当ではないであろう．実践の研究とでも，言うべきである．

(34) Abe, “Technological Strategy”, pp.45–48. 筆者の結論は，当時の最有力企業であったボルコゥ・ヴォーン社の技術戦略は誤りだったので，ヴィクトリア後期の鉄鋼企業は「合理的」（事前かつ事後）ではなく，したがって「生産性」は低かったと推測できるとした．安部「イギリスの主導的鉄鋼企業」も参照．

(35) 「文化理論」cultural theory の強固な信奉者は，cultural turn という用語より culturalist turn を好むそうである．Rowlinson & Hassan, “Cultural Turn”, p.148.

(36) 小田中「『言語論的転回』以後の歴史学」124頁．また，長谷川『現代歴史学への展望——言語論的転回を超えて』も参照（特に，「文化史研究の射程」）．コッカは「ごく最近，また状況は変化しつつある．歴史家は『言語論的転回を超えて』という見方を探求している．まもなく『新しい社会的転回』が生ずるはずだと考えている人々もいる」「比較史の彼方」12頁．

(37) 難解であるが，ベルジー『ポスト構造主義』参照．

(38) ここで茶々を入れれば，1960年代には，フォーク・ロック・グループ，The Byrds の “Turn! Turn! Turn!” という曲が流行っていた．

(39) キャナダイン「序文」ｖ〜vi頁．川北稔は世界システム論者であるが，言語論的転回には批判的である．「僕は本格的な言語論的転回みたいな話にはちょっと乗り切れない」『私と西洋史研究』（203〜205頁）．また，「理屈っぽい議論や問題意識より『実証』論文のほうが学問的であり，そのほうが寿命が長いと考えるのは大きな間違いです．特定のマナー（荘園）の農民層分解を『実証』した論文は，いまや誰も読まないでしょうが，異論は大いにあっても，近代化にかんする大塚久雄先生の書物はいまでも読むに耐えます」（同上，11頁）と，興味深いことを

述べている．経営史研究で，ただ個別企業の「実証」を行なっていればよいという訳ではないのである．ただ逆の側から，注意しなければいけないのは，旧ソ連時代に量産されたイデオロギーに基づいた著作は，今では誰も読まないが，旧ソ連時代でも，学問的に「実証的な」著作は今でも読むに値すると言われている．「実証」の対象と内実なのであろう．

(40) コッカ「比較史の彼方」10～12頁．岸本美緒はアナール学派について，興味深い指摘をしている．「当時研究者の卵であった私の眼から見れば，事件史中心の政治史的歴史学を批判して長期の社会構造を重んずるブローデルの時間論のどこが新しいのか，よくわからないというのが当初の正直な感想であった」．そして「時間の観念から定向的発展の要素を取り除いたこと」，言い換えれば「定向的発展の論理と切り離された『構造』への注目は，人類史を直線的に貫通する普遍的な座標軸としての『時間』よりも，共時的な『空間』へと研究者の関心をシフトさせた」のである（岸本「時代区分論」77頁）と，アナールの手法を評価している．

(41) 安部『文化と営利』97～100頁．

(42) 遅塚『史学概論』373頁．存在が先か，意識が先かという議論がある．スーザン・ブラックモアは，次のように指摘している．「観念論者は，心を根本的なものとみなすが，その場合，一貫した物理世界が存在するように思われるのはどうしてかということを説明しなければならない．中性一元論者たちは二元論〔存在と意識の独立〕を拒否するが，世界の根本的な本性および世界を統一する仕方については意見が分かれている．三番目の選択肢は唯物論であり，現在，科学者たちのあいだでは断然人気がある．唯物論者は物質を根本的なものとみなすが，その場合」，「意識をどのようにして説明するか」という「問題に直面せざるをえない」（ブラックモア『意識』6頁）．進化論的に考えて，存在が意識に先行するというのは当然ではなかろうか．

(43) 遅塚，同書，188頁．

(44) 遅塚，同書，8～9頁．遅塚においては，「真実」とは「実感」に近い．「実感」は人によってかなり異なるであろう．

(45) 遅塚，同書，186頁．

(46) 岸本「アクチュアリティとリアリティ」5～6頁．

(47) 遅塚『史学概論』463頁．

(48) 小田中「『言語論的転回』以後の歴史学」136頁．

(49) Rowlinson & Hassan, "Cultural Turn", Toms & Wilson, "Defence of Business History". 邦語文献としては，黒澤＆久野「経営史研究の方法・課題・存在意義」

（下）の32～36頁参照.

(50)　キャナダイン「序文」viii頁．また安丸「表象の意味するもの」も，社会史から言語論的転回への流れを，鋭くかつ巧みに整理している（237～242頁）.

第1章　チャンドラー・モデルの理論的背景と概要

(1)　Coase, “Influence”, p. 36.

(2)　ウィリアムソン『市場と企業組織』416頁.

(3)　North, “Transaction Costs”, p. 558.

(4)　North, Institutions, p. 27 ; Spence, “Internal Organization”, p. 164.

(5)　North, “Transaction Costs”, p. 571.

(6)　Ibid., p. 558 ; idem, *Institutions*, p. 27.

(7)　Williamson, “Modern Corporation”, p. 1543.

(8)　Coase, “Influence”, p. 40.

(9)　Williamson, “Modern Corporation”, p. 1548.

(10)　ウィリアムソン『市場と企業組織』37頁.

(11)　青木『組織と情報』18頁.

(12)　Williamson, “Emergence”, p. 195.

(13)　Coase, “Nature”, p.396.

(14)　チャンドラー『スケール・アンド・スコープ』.

(15)　同書.

(16)　ロビンスン『異端の経済学』166頁．Coase, “Nature”, p. 394.

(17)　Moss, *Business Strategy*, pp. 136-137.

(18)　ペンローズ『会社成長の理論』.

(19)　North, *Institutions*, p. 28.

(20)　ウィリアムソン『市場と企業組織』142頁.

(21)　Williamson, “Emergence”, p. 195.

(22)　Lazonick, *Business Organization*, p. 213.

(23)　Ibid., p. 195.

(24)　Williamson, “Emergence”, p. 195.

(25)　今井・伊丹「日本の内部組織」137頁.

(26)　Williamson, “Emergence”, p. 194.

(27)　青木昌彦は，筆者と同様の疑問を持った.「私は，中央計画経済に批判的だったフリードマン教授に，質問しました.『資本主義経済の中にも，ゼネラル・

モーターズ（GM）やIBMなどのように，並の計画経済組織より大きな会社組織があるが，どうしてうまく機能しているのでしょうか』．教授の回答は『大企業も市場で競争しており，その中で利益を上げられない状態になれば滅びていく』というものでした」（青木『経済学入門』225頁）．さらに青木は，「フリードマンは，『いや，そうは言っても市場経済の企業はお互いに競争しているからいいのだ』と片付けてしまうわけですが，市場経済のなかでなぜ企業組織が生まれてくるのか．これは後の制度分析につながっていく」とする（同上，28頁）．組織と市場の関係を考えるうえで，含蓄のある指摘である．

(28) 橋本『日本経済論』129～135頁．

(29) Chandler & Daems, "Introduction", pp. 4-5.

(30) 橘川「戦後型企業集団」282～285頁．

(31) 例えば，Schneider-Lenne, "Corporate Control in Germany".

(32) 今井『ネットワーク論』および経営史学会関東部会大会（一橋大学）での今井報告による．

(33) チャンドラー『スケール・アンド・スコープ』におけるインペリアル・タバコ社の事例参照．

(34) 同書，7，8，9章参照．

(35) 鈴木ほか『経営史』107，180，243頁．

(36) Chandler, "Managerial Enterprise", pp. 37-38.

(37) Sobel, *Giant Corporations*, pp. 195-209.

(38) Alford, *British Economic Performance*, p. 48. 正確には，11%．

(39) Leibenstein, "X-Efficiency", pp 392-413, esp. pp. 392, 397, 398, 413.

(40) ハーシュマン『組織社会の論理構造』88頁．

(41) 浅沼「部品取引の構造」151頁．

(42) ドーリンジャー＆ピオーリ『内部労働市場』参照．

(43) 笠谷は，小池和男などの主張を取り入れ，次のように述べている．「今日の日本式経営と呼ばれているものは，技術革新の成果を取りいれるべく，企業内での従業過程を通して優秀な熟練労働力を育成していく，1930年代頃から世界的に出現するOJT（on-the-job training「仕事につきながらの訓練」）のシステムの一つの表現形態に他ならないものであること．このOJTシステムが終身雇用，年功序列賃金，工場別組合（ローカル・ユニオン）などといった経営―労働様式を生み出しているのであり，これはアメリカ企業であるIBMなどにも顕著に見られるように，特殊日本的現象ではなくして，むしろ普遍的な問題として理解すべき

ことである」（笠谷『士の思想』211頁）．だが，事態はそのようには進行せず，皮肉にも，1960年代あるいは1970年代以降，労働の内部化理論は現実には崩壊することになり，雇用の流動性が世界的に高まったのである．

(44) Chandler, "Introduction", in Chandler & Daems (1980), pp. 9-11.

(45) Ibid.; Chandler, "Multi-Unit", in Williamson (1975), p.225; idem, "Institutional Integration", in Nakagawa (1976), p.122; idem, "Place", in Teichova & Cottrell (1983), p.3.

(46) Chandler, "Introduction", in Chandler & Daems (1980), p. 4.

(47) チャンドラー『経営戦略と組織』377頁．

(48) Chandler, "Development", in Hannah (1976), p. 28; チャンドラー『経営者の時代』序論．Uフォーム，Mフォームはウィリアムソンの用語だが，「Sフォーム」(Simple form) という用語は，筆者の造語である．

(49) Chandler, in Hannah (1976), p. 27.

(50) チャンドラー『経営者の時代』15～17頁．安部「経営者企業成立への曲折」参照．なお，このような解釈については，森川英正氏と筆者との間に論争がある．安部「経営者企業論」，森川「株式所有の分散」参照．

(51) チャンドラー『経営戦略と組織』参照．また，ジェフリー・ジョーンズは，「1914年以前，あるいはそれ以降でも，英国のほうがドイツよりも同族会社が多かったかどうかは，はっきりしない」「英国は，他のヨーロッパ諸国よりもアメリカの企業資本主義モデルにより大きく接近し，時間の経過とともに，英国の同族所有経営型の資本主義が，大規模な英国企業からほとんど排除された」と述べる．すなわち，イギリスでは経営者企業が，大企業の中では支配的になったのである．ジョーンズ『国際経営講義』238～257頁参照．ちなみに，こうした経営者企業は当然のことながら株式会社である．イギリスでは，企業者企業の段階では非公募株式会社＝私会社（private companies），経営者企業の場合には公募株式会社（public limited companies = PLC と略記される）であることが多い．

おそらく，ドイツではユンカー地主が支配的であったこと（弱すぎるブルジョアジー）から推考して，また以下のウェルナー・ゾンバルトの表現から考えて，反ビジネス感覚はドイツの方がイギリスより強かったと思われる．「〔ゾンバルトは〕『ドイツの戦争』〔第一次世界大戦〕をイギリスの商人的文明とドイツの英雄的文化との間の避けがたい争いとして歓迎した．彼はすべての尚武の本能を失ったイギリス人の『商人的』思想を限りなく軽蔑した」（ハイエク『隷従への道』216～217頁）．

第2章　組織は戦略に従わないのか――チャンドラーの真意を探求する

(1)　安部の一連の論考参照.「イギリスにおける近代企業の成立」「イギリス企業の戦略と組織」『ケースブック　アメリカ経営史』(Introduction と Conclusion)「チャンドラー理論の意義と問題点」「ポスト・チャンドラー・モデルを考える」「チャンドラー・モデルの行く末」「企業の境界」「チャンドラー・モデルの限界」.

(2)　曳野「経営者企業」61頁.

(3)　チャンドラー「序文」(有賀裕子訳) p. xvi.　Chandler, Introduction, 1990.

(4)　曳野「経営者企業」61頁.

(5)　有賀裕子訳の翻訳には，専門用語の訳において，しばしば不適訳が見受けられるとの指摘がある.

(6)　三谷『経営戦略全史』91頁.

(7)　戦略と組織の関係を論じている場合は特にそうだが，一般的にも「組織戦略」という言葉が存在しうるかどうかについては議論がある．短期的な組織改編ではなく，長期的な組織構築を企図する場合には，組織戦略という用語を使って構わないと筆者は考えるが，戦略と組織の違いを際立たせる場合に，組織戦略という用語を使用することは混乱をもたらすので不適当であろう.

(8)　曳野「経営者企業」61頁.

(9)　安部「イギリスにおける近代企業」参照．拙稿から引用すれば，「チャンドラー・シェーマについてコメントしたオールフォードによれば，チャンドラー・アプローチの強みは，市場と技術的要因の強調であるとするが，それらは必ずしも即座に経営組織における変化や発展に影響しないとし，さらにマサイアスやサプルを引用しつつ，組織 (structure) は戦略 (strategy) を規定 (determine) できるし，またしばしばそうであると述べている．その理由としては，市場／技術的要因だけではなく，市場力 (market power) ないしは企業間の勢力関係 (power relationship between firms) などの二次的要因も，企業，産業，究極的には (国民) 経済の差異を説明するのに一次的に重要であるからとする．〔チャンドラーを批判し，別のモデルを提示したフリーグスタインの見解に近い！安部『文化と営利』参照〕．別言すれば，企業の組織 (organisation) が企業目標 (goal) に適合するよりもむしろ企業目標 (goal) が組織 (organisation) に適合しなければならないかも知れないとする．したがって，戦略と組織の関係はチャンドラーの言うように『因果的』(causal) ではなく，『共生的』(symbiotic) であり，この帰結はチャンドラー・シェーマと『ダイレクトに対照的』であると主張する」121-122頁.　Alford, “Chandler Thesis”, Mathias, “Conflicts of Function”

参照．また，同様の主張をしている Tolliday, *Business, Banking and Politics*, p. 52参照.

以上のオールフォードの言及で，structure と organisation の両方が用いられているが，ある見解では，structure は skeleton（骨格）を，organization は flesh（肉）を意味するとされる．ストラクチャーはまさに管理組織としての骨格，構造を意味するのに対し，オーガニゼイションは，内容を含んだ組織を意味すると理解することができる．Organizational structure という言葉もよく使われる．この場合は，肉付の骨格ということになり，「十全の組織」ということになろう．チャンドラーが organization ではなく，structure を使ったことの意味が問い直されるべきであり，繰り返しになるが，オールフォードなどの批判は，管理組織と企業組織を混同した見解ではなかろうか．また，organizational capability であって，structural capability でないことにも意味がある．

(10) チャンドラー『経営戦略と組織』20，26，27頁.

(11) 同書，30頁．なお，チャンドラーの1962年版の "Introduction ── Strategy and Structure"（訳書の「序章」）を見ると，14頁に二度「組織は戦略に従う」が出てくる．"structure follows strategy", "structure does follow strategy". そして「①組織が戦略に従うとするならば，新しい戦略の管理的必要を満たすために必要な新しい組織を開発するに際して，なぜ遅れ（delay）が存在するのだろうか，②組織の変化を必要とする新しい戦略がなぜ最初に登場するのだろうか」と疑問を投げかける．16頁では，"Structure, as the case studies indicate, was often slow to follow strategy" と述べ，戦略が組織に先行すると主張している．また "Conclusion" では，"a company's strategy determined its structure"（p.383）のように，「決定」とも表現している．ただ，ここでは "structure and strategy" と逆転した表現が見られ，また，16頁にも "a clear-cut definition of structure and strategy" の表現が見られる．チャンドラーは，意識的に出版社に抵抗したのだろうか.

ところで先にも触れた，structure と organization の違いはあまり明瞭ではないが，チャンドラーは使い分けているように思える．"if the planning and carrying out of such growth is considered a *strategy,* and the organization devised to administer these enlarged activities and resources, a *structure.*"（p. 13）．"Structure can be defined as the design of organization through which the enterprise is administered."（p. 14）．チャンドラーは，時折，"organizational structure"（p. 2），"organizational form"（p. 13）という表現，あるいは "administrative struc-

ture" (p. 13), "administrative form" (p. 4) を使っているので, structure と form は同一と考えられる. そして administrative と organizational が近い内容を持っていることが分かる. したがって本文で述べたように「骨格と内容」のように, structure と organization は考えられるのではなかろうか.

(12) 曳野「経営者企業」68頁.

(13) チャンドラー「序文」(有賀裕子訳) xx-xxi 頁.

(14) この序文は, 1990年に発表されたものであるが, それ以降, アメリカ企業が大きく変動したと見るか, そうでないかという認識の問題がある. 1970年代から1980年代にかけて, すでに M&A などの隆盛, PC などのハイテク技術が登場していたことから, その後の変化は延長線上にあるに過ぎないと判断するか, あるいはさらにアメリカ企業が質的に転換していったと見るかで, 見解は変わる. 換言すれば, 組織構造の変化が1990年代, 2000年代にかけてさらに大きかったのか, あるいはそうでなかったのかという見解の相違が生じる. チャンドラーは, 大きいとは思わなかったと思われる. そうすると, 1989年の言及と併せて考えれば, 1960年代から2000年代まで, さらには1920年代から2000年代まで, アメリカ企業の基本構造は変わらなかったことになる. このチャンドラーの認識は問題であろう. 1890年代に登場したアメリカ巨大企業の古典的な姿は, 1960年代で頂点を迎え, 1970年代, 1980年代の激動を経て, ネットワークという新たな組織構造 (structure) が登場し, それが1990年代, 2000年代に新しいスタイルとして定着していったと考えることが妥当であろう. 安部「チャンドラー・モデルの限界」参照.

(15) 安部「進化の概念と経営史」参照.

(16) なお, 進化論の観点から, チャンドラー・モデルに言及したものとして, 渡部「戦略と構造」がある. 渡部は, 結論として「戦略が構造に先行するが, その成果はケイパビリティで決まる」とし, 戦略の先行性, 先導性を認めている. だが, 後段の結論は当然であり, 経営学的にはあまり意味のない結論であろう

(17) 三谷『経営戦略全史』88頁.

(18) 同書, 89頁.

(19) 同書, 90頁.

(20) 塩見ほか『アメリカ・ビッグビジネス成立史』参照.

(21) この時期のアメリカ経営史の解説としては, クルース&ギルバート『アメリカ経営史』, Thomas Derdak, *International Directory*, John Ingham, *American Business Leaders*, Glenn Porter, *Encyclopedia of American Economic History*, Rich-

ard Wilson, *Historical Encyclopedia* などが役立つ.

(22) 事業部制とカンパニー制の違いは実質的には大きくはなく，単なる名称の問題と言ってよい．日本では，事業部長ではなくカンパニー社長と呼び，事業部制よりもカンパニー制に大きな権限を与えているように見える．だが，トヨタでも「製品企画から生産まで責任を負う」というように，販売は入っていないし，あるトヨタ関係者によると，ファイナンスや調達もカンパニーではなく，ヘッドオフィスに帰属している．また従来から，アメリカの事業部制と日本の事業部制の相違についての議論もある．アメリカの事業部制は人事も担当範囲としているが，日本の事業部制は社員のリクルートは人事部が一元的に行い，その後，各事業部に配属するという方式である．これでは，事業部の独立性は弱いと言える．このように，日本の事業部制はアメリカと比較して，人事機能を欠いていることから本当の意味での事業部制ではなく，アメリカの事業部制よりも不完全であり，さらにトヨタの場合は販売，ファイナンス，調達も欠いていることから，アメリカの事業部制よりはかなり不完全なカンパニー制と言える．トヨタの場合は，市場にマッチした製品企画とそれに適合的な生産体制，生産技術の活性化を狙って，カンパニー制を導入したとも思われる．さらにこのカンパニー制が子会社再編の第一歩になるのではないかという声も聞かれる．トヨタのヘッドクォーター・トップ（通称「奥の院」）がどのように考えているのかは定かでない．トヨタの特徴である漸進主義（試行錯誤を通じた展開）の一例であろうか.

(23) 「トヨタ　カンパニー制導入発表」．沼上は，カンパニー制について次のように説明している．「強調するべき点は，事業本部制〔松下が採用していた〕やカンパニー制〔東芝などが採用していた〕といった組織形態も，基本的には事業部制の派生形態として考えると理解することが容易になる，という点である．組織形態については，頻繁に新しいカタカナ言葉が流行し，また社会的には同じものを各社で異なる呼び方をしているために，しばしば初学者に混乱が発生しがちだが，原理原則にまでさかのぼってみると，実はそれほど組織の基本形は多くはない」（『組織デザイン』40～41頁）．筆者と同様の考えと言えよう.

(24) 進化と企業存続に関しては，安部「進化の概念と経営史」および『経営史』（日経文庫）参照．拙著『経営史』を評して，ウェッブ上で，経営史とは企業進化論であるというコメントもあった．なお，実証的にチャンドラー・テーゼをパフォーマンスも考慮して検証した論文に，“Hall & Saias”, “Galan & Sanchez-Bueno”, “Aupperle, Acar & Mukherjee” の論文がある.

第３章　グローバリゼーションとチャンドラー・モデル

（１）　Chandler, *Shaping*, および *Inventing*. チャンドラー・モデルの概略については，本書の他の章，「ポスト・チャンドラー・モデルを考える」「『ケースブック　アメリカ経営史』『イギリス企業経営の歴史的展開』などを参照.

（２）　Chandler, *Shaping*, pp. 3–8. Idem, "Organizational Capabilities", p. 87.

（３）　組織能力に関して，チャンドラーは『スケール・アンド・スコープ』では，次のような定義を与えている.「企業内部で組織化された物的設備と人的スキルの結合」(同書，514頁).

（４）　ネルソン＆ウィンター『経済変動の進化理論』16頁.

（５）　ポーター＆竹内『日本の競争戦略』第３章.

（６）　筆者は，外国系企業の製品と自国の製品が競争状態にある状況を，「見えざる競争」，外国企業が自国に工場を建設し，あるいは，自国の企業が外国に製造工場を建設し，その製造過程がある程度分かるような状況を「見える競争」と呼んだ．単に製品の外見的機能や特質だけではなく，製造過程に立ち入って，その造り方からの競争を認識する状態は，ブラックボックス的競争から，製造過程をも含んだ熾烈な競争となる可能性がある．このような「見える競争」次元の国際競争は，多国籍企業の登場によって初めて開始されたものである．本書第４章「革新の概念と経営史」参照.

（７）「1800年には，多くの企業が国際貿易に従事していたが，２カ国以上に資産を所有し，経営していた企業はわずかにすぎなかった．200年後の今日，世界には少なくとも６万の多国籍企業が80万社以上の海外関連子会社を支配している．このなかで，世界的規模で事業活動をする巨大企業はわずかであり，大多数の多国籍企業は従業員250人以下である」．ジョーンズ『国際経営講義』６頁（傍点，引用者)．なお，同書，34頁も参照.

（８）　Chandler, *Shaping*, p. 5.

（９）　筆者と同様の疑問が，橋本輝彦によっても，提起されている．この点に関しては，後述.

(10)　Chandler, "What is a Firm?", pp. 488–490. Idem, "Organizational Capabilities", pp.85–86, 99.

(11)　クルーグマン「危険な妄想」374～389頁.

(12)　上記２論文以外には，"Growth of Transnational Industrial Firm" などが有益である.

(13)　チャンドラー「グローバル競争」374頁，ポーター「グローバル業界」53頁.

(14) ジョーンズ『国際経営講義』34頁.

(15) チャンドラー「グローバル競争」404～405頁.

(16) 同上, 408～413頁.

(17) 同上, 417～424頁. "Organizational Capabilities", pp. 97-99.

(18) チャンドラー『スケール・アンド・スコープ』516頁. なお, チャンドラーは, 「1960年代の競争の様相は, 経営者企業の進化における転換点といえるものかもしれない」(同書, 同頁, 傍点は引用者) と述べている. かつて成立した経営者企業が質的な変換を遂げたと主張しているようにも理解できる.

(19) Chandler, "Organizational Capabilities", p. 98.

(20) Ibid. チャンドラー『スケール・アンド・スコープ』524頁.

(21) Chandler, "Organizational Capabilities", p. 98.

(22) チャンドラー「グローバル競争」424頁.

(23) 同上, 421～422頁.

(24) 同上, 423頁.

(25) Chandler, "Organizational Capabilities", p. 98., チャンドラー「グローバル競争」518頁.

(26) 橋本も次のように述べている. 「エレクトロニクス, 情報技術革命は1950年代から始まった新しい革命である. ……そのため, チャンドラーの主張とは違って, 既存の現代企業の参入だけではなく, いくつもの新たな企業家的なスタートアップ企業の勃興と中核企業への成長がみられた」橋本『軌跡』101頁. 同感である.

(27) ポーター「グローバル業界」53～59頁. なお国際競争に関して, ポーターの論文「国際競争パターンの変化」も参考になる. また, Temin の論文は, グローバリゼーションを, 商品, 資本, 労働, 知識という四つの側面から, 歴史的に考察している.

(28) Chandler, "Transnational Industrial Firm", p. 402, ジョーンズ『国際経営講義』32頁.

(29) ヴィッカーズとアームストロングに関しては, 安部「戦間期イギリス兵器企業」参照.

(30) ポーター「グローバル業界」56～59頁

(31) チャンドラーは, アメリカ企業も1960年代と比較すれば, 1980年代には, よりコア・テクノロジーに集中するようになった, と指摘する. Chandler, "Organizational Capabilities", p.98.

(32) Chandler, *Electronic Century*, pp.223-224. Idem, *Shaping*, pp. 13-15.

(33)　橋本『軌跡』第6章.「この11年間〔1994年から2005年〕という短い期間に，1994年リストの500社のうち230社，46％もの企業が脱落している」(160頁).

(34)　スタイン『生き残る会社・消える会社』231～232頁．なお，Chandler & Mazlish, *Leviathans*, p. 3では，1980年の *Fortune* 500に存在していた企業の33％が，1990年の同リストから消え，1995年にはさらに40％！（another 40 percent）が消え去ったとされる.

第4章　革新の概念と経営史

(1)　シュンペーター『経済発展の理論』上，178，182～184，221，231頁．同『景気循環論』121，126，128，142～143頁．同『資本主義・社会主義・民主主義』上，239～240，243頁．Schumpeter, "The Creative Response", pp. 150, 152, 158. なお加護野「企業家精神と企業家的革新」70頁が革新の制度化を取り上げている.

(2)　チャンドラー『スケール・アンド・スコープ』27～28，49～50頁.

(3)　同書，76～78，377～378，528～530頁.

(4)　同書，18頁.

(5)　今井「イノベーションとネットワーク組織」329頁．Imai, "Patterns of Innovation and Entrepreneurship in Japan", p. 198.

(6)　シュンペーター『景気循環論』148頁.

(7)　カーズナー『競争と企業家精神』124～128頁．ポーター『国の競争優位』上，179頁.

(8)　宮本光晴「企業者の創造的破壊（J・A・シュンペーター）」72～73頁．シュンペーター『経済発展の理論』223～226頁.

(9)　カーズナー『競争と企業家精神』128頁.

(10)　Leibenstein, "Allocative Efficiency versus X-Efficiency", pp. 392-413.

(11)　Imai, "Patterns", p. 198

(12)　Abernathy and Clark, "Innovation," p. 9. 今井「イノベーションとネットワーク組織」330頁.

(13)　Abernathy and Clark, "Innovation," pp. 7-21. なおアバナシー，クラーク，カントロウ『インダストリアル・ルネッサンス』193～206頁，米倉「企業者精神の発展過程」165～171頁参照.

(14)　ただし，アバナシーは単純に企業を生物の一生になぞらえることには反対であり，むしろ様々な手段によって脱成熟化をはかれることを力説している．Abernathy and Clark, "Innovation," p. 14.

(15) Abernathy and Utterback, "Patterns of Industrial Innovation," p. 43.

(16) Abernathy and Clark, "Innovation," pp. 12, 15.

(17) Ibid., p. 20.

(18) Ibid., pp. 10-11.

(19) アバナシーほか『ルネッサンス』199頁.

(20) ポーター『国の競争優位』上, 31, 66頁.

(21) 同書, 73～74頁.

(22) Freeman, "Schumpeter's Business Cycles Revisited," pp. 22-30. なお伊丹「イノベーションと企業家精神」(青木・伊丹『企業の経済学』所収) は, 技術革新の長期波動の原因について, 革新の相互依存性, 非分割性, 外部性を指摘している. 以上の特徴の故に, 技術発展を基盤とした経済発展の長期波動, 例えば, コンドラチェフの波が引き起こされるとする. 本文で引用したクズネッツによるシュンペーター批判に対する一つの解答であろう. 特に伊丹論文, 229～230, 236頁参照.

(23) 大河内暁男『発明行為と技術構想』37～38頁.

(24) チャンドラー『スケール・アンド・スコープ』147～148, 152, 159頁.

(25) ピオーリ&セーブル『第二の産業分水嶺』337頁.

(26) リン『イノベーションの本質』192頁.

(27) チャンドラー『スケール・アンド・スコープ』175頁.

(28) 同書, 528頁.

(29) 同書, 520～530頁. ポーターも近年の傾向として, 規模の経済の重要性が低下していることを指摘している.

(30) シュンペーター『経済発展の理論』223～226頁.

(31) ヒルシュマイヤー&由井『日本の経営発展』398頁.

(32)「なにを隠そう, アメリカ人もかつてはものまね好きな国民だったのだ. 19世紀の終りから20世紀の初頭にかけてアメリカ経済が高度成長をとげたころ,『ヤンキー流の独創性』と称してアメリカ人はみずからの『ものまね精神』を礼賛した. この言葉は, アメリカ人がヨーロッパの発明を取り入れて応用し, 商品化しておおいにもうけた商魂のたくましさを表現したものである」. アベグレン&ストーク『カイシャ』186頁.

(33) 大河内『発明行為』93頁.

(34) 今井「イノベーションとネットワーク組織」335頁.

(35) 鉄道における組織革新に関しては, チャンドラー『経営者の時代』第3章に詳

しい．

（36）　チャンドラー『スケール・アンド・スコープ』162頁．

（37）　同書，170，176～177頁．

（38）　同書，524～526頁．またチャンドラーは1880～1890年代と1950～1960年代が競争関係，技術革新などの点で時代的に似ていると述べている．同書，527頁．

（39）　リーン生産については，多品種少量生産という用語が使われることが多いが，19世紀のクラフト的生産，すなわち本来の多品種少量生産と区別する意味で多品種中量生産という用語が妥当であろう．というのも，規模の経済をまったく無視した多品種少量生産は現代ではありえないからである．たしかに「トヨタのコロナという名称の車は，三ヶ月間の生産で，こうした形，エンジン，色，内装などのちがいを正確に計算すると，実に3700ほどの仕様数の同一車種が作られて」おり，まったく「同じものは十数台にすぎ」ないのであるが（伊東『技術革命時代の日本』22頁），他方で，共通の部品，エンジンを使い，量産効果を追求することも重要である．おそらく年間10万台を超えるコロナの生産は量産効果を実現するために必要不可欠と考えられる．したがってある程度の規模の経済は追求せざるを得ず，それゆえ中量生産という言葉が適当と思われる．なおリーン生産に関しては，ウォマックほか『リーン生産方式』に詳細な分析がある．

（40）　Riggs, “Innovations”, pp. 246-252.

（41）　ポーター『国の競争優位』上，173～174頁．またポーターは次のような興味深い指摘をしている．革新の担い手について，先発企業は次の世代で不利になり，逆にイノベーションはアウトサイダーであることが多い（上，70～72頁）．あるいは「イノベーションが難しいのはイノベーションの触媒のはたらきをするものが企業や産業，既成の社会構造の『アウトサイダー』であったり，外国に基盤をもっていたりするからである」（下，249頁）．また「激しい国内競争は国の財産」であり，さらに「世界的レベルの供給企業とユーザーが一つの国にいることは大切な財産であり，数え切れないほどの産業でこれが国際的な優位と関連している」（下，247頁）と力説している．なお，よく引用されるクリステンセンの『イノベーションのジレンマ』は，大企業が成功体験に馴化して革新的でなくなるという趣旨だが，あまりにも当然のことであり，こうしたことは上記で見たように，ポーターも指摘している．

（42）　クリストファー『日本で勝てれば世界で勝てる』は，日本市場の特質について鋭い分析を示している．

（43）　『日本経済新聞』1994年１月14日朝刊．

また最近では，日米再逆転と呼ばれるような状況が発生しているが，アメリカ産業界，とりわけ自動車産業が競争力を取り戻したかどうかは現時点でははっきりしていない（1994年３月）．私見では「ネオン」等々のいわゆる「日本車キラー」はまだそれだけの実力を持っていないように見受けられる．コスト削減の面で「改善の余地」がアメリカに相対的に多く残っているのは事実のように思われるが，競争優位はそれだけではないし，どのような方向に行くかは今後の事態の進行を待つところが多い〔実際，2018年の時点でも，アメリカ自動車企業は競争力を回復できていない〕．

(44) 内橋克人は，日本が得手としてきた工程革新（プロセス・イノベーション）の限界について次のように述べている．これまで日本は，工程革新や素材革新（マテリアル・イノベーション）により，「効率の改善は漸進的に進んだ」．だが「プロセスでもなく，単なるマテリアルでもない『第三の革新』が，時代的テーマとして浮上した」．それは「手法革命」（メソドロジー・イノベーション）であり，「生産現場の匠《たくみ》たちが『勤勉の哲学』を信奉して，１のものを1.1にするのに血みどろになっているすきに，突然，異次元の手法が躍り出て，１のものが簡単に100になってしまう」事態も出現する．このような「手法革命」は本章での革命的製法革新に相当する．

「目の前の製造工程を磨くことにかけては天才的だったわれわれだが，手法革命の時代にもそうあり続けることは可能か」との問いかけには，確たる答は今のところ存在しない．内橋「時代は『手法革命』」〔だが，彼の予想は概ね当たったように見える〕．

(45) Murakami & Yamamuraは，日本の技術革新は長期費用曲線を押し下げることにより，経済学のテキストブックでいう長期均衡への移動にほかならないが，アメリカの革新は長期費用曲線自体をシフトさせるドラスティックな革新であると主張する．また日本は，根本的革新をもっぱらアメリカからの技術導入によってまかなってきたと結論する．換言すれば，アメリカから基本技術を導入し，それを長期費用曲線に沿って低下させたのが日本の技術革新であり，いわば日本の技術革新にネガティヴな評価を下しているとも取れる．しかし本文で述べたように，アメリカの革新をシュンペーター流の革新とするならば，日本の革新はまさにカーズナー流の革新であり，どちらが重要であると断定することはできない．両者の見解については，Murakami & Yamamura, “A Technical Note”; Tyson & Zysman, “Developmental Strategy”, pp. 82-86参照．

第5章　進化の概念と経営史

（1）　藤本『生産システムの進化論』，特に補章2「進化概念の応用について」．また その内容を簡潔にまとめたものとしては，同「実証社会科学の進化論的枠組み」がある．

（2）　Becker et al., “Schumpeter, Winter, and the Sources of Novelty”, pp. 354-357.

（3）　八木「シュンペーターと進化的経済学」17～18頁．シュンペーターの『資本主義・社会主義・民主主義』では，「創造的破壊」を，突然変異に類比している．同書，上巻，83頁．

（4）　進化学や脳学は，人々の大いなる関心を惹きつけるものと見えて，啓蒙的な本からアカデミックな本まで実に多種多彩な本が出版されており，そのすべてに目を通すことは不可能である．

（5）　福岡『生物と無生物の間』8，35～37頁．

（6）　進化学の理解において，筆者にとって特に有益であったのは，木村『生物進化を考える』，河田『進化論の見方』，猪『生物進化の謎を解く』，松永『近代進化論の成り立ち』，パターソン『現代の進化論』であった．なお，進化の定義に関しては，次のようなものもある．「進化とは，世代をこえて生物の性質が累積的に変化すること」（河田「個体の行動の進化」13頁）．

（7）　松永『成り立ち』92頁．なお，チャールズ・ダーウィンの祖父，エラズマス・ダーウィンは著名な医者であり，また父親のロバート・ダーウィンも医者であった．ダーウィン家はきわめて裕福な家柄であり，また夫人のエマは陶磁器で有名なウェッジウッド家の出身であった．同上，85頁．蛇足ながら，チャールズ・ダーウィンの孫もエラズマスという名で，筆者が研究していたイギリスの鉄鋼企業ボルコゥ・ヴォーン社に，ケンブリッジ大学の工学部を出て，セクレタリー（総務部長）として入社した．彼が株主総会で紹介された時には，かの有名なチャールズ・ダーウィンの孫であることが言い添えられた．当時，ケンブリッジ大学を出て，民間企業に就職することは稀であり，工業界に軽いショックを与えたのである．不幸なことに，彼は第一次大戦で戦死した．安部『大英帝国の産業覇権』213頁．Annual Report of Bolckow Vaughan for 1911.

（8）　松永『成り立ち』102，104頁．ホジソン『進化と経済学』334頁．

（9）　木村『生物進化を考える』36頁．しかし，蛾の工業暗化に関しては，最近次のような説が出ている．近年，大気汚染が改善されたことによって，「再び黒い蛾と明るい蛾が同じくらい見られるようになった」．進化とは不可逆的な現象とされるので，これでは，工業暗化の例は進化の例とは言えないという主張である．

たしかに，進化は高度のもの，複雑なものへの変化という定義から考えれば，白い蛾から黒い蛾への変化は進化とは呼べず，「単なる可逆的な適応」と言える．適応ではあったが，適応進化ではなかったということになる．しかし，進化の場合に，不可逆的ということをそれほど厳密に適用すべきとは筆者には思えない．退化ということもあるからである．http://puh.web.infoseek.co.jp/edashakuanka.htm．なおこの情報の出典は明治大学農学部加藤幸雄教授のご教示による．

(10) マウスの尻尾を20世代くらい切ったとして，それが獲得形質の遺伝を否定したことにはならないとする主張である．進化は数万年，数百万年，数千万年の単位で起きると考えられるからである．

(11) 松永『成り立ち』129頁．

(12) 参考文献リストの木村の文献参照．

(13) 太田「立場」12頁．「『進化の中立説』40年の成果」．なお，ダーウィン自身も中立説的な考え方をしているところがある．松永「自然選択概念の変遷」18頁．

(14) 「『進化の中立説』40年の成果」．

(15) 同上．

(16) 速水「進化論の形成」18頁．

(17) 「現在の進化学界は，諸説が入り乱れ混乱しているようにみえるかもしれない．しかし極端な異説は別とすれば，取り扱うレベルによってかなりの合意は生まれており，けっして無秩序なものではない」．速水「進化論の形成」19頁．

(18) 齋藤「遺伝子進化のメカニズム」32頁．

(19) 野地・佐藤「現代進化発生学の勃興」178頁．

(20) 木村『生物進化を考える』56頁．

(21) 齋藤「遺伝子進化のメカニズム」21頁．「『生き物（ゲノム）は系統樹に関係づけられる』というダーウィン以来の進化観（そしてその分子進化版）を捨て，『すべての遺伝子が，十分に大きな時間スケールでは，あらゆるゲノムを自由に行き来する潜在能力を持つ』という生命観・進化観をデフォルトとしてとる方が，生命と進化を解明するうえではるかに生産的なのではなかろうか」小林『ゲノムはなぜ変わるのか』118，131頁．

(22) 否定的なものとしては，木村『生物進化を考える』12頁．木村「ラマルクから中立説まで」7頁．重視するものとしては，猪『生物進化の謎を解く』196頁（「セントラルドグマ説は完全に崩壊することになった」）．なおレトロウィルスは1970年に発見された．なお，これに関連して，水平遺伝子移行によって，ゲノムモザイク進化論が従来のゲノム系統進化論と対比されることになるが，哺乳類で

は，水平遺伝子移行は少ないという推測もある．五條「進化学と生命情報」245頁．また発生史的には，原始生命として最初にRNAができ，次に複製機構がDNAに渡されたとする見解もある（RNAワールド論）．原始たんぱく質→RNA→DNAというように進化してきたのであり，ちょうどセントラルドグマと逆の方向に変化してきた．猪『生物進化の謎を解く』196頁．

(23)　ドーキンズ『利己的な遺伝子』291〜304頁．

(24)　今西の著作としては，参考文献に挙げた4冊を参照した．

(25)　ロビンソン『異端の経済学』166頁．なお，『進化経済学ハンドブック』482〜483頁の収穫逓増の項を参照．

(26)　粕谷『行動生態学の適応論』69〜74頁，同『進化生物学の成立』61頁，木村『生物進化を考える』16頁．なお，今西理論と西田哲学との類似性も指摘されている．田辺元の「全体―種―個体」のパターンと，今西の「生物全体社会―種社会―種個体」は相似形をなしており，日本独自の進化論を強調する偏狭なナショナリズムという共通の特徴を持っていることが指摘されている．粕谷「行動生態学の適応論」74頁．また養老『唯脳論』219〜225頁「今西進化論と『永遠の今』」．「西田哲学と今西との思想的共同戦線」（岸「進化理解の転換史」171頁）．なお，田辺元への批判としては，佐藤優『学生を戦地へ送るには』参照．

(27)　「種は『変わるべくして変わる』ことを強調したため，主流の進化論者からは不可知論として批判されたが，近年，ウイルスによる種間の遺伝子移動や発生機構における選択，中立進化，構造生物学など今西の主張を裏づける機構も明らかになりつつある」（進化経済学会編『進化経済学ハンドブック』440頁，塩沢由典稿）という意見もある．

(28)　ウィルソン『社会生物学』，同『人間の本性について』参照．もっともな考え方として，「遺伝子・文化共進化説」がある．知的能力の遺伝的進化と文化そのものの進化（＝文化進化）が相互作用するという説である．利他行動などを取り上げれば，ミツバチなどの社会性昆虫の方がヒトより進化しているが，高度のコミュニケーション能力という点では，ヒトの方がミツバチよりも進化しているとする．辻『社会性の進化』178〜179頁．

(29)　もちろんネルソン＆ウィンターの著作は，新古典派（伝統的経済学）に対する批判としては注目すべき点が多々ある．またホジソンも伝統的経済学に対する批判精神があふれており，シュンペーターに対するコメントも面白い．「おそらく，幸運なことに，シュンペーターは形式的，数学的な推論に熟達していなかった．……もしも彼にもっと数学的な能力があったならば，おそらくワルラス理論を完

全に動態化しようとして，きわめて不毛な試み――今日までいまだ達成されていないもの――にその全生涯を浪費してしまい，きっと経済学者としては忘れ去られてしまっていることであろう」(ホジソン『進化と経済学』229頁)．筆者も，静学均衡論から動学化への動きについてコメントしたことがあるが（本書序章），結局，ワルラス流の均衡論を，不均衡動学にまで展開することは至難であり，筆者もホジソンと同様の感想を持っている．「不均衡動学を研究して生産的な議論・結論を得られるかというと，なかなかそうは上手くいかないという気が」する（安部「ポスト・チャンドラー・モデルを考える.」41頁．また同じ論文で，西田哲学・田辺元の問題点についても少し触れた（同稿40頁)．参照していただければ幸いである．

(30) ドーキンズ『利己的な遺伝子』296～299頁．

(31) 村上『政治経済学要綱』122～150頁．

(32) ホジソン『進化と経済学』250～255頁．

(33) ネルソン＆ウィンター『経済変動の進化理論』16頁．

(34) ホジソン『進化と経済学』268頁．

(35) Laland, “Learning to Evolve”, p. 345.

(36) 藤本『生産システムの進化論』140～142頁．

(37) 木村「中立説の立場」189頁．同「ラマルクから中立説まで」14頁．

(38) 野中『企業進化論』129～130頁，オールドリッジ『組織進化論』28頁．

(39) 木村『生物進化を考える』154頁．

(40) 突然変異（ランダム）を生物に，創発を社会にという考え方で，ランダムと意思の存在の対比であるが，突然変異に関しても必ずしもランダムではなく，定方向性を主張する見解もある．

(41) 漸進的およびラジカル・イノベーションに関しては，安部「革新の概念」参照．

(42) 青木昌彦も中立説に少し触れている．青木『経済システムの進化』92～93頁．

(43) 倉谷「発生と進化の研究史」216頁．

(44) 歴史的時間とは繰り返し得ない１回性を持つものであるが，論理的時間とは，数式におけるｔ期，ｔ−１期のようなものである．なお，アルフレッド・マーシャルは，「経済学は広義に解釈される生物学の１分科」と述べているがその意図は不明である．ホジソン『進化と経済学』43頁．

(45) 村上『政治経済学要綱』122頁．

(46) 野地・佐藤「現代進化発生学の勃興」172頁．

(47) 日産，あるいは鮎川義介の「美談」としては，アメリカ人技師のウィリアム・

ゴーハムを，陸軍の圧力から守ったことかもしれない．第二次大戦時，敵性外国人としてのゴーハムは，陸軍から睨まれていて逮捕の可能性もあったが，鮎川は彼を陸軍の圧力に屈せず保護した（桂木『日本人になったアメリカ人技師』参照）．

(48)　1999年に，日産再生のためにルノーから派遣されたゴーンは，日産を立て直し，名経営者の名をほしいままにした．日産の従来の社風を大改革し，系列解体など効率性を重視し，やる気がある社員のモラールアップに成功したと言われていた．また，職能を超えたクロスファンクショナル概念（具体的にはCFT ＝クロスファンクショナル・チーム）を引っ提げて日産を活性化し，資本提携した三菱自動車も含めると，トヨタを抜き，ルノー・日産・三菱グループとして世界第２位の自動車メーカーとなった．しかし，ゴーンは2018年11月，報酬の不正操作によって検察庁に逮捕される事態になった．社風の変革は定着したのか，あるいは検査不正に見られるように，実際には社風の改革は砂上の楼閣だったのか，今後の展開は不明である．

(49)　佐高信の『逆命利君』は，住友商事ないし住友グループの精神風土を扱っていて興味深い．君命に逆らっても，結局は君を利するという趣旨である．

(50)　シリコンバレーのこの企業家DNAの変移を，近い将来取り上げたいと考えている．

(51)　福岡伸一は，次のように主張している．「よく，わが社のDNAとか温泉好きDNAといった表現を目にするが，伝統あるいは文化と言うべきところで，端的に言って誤用である．生後獲得されるものではなく，生まれる前から私たちを制約するものとしてDNA ＝遺伝子はある」．『読売新聞』2008年５月４日．

第６章　イギリスの経営発展とチャンドラー・モデル

（１）　鈴木「現代企業の出現」（同ほか『経営史』）９頁．

（２）　宇沢『近代経済学の再検討』58～59頁．なお森嶋『無資源国の経済学』も，取引所について詳しく説明している．またウェーバー『取引所』も有益である．

（３）　中川『イギリス経営史』139頁．

（４）　なお当時の産業構造，取引所については，安部「イギリスにおける現代企業の発達」（鈴木ほか『経営史』）112～124頁参照．

（５）　Green, “Royal Exchange”, pp. 4-5, 85, 98, 100-101.

（６）　Dowling, *Exchanges of London*, passim. 取引所経済はたしかに多数の企業が集散することにより取引コストを節約できるが，必ずしも取引所だけが取引コストを節約できるのではなく，多数の企業を相手にする商人の存在も同様の機能を

果たすことができた．それゆえ，取引所を中心に，さまざまな仲介商人によって媒介される市場取引が取引コストの節減に貢献したと言ってよい．

さらに，多数の企業が集うだけではなく，取引所に出入りする資格は通常制限されており，その結果，取引相手は概ね信頼できることになる．したがって取引コストの一部である危険コストを減少させることもできた．次のボールティック・イクスチェンジに関する言及は興味深い．

「競争がどれほど激しくとも，ボールティック・イクスチェンジのメンバーは，利害共同体であるという感覚を失いはしなかった．彼らの言葉はいつでも確かな約定であった．当事者の善意をもってしても，もちろん過ちや紛争は起きるが，メンバーが取引所理事会に召喚されたり，不公正取引や，口頭でなされ承認された申し出に遡って，非難されるということはめったになかった．さらに法廷での訴訟となるならば，高額の費用と長い年月がかかるということが認識されており――若干名の仲裁人に任せることにより，ほとんどいつでも紛争は解決されていた――このように解決される紛争は，紛争当事者の摩擦を最小にし，時間と費用の損失を最小にするように，概ね決められたのである」(Findlay, *Baltic Exchange*, p. 49，傍点引用者)．

（7） チャンドラーが言うところの組織能力（organizational capability）と考えてよい．同『スケール・アンド・スコープ』第2章参照．
（8） Payne, “Emergence”, pp. 539-542.
（9） Chandler, in Chandler & Daems (1980), p. 7.
(10) チャンドラー『経営者の時代』20頁.
(11) Chandler, “Growth” (1980), p. 404; in Horn & Koca (1979), p. 52.
(12) Chandler, in Hannah (1976), pp. 47-48.
(13) Macrosty, “Aspects”.; Mathias, “Conflicts”, pp. 41-42.
(14) Mathias, “Conflicts”, p. 43 ; Hannah, *Rise*, p. 83.
(15) Chandler, ”Emergence” (1984), p. 497.
(16) Ibid.
(17) Chandler, “Managers” (1986), p. 16.
(18) Chandler, in Mathias & Postan (1978), p. 123.
(19) Chandler, “Growth” (1980), p. 409.
(20) Hannah, in Chandler & Daems, pp. 41-42.
(21) Ibid., p. 54.

(22) Ibid., p. 53.

(23) Ibid. ; in idem (ed.), p. 185.

(24) Hannah, *Rise*, p. 142.

(25) Hannah, in Chandler & Daems, p. 62.

(26) Hannah, "New Issues", p. 171.

(27) Hannah, "Introduction", p. 3. この点で，ハナの見解は筆者の考えに近い．また Chandler, in Chandler & Daems, p. 6 参照．

(28) Hannah, "New Issues", p. 173.

(29) 例えば，ハナ，和田『見えざる手の反逆』．

(30) Chandler, in Chandler & Daems, p. 3; in Williamson, p.11; Hannah, *Rise*, p. 96.

(31) Chandler, in Hannah, pp. 23, 26, 28, 46.

(32) Chandler, "Industrial Groups", p. 22; チャンドラー『経営者の時代』818～820頁．

(33) Chandler, in Williamson, p. 27.

(34) Chandler, in Hannah, p. 48; Chandler, "Emergence", p. 15.

(35) Chandler, in Chandler & Daems, p. 39; Hannah, in idem, p. 13.

(36) Hannah, in Chandler & Daems, p. 42.

(37) Hannah, "New Issues", p.169; Hannah, in Chandler & Daems, p. 67. さらに，スティーヴ・トムズとマイク・ライトによると，500人以上の従業員を持つ大企業の生産と雇用に占める割合は，1949年にはそれぞれ45％，43％，1972年には59％，56％と増加したが，1990年には50％，41％と逆に低下した．したがって，大企業のウェイトは1970年代辺りを境に低下したことが窺える．Toms & Wright, "1950-2000", p. 104. ドイツなどでも，同じ傾向が見られる．

(38) 以上に関しては，安部「鉄鋼企業の資本構造」，Jefferys, "Trends" 参照．

(39) 同上．興味深いことに，19世紀半ばにはイギリス北東地域のボルコウ・ヴォーン社では，旧オーナーが３倍の議決権を持つ「創業者株」founders' shares を持っていた時期があった．だが，19世紀末には解消し，概して平等な権利，１株には１議決権の原則がイギリス国内に普及していったと推定される．ただしアメリカにおいては，現在のフォードでは，フォード家は４％しか株を所有していないにもかかわらず，10倍の議決権を持つ種類株を発行することによって，40％の議決権を持っている事態も出現している．

(40) 具体例としては，安部『大英帝国』および「イギリスの主導的鉄鋼企業」参照．

(41) 鉄道に関しては，湯沢「経営管理組織」431頁．本文で記したように，アメリ

カでは鉄道業において最初のビッグビジネスが現れたが，イギリスではたしかに鉄道企業は大規模ではあったが，アメリカと異なり，ラインとスタッフを十分区別した組織は形成されなかった（Chandler, in Horn & Kocka, p. 43).

(42) 「職業的取締役というのは，通常，互いに競争関係にない数社の取締役を兼務してその仕事に専念するが，どの会社の経営執行者にもならず，それぞれの会社からかなりの取締役報酬を得ている人のことである．こうしたことはイギリスでは古くから行なわれており，経験豊富な実業人や専門家が六，七社の取締役を兼務して，それぞれの会社から年額5000ドルから１万5000ドルの報酬を得ていることもめずらしくない（クーンツ『取締役会』209～210頁)．イギリスの職業的取締役と類似した日本における現象については，森川『日本経営史』68～72頁参照.

(43) Hannah, in Chandler & Daems, p. 62.

(44) Reader, in Hannah.

(45) チャンドラー『経営者の時代』822頁.

(46) Chandler, in Chandler & Daems, p. 3.

(47) Chandler, "Emergence", p. 503.

(48) Ibid.

(49) Chandler, in Chandler & Daems, pp. 4-5.

(50) Chandler, in Horn & Kocka, p. 47; idem, "Managers", p. 15.

(51) Chandler, in Williamson, p. 247.

(52) Chandler, "Industrial Groups", p. 27.

(53) チャンドラー『スケール・アンド・スコープ』210～211頁.

(54) Lee, *British Economy*, pp. 28-29.

(55) Trebilcock, "Spin-off".

(56) 橋本『日本経済論』では，日本における長期相対取引の意味が分析されているが，イギリスでも長期取引が比較的一般的であったように思われる．両国における長期取引の意義の相違を明らかにすることが必要であろう.

(57) 『ダイヤモンド』1996年３月20日，45頁.

(58) 安部「イギリス」(1996）参照．1993年ごろ，イギリスのケンブリッジで，アンソニー・ホプキンズと話す機会があった．私がヘドリックを引いて，イギリスが大砲，平底船，キニーネを持っていなかったならば，イギリス帝国は誕生しなかった．すなわち北部工業地帯が帝国の道具を作らなかったならば，帝国はありえなかったと疑問を投げかけた．ホプキンズは，確かにそうだが，ジェントルマン資本主義が主張しているのは，政策決定がロンドンで行われ，その決定者が地

主・金融利害であったということなのであると反論した．たしかに，道具と政策という両者がなければ，イギリス帝国は建設されなかったということであろう．

(59) Coleman, "Gentleman and Players".

(60) 安部『産業革命』410〜411頁．

(61) 十分な分析ではないが，安部「機関投資家」参照．

第７章　日本型企業システムとチャンドラー・モデル

(１) Lamoreaux, Raff, Temin, (2008).

(２) 安部（2007)「ポスト・チャンドラー・モデルを考える」，(2004)「意義と問題点」など参照．

(３) Chandler（1992) "What is a Firm?", pp. 488-490, 安部（2009)「国際競争」19〜20頁．また "dynamic economies of scale and scope in knowledge" という表現も見られる（Chandler, *Shaping the Industrial Century* (2005), pp. 11, 286).

(４) Chandler（1984) "Emergence", p. 503, 安部（1987)，125〜126頁．

(５) ピオーリ＆セイブル（1993)，Sable, Zeitlin (2004).

(６) Sylla (2006).

(７) Chandler（1990)（*Scale and Scope*), p. 390，安部（1987)，128頁．

(８) Abe (1997) "Development".

(９) 周知のように，日本的経営の３種の神器を，欧米とは異なる特異なものとして発見したのは，アベグレンであるが，その評価は1958と1974では180度異なっている．

(10) Chandler (1994) "Competitive Performance".

(11) 1980年代，GM の内製率は70％であったのに対し，トヨタは30％で，この事実から日米に顕著な差異があると指摘されていた．だが，系列企業を含んだ実質的内製率という視角から見れば，似たような数字に落ち着くのではなかろうか．

(12) Sylla (2008).

(13) 関（1995)，Okada, Abe (2007).

(14) スクラントン（2004).

(15) 同上．

(16) Chandler (2006) "High Technology Industries" ; (2005) "Response" ; (2005) "Commercializing".

(17) Abe, (1997), "The State".

(18) このエンドポイントという，Lamoreau, Raff, Temin（LRT）によって使われ

た言葉に，チャンドラーは “absurd” という言葉を用いて強く反発している．たしかに，チャンドラーが現状をファイナルステイジとして “the final stage in an evolutionary process”，すなわちエンドポイントとして描いたなどということはない．その意味で，チャンドラーの反批判は尤もであるが，チャンドラーの初期の考え（『経営者の時代』など）では，Mフォームが収斂の到達点とも読める．しかし，世界がMフォームに収斂する前に，Nフォーム（ネットワーク）が有力となった．したがって，もし批判するとしても，「さしあたりのエンドポイント」という表現くらいが適当であろう．またLRTが批判するように，より専門的な企業，垂直的に分業した企業が優勢となった1980年代以降の状況に，チャンドラーは誠実に，精力的に取り組んだが，なお説得力のある説明を与えることはできなかった．それゆえ，LRTのチャンドラーモデルの1980年代批判は首肯できるが，エンドポイント論は勇み足であろう．ぜひ，Chandler (2006) “High Technology Industries”, p. 595を参照されたい．

(19) もちろん，日本人が滅私奉社で生活をすべて律したのではなく，根底には昇進などの利己的動機が伏在したことは明らかである．なぜサービス残業するかという問には，会社のためというよりも，自身の将来の昇進が掛かっているからと答えるほうが自然であろう．なお，遺伝子が，したがって人が，利己的に動くという事実に関しては，安部（2008）「進化の概念」参照．

(20) Chandler (2006) “High Technology Industries”, p. 55.

第８章　チャンドラー・モデルの意義と限界――チャンドラー・モデルは時代遅れか

(1) 本章は，2002年の経営史学会全国大会の統一論題での筆者の報告に基づいている．

(2) 企業組織／管理組織の概念について，詳しくは，安部「近代企業の成立」，安部ほか『イギリス企業経営の歴史的展開』（特に「第１章 イギリス企業の戦略と組織，第１節市場と組織，（1）市場と組織の分析枠組み（取引コストの経済学）（2）企業組織と管理組織の歴史的発展モデル」参照．一部，本書に所収）．

(3) 経営理論とチャンドラーとの関係については，安部「1980年代以降の経営理論」参照．

(4) リーダーシップやアントルプルヌールシップの再勃興に関しては，安部ほか『アメリカ経営史』参照．

(5) ヒトから組織，そしてまたヒトへの変遷は，経済における小さな政府から大きな政府，また小さな政府への変遷と類似している．この政府と市場の関係につい

ては，ヤーギン，スタニスロー『市場対国家』参照.

(6) ボーデン家やブラウン家に関しては，安部ほか『アメリカ経営史』(ケース1およびケース2参照.)

(7) 安部ほか『イギリス企業経営の歴史的展開』参照.

(8) ピオーリ，セイブル『第二の産業分水嶺』参照.

(9) 企業家論については，シュンペーター『企業家とは何か』参照. また訳者（清成忠男）の解説も有益である.

(10) このように，チャンドラーの理論を，大企業形成理論と大企業存続論と二つの視点から見て行くことは，塩見および宇田の論文から示唆を受けた. チャンドラー理論について，まとまって論じた最近の論考としては，塩見「日米関係経営史の課題」と宇田「ポスト・チャンドラー時代」がある. 後者の宇田氏の論文は，とくに塩見氏と私の論考「チャンドラー・モデルとアメリカの経営発展」を批判的に紹介している. 宇田氏は，チャンドラーの理論を擁護し，私の主張を部分的に批判している. しかし，「チャンドラーの提起した『制度的対応』という概念枠組みは，ダウンサイジングの時代にも十分有用なものであるといえる」と宇田氏が断ずる場合，その根拠・理由を十分示していないように見える. また宇田氏が「『組織重視』というよりも，『構造（structure）重視』とした方が誤解のないように思われる」と述べるときも，その意味が明瞭ではない（宇田，95頁）. チャンドラーの命題の中には，依然として妥当性のある命題，例えば，「組織（私の用語で正確にいえば管理組織）は戦略に従う」という命題は，いまでも真実であろう.

だが，チャンドラーの理論に合致しない，あるいはチャンドラーの視野に入っていなかった事態も，現状では数多く出現しているのである. そうした事実をどのくらい重視するのか，言い換えれば，1970年代以降の変化を，それまでの大企業体制とどれほど異なっているかに関する現実認識の深刻さの程度の相違が，宇田氏と私の見解の差異を生み出していると思われる.

もっとも宇田氏が，このような三つ又投資を実行できるのは大企業だけであると筆者が書いた点を批判しているのは，たしかにチャンドラーも「一番手企業の投資によってつくりあげられた当該産業への参入障壁によって，他の企業は怖じ気づくものだが，実際には挑戦者企業が出現した」(『スケール・アンド・スコープ』28頁）と述べていることからもわかるように，やや誇張ぎみであったと感じる. たしかに「一番手企業には大企業しかなれないというニュアンスを含んでしまう」であろう. ただし，ここで筆者が強調したかった点は，一番手企業が構築

した参入障壁が巨大であった事実である.

しかしながら，大企業体制の形成以前には，「一番手企業には，大企業しかなれない」ということにはならない．パイオニア企業や他の企業が三つ又投資を実行し，一番手企栗（大企業）になれるからである．正確に表現すれば，「大企業体制成立後は大企業でなければ，一番手企業になるのが困難であった」というべきであった．だが，宇田氏の批判は，一番手企業（大企業）が形成される前と，形成後の大企業体制との相違を，筆者に強く認識させる効果を持った．(先に整理した第二の時代と第三の時代との区別)．チャンドラーの理論が，一面では大企業（一番手企業）の形成の理論であり，他面では，大企業形成後の「大企業体制」が巨大な参入障壁により挑戦者企業のチャレンジを退ける傾向があった状況との区別を鮮明にした点である.

(11) 第39回経営史学会全国大会統一論題におけるScranton，曳野孝の論文参照．なお，曳野氏は，欧米の研究史を整理して，仮にスペシャルティ生産が「経済発展の原動力」となるとしても，企業規模と生産方式がどのような関係にあるのか，言い換えれば，大企業——量産，中小企業——スペシャルティ生産というシェーマで括れるのか，あるいは括れないのかを問題にし，「企業規模と生産方式が密接な関係にあることを一義的に否定するのは困難である」とする.

また，新古典派経済学の立場からの意見として，ピーター・テミン，リチャード・ラングロワ，ナオミ・ラモロー，ダニエル・ラフなどの見解を紹介している．曳野氏は，彼らの理論を，チャンドラー・モデルは第二次産業革命の技術に影響された理論であり，情報コスト，取引コストが低下し，参入障壁が低くなると，「非競争的利潤を求めて多くの企業が参入した結果，大規模企業組織の歴史的役割は終わりを迎えつつある」と要約している．きわめて興味深い主張であるが，なお全面的説得力を持つものではないように思われる．参入障壁が低くなる分野と，必ずしも低くはならない分野とが存在し，一般的に参入障壁が低くなるとは結論づけられないからである．なお，参入障壁の低下については，Lamoreaux *et al.*, “Beyond Markets and Hierarchies” 参照.

(12) 図8-2を，さらに近世まで延長すれば，表8-2のように生産体制の変化を描くことができる.

近年，問屋制前貸し制度（putting-out system）を，柔軟な制度の一つとして，見直す意見がある．問屋制はまさに，ネットワーク組織であり，硬い統合体から柔軟なネットワークへと移ってきているから時代背景から，ネットワーク組織の祖形と考えるのである．近世では，毛織物などの生産において，市場形態を通じ

表8-2　生産体制の変遷

近　世 (15C ～18C)	第1次産業革命 (18C 後半)	第2次産業革命 (19C 後半)	第3次産業革命 (1980年代)
問屋制前貸し 毛織物 市　場 putting-out specialization P-form	工場制 木綿と鉄 市　場 factory specialization S-form	ビッグビジネス 電機と化学 統　合 big business integration U-form & M-form	ネットワーク コンピュータ 脱統合 fabless-foundry disintegration N-form

注：P-form は，putting-out から来ている。
出所：筆者作成。

て，問屋が主導する専門的生産制度が一般的であった．ある意味では，毛織物の生産において，各種の製品の変化に柔軟に対応できる生産組織であった．もとより，現代のNフォーム（ネットワーク・フォーム）とは，技術水準，生産性において，似て非なるものではあるが，なお柔軟な対応力という意味では，共通性がある．H&M，ZARA，GAP，ユニクロなどは，ある意味で問屋制生産である．なお，問屋制生産の意義については，谷本『在来的経済発展』参照.

第9章　チャンドラー・モデルの行く末——批判者たち

（1）筆者も，この "Business History After Chandler" というテーマをもつバーミンガムでの大会で，"New Perspectives for the Post-Chandlerian Model: From the Viewpoint of Japanese Networks (Keiretsu)" と題する報告を行った．2008年7月.

（2）Chandler, "Response to the Symposium", p. 134. この論文以外にも，2005年は，二つの論文，"Preface to the Paperback Edition of Inventing the Electronic Century", "Commercializing High-Technology Industries" が発表された．またチャンドラー・モデルに直接関連するものとして，次のような文献がある．Chandler, "How High Technology Industries; *Shaping the Industrial Century* (2005); "The Opportunities for Business History at the Beginning of the Twenty-First Century"; *Inventing the Electronic Century* (2001).

LRT，ラングロア，セイブル&ザイトリン，ヒューズ，ハナ，スクラントンの関係論文には以下のようなものがある．Lamoreaux, Raff & Temin, "Economic Theory and Business History" (2008); "Putting the Corporation in its Place" (2007); "Against Whig History" (2004); "Beyond Markets and Hierarchies" (2003); "New Economic Approaches to the Study of Business History" (1997);

Learning by Doing in Organizations, Markets, and Nations (1999).

Langlois, "Chandler in a Larger Frame" (2004); "The Vanishing Hand: The Changing Dynamics of Industrial Capitalism" (2002). Sabel and Zeitlin, "Neither Modularity nor Relational Contracting" (2004). "Stories, Strategies, Structures: Rethinking Historical Alternatives to Mass Production" (1997); "Historical Alternatives to Mass Production (1985). Hughes, "Managerial Capitalism beyond the Firm" (1990); "From Firm to Networked Systems" (2005).

Hannah, "The 'Divorce' of Ownership from Control from 1900 Onwards" (2007); "Pioneering Modern Corporate Governance: A View from London in 1900" (2007); "The Whig Fable of American Tobacco, 1895-1913" (2006); "Marshall's 'Trees' and the Global 'Forest'" (1999); "Survival and Size Mobility among the World's 100 Largest Industrial Corporations, 1912-1995" (1998); "Multinationality: Size of Firm, Size of Country and History Dependence" (1996); "The American Miracle, 1875-1950, and After (1995); "Scale and Scope: Towards a European Visible Hand?" (1991). Scranton, "Diversity in Diversity" (1991).

(3) シューマッハー『スモール・イズ・ビューティフル』1986（原著の出版は1973年）．なお，1980年代にベンチャービジネス論が台頭し始めた頃のことである．1985年頃であったろうか，ビッグビジネスの成立・発展をテーマとして経営史学会の関東部会が開催された．筆者も発表者の一人であったが（「イギリスにおける大企業の発展」），コメンテーターを務めた土屋守章が，テーマと真っ向から逆行するビッグビジネスからベンチャービジネスへの転回を主張していたことを記憶している．いわく，総合大企業といえども，全体ではR&Dへの投資額が大きいとしても，個別の部門を見れば，中小企業も特定分野に集中することによって，その部門では総合大企業に引けを取らないどころか，むしろ凌駕することが可能であると主張していた．たしかに，総合電気企業や総合化学企業においても，特定分野を取り上げれば，投資額などの面でSMEと比べて必ずしも優位に立てるとは限らない．かつ，SMEは社運をかけて必死に経営活動を展開し，また小回り・機動力を持っているので，総合大企業の競争不利が生ずる可能性がある．この後，雪崩を打ったように大企業病，ベンチャービジネスの優位が喧伝され，「総合」と名のつくものは時代遅れの観を持つようになった．

(4) 特に，2005年の3論文と，2006年の論文．また，1990年代の以下の論文・著書は，SME優位論に対する反論の萌芽である．Chandler, "The United States: En-

gines of Economic Growth in the Capital-Intensive and Knowledge-Intensive Industries" (1997); Chandler, Amatori & Hikino, "Historical and Comparative Contours of Big Business" (1997); Chandler & Hikino, "The Large Industrial Enterprise and the Dynamics of Modern Economic Growth" (1997); Chandler, "The Competitive Performance of U.S. Industrial Enterprises since the Second World War" (1994); *Scale and Scope* (1990); "The Enduring Logic of Industrial Success" (1990).

チャンドラーの主張は，簡潔にまとめれば，大企業が没落するのは，成功軌道戦略（virtuous strategy）や三叉投資のロジックに忠実でなくなったからであり，小企業も成長して大企業にならなければ没落するのであり，いずれにせよ，大企業形成・維持の論理に忠実でなければ，経営発展の原動力とはなりえないというものであって，時代構造の転換を明瞭には反映していない理論構成となっている．ギャランボスも，第三次産業革命に関しては，彼も，アマトーリ，ジョーンズ，安部の全員が，チャンドラー・モデルの有効性が第二次産業革命と比較して，減じていることで一致していると述べている．Galambos, "Global Perspectives on Modern Business" (1997), p. 290.

(5) Chandler, "Response", p. 137.

(6) Chandler, "Commercializing", p. 595n.

(7) 安部悦生「第1章第3節 戦略と管理組織」(安部悦生ほか『イギリス企業経営の歴史的展開』参照.

(8) この機関投資家資本主義（institutional investor capitalism）に関しては，Abe, "The Development of Modern Business in Japan" (1997) 参照.

(9) フランシス・フクヤマの『歴史の終わり』を想起せよ．よく誤解されているが，歴史が終わるはずはないとして，フクヤマの見解を否定する反論がある．だが彼は，1806年のイエナの戦いで歴史は終わったとするが，その含意は，封建制が最終的に民主主義に敗北したという意味で，しかも現時点では民主主義に代わりうるイデオロギーが見当たらないという意味で，歴史が終わったと言っているのであり，他の意味での歴史は今後も続いていくのである．フクヤマ『歴史の終わり』参照.

(10) LRT, "Beyond Markets", pp. 405, 432. "Against Whig History", pp. 379–381.

(11) 安部悦生「国際競争とチャンドラー・モデル」15～33頁（本書，第3章)．同「イギリスにおける近代企業の成立とその特質」.

(12) Chandler, "Preface", pp. 141–142.

(13) Ibid., p. 143.

(14) Chandler, "Commercializing", p. 602. なお，もっと良い訳があるかもしれないが，Virtuous strategy を成功軌道戦略とさしあたり訳しておく．

(15) Chandler, "Capitalism and Society", pp. 48-49.

(16) Amatori, "Italy: The Tormented Rise of Organizational Capabilities between Government and Families" (1997), p. 251.

(17) Chandler, *Electronic Century*, p.256; "Opportunities" (2003), p. 404; "Capitalism and Society", p. 49.

(18) Chandler, "Response", pp. 136-137. ウィッグ史観とは，17世紀のイギリスで，クロムウェルが王政を打倒し，ウィッグ（ピューリタン）が権力を奪取し，その後ウィッグ的思考（自由主義）がイギリスの主流となったとする史観である．だが，王政復古，名誉革命を経て，イギリスでは貴族・地主を基盤とする保守主義（アングリカニズム）が主流となり，ウィッグ的思潮はわきに追いやられ，そうした思考によって歴史を見ることは誤りであるとする説が有力となった．つまりウィッグ史観にはネガティブな位置が与えられたのである．さらに，ピューリタン革命の時代でもそれは過渡的で，イギリスの主流（底流）は，一貫してトーリー的保守主義であったとの考え方も現在では一部で有力である．

(19) Chandler, "Response", p. 137; "Commercializing", p. 597. なお，管理的調整に関しては，Chandler & Daems, "Administrative Coordination, Allocation and Monitoring: Concepts and Comparisons (Goettingen, 1979) 参照.

(20) 吉原英樹ほか『日本企業の多角化戦略』201頁.

(21) Amatori, "Big Business and European Unification" (2007), p. 6.

(22) Chandler, "Opportunities", p. 400; "Preface", p. 138.

(23) ピオーリ＆セイブル『第二の産業分水嶺』1993.

(24) ザイトリン単独の論文としては，Zeitlin, "Industrial Districts and Regional Clusters" (2008); "Productive Alternatives" (2003) がある．

(25) Sabel and Zeitlin, "Historical Alternatives", pp. 165-171. なお，川北稔も，従来の生産面の重視に代えて，使用価値（需要の性質）にもっと着眼すべきことを主張している．川北『私と西洋史研究』41，92，96頁.

(26) Ibid.

(27) LRT, "Beyond Markets", pp. 428-430.

(28) Sabel & Zeitlin, "Historical Alternatives", p. 163.

(29) Amatori, "Reflections on Global Business and Modern Italian Enterprise by a

Stubborn 'Chandlerian'", p. 313.

(30) Amatori, "Italy", p. 276.

(31) なお図に関しては，安部「経営史におけるチャンドラー理論の意義と問題点」参照.

(32) 生物学における進化の総合説に関しては，安部「進化の概念と経営史」19頁.

(33) Chandler, *Electronic Century*, p. 257. チャンドラーは，「スクラントンやザイトリンのような経営史家の関心を引く主題である，大企業と小企業間の共生的な関係 symbiotic relationship」のような関係はエレクトロニクスで顕著であり，それが日本の成功の要因となっている，と主張している．Chandler, "Opportunities", p. 404.

(34) LRT, "Beyond Markets", p. 432.

(35) Chandler, "Capitalism and Society", p. 53.

(36) Ibid., pp. 50–51. なお，チャンドラー・モデルと日本型システムに関しては，Anchordoguy, "Chandler and Business History in Japan"（Summer 2008）および安部「チャンドラー・モデルと日本型企業システム」参照.

(37) 機関投資家については，Abe, "Development", 1997参照．なお，チャンドラーの研究姿勢については，ジェフリー・ジョーンズが次のように述べている．チャンドラーは大きな課題を設定し，それに向かって，理論，実証を，国際比較の観点から積み重ねるという手法を取ってきた．知るに値する事実，研究に値する課題，それは彼の場合，近代企業がなぜ，いつ，どこで，どのように発生してきたのか，だれがその主要な担い手であったのか，という明瞭な問題設定であった（Jones, "Alfred Chandler", 2008, p. 241）．おそらく現在は，いわば「現代企業」がどのような変貌を遂げつつあるのかという課題が，経営史学にとって最重要の課題となっているのであろう.

第10章　企業の境界とは何か——ポスト・チャンドラー・モデルの探求

(1) ここでチャンドラーの来歴を見ておこう．Alfred Dupont Chandler, Junior は1918年9月デラウェア州で生まれた．おそらくすぐにアルゼンチンのブエノスアイレスに移り，そこで初めの5年間を過ごした．父親が有名な Baldwin Locomotive Works の社員としてブエノスアイレスに赴任していたからである．もともと，チャンドラー家は，デラウェアとマサチューセッツにルーツを持つ裕福な家系であった．父方の曽祖父には，19世紀の鉄道業調査で有名な Henry Varnum Poor がいる．彼の名前は，今日でも有力格付け会社である Standard and Poor

にその痕跡をとどめている.

父親の転勤に伴って，1923年フィラデルフィアに移り，1929年にはウィルミントンに移った．ウィルミントンにはデュポン本社がある．通常思われているのとは異なり，たしかにチャンドラーのミドルネームはデュポンだが，デュポン一族と血縁関係はない．ただし，母方の曾祖母が両親を亡くし，デュポン社の有力者であった Alfred Dupont に引き取られ，それ以後，実質的にデュポン一族の扱いを受けてきた．したがってデュポン家・デュポン社との関係は密接であり，母方の祖父は，デュポン社のエンジニアリング部の部長であった．1933年，チャンドラーは，進学校として当時も現在も有名な Phillips Exeter Academy（ニュージャージー）に入学した．この高校は，いわゆる The Tens Schools として著名な高校の一つである．1936年，Harvard College に入学したチャンドラーは，卒業論文として186頁にも及ぶ “The [Gubernatorial] Campaign of 1876 in South Carolina” を書いた．ちなみに，同期のクラスには，後の大統領 John F. Kennedy がいた．1940年にハーヴァードを卒業したチャンドラーは海軍に入り，主に航空写真の分析業務に従事した．1945年，海軍を退官したチャンドラーは以前の南部史の研究を継続すべく，University of North Carolina の修士課程に入り，南部史の研究をまとめた．しかし，ここで方向転換を図ったチャンドラーは，ハーヴァード大学に戻り，博士課程の学生として，経営史の研究論文といえる曽祖父のプーアについての論文を執筆した.

1950年に，MIT に職を得たチャンドラーは，1962年，代表作の一つとなる *Strategy and Structure* を上梓した．これはおそらく，経営学の分野で本格的に戦略を取り上げた最初の著作である．アンゾフの有名な『企業戦略論』も1965年の出版である．このことはあまり知られていないが，1954年にチャンドラーがニューポートの海軍大学（Naval War College）で「国家戦略の基礎」（the basis of national strategy）を講義したことに起因している．もう一人の講師が軍の戦略を，チャンドラーが企業の戦略をそれぞれ執筆して出版する計画であったが，企業の戦略のみが上記著作として出版され，経営史の世界のみならず，経営学界にも大きな影響を与えたのである（Rodrigues, “Strategy and Structure Redux”).

1963年，チャンドラーは Johns Hopkins 大学に移り，さらに1971年には Harvard Business School に移った．以後，チャンドラーは大著を次々と物し，経営史・経営学の世界でその地位を確立していった．1977年には *The Visible Hand*, 1990年には *Scale and Scope* を発表した．前著はアメリカの経営発展の分析に留まっていたが，後著ではアメリカに加えてイギリス，ドイツの分析へと本格的な

国際比較へと乗り出した．経営発展についてのチャンドラー・モデルとして，一世を風靡した時代である．その後，80歳を超えて，2001年に *Inventing the Electronic Century*，2005年に *Shaping the Industrial Century* を発表したが，内外のチャンドラー批判の影響もあってか，評判は必ずしも高くはない．2007年５月に88歳で死去（McCraw, "Alfred Chandler"，米川『経営史学』121頁）．

（2） この批判については，本書の他の章を参照．また，ポーターに対しても，「リソース・ベイスト・ヴュー」からの批判もある．バーニー『企業戦略論』，ミンツバーグ『戦略サファリ』，沼上『経営戦略の思考法』参照．

（3） サクセニアン『現代の二都物語』参照．

（4） コース『企業・市場・法』，特に「第２章　企業の本質」参照．元の論文は "The Nature of the Firm", *Economica*, n.s. 4, November, 1937, pp. 386-405である．

（5） McCraw, "Alfred Chandler", Rodrigues, "Strategy and Structure Redux". 米川『経営史学』参照．

（6） 安部「チャンドラーモデルと日本型企業システム」「チャンドラー・モデルの行く末」「チャンドラー理論の意義と問題点」「ポスト・チャンドラー・モデルを考える」．

（7） 今井・伊丹「内部組織と市場」136～137頁．「『市場』あるいは『組織』という言葉は，資源配分に関する議論で二重に登場する．……『市場』と『組織』という二つの言葉は，取引の起きる『場』を示す言葉として使われるだけではなく，そういった『場』で典型的にみられる取引の『原理』あるいは資源配分の『メカニズム』を示す言葉としても使われる．『市場原理』という言葉をみればその使い方は一目瞭然であろう」．

（8） 取引所の意義に関しては，本書第６章参照．

（9） 特に，市場関連がある場合は訴追される危険性があった．逆に，市場関連がない場合は，コングロマリットとして，持株会社の設立は容易であった．

（10） 安部「近代企業の成立とその特質」．持株会社については，下谷『持株会社と日本経済』参照．また塩見は，筆者のルースとタイトではなく，ソフトとハードという言葉を用いている．内容は，同一と思われる．「『ソフトな持株会社』と『ハードな持株会社』」（塩見「チャンドラー・モデルと調整様式」22頁）．

（11） 藤本ほか『サプライヤー』参照．

（12） 今井は次のように述べる．「市場と組織という二分法をこえて，市場と組織の中間にある中間組織をも含みうるような三分法に拡張する必要がある．……日本

の企業行動や産業組織を分析する場合には，この中間組織がきわめて重要となるので，中間組織をはっきりと明示し，三分法の枠組みをとった方がよいというのが我々の立場である」（今井「市場と組織の選択の理論」60～61頁．

さらに今井は，「中間組織」という言葉は三分法には馴染まないとして，もっと積極的に三分法を提示するものとして中間組織に代えて，ネットワークという言葉を使用するようにしたという．一橋大学における1987年頃の経営史学会関東部会での発言．

また，宮沢は，次のように述べている．「市場と組織との中間の形態という見方とも違って，市場と組織体をつなぎ連結する第三の新しいシステムがいま生まれている．中間組織というよりは，『連鎖型組織』が誕生した．これがネットワークです」（宮沢『業際化と情報化』58頁）．なお，宮沢はまたネットワークの推進原理として，「連結の経済性」を主張している．「かつて工業化社会における効率追求は分業と規模の経済性にあったわけですが，情報ネットワーク社会への移行は，その姿を変えます．象徴的に言えば，『分業』から『統合』による効率化へのシフトであり，また『規模の経済性』から『範囲の経済性』，さらには『連結の経済性』への移行です」（宮沢，同書，53頁）．

この連結の経済を，塩見は強調し，「管理的調整」における経済性として，規模の経済，範囲の経済，速度の経済を挙げ，「ネットワーク的調整」には「連結の経済」を主要なものとして挙げている（塩見「チャンドラー・モデルと調整様式」16，25，30頁）．基本的に筆者も同感であるが，「連結の経済」economy of networking ではなく，「柔軟性の経済」economy of flexibility という用語もある．

(13) マーシャル『経済学原理』の分業論の各章参照．Zeitlin, “Industrial Districts”.

(14) Chandler, “Competitive Performance”; Langlois, “Larger Frame”, p.355.

(15) ヤーギン＆スタニスロー『市場対国家』参照．

(16) これは普通の表現なのであろうが，この for profit organization あるいは for profit firm という表現をチャンドラーから知った．彼は，この FPO が発展の主要な用具であったと主張する．営利企業こそ発展の原動力であり，NPO は副次的・補完的な存在と考えている．Chandler, “Organizational Capabilities”, p. 79.

(17) 計画経済と大企業内部の調整に関して，今井は次のように述べる．「大企業の内部の資源配分の計画メカニズムも，計画経済体制下の国民経済の計画メカニズムも，組織目標の相違を除けば本質的な差はないと考えられる」今井「問題意識と問題領域」19頁（傍点，引用者）．このように，今井は計画経済と大企業内部における調整について，類似性を見出すが，筆者はむしろ個々の企業の組織目標

と全体的な剰余の創出といった組織目標の相違には，根本的な差異が存在すると思う．

資本主義経済においては，アダム・スミスの説くように，個々の利益極大化を通じて，全体利益の拡大がもたらされる．だが計画経済では，計画による調整を通じて全体利益拡大を目指すが，個々の主体のインセンティヴ不足により，それが達成されないのである．したがってFPOか，NPOかという組織目標の相違が決定的に重要であろう．

またもう一つの相違点としては，不確実性に対する対処がある．計画経済においては，大きな不確実性は存在しないと想定されているが，資本主義的大企業では，不確実性への対処が主要な課題となっている．沼上によれば，「不確実性が高い世界への適応は１回きりの計画策定では対処できない．……不確実性の時代には，変化を続ける環境を分析し，次々と新たに分かってくることを取り込んで，長期の計画をその都度画き直していく必要がある．……単なる計画ではなく，戦略的な計画が必要であったのは，まさにこのような状況に直面している『資本主義的な経済体制の下における大規模企業』であった」（沼上『思考法』14頁，２回目の傍点は引用者）．

(18)　ブレマー『自由市場の終焉』参照．

(19)　上記の２論文以外にも，『企業制度の理論』が訳されている．

(20)　Langlois, “Larger Frame”, p. 355; “Vanishing Hand”, 353; Zeitlin, “Industrial Districts”.

(21)　斎藤修『比較経済発展論』49頁．スミスの言葉を正確に述べると，「分業の力は交換の力によって生まれるものなので，分業の程度も交換の力の強さによって，言い換えれば市場の大きさによって制約される」『国富論』上，20頁．

(22)　Langlois, “Vanishing Hand”, 366. Chandler, “Engines of Economic Growth”, p. 64（傍点，引用者）．

(23)　Langlois, “Vanishing Hand”, p. 372.

(24)　安部「イギリス消費社会」．ディッキー『フランチャイジング』11～13頁．

(25)　Langlois, “Vanishing Hand”, pp. 365, 375-376.

(26)　Ibid.

(27)　Ibid., pp. 377, 379.

(28)　Langlois, “Larger Frame”, pp. 355-357.

(29)　ミルグロム＆ロバーツ『組織の経済学』参照．

(30)　Langlois, “Larger Frame”, pp. 357-358. ラングロアは，ウィリアムソンの取引

コストに対照させて，dynamic costs という言葉を使っているが，中身は不明である．Langlois, "Vanishing Hand", p.353.

(31) ウィリアムソン『市場と企業組織』141頁．なお，経済学においては，統合と企業の境界に関して，種々の検討をしており膨大な文献がある．Lafontaine and Slade, "Vertical Integration and Firm Boundaries" (pp. 677-678) では，①企業を生産関数として見る新古典派では，統合は，（垂直統合の経済を含む）規模や範囲の経済という技術条件によって動機づけられる．しかし，これはインセンティヴに基づいた動機アプローチとはあまり関係がない．②取引コストに基づくマネジメントアプローチは，組織能力や組織資源に結局依存している．③ "relational contracts" や "self-enforcing contracts" に基づく "dynamic models" はスポット取引に対する繰り返しゲームとしてモデル化される．この分野は大いに研究の余地がある．④結局，モラルハザードモデル（ラフォンテイン&スレイド），取引コストモデル（ウィリアムソン），所有権モデル（オリバー・ハート），市場パワーモデル（所有と経営の分離論）に分けることができる．以上のように整理されているが，なお今後の検討が必要である．

(32) 安部『大英帝国の産業覇権』「製鉄王クローシェイの勃興」参照．

(33) Langlois, "Larger Frame", p. 368.

(34) Ibid., p. 372.

(35) Langlois, "Vanishing Hand", p. 353. 武石ほか「セイコーエプソン」151～152頁．ドンゼ『ラグジュアリー戦略』も参照．

(36) 半導体業界コンサルタントの知人からの情報による．

(37) 藤本ほか『ビジネス・アーキテクチャー』参照．

(38) 塩見の結論「本稿の4つの調整様式，すなわち市場的調整，カルテル的調整，管理的調整，ネットワーク的調整のうち，今日のビジネスモデルでは，ネットワーク的調整が重視されるようになった．……この点で，1990年代の経営史はチャンドラーの組織能力ばかりでなく新しい組織間能力が重視されるようになり，『規模の経済』と『範囲の経済』に『連結の経済』が加重される新局面を迎えたことになるだろう」(塩見「チャンドラー・モデルと調整様式」25頁，強調点は塩見)．筆者も，新しい組織能力が必要とされていることには，同感である．ただしそれは，技術の高度化と市場の細分化に対応した戦略能力とネットワーク形成能力（組織間能力）とであろう．

第11章　ＱＣＤからＱＣＦＤへ――マーケティング力と国際競争優位について

(1)　安部「生産システムの移転」参照.

(2)　大野『生産方式』参照.

(3)　Oliver and Wilkinson, *Japanization* 参照.

(4)　藤本『能力構築競争』参照.

(5)　青木・安藤『モジュール化』参照.

(6)　ドゥカッティは2012年にVWに買収された. VWは, 買収によって各セグメントのブランド力強化を図っている. 1965年にアウディ, 1998年にベントレー(UK), ランボルギーニ（伊), ブガッティ（仏）の3社を買収した. ポルシェとは, 創業以来関係が深く, VWの親会社であった.（ポルシェ氏がVWの生みの親であった.）『朝日新聞』2015年10月23日.

(7)　湯之上『教訓』第2章参照.

(8)　ただしヨーロッパでは, 今でもマニュアル・トランスミッションが主流である. 自分で操作をするのが好まれているのであろう.

(9)　アップルに関しては, 安部「アップル」参照.

(10)　藤本によると, 設計思想の中には, インテグラルとモジュラーの区別, クローズとオープンの区別がある. したがって組み合わせると, インテグラル・クローズ, インテグラル・オープン, モジュラー・クローズ, モジュラー・オープンの4類型になる. PCはこの中のモジュラー・オープンに属していて, 最も流動的な設計思想である. クローズ・オープンは企業形態により, インテグラルとモジュラーはインターフェイスによって区分される. しかし, PCはウィンテル, デルのような組み合わせであると, 確かにモジュラー・オープンに属するが, アップルのような企業だと, OSと製品設計が統合されていて, さらにスマホだとCPUの設計までも統合されている. したがって, PCはアップルのような企業にとっては, インテグラル・クローズに属していることになる. 以上を表にすると, 表11-1のようになる.

(11)　本書第10章, ドンゼ『ラグジュアリー戦略』参照.

(12)　ピオーリ＆セイブル『第二の産業分水嶺』参照.

(13)　小林「イタリア中小企業」参照.

(14)　同上, 21頁.

(15)　同上.

(16)　同上, 23頁.

(17)　アップル社におけるデザイン重視に関しては, ケイニー『ジョナサン・アイ

表11－1　PCとスマートフォンのビジネスモデル

	旧アップル	アップル	スマホ（アップル）	MS	インテル	デル	ホンハイ
CPU	×	×	○	×	○	×	×
OS	○	○	○	○	×	×	×
製品設計	○	○	○	×	×	○	×
生産	○	×	×	×	×	×	○

注：○は実施，×は実施していないことを意味する．旧アップルは1997年以前．
出所：筆者作成。

ブ』参照．また，アパレルにおけるデザインの重要性については，太田伸之の『ファッションビジネスの魔力』『クールジャパンとは何か？』「ヒアリング」参照．

(18)　「Simple is the most beautiful」という諺もある．

(19)　小林「イタリア中小企業」20頁．

(20)　芦田「ファッションデザイナー」参照．

(21)　本章では，市場の多様化・細分化を強調してきた．そしてハイエンド化が先進国の最も重要な方向性であることを指摘してきた．しかし新興国では，20万円のナノ車が失敗したとはいえ，評判になったように，BOP（Base of Pyramid）ビジネスも劣らず重要である．新興国における所得水準を意識したローエンドのボリュームゾーンを開拓することも重要なのである．ただし，そのローエンドは，デザインが悪く，使いづらく，品質で劣るようなものであってはならない．先進国から見ればローエンドと言えども，新興国の中間層以上に訴えかけるためには，FD（機能デザイン）戦略は重要である．しかもコストをあまりかけないことが必要なのである．新興国市場（BOPビジネス）に，QCFDに欠けたものを売り込むことはBOPビジネスの失敗を予測させると言える．

第12章　日本経営史学の思想史的性格——リベラリズムと普遍主義と解釈論的研究

(1)　武田「河合栄治郎」『日本リベラリズムの稜線』参照．

(2)　菊地「私の履歴書」．

(3)　同上．

(4)　ここで脱線であるが，脇村氏が海運業界にどれほどの力を持っていたかに関して，面白い記述があるので紹介しておこう．以下は，佐野眞一氏による石原慎太郎氏へのインタビューである．

佐野「創業者〔山下汽船の創業者，山下亀三郎〕の別荘を与えられていたということは，やはり潔さん〔石原慎太郎の父親〕が亀三郎に相当重用されていた証拠ですね．……でも，まもなく別の場所に引っ越しされた？」

石原「ええ，終戦後しばらくしてから脇村義太郎という東大の先生が，空襲で東京の家を焼け出されたとかで，要するに城の明け渡しを迫られた（笑）．山下家にとって脇村さんは，非常に恩義のある人だったらしいんです．

それで，山下家の女中頭を長年つとめた人がもっていた家に移ったわけです．これもなかなかの家でした．40坪くらいの．ただ，いままでの家に較べるとちょっと落ちる．母親がいかにも悔しそうに，「急に引っ越ししなくちゃならなくなったのは誰のせいか，私わかってんの．脇村さんよ」といっていたのをよく覚えています」（佐野「早熟な太陽」31～32頁）．

（5） 脇村義太郎氏は，1938年2月にいわゆる教授グループ事件（第二次人民戦線事件）により治安維持法容疑で逮捕，1年6カ月にわたって拘置され，5年後にようやく無罪が確定するという苦難の時を過ごした．政治学者の三谷太一郎氏によると，「〔脇村〕先生と立場を同じくする自由主義者であった清沢洌」のように表現され，また脇村氏にとって「経済はそれ自体目的ではなく，文化のための手段であり，あるいは経済もまた文化全体の中に包摂されるべきものであった」（脇村「回想の戦中・戦後（上）」157～158頁）．「当時〔1928年頃〕，左右田喜一郎や福本和夫の影響で，東大経済学部でも経済哲学や唯物弁証法が華やかな脚光をあびていたその中で，〔脇村〕先生はまことに地味な研究分野を専攻されることになった」「常に事実をして理論を語らしめるというザハリッヒな研究態度を堅持された」（中川「脇村先生の人と業績」3および9頁）．

（6） 米川「書評」89～90頁．経営史学会の有力メンバーであった米川氏は，従来から「時代の全体的把握」と「発生史的把握」とを対比していた．「経済史には二つの記述方法がある．ひとつはそれぞれの時代の全体像を把握することを目標に，そのなかの経済的側面を取り上げて全体史につないでいこうとする立場であり，もうひとつは，ある時代，とりわけ現代経済を理解する手段として，その限りにおいて過去に遡ってそれを構成する諸要因を歴史の中にたずねようとする立場である．前者を歴史の全体像構成のための，全体史のための経済史とすれば，後者は，現代経済をその発生史において捉えようとする発生史的立場といえるだろう」（米川『概説イギリス経済史』1頁）．

（7） 森川「先生と経営史学」，由井「国際比較の経営史」．

（8） 石井「明治維新論争」43頁．

（9） 同上，44～45頁．

(10) アメリカの近代化論の中では，ロストウ，ライシャワー，ベルなどが著名である．

(11) 佐藤『国家と神とマルクス』188～189頁．

(12) 同上．

(13) 宇野『経済学方法論』参照．

(14) 宇野『経済政策論』参照．

(15) 佐藤『国家と神とマルクス』191頁．

(16) 「世界資本主義というものを，例えば一国資本主義が特定の経済構造としてそこにあるといったような意味で，存在するものとは考えない．そういうさまざまな独自の経済構造をもつ複数の一国資本主義が絡まり合い，強いもの弱いものが互にさまざまな影響を与え合いながら，移行していく．そういう総体の姿こそが世界資本主義だというのです」（大塚「産業革命の諸類型」64頁）．本書の序章も参照

(17) 「中川先生は，経済学部の先輩の矢内原忠雄先生や大塚久雄先生と同様に敬虔なクリスチャンに相違ない，と私は勝手に想像していた」（由井「国際比較の経営史」10頁）．

(18) 本書中の，関連する諸章参照．

(19) Mira Wilkins は，チャンドラーの主たる関心は，international business history よりも comparative business history にあったと述べている．最近，わが国の経営史学会では，国際関係経営史か，国際比較経営史か，いずれがより重要であるかについての方法的問題が提起されている．どちらも相互補完的に重要であるのは言うまでもないが，静態論よりも動態論をより重要と考えれば，また多国籍企業という狭い範囲ではなく，企業システム全体の相互関係的・動態的変化と考えれば，国際関係経営史ということになろう．ただし，本書の序章でも書いたように，動態化はそう簡単ではないし，比較史も省らず重要である．Wilkins, "Chandler and Global Business History", p. 259.

(20) 宇野派でもあり，経営史学にも強くコミットしていた橋本寿朗氏は，チャンドラーが〈特定の産業だけに近代大企業が誕生する〉ことを強調していた点に着目し，それは宇野弘蔵が〈特定産業のみに寡占体が成立する〉と述べていることと合致すると語っていた．

(21) MacCraw, "Introduction", p. 19. なお，アメリカ例外論の代表的著作としては，リプセット『アメリカ例外論』，特に「第２章　経済，宗教，福祉」参照．

(22)　ウェーバー理論に関する優れた研究書『マックス・ウェーバー』を執筆したラインハルト・ベンディクスについて，タルコット・パーソンズは次のように書評している.「ベンディクスはウェーバーの労作の要約と分析をかくも親しみやすい形で，しかも高度のレヴェルにおいて，われわれに提供してくれた．これは，彼のきわめて重要な寄与である．私は，本書がウェーバーの業績にたいする関心の再興をうながし，さらに，つぎの二通りの研究を刺激するようにと期待する．一つは，本書がウェーバーの原典の集中的研究を回避するための『虎の巻』とされることなく，まさにそのような原典研究の手引きとして用いられること」（ベンディクス『マックス・ウェーバー』590頁）.

(23)　藤原「親米右翼と反米左翼の間で」6頁.

(24)　橘川「経営史学の時代」は，政策論的研究を強調している.

(25)　McCraw, "Introduction", p. 19.（傍点引用者）.

(26)　経済学や経営学では，歴史研究はあまり重視されていない印象を受ける．これに対し，政治学や軍事学では，歴史を深く学ぶことが必須のように見受けられる．佐々木『米国製エリート』や神藤『ネットワークセントリック』からは，上記の分野では，歴史的分析が不可欠と判断できる．例えば，政治学や軍事学では，ミッドウェー海戦から，あるいはキューバ危機における対応を歴史分析したアリソン『決定の本質』を読み，そこから教訓を学ぶことは必須と考えられている．また，軍事史と交錯する経営学の一部（特に戦略論）では，野中ほか『失敗の本質』や『戦略の本質』に見られるように，歴史的分析が重要視されている．チャンドラーも，海軍大学での講義を行った経験から，かの名著『経営戦略と組織』を執筆したのである（本書，第10章参照）.

終　章　経営史の意義

(1)　考古学の世界では，アマチュアが遺物，遺跡の発見において活躍し，考古学者として給与を得ている人より，圧倒的に多いそうである.

(2)　Abe, "Technological Strategy" (1996)．このテーマを最初に立てたダンカン・バーンは，企業者有罪説（entrepreneurial failure）であった.

(3)　遅塚の『史学概論』の索引には，「現実」(actualities)，「事実」(facts)，「真実」(英語はなし)，はある．だが，「真理」は文中では使われているが（296，300頁），索引にはない．「実在」はなく，「実在論」realism はある．その代わり，「リアリティ」(reality，実態，ありのまま）はあるが，「アクチュアリティ」はない．このように遅塚においても，用語の使い方は必ずしも明快ではない.

（4） マクロスキー『レトリカル・エコノミクス』. 余談だが，マクロスキーは，男は悪いことばかりしてきたとして懺悔し，性転換手術を受け，「女性」となり，名前もドナルドからディアドラの女性名に変えた．1990年代のことである．

（5） 沼上の唱えるカバー法則（covering law）に近い．本書の序章参照．

（6） 遅塚『史学概論』379～380頁．

（7） ボールディング『歴史はいかに書かれるべきか』189～190頁．

（8） この端的な例が，中国共産党の正史や公式見解であろう．そこでは，評価はもとより，事実そのものが歪められ，党の現在の政策に都合の良いように歴史が改竄されていく．朝鮮労働党に至っては，写真に手を加え偽造することによって，指導部にとって不都合な人間を歴史から抹殺することまでしている．中国の「正史」とは，時の政権にとって都合の良い解釈という以上の意味はないのであろうか．

（注の簡略化のため書名は適宜短縮したところがある．また文献探索の便宜を考え，出版年を挿入したところがある．）

参考文献

日本語文献

青木昌彦『日本企業の組織と情報』東洋経済新報社，1989年.

――――『経済システムの進化と多元性――比較制度分析序説』東洋経済新報社，1995年.

――――（瀧澤弘和・谷口和弘訳）『比較制度分析に向けて』NTT 出版，2001年.

――――『青木昌彦の経済学入門――制度論の地平を拡げる』ちくま新書，2014年.

――――・伊丹敬之『企業の経済学』岩波書店，1985年.

――――・奥野正寛編著『経済システムの比較制度分析』東京大学出版会，1996年.

――――・安藤晴彦編『モジュール化――新しい産業アーキテクチャーの本質』東洋経済新報社，2002年.

浅沼萬里「日本における部品取引の構造――自動車産業の事例」『経済論叢』133巻 3 号，1984年.

芦田淳「ファッションデザイナー芦田淳氏」『日本経済新聞』2007年 3 月19日.

アシュトン，T. S.（板橋重夫訳）「経済史と経済理論の関係」小松芳喬監修『経済史の方法』1969年.

アバナシー，W., K, クラーク，A, カントロウ（日本興業銀行産業調査部訳）『インダストリアル・ルネッサンス――脱成熟化時代へ』TBS ブリタニカ，1984年.

安部悦生『文化と営利――比較経営文化論』有斐閣，2019年.

――――「組織は戦略に従わないのか――チャンドラーの真意を探求する」明治大学『政経論叢』89巻 1 ・ 2 号，2019年.〔本書第 2 章〕

――――「イギリスの主導的鉄鋼企業，ボルコゥ・ヴォーン社の技術戦略――ヴィクトリア後期の工業企業家は失敗した」『経営論集』66巻 3 ・ 4 合併号，2019年.

――――「アップルの企業文化とアメリカ文化の変容」『明治大学社会科学研究所紀要』56巻 2 号，2018年.

――――「書評　フィリップ・スクラントン，パトリック・フリダンソン著（粕谷誠，矢後和彦訳）『経営史の再構想』」『歴史と経済』240号，2018年.〔本書付論〕

――――「企業家精神」アメリカ学会編『アメリカ文化事典』丸善出版，2018年.

――――「グローバリゼーションとは何か」同編『グローバル企業――国際化・グ

ローバル化の歴史的展望』文眞堂，2017年.
――――「チャンドラー・モデルの限界についての小論」『経営論集』63巻3・4合併号，2016年.
――――「QCDから，QCFDへ――マーケティング力と国際競争優位についての小論」『経営論集』63巻1・2合併号，2016年.〔本書第11章〕
――――「SEMATECHの分析――アメリカ産業政策の研究」『経営論集』62巻1・2合併号，2015年.
――――「コメント」経営史学会編『経営史学の歩みを聴く』文眞堂，2014年.
――――「企業の境界（市場と組織の相互浸透）――ポスト・チャンドラー・モデルの探求」『明治大学社会科学研究所紀要』51巻1号，2012年.〔本書第10章〕
――――「日本における経営史学の思想史的性格――リベラリズムと普遍主義と解釈論的研究」『同志社商学』63巻5号，2012年.〔本書第12章〕
――――『経営史』第2版，日本経済新聞出版社，2010年.
――――「関説　チャンドラー・モデルと日本型企業システム」橘川武郎・久保文克編『グローバル化と日本型企業システムの変容』ミネルヴァ書房，2010年.〔本書第7章〕
――――「チャンドラー・モデルの行く末」『経営史学』44巻3号，2009年.〔本書第9章〕
――――「国際競争とチャンドラー・モデル――チャンドラーは国際競争をどのように見ていたか」湯沢威ほか編『国際競争力の経営史』有斐閣，2009年.〔本書第3章〕
――――「進化の概念と経営史」橘川武郎・島田昌和編『進化の経営史――人と組織のフレキシビリティ』有斐閣，2008年.〔本書第5章〕
――――「第二次大戦後のイギリス消費社会の動向」『明治大学社会科学研究所紀要』46巻1号，2007年.
――――「ポスト・チャンドラー・モデルを考える。――市場・技術・戦略・組織の相関」『経営戦略研究』5号，2007年.
――――「イギリスにおける機関投資家とコーポレート・ガヴァナンス――機関投資家がコーポレート・ガヴァナンスに与える影響」『経営論集』54巻1号，2006年.
――――「1980年代以降の経営理論」矢沢サイエンスオフィス経済班編『経営学はいかにして作られたか？』学習研究社，2005年.
――――「戦間期イギリス兵器企業の戦略・組織・ファイナンス――ヴィッカーズとアームストロング」奈倉文二・横井勝彦編『日英兵器産業史――武器移転の経済

史的研究』日本経済評論社，2005年.
――――「経営史におけるチャンドラー理論の意義と問題点――チャンドラー・モデルはアウト・オブ・デイトか？」『経営論集』51巻3号，2004年.〔本書第8章〕
――――・壽永欣三郎・山口一臣『ケースブック　アメリカ経営史』有斐閣，2002年.
――――「イギリス企業の戦略と組織」安部悦生・岡山礼子・岩内亮一・湯沢威『イギリス企業経営の歴史的展開』勁草書房，1997年.〔本書第1章，第6章の一部〕
――――「イギリス綿工業の離陸――ファースト・スターターの条件」『明治大学社会科学研究所紀要』35巻2号，1997年.
――――「イギリス」原輝史・工藤章編『現代ヨーロッパ経済史』有斐閣，1996年.
――――「革新の概念と経営史」『経営論集』42巻1号，1995年.〔本書第4章〕
――――「チャンドラー・モデルと森川英正氏の経営者企業論」『経営史学』28巻4号，1994年.
――――『大英帝国の産業覇権――イギリス鉄鋼企業興亡史』有斐閣，1993年.
――――「生産システムの移転」岩内亮一ほか著『海外日系企業と人的資源――現地経営と駐在員の生活』同文舘，1992年.
――――「イギリスにおける経営者企業成立への曲折――鉄鋼企業ドーマン・ロング社の歩んだ道」森川英正編『経営者企業の時代』有斐閣，1991年.
――――「イギリスにおける持株会社と管理――20世紀初頭から第二次世界大戦まで」『経営論集』37巻2号，1990年.
――――「イギリスにおける近代企業の成立とその特質――チャンドラーの所説を中心として」『明治大学社会科学研究所紀要』25巻1号，1987年.〔本書第1章，第6章の一部〕
――――「イギリスにおける現代企業の発達――1840年代～1960年代」鈴木良隆ほか『経営史』有斐閣，1987年.
――――「20世紀初頭のイギリスにおける鉄鋼企業の資本構造と取締役の株式所有」『経営論集』27巻1号，1979年.
アベグレン，J.C.（占部都美訳）『日本の経営』ダイヤモンド社，1958年.
――――（占部都美監訳・森義昭訳）『新版日本の経営――日本の経営から何を学ぶか』ダイヤモンド社，1974年.
――――，ジョージ・ストーク（植山周一郎訳）『カイシャ――次代を創るダイナミズム』講談社，1986年.
アルベール，M.（小池はるひ訳）『資本主義対資本主義』竹内書店新社，2002年.
アンゾフ，H.（広田寿亮訳）『企業戦略論』産業能率短期大学出版部，1969年.

アンデルセン（八木紀一郎監訳）『進化的経済学――シュンペーターを超えて』シュプリンガー・フェアラーク東京，2003年.
池本正純『企業家とはなにか』八千代出版，2004年.
石井寛治「明治維新論争」石井寛治・原朗・武田晴人編『日本経済史1　幕末維新期』東京大学出版会，2000年.
石川統ほか編『シリーズ進化学②　遺伝子とゲノムの進化』岩波書店，2006年.
――――『シリーズ進化学④　発生と進化』岩波書店，2004年.
――――『シリーズ進化学⑥　行動・生態の進化』岩波書店，2006年.
――――『シリーズ進化学⑦　進化学の方法と歴史』岩波書店，2005年.
伊丹敬之『新・経営戦略の論理――見えざる資産のダイナミズム』日本経済新聞社，1984年.
――――「経営史と経営学」『経営史学の50年』日本経済評論社，2015年.
伊藤秀史・林田修「企業の境界――分社化と権限移譲」伊藤秀史編『日本の企業システム』東京大学出版会，1996年.
伊東光晴『技術革命時代の日本――経済学は現実にこたえうるか』岩波書店，1989年.
――――・根井雅弘『シュンペーター』岩波書店，1993年.
伊藤元重『ビジネス・エコノミクス』日本経済新聞社，2004年.
伊藤嘉昭「社会性の進化」柴谷篤弘ほか編『進化⑦　生態学からみた進化』東京大学出版会，1992年.
猪貴義『生物進化の謎を解く――人類の進化までを含めて解説』アドスリー，2004年.
今井賢一「問題意識と問題領域」今井賢一ほか『内部組織の経済学』1982年.
――――「市場と組織の選択の理論」今井賢一ほか『内部組織の経済学』1982年.
――――『創造的破壊とは何か　日本産業の挑戦』東洋経済新報社，2008年.
――――「イノベーションとネットワーク組織」同編『イノベーションと組織』東洋経済新報社，1986年.
――――・伊丹敬之「日本の内部組織と市場――市場原理と組織原理の相互浸透」今井賢一ほか『内部組織の経済学』1982年.
――――・伊丹敬之・小池和男『内部組織の経済学』東洋経済新報社，1982年.
――――・金子郁容『ネットワーク組織論』岩波書店，1988年.
今西錦司『進化とは何か』講談社学術文庫，1976年.
――――『ダーウィン論』岩波書店，1977年.
――――『主体性の進化論』岩波書店，1980年.
――――・吉本隆明『ダーウィンを越えて』中央公論社，1995年.

ウィリアムソン，オリヴァー（岡本康雄・高宮誠訳）『現代企業の組織革新と企業行動』丸善，1975年.
――――（浅沼萬里ほか訳）『市場と企業組織』日本評論社，1980年.
――――（井上薫訳）『エコノミック・オーガニゼーション――取引コストパラダイムの展開』晃洋書房，1989年.
――――（石田光男・山田健介訳）『ガバナンスの機構――経済組織の学際的研究』ミネルヴァ書房，2017年.
ウィルキンズ，ミーラ（江夏健一ほか訳）『多国籍企業の史的展開――植民地時代から1914年まで』ミネルヴァ書房，1973年.
――――（江夏健一ほか訳）『多国籍企業の成熟』上下，ミネルヴァ書房，1976，1978年.
――――（安保哲夫ほか訳）『アメリカにおける外国投資の歴史――1607～1914』ミネルヴァ書房，2016年.
ウィルソン，E. O.（岸由二訳）『人間の本性について』ちくま学芸文庫，1997年.
――――（伊藤嘉昭訳）『社会生物学』新思索社，1999年.
ウェーバー，マックス（富永祐治・立野保男訳）『社会科学方法論』岩波書店，1936年.
――――（中村貞二・柴田固弘訳）『取引所』未来社，1968年.
――――（祇園寺信彦・祇園寺則夫訳）『歴史学の方法』講談社学術文庫，1998年.
ウォマック，ジェームス，ダニエル・ルース，ダニエル・ジョーンズ（沢田博訳）『リーン生産方式が世界の自動車産業をこう変える』経済界，1990年.
宇沢弘文『近代経済学の再検討』岩波書店，1977年.
宇田理「ポスト・チャンドラー時代の経営史にかんする一考察――日本におけるチャンドラー・モデル批判をめぐって」『商学集志』72巻2号，2002年.
内橋克人「時代は『手法革命』」『日本経済新聞』1991年1月14日.
宇野弘蔵『経済学方法論』東京大学出版会，1962年.
――――『経済政策論』弘文堂，1971年.
江頭進『進化経済学のすすめ――「知識」経済現象を読む』講談社，2002年.
海老澤栄一『組織進化論――行動・過程・創造』白桃書房，1992年.
エリオット，ジェイ，ウィリアム・L.サイモン（中山宥訳）『ジョブズ・ウェイ――世界を変えるリーダーシップ』ソフトバンク・クリエイティブ，2011年.
大河内暁男『発明行為と技術構想――技術と特許の経営史的位相」東京大学出版会，1992年.

太田邦昌「進化学における〈総合理論〉の立場」柴谷篤弘ほか編『進化①　進化論とは』東京大学出版会，1991年.
太田伸之『ファッションビジネスの魔力』毎日新聞社，2009年.
――――『クールジャパンとは何か？』ディスカバー・トゥエンティワン，2014年.
――――「ヒアリング」明治大学経営学部『君はどのようなキャリアパスを歩みたいか』2015年.
大塚久雄「経済史からみた経営史の諸問題」『経営史学』1巻1号，1966年.
――――「産業革命の諸類型――社会の構造変革との関連において」『土地制度史学』9巻4号，1967年.
大野耐一『トヨタ式生産方式』ダイヤモンド社，1978年.
岡崎哲二『コア・テキスト経済史』新世社，2005年.
――――「制度の経済史」社会経済史学会編『社会経済史学の課題と展望』有斐閣，2002年.
小田中直樹『ライブ・経済学の歴史――〈経済学の見取り図〉をつくろう』勁草書房，2003年.
――――『歴史学ってなんだ？』PHP 文庫，2004年.
――――「『言語論的転回』以後の歴史学」『歴史／物語の哲学（岩波講座哲学11)』岩波書店，2009年.
――――『ライブ・経済史入門――経済学と歴史学を架橋する』勁草書房，2017年.
小野塚知二『経済史――いまを知り，未来を生きるために』有斐閣，2018年.
小畠郁生監修『進化論の不思議と謎――進化する「進化論」～ダーウィンから分子生物学まで』日本文芸社，1998年.
オールドリッジ，ハワード（若林直樹ほか訳）『組織進化論――企業のライフサイクルを探る』東洋経済新報社，2007年.
カー，エドワード・H.（清水幾太郎訳）『歴史とは何か』岩波新書，1962年.
「科学」編集部編『現代進化論の展開』岩波書店，1982年.
加護野忠男「企業家精神と企業家的革新」伊丹敬之ほか『競争と革新――自動車産業の企業成長』東洋経済新報社，1988年.
笠谷和比古『士（サムライ）の思想――日本型組織と個人の確立』岩波書店，1997年.
ガーシェンクロン，アレクサンダー（絵所秀紀ほか訳）『後発工業国の経済史――キャッチアップ型工業化論』ミネルヴァ書房，2005年.
カーズナー，I. M.（田島義博監訳）『競争と企業家精神――ベンチャーの経済理論』千倉書房，1985年.

粕谷英一「行動生態学の適応論」柴谷篤弘ほか編『進化⑦　生態学からみた進化』東京大学出版会，1992年.
――――「進化生物学の成立」石川統ほか編『進化学⑦　進化学の方法と歴史』岩波書店，2005年.
桂木洋二『日本人になったアメリカ人技師』グランプリ出版，1993年.
川北稔『私と西洋史研究――歴史家の役割』創元社，2010年.
ガランボス，ルイス（山口一臣・壽永欣三郎訳）『アメリカ経営史学の新潮流――組織総合理論』同文舘，1991年.
河田雅圭『進化論の見方』紀伊國屋書店，1989年.
――――「個体の行動の進化」石川統ほか編『進化学⑥　行動・生態の進化』岩波書店，2006年.
勘坂純市「共同体と市場」社会経済史学会編『社会経済史学の課題と展望』有斐閣，2012年.
菊地庄次郎「私の履歴書」『日本経済新聞』1984年7月1日.
岸由二「現代日本の生態学における進化理解の転換史」柴谷篤弘ほか編『進化②　進化思想と社会』東京大学出版会，1991年.
岸本美緒「中国史研究におけるアクチュアリティとリアリティ」歴史学研究会編『歴史学のアクチュアリティ』東京大学出版会，2013年.
――――「時代区分論の現在」歴史学研究会編『歴史学における方法的転回――現代歴史学の成果と課題，1990-2000』青木書店，2002年.
橘川武郎「戦後型企業集団の形成」法政大学情報研究センター編『日本経済の発展と企業集団』東京大学出版会，1992年.
――――「経営史学の時代――応用経営史の可能性」『経営史学』40巻4号，2006年.
――――「経営史からの企業家研究」宮本又郎ほか編『企業家学のすすめ』有斐閣，2014年.
――――『ゼロからの日本経営史』日経文庫，2018年.
――――・久保文克「なぜ企業間競争の視点からアジアを分析するのか」『アジアの企業間競争』文眞堂，2015年.
木村資生『生物進化を考える』岩波書店，1988年.
――――「ラマルクから中立説まで」「科学」編集部編『現代進化論の展開』岩波書店，1982年.
――――「分子進化論および集団遺伝学における中立説の立場」「科学」編集部編『現代進化論の展開』，1982年.

キャナダイン，デイヴィッド「序文」同編（平田雅博ほか訳）『いま歴史とは何か』ミネルヴァ書房，2005年.
グライフ，アブナー（岡崎哲二・神取道宏監訳）『比較歴史制度分析』NTT 出版，2009年.
倉谷滋「発生と進化の研究史」石川統ほか編『進化学④　発生と進化』岩波書店，2004年.
クリステンセン，クレイトン（玉田俊平太監修）『イノベーションのジレンマ――技術革新が巨大企業を滅ぼすとき』翔泳社，2001年.
クリストファー，ロバート（徳山二郎訳）『日本で勝てれば世界で勝てる――アメリカ企業の対日戦略』講談社，1986年.
クルーグマン，ポール「競争力という名の危険な妄想」『中央公論』1994年５月号.
クルース，ハーマン，チャールズ・ギルバート（鳥羽欽一郎・山口一臣ほか訳）『アメリカ経営史』上下，東洋経済新報社，1974年.
黒澤隆文・久野愛「経営史研究の方法・課題・存在意義――英語文献における研究動向と論争（上）（下）」『経営史学』53巻２号，３号，2018年.
クーンツ，ハロルド（永島敬識訳）『取締役会』東洋経済新報社，1970年.
経営史学会編『経営史学の50年』日本経済評論社，2015年.
ケイニー，リーアンダー（関美和訳）『ジョナサン・アイブ――偉大な製品を生み出すアップルの天才デザイナー』日経 BP 社，2015年.
小田部正明「アメリカの大学の専門分野の人気に変化」『世界経済評論』2018年11月12日号.
コッカ，ユルゲン（高田明佳訳）「比較史の彼方――近現代史へのトランスナショナルなアプローチ」史学会編『歴史学の最前線』東京大学出版会，2004年.
コクラン，トマス（中川敬一郎訳）『アメリカのビジネス・システム』筑摩書房，1969年.
――――（正木久司訳）『アメリカ企業200年』文眞堂，1989年.
コース，ロナルド（宮沢健一・後藤晃・藤垣芳文訳）『企業・市場・法』東洋経済新報社，1992年.
五條堀孝「進化学と生命情報」石川統ほか編『進化学②　遺伝子とゲノムの進化』岩波書店，2006年.
小林一三「ゲノムはなぜ変わるのか」石川統ほか編『進化学②　遺伝子とゲノムの進化』岩波書店，2006年.
小林元「イタリア中小企業の競争力の秘密とその国際展開」『国際ビジネス研究学会

年報』2002年.
――――『人生を楽しむイタリア式仕事術』日経ビジネス人文庫，2002年.
小松芳喬監修『経済史の方法』弘文堂，1969年.
斎藤修『比較経済発展論――歴史的アプローチ』岩波書店，2008年.
齋藤成也「遺伝子を軸とする進化研究の発展」石川統ほか編『進化学② 遺伝子とゲノムの進化』岩波書店，2006年.
――――「遺伝子進化のメカニズム」石川統ほか編『進化学② 遺伝子とゲノムの進化』岩波書店，2006年.
サクセニアン，アナリー（大前研一訳）『現代の二都物語――なぜシリコンバレーは復活し，ボストン・ルート128は沈んだか』講談社，1995年.
佐々木憲介『イギリス歴史学派と経済学方法論争』北海道大学出版会，2013年.
佐々木紀彦『米国製エリートは本当にすごいのか？』東洋経済新報社，2011年.
佐高信『逆命利君』講談社文庫，2010年.
佐藤優『国家と神とマルクス――「自由主義的保守主義者」かく語りき』角川文庫，2008年.
――――『学生を戦地へ送るには――田辺元「悪魔の京大講義」を読む』新潮社，2017年.
佐野眞一「早熟な太陽 石原慎太郎のすべて」『月刊 現代』2003年1月号.
塩沢由典「今西錦司」進化経済学会編『ハンドブック』2006年.
塩見治人「日米関係経営史の課題」同・堀一郎編『日米関係経営史――高度成長から現在まで』名古屋大学出版会，1998年.
――――「終章 日米関係経営史の1990年代とチャンドラー・モデルの位置」同・橘川武郎編『日米企業のグローバル競争戦略――ニューエコノミーと「失われた十年」の再検証』名古屋大学出版会，2008年.
――――「『小さな世界企業』の戦略と組織――『チャンドラー・モデル』の歴史的位置」『立命館経済学』54巻3号，2006年.
――――「チャンドラー・モデルと調整様式」『名古屋外国語大学現代国際学部 紀要』5号，2009年.
――――・谷口明丈・溝田誠吾・宮崎信二『アメリカ・ビッグビジネス成立史――産業フロンティアの消滅と寡占体制』東洋経済新報社，1986年.
柴谷篤弘・長野敬・養老孟司編『進化① 進化論とは』東京大学出版会，1991年.
――――『進化② 進化思想と社会』東京大学出版会，1991年.
――――『進化④ 形態学からみた進化』東京大学出版会，1991年.

―――『進化⑦　生態学から見た進化』東京大学出版会，1992年.
島本実「流れの経営史―― A. チャンドラーの理論発見的歴史研究」『組織科学』49巻2号，2015年.
下谷政弘『持株会社と日本経済』岩波書店，2009年.
ジャコービィ，サンフォード（鈴木良始ほか訳）『日本の人事部・アメリカの人事部』東洋経済新報社，2005年.
ジェレミー，デビッド（森谷文昭訳）「経営学専攻の学生向けの経営史――なぜ，何を，どう教えるか？」『経営史学』35巻1号，2000年.
シューマッハー，E. F.（小島慶三ほか訳）『スモール・イズ・ビューティフル――人間復興の経済学』講談社，1986年.
シュンペーター，ジョゼフ（八木紀一郎編訳）『資本主義は生きのびるか――経済社会学論集』名古屋大学出版会，2001年.
―――（清成忠男訳・著）『企業家とは何か』東洋経済新報社，1998年.
―――（塩野谷祐一・中山伊知郎・東畑精一訳）『経済発展の理論』上中下，岩波書店，1977年.
―――（中山伊知郎・東畑精一訳）『資本主義・社会主義・民主主義』上中下，岩波書店，1962年.
―――（金融経済研究所訳）『景気循環論』有斐閣，1958年.
ジョンソン，チャーマーズ（矢野俊比古監訳）『通産省と日本の奇跡』TBS ブリタニカ，1982年.
ジョーンズ，ジェフリー（桑原哲也・安室憲一・川辺信雄・榎本悟・梅野巨利訳）『国際ビジネスの進化』有斐閣，1998年.
―――（安室憲一ほか訳）『国際経営講義』有斐閣，2007年.
進化経済学会編『進化経済学ハンドブック』共立出版，2006年.
「『進化の中立説』40年の成果」『読売新聞』2008年2月17日.
神藤猛『ネットワークセントリックな危機管理組織』内外出版，2008年.
杉原薫『アジア間貿易の形成と構造』ミネルヴァ書房，1996年.
スクラントン，フィリップ（廣田義人ほか訳）『エンドレス・ノヴェルティ――アメリカの第2次産業革命と専門生産』有斐閣，2004年.
鈴木良隆「経営史の方法」『経営史学の50年』日本経済評論社，2015年.
―――・安部悦生・米倉誠一郎『経営史』有斐閣，1987年.
スタイン，G. ハリー（鳥羽欽一郎訳）『生き残る会社・消える会社――データに見るサバイバルの条件』TBS ブリタニカ，1986年.

スミス，アダム（米林富男訳）『道徳情操論』上下，未来社，1969，1970年.
――――（山岡洋一訳）『国富論――国の豊かさの本質と原因についての研究』上下，日本経済新聞出版社，2007年.
関満博『地域経済と中小企業』筑摩書房，1995年.
世良晃志郎『歴史学方法論の諸問題』木鐸社，1973年.
「ダーウィン　科学の革命」『読売新聞』2008年1月5日.
高哲男『ヴェブレン研究――進化論的経済学の世界』ミネルヴァ書房，1991年.
武石彰・金山維史・水野達也「セイコーエプソン――自動巻き発電クオーツウォッチの開発」『一橋ビジネスレビュー』54巻2号，2006年.
竹岡敬温『アナール学派と社会史――「新しい歴史」へ向かって』同文舘，1990年.
武田清子「河井栄治郎の自由主義論――マルクス主義とファシズムの狭間に」同編『日本リベラリズムの稜線』岩波書店，1987年.
伊達邦春『シュンペーター・企業行動・経済変動』早稲田大学出版部，1992年.
田中一弘『「良心」から企業統治を考える』東洋経済新報社，2014年.
溪内謙『現代史を学ぶ』岩波書店，1995年.
谷本雅之『日本における在来的経済発展と織物業』名古屋大学出版会，1988年.
遅塚忠躬『史学概論』東京大学出版会，2010年.
チャンドラー，アルフレッド（三菱経済研究所訳）『経営戦略と組織』実業之日本社，1967年（新訳，新序文，有賀裕子訳『組織は戦略に従う』ダイヤモンド社，2004年）
――――（内田忠夫・風間禎三郎訳）『競争の戦略――GMとフォード　栄光への足跡』ダイヤモンド社，1970年.
――――（鳥羽欽一郎・小林袈裟治訳）『経営者の時代』上下，東洋経済新報社，1979年.
――――「グローバル競争はどう進展したか」M.E.ポーター編（土岐坤ほか訳）『グローバル企業の競争戦略』ダイヤモンド社，1989年.
――――（安部悦生ほか訳）『スケール・アンド・スコープ――経営力発展の国際比較』有斐閣，1993年.
チュン，リン（渡辺雅男訳）『イギリスのニューレフト――カルチュラル・スタディーズの源流』彩流社，1999年.
辻和希「血縁淘汰・包括適応度と社会性の進化」石川統ほか編『進化学⑥　行動・生態の進化』，岩波書店，2006年.
ツワイク，シュテファン（高橋禎二ほか訳）『ジョゼフ・フーシェ――ある政治的人

間の肖像』岩波書店，1979年.
ディッキー，トーマス（河野昭三ほか訳）『フランチャイジング――米国における発展過程』まほろば書房，2002年.
デネット，ダニエル（山口泰司監訳）『ダーウィンの危険な思想』青土社，2000年.
ドーキンス，リチャード（日高敏隆ほか訳）『利己的な遺伝子』紀伊國屋書店，2006年.
トーニー，R.H.（金宗炫訳）「経済史の研究」小松芳喬監修『経済史の方法』1969年.
土肥恒之「『欧州経済史』の成立」社会経済史学会編『社会経済史学の課題と展望』有斐閣，2002年.
富永健一『社会学原理』岩波書店，1986年.
富永健一『思想としての社会学――産業主義から社会システム理論まで』新曜社，2008年.
「トヨタ，次世代経営者育成――カンパニー制導入発表」『日本経済新聞』2016年3月3日.
ドーリンジャー，ピーター，マイケル・ピオーリ（白木三秀監訳）『内部労働市場とマンパワー分析』早稲田大学出版部，2007年.
ドンゼ，ピエール＝イヴ（長沢伸也監訳）『「機械式時計」という名のラグジュアリー戦略』世界文化社，2014年.
中川敬一郎「マックス・ヴェーバーと組織論」大塚久雄編『マックス・ヴェーバー研究』東京大学出版会，1965年.
――――『比較経営史序説』東京大学出版会，1981年.
――――「経営史学の方法と問題」経営史学会編『経営史学の20年――回顧と展望』東京大学出版会，1985年.
――――『イギリス経営史』東京大学出版会，1986年.
――――「脇村先生の人と業績」『脇村義太郎著作集』第1巻，日本経営史研究所，1976年.
中瀬哲史『エッセンシャル経営史――生産システムの歴史的分析』中央経済社，2016年.
中林真幸「経済理論と経営史」『経営史学の50年』日本経済評論社，2015年.
沼上幹『液晶ディスプレイの技術革新史――行為連鎖システムとしての技術』白桃書房，1999年.
――――『行為の経営学――経営学における意図せざる結果の探求』白桃書房，2000年.

――――『組織デザイン』日経文庫，2004年.
――――『経営戦略の思考法――時間展開・相互作用・ダイナミクス』日本経済新聞社，2009年.
根井雅弘『シュンペーター』講談社，2006年.
ネルソン，リチャード，シドニー・ウィンター（後藤晃ほか訳）『経済変動の進化理論』慶応義塾大学出版会，2007年.
ノース，ダグラス（大野一訳）『経済史の構造と変化』日経 BP，2013年.
――――（中島正人訳）『文明史の経済学――財産権・国家・イデオロギー』春秋社，1989年.
――――（竹下公視訳）『制度・制度変化・経済成果』晃洋書房，1994年.
――――，R.P. トマス（速水融ほか訳）『西欧世界の勃興――新しい経済史の試み』ミネルヴァ書房，1980年.
野地澄晴・佐藤矩行「現代進化発生学の勃興」石川統ほか編『進化学④　発生と進化』，岩波書店，2004年.
野中郁次郎『企業進化論――情報創造のマネジメント』日本経済新聞社，1985年.
――――ほか『失敗の本質――日本軍の組織論的研究』日本経済新聞出版社，1985年.
――――ほか『戦略の本質――戦史に学ぶ逆転のリーダーシップ』日本経済新聞出版社，2005年.
ハイエク，フリードリッヒ（田中真晴ほか訳）『市場・知識・自由――自由主義の経済思想』ミネルヴァ書房，1986年.
――――（一谷藤一郎ほか訳）『隷従への道――全体主義と自由』東京創元社，1992年（原著1944年).
バーク，ピーター（大津真作訳）『フランス歴史学革命――アナール学派1929-89年』岩波書店，1992年.
バーゲルマン，ロバート（石橋善一郎，宇田理訳）『インテルの戦略――企業変貌を実現した戦略形成プロセス』ダイヤモンド社，2006年.
橋本輝彦『チャンドラー経営史の軌跡――組織能力ベースの現代企業史』ミネルヴァ書房，2007年.
橋本寿朗『日本経済論』ミネルヴァ書房，1991年.
ハーシュマン，A.O.（三浦隆之訳）『組織社会の論理構造――退出・告発・ロイヤルティ』ミネルヴァ書房，1980年.
長谷川貴彦『現代歴史学への展望――言語論的転回を超えて』岩波書店，2016年.
長谷川岳男「書評　大戸千之『歴史と事実――ポストモダンの歴史学批判を超えて』」

『史学雑誌』123巻３号，2014年.
パーソンズ，タルコット（佐藤勉訳）『社会体系論』青木書店，1974年.
――――（稲上毅・厚東洋輔訳）『社会的行為の構造』５分冊，木鐸社，1976～1989年.
パターソン，C.（磯野直秀・磯野裕子訳）『現代の進化論』岩波書店，1982年.
バターフィールド，ハーバート（越智武臣ほか訳）『ウィッグ批判――現代歴史学の反省』未来社，1967年.
バーク，ピーター（長谷川貴彦訳）『文化史とはなにか』法政大学出版局，2008年.
ハート，オリヴァー（鳥居昭夫訳）『企業　契約　金融構造』慶応義塾大学出版会，2010年.
バーニー，ジェイ（岡田正大訳）『企業戦略論――競争優位の構築と持続』上中下，ダイヤモンド社，2003年.
速水格「進化論の形成」東京大学公開講座『進化』東京大学出版会，1988年.
ハント，リン（長谷川貴彦訳）『グローバル時代の歴史学』岩波書店，2016年.
――――編（筒井清忠訳）『文化の新しい歴史学』岩波書店，1993年.
ハンナ，レズリー・和田一夫『見えざる手の反逆――チャンドラー学派批判』有斐閣，2001年.
ピオーリ，マイケル，チャールズ・セイブル（山之内靖ほか訳）『第二の産業分水嶺』筑摩書房，1993年.
曳野孝「大企業と中小企業の競争的および補完的分業の経済的役割について」経営史学会第39回全国大会報告集，2003年.
――――「経営者企業，企業内能力，戦略と組織，そして経済成果」『経営史学』44巻３号，2009年.
ヒックス，ジョン（新保博・渡辺文夫訳）『経済史の理論』講談社，1995年.
ヒルシュマイヤー，ヨセフ，由井常彦『日本の経営発展――近代化と企業経営』東洋経済新報社，1977年.
フィシャー，F. J.（原剛訳）「十六・十七世紀はイギリス史の暗黒時代か」小松芳喬監修『経済史の方法』1969年.
フィンバーグ，H. P. R. 編（市川承八郎ほか訳）『歴史へのアプローチ』創文社，1968年.
福井勝義編『講座　地球に生きる　第４巻　自然と人間の共生』雄山閣，1995年.
福岡伸一『生物と無生物の間』講談社，2007年.
フクヤマ，フランシス（渡部昇一訳）『歴史の終わり』上中下，三笠書房，1992年.

藤本隆宏『生産システムの進化論――トヨタ自動車にみる組織能力と創発プロセス』有斐閣，1997年.
――――・武石彰・青島矢一『ビジネス・アーキテクチャー』有斐閣，2001年.
――――『能力構築競争』中公新書，2003年.
――――「実証社会科学の進化論的枠組み」進化経済学会編『進化経済学ハンドブック』.
――――・西口敏宏・伊藤秀史編『リーディングス　サプライヤー・システム』有斐閣，1998年.
藤原帰一「親米右翼と反米左翼の間で」東京フルブライト・アソシエーション『NEWS LETTER』No. 24，2011年.
ブレーク，R.，W. エイビス，J. ムートン（上野一郎訳）『企業進化論』産業能率大学出版部，1967年.
ブラックモアー，スーザン（信原幸弘ほか訳）『意識』岩波書店，2010年.
ブレマー，イアン（有賀裕子訳）『自由市場の終焉――国家資本主義とどう闘うか』日本経済新聞社，2011年.
ブロック，マルク（松村剛訳）『歴史のための弁明――歴史家の仕事』岩波書店，2004年.
――――（高橋清徳訳）『比較史の方法』講談社，2017年.
『別冊経済セミナー　シュンペーター再発見』日本評論社，1983年.
ヘッドリック，ダニエル（原田勝正ほか訳）『帝国の手先――ヨーロッパ膨張と技術』日本経済評論社，1989年.
ヘバート，R.F.，A.N. リンク（池本正純ほか訳）『企業家の系譜――18世紀から現代まで』ホルト・サウンダーズ・ジャパン，1984年.
ベルジー，キャサリン（折島正司訳）『ポスト構造主義』岩波書店，2003年.
ベンディクス，ラインハルト（折原浩訳）『マックス・ウェーバー――その学問の包括的一肖像』上下，三一書房，1987年，1988年.
ヘントン，D.J. メルヴィル，K. ウォレシュ（加藤敏春訳）『市民起業家』日本経済評論社，1997年.
ペンローズ，エディス（日高千景訳）『会社成長の理論』ダイヤモンド社，2010年.
ホジソン，ジェフリー（西部忠監訳）『進化と経済学――経済学に生命を取り戻す』東洋経済新報社，2003年.
ポスタン，M.M.（松村平一郎訳）「社会科学における歴史的方法」小松芳喬監修『経済史の方法』1969年.

ポーター，マイケル（土岐坤ほか訳）『競争の戦略』ダイヤモンド社，1982年．

――――（土岐坤ほか訳）『競争優位の戦略』ダイヤモンド社，1985年．

――――「国際競争パターンの変化」D.J. ティース編（石井淳蔵ほか訳）『競争への挑戦――革新と再生の戦略』白桃書房，1988年．

――――「グローバル業界における競争――その理論的フレームワーク」マイケル・E. ポーター編（土岐坤ほか訳）『グローバル企業の競争戦略』ダイヤモンド社，1989年．

――――（土岐坤ほか訳）『国の競争優位』上下，ダイヤモンド社，1992年．

――――（竹内弘高訳）『競争戦略論』Ⅰ・Ⅱ，ダイヤモンド社，1999年．

――――，竹内弘高『日本の競争戦略』ダイヤモンド社，2000年．

ポパー，カール（森博訳）『客観的知識――進化論的アプローチ』木鐸社，1974年．

――――（久野收・市井三郎訳）『歴史主義の貧困』中央公論社，1961年．

ボーモル，ウィリアム（足立英之監訳）『自由市場とイノベーション――資本主義の成長の奇跡』勁草書房，2010年．

ポラニー，カール（吉沢英成・野口建彦・長尾史郎・杉村芳美訳）『大転換――市場社会の形成と崩壊』東洋経済新報社，1975年．

ポラード，シドニー（山下幸夫・桂芳男・水原正亨訳）『現代企業管理の起源――イギリスにおける産業革命の研究』千倉書房，1982年．

ボールディング，ケネス（横田洋三訳）『歴史はいかに書かれるべきか』講談社，1979年．

マクロスキー，ドナルド（長尾史郎訳）『レトリカル・エコノミクス――経済学のポストモダン』ハーベスト社，1992年．

マーシャル，アルフレッド（佐原貴臣訳）『産業貿易論』宝文館，1923年．

――――（馬場啓之助訳）『経済学原理』第２分冊，第４分冊，東洋経済新報社，1965～1967年．

増田四郎『社会史への道』日本エディタースクール出版部，1981年．

松永俊男『近代進化論の成り立ち――ダーウィンから現代まで』創元社，1988年．

――――「自然選択概念の変遷」「科学」編集部編『現代進化論の展開』，1982年．

三谷宏治『経営戦略全史』ディスカヴァー・トゥエンティワン，2013年．

宮澤健一『業際化と情報化』有斐閣，1988年．

宮本又郎「企業家学の系譜」宮本ほか編『企業家学のすすめ』有斐閣，2014年．

――――「宮本又郎先生インタビュー」経営史学会編『経営史学の歩みを聴く』文眞堂，2014年．

――――「企業者史論」経営史学会編『経営史学の50年』日本経済評論社，2015年.
宮本光晴「企業者の創造的破壊（J.A.シュンペーター）」佐伯啓思ほか『命題コレクション経済学』筑摩書房，1990年.
ミルグロム，ポール，ジョン・ロバーツ（奥野正寛ほか訳）『組織の経済学』NTT出版，1997年.
ミンツバーグ，ヘンリー（齋藤嘉則監訳）『戦略サファリ――戦略マネジメント・ガイドブック』東洋経済新報社，1999年.
メイナード＝スミス，ジョン，エオルシュ・サマトーリ（長野敬訳）『生命進化８つの謎』朝日新聞社，2001年.
村上陽一郎『西欧近代科学――その自然観の歴史と構造』新曜社，1971年.
――――『近代科学と聖俗革命』新曜社，1976年.
村上泰亮『反古典のための政治経済学要綱――来世紀のための覚書』中央公論社，1994年.
本吉祥子「企業者とシュンペーター体系」『研究年報経済学』60巻２号，1998年.
森川英正「株式所有の分散と経営者企業――安部悦生氏の批判にこたえて」『慶應経営論集』12巻３号，1995年.
――――「中川敬一郎先生を偲ぶ――先生と経営史学」東京大学経友会『経友』169号，2007年.
――――『日本経営史』日経文庫，1981年.
森嶋通夫『無資源国の経済学』岩波書店，1984年.
八木紀一郎「進化経済学の現在」阪上孝編『変異するダーウィニズム――進化論と社会』京都大学学術出版会，2003年.
八木紀一郎「シュンペーターと進化的経済学」『経済セミナー』541号，2000年.
ヤーギン，ダニエル，ジョゼフ・スタニスロー（山岡洋一訳）『市場対国家――世界を作り変える歴史的攻防』上下，日本経済新聞社，1998年.
矢沢サイエンスオフィス編『科学10大理論――「進化論争」特集』学習研究社，1997年.
安丸良夫「表象の意味するもの」歴史学研究会編『歴史学における方法的転回――現代歴史学の成果と課題，1998-2000』青木書店，2002年.
山岸俊男『信頼の構造――こころと社会の進化ゲーム』東京大学出版会，1998年.
山田欣吾『教会から国家へ――古相のヨーロッパ』創文社，1992年.
山田幸三『伝統産地の経営学――陶磁器産地の協働の仕組みと企業家活動』有斐閣，2013年.

山脇直司「進化論と社会哲学」柴谷篤弘ほか編『進化② 進化思想と社会』東京大学出版会，1991年.
由井常彦「中川敬一郎先生を偲んで——国際比較の経営史と国際関係の経営史」東京大学経友会『経友』169号，2007年.
湯沢威「イギリス鉄道業における経営管理組織の形成」『一橋論叢』69巻5号，1973年.
————『イギリス鉄道経営史』日本経済評論社，1988年.
湯之上隆『「電機・半導体」大崩壊の教訓——電子立国ニッポン，再生への道筋』日本文芸社，2012年.
養老孟司『唯脳論』青土社，1989年.
————「個体発生と系統発生」柴谷篤弘ほか編『進化④ 形態学からみた進化』東京大学出版会，1991年.
吉原英樹ほか『日本企業の多角化戦略——経営資源アプローチ』日本経済新聞社，1981年.
米川伸一『経営史学——生誕・現状・展望』東洋経済新報社，1973年.
————「書評『脇村義太郎著作集（全四巻）』」『社会経済史学』43巻5号，1978年.
————「イギリス経済史を見る眼」『概説イギリス経済史——現代イギリス経済の形成』有斐閣，1986年.
米倉誠一郎「企業家および企業家能力——研究動向と今後の方針」『社会科学研究』50巻1号，1998年.
————「企業者精神の発展過程」小林規威ほか編『現代経営辞典』日本経済新聞社，1986年.
ラムズデン，C.J.，E.O. ウィルソン（松本亮三訳）『精神の起源について』思索社，1990年.
ラングロア，リチャード『企業制度の理論——ケイパビリティ・取引費用・組織境界』NTT 出版，2004年.
ランデス，デヴィッド（石坂昭雄・富岡庄一訳）『西ヨーロッパ工業史——産業革命とその後 1950-1968』2分冊，みすず書房，1980～1982年.
————（高井哲彦ほか訳）「産業革命論再訪」『社会経済史学』57巻1号，1991年.
————（竹中平蔵訳）『「強国」論——富と覇権の世界史』三笠書房，2000年.
————（中谷和男訳）『ダイナスティ——企業の繁栄と衰亡の運命を分けるものとは：世界のファミリービジネス研究』PHP 研究所，2007年.
リッカート，ハインリッヒ（佐竹哲雄訳）『文化科学と自然科学』大村書店，1923年.

リプセット，シーモア・M.（上坂昇・金重紘訳）『アメリカ例外論――日欧とも異質な超大国の論理とは』明石書店，1999年.
リン，レオナード（遠田雄志訳）『イノベーションの本質――鉄鋼技術導入プロセスの日米比較』東洋経済新報社，1986年.
ルーマン，ニクラス（大庭健・正村俊之訳）『信頼――社会的な複雑性の縮減メカニズム』勁草書房，1990年.
ロー，マーク（北条裕雄・松尾順介監訳）『アメリカの企業統治――なぜ経営者は強くなったか』東洋経済新報社，1996年.
ロビンス，スティーブン・P.（高木晴夫訳）『組織行動のマネジメント』ダイヤモンド社，2009年.
ロビンソン，ジョーン（宇沢弘文訳）『異端の経済学』日本経済新聞社，1973年.
ワイク，カール・E.（遠田雄志訳）『組織化の社会心理学』文眞堂，1997年.
脇村義太郎『趣味の価値』岩波書店，1967年.
――――『脇村義太郎　著作集』全5巻，日本経営史研究所.
第1巻『経営発達史』1976，第2巻『経営者論』1975，第3巻『石油・海運・造船』1975，第4巻『大学・本・絵』1976，第5巻『綿業・国際通商・油槽船』1981年.
――――「回想の戦中・戦後（上）戦争と学者」「回想の戦中・戦後（下）戦後と学者」『中央公論』110巻15号，16号，1995年（三谷太一郎によるインタビュー）.
――――『産業と美術と』日本経営史研究所，1990年.
渡部直樹「戦略と構造，そしてケイパビリティ――進化論の観点からの再構成」『三田商学研究』49巻4号，2006年.

外国語文献

Abe, Etsuo, "The Technological Strategy of a Leading Iron and Steel Firm, Bolckow Vaughan & Co. Ltd : Late Victorian Industrialists Did Fail", *Business History*, vol. 38, no. 1, 1996.
――――, "The Development of Modern Business in Japan", *Business History Review*, vol. 71, Summer 1997.
――――, "The State as the 'Third Hand':MITI and Japanese Industrial Development after 1945", in Etsuo Abe & Terry Gourvish (eds.), *Japanese Success? British Failure?: Comparisons in Business Performance Since 1945,* Oxford: Oxford University Press, 1997.

———, "Alfred Chandler's Model of Business Enterprise Structure and the Japanese-Style Enterprise System: Are They Compatible?", *Japanese Research in Business History*, vol. 26, 2009.

Abernathy, William J. & Kim B. Clark, "Innovation: Mapping the Winds of Creative Destruction", *Research Policy,* vol. 14, 1985.

Abernathy, William J. & James M. Utterback, "Patterns of Industrial Innovation", *Technology Review*, vol. 80, 1978, p. 43.

Abramobitz, M. & P.A.David, "Convergence and Deferred Catch-up: Productivity, Leadership and the Waning of American Exceptionalism", in R.Landau, T.Taylor & G.Wright (eds.), *The Mosaic of Economic Growth,* Stanford, 1996.

Ackrill, M., "Britain's Managers and the British Economy, the 1780s to the 1980s", *Oxford Review of Economic Policy*, vol. 4, no. 1, 1988.

Aitken, H.G. (ed.), *Explorations in Enterprise,* Harvard University Press, 1965.

Aldcroft, D. H., "Technical and Structural Factors in British Industrial Decline 1870 to the Present", in Mathias & Davis, *Innovation and Technology in Europe,* Oxford, 1991.

Aldrich, Howard, *Organizations Evolving,* Thousand Oaks, Cal.: Sage Publications, 1999.

———, "Entrepreneurship", in Neil Smelser & Richard Swedberg (eds.), *The Handbook of Economic Sociology,* Princeton: Princeton University Press, 2nd ed., 2005.

Alford, B. W. E., "Entrepreneurship, Business Performance and Industrial Development", *Business History*, vol. 19, no. 2, 1977.

———, *British Economic Performance, 1945-1975*, London, 1988.

———, "The Chandler Thesis: Some General Observations", in Hannah, 1976.

Amatori, Franco, "Reflections on Global Business and Modern Italian Enterprise by a Stubborn 'Chandlerian'", *Business History Review,* vol. 71, Summer 1997.

———, "Italy: The Tormented Rise of Organizational Capabilities between Government and Families", in Chandler, Amatori & Hikino, 1997.

——— and Geoffrey Jones (eds.), *Business History around the World*, Cambridge, UK, 2003.

———, "Big Business and European Unification: Is the Chandlerian Model Still Sustainable?", *European Business History Association News Letter*, no. 25, 2007.

Anchordoguy, Marie, *Reprogramming Japan: The High Tech Crisis under Communitarian Capitalism*, Ithaca, NY : Cornell University Press, 2005.

———, "Chandler and Business History in Japan", *Business History Review,* vol. 82, Summer 2008.

Aupperle, Kenneth, William Acar & Debmalya Mukherjee, "Revisiting the Fit-Performance Thesis Half a Century Later: A Historical Financial Analysis of Chandler's Own Matched and Mismatched Firms", *Business History*, vol. 56,no. 3, 2014.

Bartlett, C.A. & S. Ghoshal, "Beyond the M-Form: Toward a Managerial Theory of the Firm", *Strategic Management Journal*, vol. 14, 1993.

Baum, Joel & J.V.Singh (eds.), *Evolutionary Dynamics of Organizations,* New York: Oxford University Press, 1994.

Baumer, Franklin, *Modern European Thought: Continuity and Change in Ideas, 1600-1950,* New York: Macmillan Publishing, 1977.

Baumol, William J., "Entrepreneurship in Economic Theory", *American Economic Review,* vol. 58, no. 2, May 1968.

Becker, Markus, Thorbjoern & James G. March, "Schumpeter, Winter, and the Sources of Novelty", *Industrial and Corporate Change*, vol. 15, no. 2, 2006.

Berk, Gerald, *Alternative Tracks: The Constitution of American Industrial Order, 1865-1917,* Baltimore, 1994.

———, "Whose Hubris? Brandeis, Scientific Management and the Railroads", in Kenneth Lipartito & David B. Sicilia (eds.), *Constructing Corporate America: History, Politics, Culture,* Oxford, 2004.

Berger, Suzanne & Ronald Dore (eds.), *National Diversity and Global Capitalism*, Ithaca, 1996.

Best, Michael, *The New Competition,* Cambridge: Harvard University Press, 1990.

Bryce, David J. & Jitendra V. Singh, "The Future of the Firm from an Evolutionary Perspective", Paul DiMaggio (ed.), *The Twenty-First-Century Firm: Changing Economic Organizations in International Perspective*, Princeton: Princeton University Press, 2001.

Bucheli, Marcelo & Daniel Wadhwani (eds.), *Organizations in Time: History, Theory, Methods,* Oxford:Oxford University Press, 2014.

Bucheli, Marcelo & Daniel Wadhwani, "A Return to the Past: History and Organiza-

tion Studies", *Le Libello*, vol. 10, no. 1, 2014. (http://lelibellio.com).

Bucheli, Marcelo, Joseph Mahoney & Paul Vaaler, "Chandler's Living History: The Visible Hand of Vertical Integration in 19th Century America Viewed under a 21st Century Transaction Costs Economics Lens", (http://www.business uiuc. edu).

Burch, Philip, *The Managerial Revolution Reassessed*, Lexington, MA, 1972.

Business Week, July 1997, Global 100 Enterprises List.

Cain, P. J. & A. G. Hopkins, "Gentlemanly Capitalism and British Expansion Overseas, II: New Imperialism, 1850-1945", *Economic History Review*, vol. 40, no. 1, 1987.

Cannadine, David, "What is Social History", Gardiner (ed.), *What is History Today ...?*, 1988.

Cassis, Youssef, *Big Business: The European Experience in the Twentieth Century*, Oxford University Press, 1997.

——— & Ioanna Pepelasis Minoglou (eds.), *Entrepreneurship in Theory and History,* New York: Palgrave, 2005.

Chandler, Alfred Dupont, Jr., "How High Technology Industries Transformed Work and Life Worldwide from the 1880s to the 1990s", *Capitalism and Society,* vol. 1, no. 2, 2006.

———, "Preface to the Paperback Edition of Inventing the Electronic Century", *Enterprise and Society*, vol. 6, no. 1, 2005.

———, "Response to the Symposium: Framing Business History", *Enterprise and Society*, vol. 6, no. 1, 2005.

———, "Commercializing High-Technology Industries", *Business History Review,* vol. 79, Autumn 2005.

——— & Bruce Mazlish (eds.), *Leviathans: Multinational Corporations and the New Global History,* Cambridge: Cambridge University Press, 2005.

———, *Shaping the Industrial Century: The Remarkable Story of the Evolution of the Modern Chemical and Pharmaceutical Industries,* Cambridge: Harvard University Press, 2005.

———, "The Opportunities for Business History at the Beginning of the Twenty-First Century", in Amatori & Jones, 2003.

———, *Inventing the Electronic Century: The Epic Story of the Consumer Elec-*

tronics and Computer Industries, New York: The Free Press, 2001.

Chandler, Alfred & James W. Cortada (eds..), *A Nation Transformed by Information: How Information Has Shaped the United States from Colonial Times to the Present,* Oxford: Oxford University Press, 2000.

———, "The United States: Engines of Economic Growth in the Capital-Intensive and Knowledge-Intensive Industries", in Chandler, Alfred, Franco Amatori & Takashi Hikino (eds.), *Big Business and the Wealth of Nations,* Cambridge: Cambridge University Press, 1997.

———, Franco Amatori & Takashi Hikino, "Historical and Comparative Contours of Big Business", in Chandler, Amatori & Hikino, 1997.

——— & Takashi Hikino, "The Large Industrial Enterprise and the Dynamics of Modern Economic Growth", in Chandler, Amatori & Hikino, 1997.

———, "The Computer Industry: The First Half of the Century", David B. Yoffe (ed.), *Competing in the Age of Digital Convergence,* Boston, 1997.

———, "Corporate Strategy, Structure and Control Methods in the United States During the Twentieth Century", Giovanni Dosi & Franco Malerba (eds..), *Organization and Strategy in the Evolution of the Enterprise,* Ipswich, Suffolk: Ipswich Book Co. Ltd, 1996.

———, R.S.Tedlow & T.K. McCraw, *Management: Past and Present: A Casebook on the History of American Business,* Cincinnati: South Western College Publishing, 1995.

———, "The Competitive Performance of U.S.Industrial Enterprises since the Second World War", *Business History Review,* vol. 68, Spring 1994.

———, "Organizational Capabilities and the Economic History of the Industrial Enterprise", *Journal of Economic Perspectives,* vol. 6 , Summer 1992.

———, "Managerial Enterprise and Competitive Capabilities", *Business History,* vol. 34, 1992.

———, "What is a Firm?: A Historical Perspective", *European Economic Review,* vol. 36, 1992.

———, "The Emergence of Managerial Capitalism", in M. Granovetter & R. Swedberg (eds.), *The Sociology of Economic Life,* Boulder, CO, Westview Press, 1992.

———, "The Functions of the HQ Unit in the Multibusiness Firm", *Strategic*

Management Journal, vol. 12, 1991.

———, "Creating Competitive Capability: Innovation and Investment in the United States, Great Britain, and Germany from the 1870s to World War I", in Higonnet, Patrice et al. (eds.), *Favourites of Fortunes,* Boston: Harvard University Press, 1991.

———, *Scale and Scope: The Dynamics of Industrial Capitalism*, Cambridge: Harvard University Press,1990.

———, "The Enduring Logic of Industrial Success", *Harvard Business Review*, vol. 90, March-April 1990.

———, Introduction to *Strategy and Structure,* 1990, (first edition,1962).

———, "Technology and the Transformation of Industrial Organization", in J.Colton & S.Bruchey (eds.), *Technology, the Economy, and Society: The American Experience,* New York: Columbia University Press, 1987.

———, "Managers, Families and Financiers", in Kesaji Kobayashi & Hidemasa Morikawa (eds.), *Development of Managerial Enterprises,* University. of Tokyo Press, 1986.

———, "The Evolution of Modern Global Competition", in Porter, *Competition of Global Industries*, 1986.

——— & R.S.Tedlow, *The Coming of Managerial Capitalism: A Casebook on the History of American Economic Institutions*, Richard D.Irwin, 1985.

———, "The Emergence of Managerial Capitalism", *Business History Review*, vol. 58, 1984.

———, "Comparative Business History", in D.C.Coleman & P. Mathias (eds.), *Enterprise and History: Essays in Honour of Charles Wilson*, Cambridge, 1984.

———, "The Place of the Modern Industrial Enterprise in Three Economies", in A.Teichova & P.L.Cottrell (eds.), *International Business and Central Europe, 1918-1939,* 1983.

———, "The M-Form: Industrial Groups, American Style:", *European Economic Review*, vol. 19, 1982.

———, "The United States: Seedbed of Managerial Capitalism", in idem & H.Daems (eds.), *Managerial Hierarchies: Comparative Perspective on the Rise of the Modern Industrial Enterprise*, Cambridge, MA, 1980.

———, "Rise and Evolution of Big Business", in Glen Porter (ed.), *Encyclopedia*

of American Economic History, 3 vols., New York, 1980.

———, "The Growth of the Transnational Industrial Firm in the United States and the United Kingdom: A Comparative Analysis", *Economic History Review,* vol. 33, 1980.

———, "Industrial Revolutions and Institutional Arrangements", *Bulletin of the American Academy of Arts and Sciences,* vol. 33, May 1980.

——— & Herman Daems, "Administrative Coordination, Allocation and Monitoring: Concepts and Comparisons" in N.Horn & J.Kocka (eds.), *Law and the Formation of the Big Enterprises in the 19th and Early 20th Centuries,* Goettingen, 1979.

———, "The United States: Evolution of Enterprise", in: P.Mathias & M.M. Postan (eds.), *The Industrial Economies: Capital, Labour, and Enterprise,* part 2, *Cambridge Economic History of Europe,* vol. VII, Cambridge, 1978.

———, *The Visible Hand: The Managerial Revolution in American Business,* Cambridge: Harvard University Press, 1977.

———, "Institutional Integration: An Approach to Comparative Studies of the History of Large-Scale Business Enterprise", in: K.Nakagawa (ed.), *Strategy and Structure of Big Business,* Tokyo: University of Tokyo Press, 1976.

———, "The Development of Modern Management Structure in the US and UK", in L.Hannah (ed.), *Management Strategy,* 1976.

———, "The Multi-Unit Enterprise: A Historical and International Comparative Analysis and Summary", in: Harold Williamson (ed.), *Evolution of International Management Structures,* New Ark, 1975.

———, "Structure and Investment Decisions in the United States", in H.Daems & Herman Van Der Wee (eds.), *The Rise of Managerial Capitalism,* Louvain, 1974.

———, "Investing Strategy in Europe, United States, and Japan", in Kristof Glamann, Ove Hornby & Yrasa Larsen (eds.), *5 Themes,* The International Economic History Association, Sixth International Congress on Economic History, Copenhagen, Aug. 1974.

———, "The Development of Large-Scale Organizations in America", *Journal of Economic History,* vol. 30, no. 1, 1970.

———, "The Structure of American Industry in the Twentieth Century: A His-

torical Overview", *Business History Review*, vol. 43, no. 3, 1969.
———, "The Large Industrial Corporation and the Making of the Modern American Economy", in Stephen Ambrose (ed.), *Institutions in Modern America: Innovation in Structure and Process*, Baltimore, 1967.
———, *Strategy and Structure: Chapters in the History of the Industrial Enterprise*, Cambridge: MIT Press, 1962.
———, "The Beginnings of 'Big Business' in American Industry", *Business History Review*, vol. 33, 1959.
Chandler, David, "What is Military History", Gardiner (ed.), *What is History Today ...?*, 1988.
Channon, D. F., *The Strategy and Structure of British Enterprise*, Boston, 1973.
Cheffins, Brian, "Corporate Governance since the Managerial Capitalism Era", *Business History Review*, vol. 89, Winter 2015.
Church, Roy, "The Limitations of the Personal Capitalism Paradigm", *Business History Review*, vol. 64, Winter 1990.
———, "Family Firms and Managerial Capitalism: The Case of the International Motor Industry", *Business History*, vol. 28, no. 2, 1986.
———, *The Rise and Decline of the British Motor Industry*, Basingstoke, Hampshire, 1994.
Coase, R. H., "The Nature of the Firm", *Economica*, New Series, vol. 4, 1937.
———, "The Nature of the Firm, Influence", *Journal of Law, Economics, and Organization*, vol. 4, 1988.
Coleman, Donald C., "Gentlemen and Players", *Economic History Review*, vol. 26, 1973.
——— & C. Macleod, "Attitudes to New Techniques: British Businessmen,1800-1950", *Economic History Review*, vol. 39, no. 4, 1986.
———, "The Uses and Abuses of Business History", *Business History*, vol. 29, no. 2, 1987.
———, "Failings and Achievements; Some British Business, 1910-1980", *Business History*, vol. 29, no. 4, 1987.
Crafts, Nick, "Macroinventions, Economic Growth and 'Industrial Revolution' in Britain and France", *Economic History Review*, vol. 48, no. 3, 1995.
David, Paul, "Why Are Institutions the 'Carriers of History'? Path Dependence and

the Evolution of Conventions, Organizations, and Institutions", *Structural Change and Economic Dynamics*, vol. 5, 1994.

Decker, Stephany, Matthias Kipping & Daniel Wadhwani, "New Business Histories! Plurality in Business History Research Method", *Business History*, Vol.57, no. 1, 2015.

Derdak, Thomas, *International Directory of Company Histories*, 92 vols. (Chicago: St. James, 1988-).

Douglas, Mary, *How Institutions Think*, London: Kegan & Paul, 1986.

Dowling, S.W., *The Exchanges of London*, London, 1929.

Dunning, J. H., "Changes in the Level and Structure of International Production: The Last One Hundred Years", in Mark Casson (ed.), *The Growth of International Business*, London, 1983.

Dyer, Jeffrey H., *Collaborative Advantage: Winning through Extended Enterprise Supplier Networks*, New York, 2000.

Edwards, Richard C., "Stages in Corporate Stability and the Risks of Corporate Failure", *Journal of Economic History*, vol. 35, June 1975.

Farnie, D. A., "An Index of Commercial Activity: The Membership of the Manchester Royal Exchange, 1809-1948", *Business History*, vol. 21, no. 1, 1979.

Fear, Jeffrey, *Organizing Control: August Thyssen and the Construction of German Corporate Management*, Cambridge, Mass., 2005.

Findlay, J. A., *The Baltic Exchange, 1744-1927*, London, 1927.

Fishlow, Albert, "Developing Countries and the Modern Firm", *Business History Review*, vol. 64, Winter 1990.

Fligstein, Neil, "The Organizational Sociology of *Scale and Scope*", *Business History Review*, vol. 64, Winter 1990.

———, *The Transformation of Corporate Control*, Cambridge: Harvard University Press, 1990.

———, "Chandler and the Sociology of Organizations, *Business History Review*, vol. 82, Summer 2008.

Florence, P. S., *Ownership, Control and Success of Large Companies*, London, 1961.

Foreman-Peck, James, "Measuring Historical Entrepreneurship", in Cassis & Minoglow, 2005.

Francis, Arthur, "Families, Firms and Finance Capital : The Development of UK In-

dustrial Firms with Particular Reference to Their Ownership and Control", *Sociology*, vol. 14, no. 1, 1980.
Franco, Lawrence, "The Death of Diversification?: The Focusing of the World's Industrial Firms, 1980-2000", *Business Horizons*, vol. 47, no. 4, 2004.
Fransman, Martin, *Telecoms in the Internet Age: From Boom to Bust to?*, Oxford: Oxford University Press, 2002.
Freeman, Christopher, "Schumpeter's Business Cycles Revisited," in Heertje & Perlman, *Evolving Technology*. 1990.
Friedman, Walter & Geoffrey Jones, "Business History: Time for Debate", *Business History Review*, vol. 85, no. 1, 2011.
——— & ———, "Debating Methodology in Business History", *Business History Review*, vol. 91. no. 3, 2017.
Fruin, Mark, "To Compare or Not to Compare: Two Books That Look at Capitalist Systems Across Centuries, Countries & Industries", *Business History Review*, vol. 72, Spring 1998.
Galambos, Louis, "Reflections on Alfred Chandler, Jr.", *Enterprise and Society*, vol. 9, no. 3, 2008.
———, "Recasting the Organizational Synthesis: Structure and Process in the Twentieth and Twenty-First Centuries", *Business History Review*, vol. 79, Spring 2005.
———, "Global Perspectives on Modern Business", *Business History Review*, vol. 71, Summer 1997.
———, "The Emerging Organizational Synthesis in Modern American History", *Business History Review*, vol. 44, no. 3, 1970.
Galan, Jose & Maria Sanchez-Bueno, "The Continuing Validity of the Strategy-Structure Nexus: New findings, 1993-2003", *Strategic Management Journal*, vol. 30, 2009.
Gardiner, Juliet (ed.), *What is History Today...?*, Atlantic Highlands, NJ: Humanities Press International, 1988.
Gibbons, Robert, "Firms (and Other Relationships)", in Paul DiMaggio (ed.), *The Twenty-First Century Firm: Changing Economic Organizations in International Perspective*, Princeton, 2001.
Glaister, Keith, *The Entrepreneur*, Oxford: Heinemann, 1989.

Gourvish, T. R., "British Business and the Transition to a Corporate Economy: Entrepreneurship and Management Structures", *Business History*, vol. 29, no. 4, 1987.

Granovetter, Mark, "Coase Revisited: Business Groups in the Modern Economy", *Industrial and Corporate Change*, vol. 4, no. 1, 1995.

Gras, N.S.B., "The Rise and Development of Economic History", *Economic History Review*, vol. 1, no. 1, 1927.

Green, Elizabeth M., "Royal Exchange: Marketing and its Management in the Cleveland Pig Iron Trade, 1864-73", M. A. Thesis, Teesside Polytechnic, 1989.

Grossman, S,, & O. Hart, "Takeover Bids, the Free Rider Problem and the Theory of the Corporation", *Bell Journal of Economics*, vol. 11, 1980.

Guinnane, Timothy, Ron Harris, Naomi R. Lamoreaux & Jean-Laurent Rosenthal, "Putting the Corporation in its Place", *Enterprise and Society*, vol. 8, no. 3, September 2007.

Hall, David & Maurice Saias, "Strategy Follows Structure!", *Strategic Management Journal*, vol. 1, 1980.

Hannah, Leslie, "The 'Divorce' of Ownership from Control from 1900 Onwards: Recalibrating Imagined Global Trends", *Business History*, vol. 49, no. 4, July 2007.

———, "Pioneering Modern Corporate Governance: A View from London in 1900", *Enterprise and Society*, vol. 8, no. 3, 2007.

———, "The Whig Fable of American Tobacco, 1895-1913", *Journal of Economic History*, vol. 66, no. 1, 2006.

———, "A Failed Experiment: The State Ownership of Industry", Roderick Floud & Paul Johnson (eds.), *The Cambridge Economic History of Modern Britain*, vol. III, *Structural Change and Growth, 1939-2000*, Cambridge: Cambridge University Press, 2004.

———, "Marshall's 'Trees' and the Global 'Forest': Were 'Giant Redwoods' Different?", in Lamoreaux, Raff, & Temin, *Learning by Doing*, 1999.

———, "Survival and Size Mobility among the World's 100 Largest Industrial Corporations, 1912-1995", *American Economic Review*, vol. 88, no. 2, 1998.

———, "Multinationality: Size of Firm, Size of Country and History Dependence", *Business and Economic History*, vol. 25, no. 2, Winter 1996.

———, "The American Miracle, 1875-1950, and After: A View in the European

Mirror", *Business and Economic History*, vol. 24, no. 2, Winter 1995.

———, "Scale and Scope: Towards a European Visible Hand?", *Business History*, vol. 33, no. 2, 1991.

——— (ed.), *Management Strategy & Business Development: An Historical and Comparative Study*, London: Macmillan Press, 1976.

Hannan, M.T. & J. Freeman, *Organizational Ecology*, Cambridge, MA: Harvard University Press, 1989.

Harrison, Bennet, *Lean and Mean: The Changing Landscape of Corporate Power in the Age of Flexibility*, New York, 1994.

Hart, O., "An Economic Perspective on the Theory of the Firm", *Columbia Law Review*, vol. 89, 1987.

Heertje, Arnold and Mark Perlman, (eds.), *Evolving Technology and Market Structure: Studies in Schumpeterian Economics*, An Arbor: University of Michigan Press, 1990.

Hughes, Alan, "Industrial Concentration and Small Firms in the United Kingdom: The 1980s in Historical Perspective", in Z. J. Acs & D. B. Audretsch (eds.), *Small Firms and Entrepreneurship: An East-West Perspective*, Cambridge, 1993.

Hughes, Thomas, "Managerial Capitalism Beyond the Firm", *Business History Review*, vol. 64, Winter 1990.

———, "From Firm to Networked Systems", *Business History Review*, vol. 79, Autumn 2005.

Imai, Kenichi, "Patterns of Innovation and Entrepreneurship in Japan", in Heertje and Perlman, *Evolving Technology*, 1990.

Ingham, John, *Biographical Dictionary of American Business Leaders*, 4 vols., Westport, Connecticut: Greenwood Press, 1983.

——— & Lynne Feldman, *Contemporary American Business Leaders: A Biographical Dictionary*, New York: Greenwood Press, 1990.

Iversen, Martin Jes, "Measuring Chandler's Impact on European Business Studies since the 1960s", *Business History Review*, vol. 82, Summer 2008.

Jefferys, J.B., "Trends in Business Organization in Great Britain since 1856", Ph.D., University of London, 1938.

Jensen, M.C. & W.H.Meckling, "Theory of the Firm: Managerial Behavior, Agency Costs and Ownership Structure", *Journal of Financial Economics*, vol. 3, 1976.

Jeremy, David, "Anatomy of the British Business Elite, 1860-1980", *Business History*, vol. 26, no. 1, 1984.

———, "The Hundred Largest Employers in the United Kingdom in Manufacturing and Non-Manufacturing Industries, 1907, 1935 and 1955", *Business History*, vol. 33, no. 1, 1991.

John, Richard R., "Elaborations, Revisions, Dissents: Alfred D. Chandler, Jr.'s, *The Visible Hand* after Twenty Years", *Business History Review*, vol. 71, Summer 1997.

Johnman, Lewis, "The Large Manufacturing Companies of 1935", *Business History*, vol. 28, 1986.

Johnson, P. S. & R. Apps, "Interlocking Directorates Among the UK's Largest Companies", *The Antitrust Bulletin*, no. 24, Summer 1979.

Jones, Geoffrey, "Foreign Multinationals and British Industry before 1945", *Economic History Review*, vol. 41, no. 3, 1988.

———, "Alfred Chandler and the Importance of Organization", *Enterprise and Society*, vol. 9, no. 3, 2008.

———, "Global Perspectives and British Paradoxes", *Business History Review*, vol. 71, Summer 1997.

——— & Jonathan Zeitlin (eds.), *The Oxford Handbook of Business History*, Oxford; Oxford University Press, 2008.

Jong, Abe de & David Michael Higgins, "New Business History", *Business History*, vol. 57, no. 1, 2015.

Jong, Abe de, David Michael Higgins & Hugo van Driel, "Towards a New Business History", *Business History*, vol. 57, no. 1, 2015.

Kay, Neil M., "Chandlerism in Post-war Europe: Strategic and Structural Change in France, Germany and the United Kingdom, 1950-1993: A Comment", *Industrial and Corporate Change*, vol. 11, no. 1, 2002.

Kent, C.A., D.L.Sexton & K.H.Vesper (eds.), *Encyclopedia of Entrepreneurship*, 1982.

Khana, Tarun & Yishay Yefeh, "Business Groups in Emerging Markets: Paragons or Parasites?", *Journal of Economic Literature*, vo.45, no. 2, 2007.

Kipping, Matthias, Takafumi Kurosawa, & Daniel Wadhwani, "A Revisionist Historiography of Business History: A Richer Past for a Richer Future", Wilson, Toms, De Jong & Buchnea (eds.), *Routledge Companion*, 2017.

Kirby, M., "Institutional Rigidities and Economic Decline: Reflections on the British Experience", *Economic History Review*, vol. 45, no. 4, 1992.

Kirby, Maurice W. & Rose, Mary B. (eds.), *Business Enterprise in Modern Britain: From the Eighteenth Century to the Twentieth Century*, London, 1994.

Kobrak, Christopher & Andrea Schneider, "Varieties of Business History: Subject and Methods for the Twenty-first Century", *Business History,* vol. 53, no. 3, 2011.

Kocka, Juergen, "Germany: Cooperation and Competition", *Business History Review*, vol. 64, Winter 1990.

Kogut, Bruce & David Parkinson, "The Diffusion of American Organizing Principles to Europe", in Bruce Kogut (ed.), *Country Competitiveness*, New York, 1993.

———, "Adoption of Multidivisional Structure: Analyzing History from the Start", *Industrial and Corporate Change*, Vol. 7, 1998.

Lafontaine, Francine & Margaret Slade, "Vertical Integration and Firm Boundaries: The Evidence", *Journal of Economic Literature*, vol. 45, September 2007, pp. 629-685.

Laird, Pamera Walker, "Alfred Chandler, Jr. and the Landscape of Marketing History", *Journal of Marketing*, vol. 20, no. 2, 2000.

Laland, Kevin N., "Learning to Evolve", *Nature*, vol. 425, 2003.

Lamoreaux, Naomi R., "Scylla or Charybdis?: Historical Reflection on Two basic Problems of Corporate Governance", *Business History Review*, vol. 83, Spring 2009.

———, "New Economic Approaches to the Study of Business History", *Business and Economic History,* vo.26, no. 1, 1997.

———, Daniel M.G. Raff & Peter Temin, "Economic Theory and Business History", in Jones & Zeitlin (eds.), *Oxford Handbook of Business History,* 2008.

———, Daniel M.G. Raff & Peter Temin, "Putting the Corporation in its Place", *Enterprise and Society*, vol. 8, no. 3, 2007.

———, Daniel M.G. Raff & Peter Temin, "Against Whig History", *Enterprise and Society*, vol. 5, no. 3, 2004.

———, Daniel M.G. Raff, & Peter Temin, "Beyond Markets and Hierarchies: Toward a New Synthesis of American Business History", *American Historical Review*, vol. 108, no. 2, April 2003.

——— & Daniel M.G. Raff & Peter Temin (eds.), *Learning by Doing in Organizations, Markets, and Nations,* Chicago,1999.

——— & Daniel M.G. Raff (eds.), *Coordination and Information: Historical Perspectives on the Organization of Enterprise,* Chicago, 1995.

Landes, David, "What Room for Accident in History?: Explaining Big Changes by Small Events", *Economic History Review*, vol. 47, no. 4, 1994.

———, "Convergence and Divergence: What do Numbers Tell?", B.Etemad et al. (eds.), *Towards an International Economic and Social History: Essays in Honour of Paul Bairoch,* Editions Passe Present, Geneva, 1995.

———, "Some Further Thoughts on Accident in History: A Reply to Professor Crafts", *Economic History Review*, vol. 48, no. 3, 1995.

Langlois, Richard N., "Chandler in a Larger Frame: Markets, Transaction Costs, and Organizational Form in History", *Enterprise and Society*, vol. 5, no. 3, 2004.

———, "The Vanishing Hand: The Changing Dynamics of Industrial Capitalism", *Industrial and Corporate Change*, vol. 12, April 2002.

Lazonick, William, *Competitive Advantage on the Shop Floor*, Cambridge: MA, 1990.

———, *Business Organization and the Myth of the Market Economy*, Cambridge, 1991.

———, *Organization and Technology in Capitalist Development*, Aldershot, Hants., 1992.

———, "Controlling the Market for Corporate Control: The Historical Significance of Managerial Capitalism", *Industrial and Corporate Change*, vol. 1, no. 3, 1992.

Lee, C. H., *The British Economy Since 1700: A Macroeconomic Perspective,* Cambridge, 1986.

Leff, Nathaniel, "Entrepreneurship and Economic Development: The Problem Revisited", *Journal of Economic Literature*, 1979.

———, "Industrial Organization and Entrepreneurship in the Developing Countries: The Economic Groups", *Economic Development and Cultural Change,* vol. 26, no. 4, 1978.

Leibenstein, Harvey, "Allocative Efficiency VS. 'X- Efficiency'", *American Economic Review*, vol. 56, 1966.

———, "Aspects of the X-Efficiency Theory of the Firm", *Bell Journal of Eco-*

nomics, Autumn, 1975.

———, "A Branch of Economics is Missing: Micro-Micro Theory", *Journal of Economic Literature,* June, 1979.

———, "Entrepreneurship and Development", *American Economic Review,* vol. 58, no. 2, May 1968.

Levy, Jonathan, "Capital as Process and the History of Capitalism", *Business History Review,* vol. 91, Autumn, 2017.

Lipartito, Kenneth, "Culture and the Practice of Business History", *Business and Economic History,* vol. 24, no. 2, Winter 1995.

———, "Connecting the Cultural and the Material in Business History", *Enterprise and Society,* vol. 14, no. 4, 2013.

Lippman, Stephen & Howard Aldrich, "History and Evolutionary Theory", Bucheli & Wadhani, *Organizations in Time,* 2014.

Livesay, Harold, "Introduction", in Livesay, (ed.), *Entrepreneurship and the Growth of Firms,* Aldershot: Edward Elgar, 1995.

Louca, Francisco & Sandro Mendoca, "Steady Change: The 200 largest US Manufacturing Firms throughout the 20th Century", *Industrial and Corporate Change,* vol. 11, no. 4, 2002.

Low, Murray & Ian C. MacMillan, "Entrepreneurship: Past Research and Future Challenges", *Journal of Management,* June 1988.

McCraw, Thomas K., "Introduction: The Intellectual Odyssey of Alfred Chandler, Jr.", in McCraw (ed.), *The Essential Alfred Chandler: Essays Toward a Historical Theory of Big Business,* Boston: HBS Press, 1988.

McCraw, Thomas (ed.), *Creating Modern Capitalism,* Cambridge, Mass.: Harvard University Press, 1997.

———, "Schumpeter's Business Cycles as Business History", *Business History Review,* vol. 80, Summer 2006.

———, "Alfred Chandler: His Vision and Achievement", *Business History Review,* vol. 82, Summer 2008.

McKelvey, Bill & Howard Aldrich, "Populations, Natural Selection, and Applied Organization Science", *Administrative Science Quarterly,* vol. 28, 1983.

Maclean, Mairi, Charles Harvey and Stewart Clegg, "Organization Theory in Business and Management History: Present Status and Future Prospects", *Business*

History Review, vol. 91, Autumn, 2017.

Macrosty, H.W., *The Trust Movement in British Industry,* London, 1907.

———, "Business Aspects of British Trusts", *Economic Journal*, vol. 12, 1902.

Mathias, Peter, "Conflicts of Function in the Rise of Big Business: The British Experience", in Harold Williamson, 1975.

May, George, *Encyclopedia of American Business History and Biography: The Automobile Industry, 1896-1920,* New York: Facts on File, 1990.

———, *Encyclopedia of American Business History and Biography: The Automobile Industry, 1920-1980,* New York: Facts on File, 1989.

Miranti, Paul J., "Chandler's Paths of Learning", *Business History Review*, vol. 82, Summer 2008.

Morikawa, Hidemasa, "The View from Japan", *Business History Review*, vol. 64, Winter 1990.

Moss, Scott, *An Economic Theory of Business Strategy,* New York, 1981.

Murakami, Yasusuke & Kozo Yamamura, "A Technical Note on Japanese Firm Behavior and Economic Policy", in K. Yamamura (ed.), *Policy Trade Issues of the Japanese Economy: American and Japanese Perspectives,* Seattle: University of Washington Press, 1982.

Nelson, Richard, "Recent Evolutionary Theorizing about Economic Change", *Journal of Economic Literature*, vol. 33, 1995.

———, "Why Do Firms Differ, and How Does It Matter?", *Strategic Management Journal*, vol. 12, 1991.

——— & Sidney Winter, *An Evolutionary Theory of Economic Change*, Cambridge, MA: Harvard University Press, 1982.

———, "Evolutionary Theorizing about Economic Change", in Neil Smelser & Richard Swedberg (eds.), *The Handbook of Economic Sociology,* Princeton: Princeton University Press, 2nd ed., 2005.

Nightingale, Paul, "The Economies of Scale in Experimentation: The Knowledge and the Technologies in Pharmaceutical R&D", *Industrial and Corporate Change,* vol. 9, no. 2, June 2000.

North, Douglas, "Transaction Costs in History", *Journal of European Economic History*, vol. 14, no. 3, 1985.

———, *Institutions, Institutional Change and Economic Performance*, Cambridge,

1990.

Nyman, S. & Silberston, A., "The Ownership and Control of Indusrty", *Oxford Economic Papers*, vol. 30, no. 1, 1978.

Okada, Koichi & Etsuo Abe, "The Historical Development and Significance of Japanese SMEs: The Ohta Area", A paper presented to the 'Mittelstand' Conference in Menagio, Italy, 2007.

Oliver, Nick & Barry Wilkinson, *Japanization of British Industry: New Developments in the 1990s*, Oxford: Blackwell, 1988.

Pavan, Robert, "Strategy and Structure: The Italian Experience", *Journal of Economics and Business*, vol. 28, no. 3, 1976.

Payne, Peter F., *British Commercial Institutions*, London, 3rd ed., 1966.

Payne, Peter L., "The Emergence of the Large-Scale Company in Great Britain, 1870–1914", *Economic History Review*, vol. 20, 1967.

Pettigrew, A. & E.M. Fenton (eds.), *The Innovating Organization*, London: Sage, 2000.

Pollard, Sidney, *The Development of the British Economy, 1914-1980*, London, 3rd ed. 1983.

———, *Britain's Prime and Britain's Decline: the British Economy 1870-1914*, London, 1989.

———, "Reflections on Entrepreneurship and Culture in European Societies", *Transactions of the Royal Historical Society*, vol. 40, 1990.

Porta, Raphael, Florencio Lopez-de-Silanes, and Andrei Shleifer, "Corporate Ownership around the World", *Journal of Finance*, vol. 54, no. 2, 1999.

Porter, Glenn (ed.), *Encyclopedia of American Economic History*, 3 vols., New York: Charles Scrivener's Sons, 1980.

Powell, Walter P., "Neither Market nor Hierarchy: Network Forms of Organization", *Research in Organizational Behavior*, vol. 12, 1990.

Prais, S.J., *The Evolution of Giant Firms in Britain: A Study of the Growth of Concentration in Manufacturing Industry in Britain, 1909-70*, Cambridge, 1976.

Pumphrey, R. E., "The Introduction of Industrialists into the British Peerage", *American Historical Review*, vol. 45, no. 1, 1959.

Raff, Daniel M.G. and Peter Temin, "Business History and Recent Economic Theory: Imperfect Information, Incentives, and the Internal Organization of Firms", in

Peter Temin (ed.), *Inside the Business Enterprise: Historical Perspectives on the Use of Information,* Chicago: University of Chicago Press, 1991.

Raven, James, "British History and the Enterprise Culture", *Past and Present*, no. 123, 1989.

Reader, W.J., "Personality, Strategy and Structure: Some Consequencies of Strong Mind", in Hannah, 1976.

Richardson, G. B., "The Organisation of Industry", *Economic Journal*,vol. 82, 1972.

Richardson, P.J. & R. Boyd, *Not by Genes Alone: How Culture Transformed Human Evolution,* Chicago: University of Chicago Press, 2005.

Riggs, Henry E., "Innovations : A United States-Japan Perspective," in Daniel I. Okimoto & Thomas P. Rohlen, (eds.), *Inside the Japanese System: Readings on Contemporary Society and Political Economy,* Stanford University Press, 1988.

Robinson, Richard (compiled), *United States Business History, 1602-1988: A Chronology,* New York: Greenwood Press, 1990.

Roe, Mark, *Political Determinants of Corporate Governance: Political Context, Corporate Impact,* New York: Oxford University Press, 2003.

Rodrigues, J.N., "Strategy and Structure Redux", *Business Strategy Review,* vol. 13, issue 3, 2002.

Rowlinson, Michael & Stephen Procter, "Organizational Culture and Business History", *Organization Studies*, vol. 20, no. 3, 1999.

Rowlinson, Michael & John Hassard, "History and the Cultural Turn in Organization Studies", Bucheli & Wadhwani, *Organizations in Time,* 2014.

Sabel, Charles F. & Jonathan Zeitlin, "Neither Modularity nor Relational Contracting: Inter-Firm Collaboration in the New Economy", *Enterprise and Society*, vol. 5, no. 3, 2004.

——— & ———, "Stories, Strategies, Structures: Rethinking Historical Alternatives to Mass Production", in Sabel & Zeitlin (eds.), *World of Possibilities: Flexibility and Mass Production in Western Industrialization*, Cambridge, 1997.

——— & ———, "Historical Alternatives to Mass Production: Politics, Markets, and Technology in Nineteenth Century Industrialization", *Past and Present*, vol. 108, Aug. 1985.

Scherer, Frederick M., "Beyond the Three-Pronged Investment", *Business History Review*, vol. 64, Winter 1990.

Schmitz, Christopher J., *The Growth of Big Business in the United States and Western Europe, 1850-1939*, Basingstoke, 1993.

Schumpeter, Joseph, "Development", *Journal of Economic Literature*, vol. 43, 2005. (Translated by M.C.Becker & T.Knudsen)

———, "The Creative Response in Economic History," *Journal of Economic History*, vol. 7, 1947

Scott, Bruce R., "The Industrial State: Old Myths and New Realities", *Harvard Business Review*, March-April, 1973.

Scranton, Philip, "Diversity in Diversity: Flexible Production and American Industrialization, 1880–1930", *Business History Review*, Spring 1991.

———, "Moving Outside Manufacturing: Research Perspectives on Small Business in Twentieth-Century America", Konosuke Odaka & Minoru Sawai (eds.), *Small Firms, Large Concerns: The Development of Small Business in Comparative Perspective*, Oxford: Oxford University Press, 1999.

Shaw, Christine, "The Large Manufacturing Employers of 1907", *Business History*, vol. 25, 1983.

Sicilia, David, "Cochran's Legacy: A Cultural Path Not Taken", *Business and Economic History*, vol. 24, no. 1, 1995.

Silverthorne, Sean, "The Lessons of Business History: A Handbook", *Working Knowledge*, HBS, March 17, 2008, Q&A with Geoffrey Jones.

Singh, J.V. & C.J. Lumsden, "Theory and Research in Organizational Ecology", *Annual Review of Sociology*, vol. 16, 1990.

Singh, J.V. (ed.), *Organizational Evolution: New Directions*, Newbury Park, CA: Sage Publications, 1990.

Smith, Michael S., "Putting France in the Chandlerian Framework: France's 100 Largest Industrial Firms in 1913", *Business History Review*, vol. 72, Spring 1998.

Soltow, James H., "The Entrepreneur in Economic History", *American Economic Review*, vol. 58, no. 2, May 1968.

Spence, M., "The Economics of Internal Organization: An Introduction", *Bell Journal of Economics*, Spring, 1975.

Staber, Udo, Norbert Schaefer & Basu Sharma (eds.), *Business Networks*, Berlin, 1996.

Stanworth, P. & Giddens, A., "An Economic Elite : A Demographic Profile of Compa-

ny Chairmen", in idems (eds.), *Elites and Power in British Society*, Cambridge, 1974.

Stigler, George J., "The Division of Labor Is Limited by the Extent of the Market", *Journal of Political Economy*, vol. 59, June 1951.

Sturgeon, Timothy J., "Modular Production Networks: A New American Model of Industrial Organization", *Industrial and Corporate Change*, vol. 11, 2002.

Supple, Barry, "The Uses of Business history", *Business History*, vol. 4, 1962.

———, "A Framework for British Business History", in idem (ed.), *Essays in British Business History*, Oxford: Oxford University Press, 1979.

———, "Scale and Scope: Alfred Chandler and the Dynamics of Industrial Capitalism", *Economic History Review*, vol. 44, no. 3, 1991.

———, "Introduction", in idem (ed.), *The Rise of Big Business,* Aldershot, 1992.

Swedberg, Richard, *Joseph A. Schumpeter: The Economics and Sociology of Capitalism,* Princeton University Press, 1991.

Sylla, Richard, "Chandler on High Technology Industries from the 1880s to the 1990s: A Comment", *Capitalism and Society,* vol. 1, no. 1, 2006.

Taylor, S., E.Bell, & B.Cooke, "Business History and the Historiographical Operation", *Management & Organizational History,* vol. 4, 2009.

Teece, David J., "The Dynamics of Industrial Capitalism: Perspectives on Alfred Chandler's *Scale and Scope*", *Journal of Economic Literature*, vol. 31, March 1993.

———, "Dynamic Capabilities and Strategic Management", *Strategic Management Journal*, vol. 18, iss.7, 1997.

Temin, Peter, "Globalization", *Oxford Review of Economic Policy*, vo.15, no. 4, 1999.

Tolliday, S., *Business, Banking, and Politics : The Case of British Steel, 1918-1939,* Cambridge, MA, 1987.

Toms, Steve & Mike Wright, "Corporate Governance, Strategy and Structure in British Business History, 1950–2000", *Business History*, vol. 44, no. 3, 2002.

——— & ———, "In Defence of Business History: A Reply to Taylor, Bell and Cooke", *Management & Organizational History,* vol. 5, no. 1, 2010.

Toms, Steve & John Wilson, "Business History: Agendas, Historiography and Debates", Wilson et al. (eds.), *Routledge Companion*, 2017.

Trebilcock, Clive, "'Spin-off' in British Economic History: Armaments and Industry,

1760–1914", *Economic History Review*, vol. 47, 1969.

———— , *The Vickers Brothers: Armaments and Enterprise, 1864-1914*, London, 1977.

Turner, G., *Business in Britain*, Hammondsworth: Pelican, 1971.

Tyson, Laura D'andrea & John Zysman, "Developmental Strategy and Production Innovation in Japan", in C. Johnson, L. D. Tyson, & J. Zysman (eds..), *Politics and Productivity*, New York: Harper Business, 1989.

Usselman, Steven W., "Still Visible: Alfred Chandler's *The Visible Hand*", *Technology and Culture*, vol. 47, no. 3, Jul 2006.

Vernon, Raymond, "Big Business and National Governments: Reshaping the Compact in a Globalizing Economy", *Journal of International Business Studies*, vol. 32, no. 3, 2001.

Wardley, Peter, "The Anatomy of Big Business: Aspects of Corporate Development in the Twentieth Century", *Business History*, vol. 33, no. 2, 1991.

Whipp, R., "Crisis and Continuity: Innovation in the British Automobile Industry, 1896–1986", in Mathias, P. & J. A. Davis, (eds.), *Innovation and Technology in Europe*, Oxford, 1991.

Whittington, G., "Changes in the Top 100 Quoted Manufacturing Companies in the United Kingdom, 1948 to 1968", *Journal of Industrial Economics*, November, 1972.

Whittington, Richard, "Alfred Chandler, Founder of Strategy: Lost Tradition and Renewed Inspiration", *Business History Review*, vol. 82, Summer 2008.

———— & Leif Melin, "The Challenge of Organizing/Strategizing", in Andrew M.Pettigrew et al. (eds.), *Innovative Forms of Organizing*, London: SAGE Publications, 2003.

———— & M. Mayer, *The European Corporation: Stratogy, Structure and Social Sciences*, Oxford: Oxford University Press, 2000.

———— , M. Mayer & F. Curto, "Chandlerism in Post-war Europe: Strategic and Structural Change in France, Germany and the UK, 1950–1993", *Industrial and Corporate Change*, vol. 8, 1999.

Whittle, Andrea & John Wilson, "Ethnomethodology and the Production of History: Studying History-in-Action", *Business History*, vol. 57, no. 1, 2015.

Wilken, Paul H., *Entrepreneurship: A Comparative and Historical Study*, Norwood,

NJ: ABLEX Publishing, 1979.

Wilkins, Mira, "Chandler and the Global Business History", *Business History Review*, vol. 82, Summer 2008.

Williamson, Harold (ed.), *Evolution of International Management Structures*, Newark, 1975.

Williamson, Oliver, "Transaction-Cost Economics: The Governance of Contractual Relations", *Journal of Law and Economics*, vol. 22, 1979.

———, "The Modern Corporation: Origin, Evolution, Attributes", *Journal of Economic Literature*, vol. 19, no. 4, 1981.

———, "Emergence of the Visible Hand: Implications for Industrial Organization", in Chandler & Daems (eds.), *Managerial Hierarchies*, 1980.

———, *The Economic Institutions of Capitalism: Firms, Markets, Relational Contracting*, New York: The Free Press, 1985.

Wilson, John, Steven Toms, Abe de Jong & Emily Buchanea (eds.), *Routledge Companion to Business History*, Abingdon, Oxfordshire: Routledge, 2017.

Wilson, Richard (ed.), *Historical Encyclopedia of American Business*, 3 vols., Salem Press, 2009.

Winter, Sidney, "On Coase, Competence, and the Corporation", *Journal of Law, Economics and Organization*, vol. 4, 1988.

——— & David Teece, "A Conversation with Sidney Winter on the Contributions of Alfred Chandler", *Industrial and Corporate Change*, vol. 19, no. 2, 2010.

———, "Survival, Selection, and Inheritance in Evolutionary Theory of Organization", in J.V.Singh (ed.), *Organizational Evolution*, 1990.

Yonekura, Sei & Sara McKinley, "Innovative Multinational Forms: Japan as a Case Study", in Chandler & Mazlish (eds.), 2005.

Zeitlin, Jonathan, "Industrial Districts and Regional Clusters", in Jones & Zeitlin (eds.), *The Oxford Handbook of Business History*, 2008.

———, "Productive Alternatives: Flexibility, Governance, and Strategic Choice in Industrial History", in Amatori & Jones (eds.), *Business History around the World*, 2003.